Adolf Adam

GRUNDRISS LITURGIE

AKZENTE

Adolf Adam

GRUNDRISS LITURGIE

Akzente

Herder Freiburg · Basel · Wien

Umschlaggestaltung: Finken & Bumiller, Stuttgart
Umschlagmotiv: © KNA-Bild, Frankfurt

Alle Rechte vorbehalten – Printed in Germany
© Verlag Herder Freiburg im Breisgau 1998
Herstellung: Freiburger Graphische Betriebe 1998
ISBN 3-451-26639-3

Inhalt

ERSTER TEIL
ALLGEMEINE LITURGIK

I. KAPITEL
Wesen und Bedeutung der Liturgie

II. KAPITEL
Geschichte der Liturgie

III. KAPITEL
Die Wissenschaft von der Liturgie (Liturgik)

IV. KAPITEL
Die gottesdienstliche Versammlung als Kommunikationsprozeß

V. KAPITEL
Die Musik im Gottesdienst

Inhalt

Inhalt

Inhalt

Vorwort

Wer die Liturgie als „Gipfel, dem das Tun der Kirche zustrebt, und zugleich als Quelle, aus der all ihre Kraft strömt" (LK 10), kennt und liebt, muß es zutiefst bedauern, daß sie in weiten Kreisen an Interesse und Hochschätzung zu verlieren scheint. Dies hängt sicher mit einem verbreiteten Schwund christlich-kirchlicher Glaubenskraft zusammen. Denn der Glaube allein vermag die Augen des Geistes für Wert und Würde des christlichen Gottesdienstes zu öffnen und zu schärfen. Das alte Sprichwort „Was man nicht kennt, das liebt man nicht" bewahrheitet sich auch im Bereich der Liturgie.

Das vorliegende Buch möchte Wesen und Struktur des Gottesdienstes aufzeigen und die wichtigsten Informationen über seine vielfältigen Teilbereiche vermitteln. Es bietet sich als „Grundriß" dar, der trotz gebotener Straffung bemüht ist, das weitgesteckte und vielgestaltige Feld gottesdienstlicher Handlungen aufmerksam abzuschreiten. Dabei wird es immer wieder notwendig und hilfreich sein, zum besseren Verständnis der Gegenwart die geschichtliche Entwicklung ins Auge zu fassen. Auch die gottesdienstlichen Formen in den getrennten Kirchen werden dabei nicht übersehen.

Als wissenschaftliches Kompendium möchte das Buch vor allem den Studierenden der Theologie und den Vermittlern christlicher Botschaft und christlichen Lebens, aber auch denen, die an einer umfassenden Kenntnis der Liturgie interessiert sind, einen Dienst leisten, der zur Zeit in dieser Form von keinem anderen Buch des deutschen Sprachgebietes wahrgenommen wird. So möchte es beitragen, daß christlicher Gottesdienst wieder als „das Wichtigste, Dringlichste und Herrlichste, was auf Erden geschehen kann" (K. Barth), erkannt und geliebt wird.

Mainz, Ostern 1985   *Adolf Adam*

Vorwort zur dritten Auflage

Erfreulich rasch ist eine dritte Auflage dieses Buches notwendig geworden. Dies gibt die erwünschte Gelegenheit, einige Verbesserungen und Ergänzungen einzuarbeiten.

Mainz, im Advent 1987 *Adolf Adam*

Vorwort zur vierten Auflage

Die notwendig gewordene vierte Auflage beweist das fortbestehende Interesse an diesem Buch, von dem inzwischen mehrere fremdsprachige Ausgaben erschienen sind. Aus drucktechnischen Gründen konnten nur die wichtigsten Ergänzungen vorgenommen werden. Auf die neu erschienenen Teilbände des Handbuches der Liturgiewissenschaft „Gottesdienst der Kirche" konnte leider nur generell verwiesen werden.

Mainz, im Januar 1990 *Adolf Adam*

Vorwort zur Neuausgabe 1998

Nachdem die sechste Auflage dieses Buches vergriffen war, ging man davon aus, daß der Bedarf erschöpft sei. Zahlreiche Nachfragen haben den Verlag jedoch bewogen, es in der Reihe „Akzente" neu erscheinen zu lassen. In einer Zeit, wo in manchen Kreisen Liturgie und Liturgiewissenschaft an Wertschätzung zu verlieren scheinen, dürfte dieses auch in zahlreichen Fremdsprachen erschienene Buch der Liturgik und der Feier der Liturgie auch weiterhin gute Dienste leisten.

Mainz, Pfingsten 1998 *Adolf Adam*

ERSTER TEIL
ALLGEMEINE LITURGIK

I. KAPITEL

Wesen und Bedeutung der Liturgie

1. Worterklärung und Wortgeschichte

Das griechische Wort *leiturgía* (Verbum: *leiturgéin*) ist zusammengesetzt aus dem Substantiv *'érgon* = Werk und dem Adjektiv *léitos* = zum Volk gehörig (abgeleitet von *leós*, ionisch *laós* = Volk). Wörtlich übersetzt, bedeutet *leiturgía* deshalb Volkswerk. Man verstand darunter die zum Wohl des Volkes geleisteten Dienste, sei es durch wohlhabende Bürger, sei es durch einzelne Städte, wie z. B. die Ausstattung des Chores im griechischen Theater, die Ausrüstung eines Schiffes, die Bewirtung eines Volksstammes bei nationalen Festen u. a. m. Später verstand man darunter jede öffentliche Dienstleistung; seit dem 2. Jahrhundert v. Chr. auch den kultischen Dienst.

Die Septuaginta (griechische Übersetzung des AT, ca. 250-150 v. Chr.) verwendet den Ausdruck für den Tempeldienst der Priester und Leviten. In diesem Sinn kommt das Wort auch im NT mehrmals vor (Lk 1,23; Hebr 9,21; 10,11), wird aber auch in anderer Sinngebung gebraucht, etwa für caritatives Tun (z. B. 2 Kor 9,12) und den Dienst der Engel für die Gemeinden (Hebr 1,7.14). Es findet sich auch in der Bedeutung von Gottesdienst (Apg 13,2). Einmal wird Christus „Liturge des Heiligtums und des wahren Zeltes" (Hebr 8,2) und sein Mittlerdienst „Liturgie" genannt (Hebr 8,6)[1].

Die nachapostolische Zeit kennt *leiturgía* sowohl als Dienst für Gott wie für die Gemeinde. Allmählich verengt sich jedoch im griechisch sprechenden *Osten* der Wortgebrauch auf die Feier der Eucharistie, eine Bedeutung, die sich dort bis zur Gegenwart erhalten hat. Im *Westen* bleibt das Wort zunächst unbekannt, statt dessen werden zahlreiche lateinische Ausdrücke für die gottesdienstlichen Handlungen gebraucht, die sich

---

[1] Vgl. *H. Strathmann*, Art. *Leitourgéo*, in: *G. Kittel*, ThWNT IV, 221-236; *E. J. Lengeling*, Art. Liturgie, in: HthG II,75 f.

noch heute in überkommenen Gebetstexten finden[2]. Erst im 16. Jahrhundert wird Liturgie, vor allem durch die Humanisten, auch im Westen eingebürgert und im 17./18. Jahrhundert auch von den reformatorischen Kirchen übernommen, und zwar im umfassenden Sinn von christlichem Gottesdienst; so geschieht es auch im CIC 1917, wenn es dort heißt, es sei allein Sache des Apostolischen Stuhles, „die heilige Liturgie zu ordnen und die liturgischen Bücher zu approbieren" (can. 1257)[3].

Der Vollständigkeit halber sei noch erwähnt, daß dem Wort *Liturgik* das zugehörige Adjektiv *liturgiké* zugrunde liegt und dabei eigentlich das griechische Substantiv *epistéme* = Wissenschaft zu ergänzen ist, also „liturgische Wissenschaft" zu lesen ist. Ein Liturgiker ist deshalb zu unterscheiden von einem Liturgen: jener erforscht die Liturgie nach ihrem geschichtlichen Werden, ihren Wesensstrukturen, Inhalten, Wirkungen und Erscheinungsformen, während dieser die liturgischen Handlungen vollzieht.

2. Wesenserklärung

Um das Wesen der Liturgie zu erfassen, gehen wir am besten von den Aussagen des II. Vatikanums aus, näherhin von seiner LK, die ja die Ernte eines jahrzehntelangen Ringens um die rechte Erkenntnis und Praxis des liturgischen Geschehens ist. Als eine der wesentlichsten Aussagen kann man die beiden letzten Sätze des Art. 7 betrachten: „Mit Recht gilt also die Liturgie als Vollzug des Priesteramtes Christi; durch sinnenfällige Zeichen wird in ihr sowohl die Heiligung des Menschen bezeichnet und in je eigener Weise bewirkt als auch vom Mystischen Leib Jesu Christi, d. h. dem Haupt und den Gliedern, der gesamte öffentliche Kult vollzogen. Infolgedessen ist jede liturgische Feier als Werk Christi, des Priesters, und seines Leibes, der die Kirche ist, in vorzüglichem Sinn heilige Handlung, deren Wirksamkeit kein anderes Tun der Kirche an Rang und Maß erreicht."

Hier wird deutlich, daß es sich bei der Liturgie nicht zuerst um ein menschliches Bemühen handelt, sondern um das Fortwirken der Erlösung, die Gott in Jesus Christus durch den Heiligen Geist vollzogen hat. „Wie daher Christus vom Vater gesandt ist, so hat er selbst die vom Heiligen Geist erfüllten Apostel gesandt, nicht nur das Evangelium aller Kreatur zu verkünden..., sondern auch das von ihnen verkündete Heilswerk zu vollziehen durch Opfer und Sakrament, um die das ganze liturgische Leben kreist" (Art. 6). „Um dieses große Werk voll zu verwirkli-

---

[2] Hierzu gehören u. a. ministerium, officium, munus, opus, ritus, actio, celebratio, collecta, cultus, mysterium, sacramentum, sacrum, servitium, sollemnitas. Vgl. *E. J. Lengeling*, a. a. O. (Anm. 1) 77.

[3] Vgl. *E. Raitz v. Frentz*, Der Weg des Wortes „Liturgie" in der Geschichte, in: EL 55 (1941) 74-80.

chen, ist Christus seiner Kirche immerdar gegenwärtig, besonders in den liturgischen Handlungen" (Art. 7)[3a].

Aus diesen Aussagen ergibt sich, daß die Initiative bei der Liturgie von Gott ausgeht, daß sich in ihr die Heilsgeschichte geradlinig fortsetzt, daß der Hauptträger der Liturgie und Ersthandelnder der Hohepriester Christus ist. Insofern ist Liturgie primär ein Gnadengeschehen, sowohl im Ergehen der göttlichen Botschaft wie in den Sakramenten (Mysterien) mit dem darin vergegenwärtigten Pascha-Mysterium Christi. Ziel ist die Heiligung des Menschen. Liturgie als Wort und Sakrament ist deshalb primär von der *absteigenden (katabatischen) Strukturlinie* geprägt.

Dies bedeutet jedoch nicht, daß sich der *Mensch im liturgischen Geschehen* rein passiv verhalten darf. Von ihm als einem freien, geistbegabten Geschöpf wird zunächst die Bereitschaft zum Hören und Glauben, zum Horchen und Gehorchen gefordert. Gottes Wort drängt ihn zur Antwort, Gottes Liebe zur Gegenliebe, sein gnädiges Wirken ruft ihn zum dankenden Lobpreis. Dieser aber ist nicht Stimme eines einzelnen Menschen, sondern eines Gliedes jener tiefgreifenden Gemeinschaft, die in der Theologie des hl. Paulus bezeichnet wird als der Mystische Leib, dessen Haupt Christus selber ist. So wird das Heilswirken Gottes beantwortet mit dem Lobpreis der ganzen Kirche, der sich Christus zugesellt. Insofern gibt es im liturgischen Geschehen auch die *aufsteigende (anabatische) Linie*. Liturgie hat einen zweiten Träger, ein zweites handelndes Subjekt, nämlich die Kirche. So bietet sich als griffige Definition der Kernsatz an: *Liturgie ist die Aktionsgemeinschaft des Hohenpriesters Jesus Christus und seiner Kirche zur Heiligung des Menschen und zur Verherrlichung des himmlischen Vaters.* Mit Recht hat man diesen Vorgang auch als „Dialog zwischen Gott und den Menschen" bezeichnet[4]. Insofern ist Liturgie keine Einbahnstraße, sondern „sacrum commercium", ein heiliger Austausch.

Im Licht dieser Wesenssicht wird das Ungenügen, auch die Falschheit, so mancher Liturgieauffassungen deutlich. Dies gilt vor allem für die weitverbreitete Fehlvorstellung, Liturgie sei die Summe aller Zeremonien und Vorschriften (Rubriken) bei gottesdienstlichen Handlungen. Gegen diese oberflächliche Auffassung wandte sich schon *Pius XII.* in seiner Enzyklika „Mediator Dei" (1947), wo es heißt: „Daher irren vom wahren Begriff und Sinn der heiligen Liturgie jene entschieden ab, die unter ihr nur den äußeren und sinnenfälligen Teil des Gottesdienstes oder etwa eine würdige Aufmachung der Zeremonien verstehen. Und ebenso gehen jene fehl, die sie nur für eine Sammlung von Gesetzen und Vorschriften hal-

---

[3a] Näheres zur Gegenwart Christi in der Liturgie: *K. Rahner,* Die Gegenwart des Herrn in der christlichen Kultgemeinde, in: Schr. z. Theol. VIII (Einsiedeln u. a. 1967) 395–408; ausführlicher mit umfassender Lit.: *F. Eisenbach,* Die Gegenwart Jesu Christi im Gottesdienst… (Mainz 1982).

[4] So z. B. *E. J. Lengeling,* Liturgie – Dialog zwischen Gott und Mensch, hg. von *K. Richter* (Freiburg i. Br. 1981).

ten, von der kirchlichen Hierarchie erlassen für die Handhabung der heiligen Riten."[5]

Auch im protestantischen Raum gibt es Richtungen, die Liturgie nur als Ordnung der Amtshandlungen oder deren „Gebetsmantel" gelten lassen wollen[6]. Eine totale Fehleinschätzung, die sich bei manchen Tiefenpsychologen und Soziologen findet, sieht in ihr nur gewachsene Symbole einer Sozialisation, deren (vermeintliche) Zerstörung selbst ein erklärter Atheist wie *A. Lorenzer* beklagt[7].

Weit verbreitet ist die Gleichsetzung von Liturgie mit *Kult*. Dieser Ausdruck (von colere = pflegen, verehren) meint die Verehrung Gottes in Lobpreis und Dank, in Zeichen und Symbolen, in Gesang und Musik und in den verschiedensten Opferhandlungen. Hier geht es also um das, was Menschen bzw. die Kirche zur Verherrlichung Gottes und zur Erlangung göttlicher Gnade tun. Es handelt sich also um die aufsteigende Linie, die actio des Menschen. Noch *Pius XII.* hat sich dieses Verständnis zu eigen gemacht, wenn er in „Mediator Dei" schreibt: „Die Liturgie als Ganzes bildet deshalb den öffentlichen Kult, den unser Erlöser, das Haupt der Kirche, dem himmlischen Vater erweist und den die Gemeinschaft der Christgläubigen ihrem Gründer und durch ihn dem ewigen Vater darbringt; um es zusammenfassend kurz auszudrücken: sie stellt den gesamten öffentlichen Kult des Mystischen Leibes Jesu Christi dar, seines Hauptes nämlich und seiner Glieder."[8] Allerdings muß zur Ehrenrettung der Enzyklika gesagt werden, daß die in dieser Definition nicht aufscheinende katabatische Linie an anderen Stellen zur Geltung kommt. Überhaupt hat man den Eindruck, daß in den kirchlichen Dokumenten das Wort Kult entgegen seinem eigentlichen Wortsinn doch mehr und mehr in einem umfassenden Sinn verstanden wird, der auch die katabatische Linie der Heiligung einschließt. So lautet auch der Name der erst nach dem II. Vatikanum ins Leben gerufenen obersten römischen Behörde für gottesdienstliche Fragen „Congregatio pro cultu divino". Erfreulich ist, daß der neue CIC vom Jahre 1983 sich in can. 834 die Liturgiedefinition der LK unter ihren beiden Aspekten zu eigen gemacht hat: Ausübung des Priesteramtes Christi, Heiligung der Menschen und die „gesamte öffentliche Verehrung (cultus) Gottes durch den Mystischen Leib Jesu Christi, des Hauptes und der Glieder".

Der dialogische Charakter der Liturgie ist auch vielen evangelischen Theologen durchaus geläufig. So schreibt *E. Lohmeyer:* „Alles kultische Handeln des Menschen ist nur die re-actio auf Gottes actio, die Antwort auf sein ergangenes Wort."[9] *P. Brunner*, der um das „Heilsgeschehen im Gottesdienst" weiß[10], schreibt: „Die Gott unmittelbar zugewendete Seite

---

[5] Nr. 25 der Herderausgabe (Freiburg i. Br. 1948) 29.
[6] Vgl. *M. Mezger*, Die Amtshandlungen der Kirche, Bd. I (München [2]1963) 91 ff.
[7] Das Konzil der Buchhalter... (Frankfurt a. M. 1981).
[8] Nr. 20 (Anm. 5) S. 23.
[9] Kultus und Evangelium (Göttingen 1942) 12.
[10] Zur Lehre vom Gottesdienst, in: Leiturgia I, 181.

des geistlichen Geschehens im Gottesdienst gründet ausschließlich in jenem Geschehen, durch das Gott sich den Menschen zuwendet und ihnen seine Heilsgabe anbietet und übermittelt. Das Wort ruft die Antwort, die Gabe Gottes die Hingabe des Menschen hervor.“[11]

Bei dem Bemühen, die so verstandene Liturgie mit einem deutschen Wort wiederzugeben, dürfte sich der Ausdruck „Gottesdienst“ noch am besten empfehlen. Nur darf man den Genitiv „Gottes“ nicht nur als Genitivus obiectivus betrachten, sondern muß ihn auch als Genitivus subiectivus sehen, d. h. nicht nur die Gemeinde dient Gott, sondern auch Gott dient den Menschen, schenkt ihnen seinen Heilsdienst in Christus, der ja selbst gesagt hat, daß er nicht gekommen sei, „um sich dienen zu lassen, sondern um zu dienen...“ (Mt 20,28; Mk 10,45). In diesem Sinn überschreibt *P. Brunner* zwei Abschnitte in seinem Beitrag für „Leiturgia“ mit „Der Gottesdienst als der Dienst Gottes an der Gemeinde“ und „Der Gottesdienst als der Dienst der Gemeinde vor Gott“[12].

Eine so verstandene Liturgie gehört zu den wesentlichen Lebensäußerungen der Kirche, sie ist neben der Glaubensverkündigung (Martyria) und dem helfenden Dienen (Diakonia) eine der Grundfunktionen der Kirche. Die LK scheut sich nicht, ihr den höchsten Stellenwert zuzuerkennen, indem sie vom „Gipfel, dem das Tun der Kirche zustrebt“, und von der „Quelle, aus der all ihre Kraft strömt“, spricht (LK 10). „Kein anderes Tun der Kirche“ erreicht ihre Wirksamkeit „an Rang und Maß“ (LK 7). Das sind Superlative, die auch bei manchen Konzilsvätern und Theologen zunächst Bedenken ausgelöst haben. Bedenkt man jedoch, daß die Liturgie aus dem Pascha-Mysterium Christi hervorgeht und dessen Früchte (Heiligung der Menschen und höchste Verherrlichung Gottes) vergegenwärtigt, so läßt sich in der Tat kein werthaftigeres, wirksameres und notwendigeres Tun der Kirche namhaft machen, wobei selbstverständlich innerhalb der einzelnen liturgischen Teilbereiche die eucharistische Feier die erste Stelle einnimmt. Eine ähnlich hohe Wertung findet sich übrigens auch bei evangelischen Theologen. So schreibt *Karl Barth:* „Der christliche Gottesdienst ist das Wichtigste, Dringlichste und Herrlichste, was auf Erden geschehen kann.“[13]

Der hohe Rang der Liturgie bedeutet jedoch *keinen Ausschließlichkeitsanspruch* innerhalb des kirchlichen Lebens. Das Konzil weiß, daß ihr vieles vorgelagert sein muß, z. B. die missionarische Verkündigung, Umkehr und Zuwendung des Menschen zu Christus und die Bereitschaft zu brüderlicher Gemeinschaft. Liturgisches Handeln darf außerdem nicht bei sich selber stehenbleiben. Wer in der Liturgie und durch sie immer stärker Christus eingegliedert wird, weiß sich nach seinem Vorbild dem

---

[11] Ebd. 193. Vgl. *F. Hahn*, Der urchristliche Gottesdienst (Stg. Bibl. Stud. Nr. 41) (Stuttgart 1970) 85 f.
[12] S. 194 ff und 253 ff.
[13] Gotteserkenntnis und Gottesdienst nach reformatorischer Lehre (Zollikon-Zürich 1938) 190.

Heil aller Menschen verpflichtet. Liturgie gibt die rechte Motivierung und Kraft, den Egoismus zu überwinden und sich selbstlos dem Dienst am Mitmenschen und dem Heil der ganzen Welt zu schenken. Die im Gottesdienst empfangene Gabe darf nie zur Selbstgenügsamkeit führen, sondern muß zur Aufgabe im und am Reich Gottes werden. Damit wird der Vorwurf, die Hochschätzung der Liturgie führe zur „Verkultung des christlichen Lebens", eindeutig entkräftet. Sie realisiert einerseits die unaufgebbare „Vertikale" (Mensch–Gott), andererseits gibt sie die Kraft und die Verpflichtung, die „Horizontale" (Mensch–Mitmensch–Weltgestaltung) in rechter Weise anzustreben.

3. Umfang (Teilbereiche) der Liturgie

Liturgie als dialogisch verstandener Gottesdienst bietet ein vielfältiges Bild von Erscheinungsformen. Im Mittelpunkt steht unwidersprochen die *eucharistische Feier* mit der heilbringenden Vergegenwärtigung des Pascha-Mysteriums Christi. Weil dieses Grundlage und Quelle aller Liturgie ist, leben ihre Teilbereiche mehr oder weniger aus der eucharistischen Feier, haben in ihr Maß und Krönung und legen sich wie konzentrische Kreise um diese ihre Mitte. Dieser Mittelpunktcharakter der Eucharistie wird auch von evangelischen Theologen betont: „So ist der Abendmahlsgottesdienst die verborgene lebendige Mitte aller Gottesdienste. Lösen sie sich von dieser Mitte, wird der Abendmahlsgottesdienst nicht mehr als die das ganze gottesdienstliche Leben tragende Mitte bewahrt, dann werden die so losgelösten Gottesdienste auch ihrerseits notwendig verkümmern und verderben."[14]

So legt sich um die Eucharistie die Feier der übrigen *Sakramente;* an zeitlich erster Stelle die Sakramente der Wiedergeburt (Initiation) Taufe und Firmung, die den Glaubenden in die Gemeinschaft der Kirche einfügen mit all den gnadenhaften Auswirkungen, die dieser Vorgang einschließt. Bußsakrament und Krankensalbung stehen dem Christen in besonderen Situationen helfend zur Seite. Weihe- und Ehesakrament berufen und befähigen zu je besonderen Diensten in der Kirche („Standessakramente"). Wichtiger Teilbereich der Liturgie ist die *Verkündung des Gotteswortes* in Lesung und Predigt, sowohl im Zusammenhang mit der Feier aller Sakramente wie auch als selbständige Wortgottesdienste. Das II. Vatikanum spricht vom „Tisch des Wortes", den reichlicher zu decken es entschlossen war (LK 51). Eine wichtige Funktion kommt auch dem *Stundengebet* der Kirche als dem täglichen Gebets- und Lesegottesdienst zu. Darüber hinaus gehören auch die *Sakramentalien,* das sind Weihungen und Segnungen verschiedenster Art, der Liturgie zu. Schließlich darf man auch zur Liturgie im weiteren Sinn rechnen die besonderen gottesdienstlichen Versammlungen *(Andachten, Feierstunden, Prozessionen)*

---

[14] P. Brunner, a.a.O. (Anm. 10) S. 185.

„der Teilkirchen, die gemäß Gewohnheit oder nach rechtlich anerkannten Büchern in bischöflichem Auftrag gehalten werden" (LK 13). Man kann sie mit guten Gründen als Diözesanliturgie bezeichnen, wenn auch die LK sie von der eigentlichen Liturgie, die „von Natur aus weit über ihnen" steht (LK 13), noch abzugrenzen sucht[15].

Eine *zentrale Regelung* der Liturgie bis in ihre kleinsten Einzelheiten, wie sie insbesondere seit dem Trienter Konzil zu beobachten ist, hat zwar ihre positiven Seiten, indem sie Auswüchse und Verirrungen verhindern hilft. Universaler Zentralismus darf jedoch nicht als Wesensprinzip der Liturgie betrachtet werden. Dem steht schon die gottesdienstliche Entwicklung in den ersten Jahrhunderten der Kirche eindeutig entgegen. Deshalb sollte man auch die Frage, was als Liturgie, also als kirchlicher Gottesdienst, angesehen werden darf, nicht zu eng und ängstlich angehen. Wo immer sich eine Teilkirche unter ihrem Bischof oder auch eine einzelne Gemeinde oder Gruppe in Übereinstimmung mit der Lehre der Kirche zum Hören des Gotteswortes und zum gemeinsamen Beten und Singen versammelt, ist der Hohepriester Christus gegenwärtig (vgl. Mt 18,20). Darum ist auch ein solcher Gottesdienst durchströmt vom Pascha-Mysterium und geschieht zur Verherrlichung Gottes und zum Heil derer, die ihn feiern. Warum sollte auf ein solches gottesdienstliches Geschehen nicht die Wesensbestimmung von Liturgie zutreffen?

4. Träger (Subjekt) der Liturgie

Aus der Betrachtung des Wesens der Liturgie ist schon deutlich geworden, daß die beiden wesentlichen Träger des christlichen Gottesdienstes Christus und die Kirche sind. In der konkreten liturgischen Feier ist Kirche die versammelte Gemeinde bzw. Gruppe. Dabei nehmen die durch das Sakrament des dreigestuften Ordo bestellten *Amtsinhaber* einen besonderen Rang ein, also Bischöfe, Priester und Diakone. Manche liturgischen Handlungen sind ihnen ausschließlich vorbehalten, und zwar in manchen liturgischen Teilbereichen nicht nur aufgrund freier Rechtssetzung, sondern von der sakramentalen Vollmacht her. Aber auch die *Laien* sind kraft ihres in Taufe und Firmung empfangenen gemeinsamen Priestertums Mitträger des Gottesdienstes, eine „heilige Priesterschaft, um durch Jesus Christus geistige Opfer darzubringen, die Gott gefallen" (1 Petr 2,5; vgl. auch V. 9). Jeder einzelne Gläubige ist deshalb aufgerufen, sich bei den gottesdienstlichen Handlungen für das Wort Gottes zu öffnen, sich mit dem Lob-, Dank- und Bittgebet der Gemeinde zu verbinden und es mitzutragen und während und nach dem Gottesdienst Zeuge Christi in Glaube, Hoffnung und Liebe zu sein.

Das II. Vatikanum kleidet diese Haltung in das Wort von der *„tätigen*

---

[15] Vgl. *Ph. Harnoncourt*, Gesamtkirchliche und teilkirchliche Liturgie… (Freiburg i. Br. 1974).

Teilnahme" („participatio actuosa"). Allein die LK spricht an nicht weniger als 16 Stellen von dieser wesentlichen Haltung der Gläubigen und bestimmt sie näher als volle, bewußte, tätige, fromme und gemeinschaftliche Teilnahme, die aus dem Wesen der Liturgie erwächst und zu der das christliche Volk „kraft der Taufe Recht und Amt besitzt" (LK 14). Wenn auch die innere, seelisch-geistige Beteiligung unabdingbar ist und an erster Stelle zu stehen hat, so verlangt diese wegen der leib-geistigen Verfaßtheit des Menschen auch nach dem leibhaftigen sichtbar-spürbaren Ausdruck. Dabei kann sich diese tätige Teilnahme in vielen Formen und Äußerungen artikulieren, wie etwa in den Akklamationen, Antworten, Gebeten und Gesängen verschiedener Gestaltungen, in entsprechenden Körperhaltungen, wie Verneigung, Kniebeuge und Knien, Stehen und Sitzen, in Gebärden der Hände und äußeren Handlungen wie dem Herbeitragen der eucharistischen Gaben und caritativen Spenden. Das aufmerksame Hören und Schauen und gegebenenfalls auch das verinnerlichende Schweigen dürfen bei dieser Aufzählung nicht außer acht bleiben (vgl. LK 30). Ohne Zweifel ist es eine wichtige pastoralliturgische Aufgabe, den Gläubigen solche Beteiligung am Gottesdienst zu ermöglichen und ihren tiefen Sinn zu erschließen.

Unter den Laien als Mitträgern der Liturgie nehmen einige Gruppen eine besondere Rolle ein. Die LK erwähnt ausdrücklich „die Ministranten, Lektoren, Kommentatoren und die Mitglieder der Kirchenchöre", die einen „wahrhaft liturgischen Dienst" vollziehen (29). Hierzu sind aber auch zu zählen die Kommunionhelfer und die bestellten Leiter von priesterlosen Gottesdiensten, die Organisten und Kantoren und in gewissem Sinn auch die Küster (Mesner, Sakristane). Ohne Zweifel setzen solche Dienste neben dem geforderten technischen Können eine gediegene liturgische Bildung voraus[16].

Eine wichtige Bedeutung kommt auch dem „Arbeitskreis Liturgie" zu, der sich als Sachausschuß des Pfarrgemeinderates in enger Zusammenarbeit mit den Pfarrgeistlichen um eine optimale Gestaltung des Gottesdienstes bemüht[17].

---

[16] Eine rasche Orientierung über die einzelnen Dienste in PLHL.
[17] Ebd. 325 f.

II. KAPITEL

Geschichte der Liturgie

Der folgende Überblick kann nur die wichtigsten Entwicklungslinien des christlichen Gottesdienstes nachzeichnen. Um Verdoppelungen zu vermeiden, werden Entwicklungen in Teilbereichen nach Möglichkeit dem speziellen Teil zugewiesen. Das Schwergewicht liegt auf der abendländischen Liturgiegeschichte.

Man hat die Entfaltung der Liturgie mit dem Wachstum eines Baumes verglichen, der seine Wurzeln in der Urgemeinde hat, zum Teil aber auch in vorchristlicher Zeit, vor allem im jüdischen Gottesdienst. Im Lauf der Jahrhunderte treibt er neue Zweige, stößt manche davon wieder ab, wächst „in aller Mannigfaltigkeit jedoch als ein Ganzes, genährt aus dem einen Lebensgrunde Jesu Christi"[1]. Verbreitet ist auch der Vergleich mit einem Bauwerk, etwa einer Burg oder einem Dom, dessen ursprüngliche Anlage durch Umbauten oder Anbauten und durch neue Innenausstattungen im Ablauf der Zeit merklich verändert wird. Die ursprüngliche Gestalt läßt sich dann auf den ersten Blick oft nicht erkennen, sondern erschließt sich erst einem intensiven Studium[2]. Erst daraus ergeben sich auch Kriterien dafür, ob diese Änderungen der ursprünglichen Gestalt und Intention gerecht werden und ob und wie Reformen vorgenommen werden sollen.

1. Die Epoche der Anfänge

a) Die Liturgie in den neutestamentlichen Schriften

Im NT findet sich keine systematische Darstellung des urchristlichen Gottesdienstes, wohl aber eine Fülle von Einzelheiten und Andeutungen, die einer differenzierten Auslegung bedürfen.

Als regelmäßiger Ausdruck für die gottesdienstliche Feier der Urgemeinde finden sich im NT die Verben *zusammenkommen* und *sich versammeln*[3]. Ort der Zusammenkunft war für die Urgemeinde in Jerusalem zunächst der Tempel, wo sie zusammen mit ihren jüdischen Mitbürgern an den traditionellen Gebetsstunden teilnahmen[4]. Daneben gewan-

---

[1] *R. Stählin*, Die Geschichte des christlichen Gottesdienstes, in: Leiturgia I, 2.
[2] Vgl. ebd.; *Klauser*, Liturgiegeschichte 7 f; MS I, 2.
[3] Ausführlich bei *F. Hahn*, Der urchristliche Gottesdienst (Stuttgart 1970) 34 f.
[4] Vgl. Apg 2,46 a; 3, 1; 5, 12.42; 22,17.

nen die Versammlungen in den Wohnhäusern zunehmend an Bedeutung. Der Tempel hatte seine Rolle als einziger Ort gottesdienstlicher Zusammenkünfte bei den Christen verloren. Sowohl die Berichte über die Mähler mit dem Auferstandenen wie auch das Pfingstwunder machen deutlich, daß die Gemeinschaft mit dem erhöhten Herrn und die Sendung seines Geistes nicht an den Tempel gebunden sind.

Als Inhalt dieser häuslichen Versammlungen nennt die Apostelgeschichte das Brotbrechen und Mahlhalten „in Freude und Einfalt des Herzens" (2,46). Im Licht anderer Schriftstellen (z. B. Apg 20,7; 1 Kor 10,16 ff; 11, 17-34) ist darunter sowohl die brüderliche *Agape* wie auch das *eucharistische Mahl* zu verstehen. Damit verbunden ist die *Lobpreisung* Gottes und das *Bittgebet* (z. B. Apg 2,14.24.42.47; 4,24-31; 12,5b). Dabei war es fast selbstverständlich, daß Formen des jüdischen Gebetes wie die Berakot (= Lobpreisungen) und Einzelelemente wie das Halleluja, Amen, Hosanna mit einflossen. Bei allen gottesdienstlichen Zusammenkünften wußte die Gemeinde um die zugesagte Gegenwart ihres Herrn (Mt 18,20; 28,20) und seines verheißenen Geistes. Dabei wurde in der Verkündigung der Apostel und der anderen Augenzeugen des Lebens Jesu die Erinnerung an die Heilstaten Gottes lebendig. Diese „Glaubensschule" machte die einzelnen Jünger fähig, nicht nur selber an der Lehre der Apostel festzuhalten (Apg 2,42), sondern auch ihrerseits zu Zeugen der frohen Botschaft zu werden.

Insbesondere gewann die gottesdienstliche Versammlung am *Sonntag* schon früh an Bedeutung. Er war als der erste Tag der Woche der Tag der Auferstehung Jesu, an dem sich das Gedächtnis an dieses Grunddatum des Christusglaubens besonders nahelegte (vgl. Apg 20,7; 1 Kor 16,2; Offb 1,10). Daß der Ostersonntag schon früh als „Jahres-Pascha" besonders ausgezeichnet war, darf man u. a. aus 1 Kor 5,7 schließen, wo Paulus im Blick auf den jüdischen Festritus feststellt: „denn als unser Pascha-Lamm ist Christus geopfert worden". Mit diesem Heilsereignis hat das jüdische Pascha-Fest für die Christen einen neuen Sinn erlangt, wenn sich auch die endgültige Lösung von der jüdischen Festfeier als einem Gedächtnistag alttestamentlicher Heilsgeschichte in den judenchristlichen Gemeinden wahrscheinlich nur langsam vollzog[5].

Ein Grundelement neutestamentlicher Liturgie war die Spendung der *Taufe.* Ob sie bereits mit dem Wochen- oder Jahres-Pascha verbunden war, läßt sich aus den neutestamentlichen Schriften nicht eindeutig erkennen.

Lebendig steht im Bewußtsein des NT auch die Tatsache, daß Jesus, der selber Sünden nachgelassen hat, die *Vollmacht der Vergebung* in der Kraft des Heiligen Geistes seiner Kirche übertragen hat (Mt 16,19; 18,15-18; Joh 20,23).

Es besteht kein Zweifel, daß die urchristlichen Gemeinden Wort und Beispiel ihres Herrn bezüglich der dienenden *Nächstenliebe* eng mit ihren

---

[5] Siehe unten S. 257 f und *Adam*, Kirchenjahr 52.

Gottesdiensten verbanden und in ihrem Alltagsleben verwirklichten. Darauf weisen schon Schriftstellen wie Apg 4,32.34; 6,1; Röm 12,10.13 u. a. hin. Das gehörte zu jener Geisteshaltung der Christen, die Paulus in Röm 12,1 als „lebendiges und heiliges (Selbst-)Opfer" fordert und als „wahren und angemessenen Gottesdienst" proklamiert.

Eine feste *Ordnung des Gottesdienstes* läßt sich für diese Frühzeit nicht erkennen. Unübersehbar ist die geistgewirkte (charismatische) Vielfalt unter Mitwirkung vieler Gemeindemitglieder, wie sie in der Apostelgeschichte, den paulinischen und nachpaulinischen Briefen dokumentiert ist. Paulus will, daß den geistgewirkten Charismen ein weiter Raum gesichert ist: „Löscht den Geist nicht aus! Verachtet prophetische Reden nicht! Prüft alles, und behaltet das Gute!" (1 Thess 5,19-21.) Was wir heute „tätige Teilnahme" der Gemeindemitglieder nennen, kommt in der Mahnung zum Ausdruck: „Wenn ihr zusammenkommt, trägt jeder etwas bei: einer einen Psalm, ein anderer eine Lehre, der dritte eine Offenbarung; einer redet in Zungen, und ein anderer deutet es" (1 Kor 14,26). Diese reiche Vielfalt zeigt sich auch in den nachpaulinischen Gemeinden, wenn es z.B. in Eph 5,19 f heißt: „Laßt in eurer Mitte Psalmen, Hymnen und Lieder erklingen, wie der Geist sie eingibt. Singt und jubelt aus vollem Herzen zum Lob des Herrn! Sagt Gott, dem Vater, jederzeit Dank für alles im Namen Jesu Christi, unseres Herrn!" Gegenüber einer gewissen subjektivistischen Ausuferung gottesdienstlicher Beiträge, wie sie in 1 Kor 14 deutlich wird, betont Paulus, daß alles so geschehen soll, „daß es aufbaut ... alles soll in Anstand und Ordnung geschehen" (1 Kor 14,26.40).

Mit dem Aufkommen von Häretikern und Pseudocharismatikern wächst am Ende des 1. Jahrhunderts die Sorge um die Reinerhaltung der Lehre und des Gottesdienstes. Dies wird besonders in den Pastoralbriefen deutlich. „Allein Amtsträger, näherhin Episkopoi, Presbyteroi und Diakonoi, die durch Handauflegung in der apostolischen Nachfolge stehen, haben das Recht, im Namen Jesu zu handeln, auch im gottesdienstlichen Raum. Auf diese sind die Funktionen der Lehrer und Propheten übergegangen ... Nur noch am Rande wird das prophetische Element erwähnt (1 Tim 1,18; 4,14). Die amtlich-rechtliche Prägung des Gottesdienstes ist die notwendige Folge dieser Entwicklung[6]."

b) Die Liturgie in Dokumenten des 2.-3. Jahrhunderts

Als eine der „ältesten christlichen Schriften der nachapostolischen Zeit"[7] gibt uns die erst 1873 entdeckte *„Didache"* oder „Zwölfapostellehre" einige wichtige Aufschlüsse über das gottesdienstliche Leben zwischen 80 und 130[8], so über die Spendung der Taufe (Kap. 7), über Fasten und Ge-

---

[6] O. *Knoch*, „Jeder trage etwas bei" (1 Kor 14, 26) ..., in: Gemeinde im Herrenmahl 66.

[7] Vgl. *B. Altaner – A. Stuiber*, Patrologie ... (Freiburg i. Br. [8]1978) 81; als Entstehungszeit wird die erste Hälfte des 2. Jahrhunderts genannt.

[8] Vgl. *F. Hahn*, a.a.O. (Anm. 3) 81.

bet (Kap. 8) und die Feier der Agape und Eucharistie (Kap. 9 f), besonders deren Feier am Sonntag (Kap. 14), wobei diese als „Opfer" *(thysía)* mit Zitierung von Mal 1,11.14 bezeichnet wird. In Kapitel 15,2 findet sich eine Ermahnung zu häufigen Zusammenkünften um des Seelenheiles willen.

Der im Jahre 96 geschriebene *Brief des Papstes Klemens* an die Gemeinde in Korinth ist ein Beispiel für die sich ausbreitende Sitte, jüdische Gebetstexte in den christlichen Bereich aufzunehmen (Kap. 59-61).

Die ums Jahr 110 verfaßten sieben Briefe des Bischofs *Ignatius von Antiochien* lassen die schon in den Pastoralbriefen erkennbare Sorge, den Gottesdienst vor Verfälschung durch Irrlehrer zu schützen, besonders deutlich erkennen. Darum sollen sowohl Taufe wie auch Eucharistie, Agape und Eheschließung nur in Übereinstimmung mit dem Bischof vorgenommen werden: „Nur was jener geprüft hat, ist Gott wohlgefällig, auf daß alles, was geschieht, sicher und zuverlässig sei.[9]" Während Ignatius es als Kennzeichen der Irrlehrer betrachtet, sich vom „Herrenmahl und Gebet" fernzuhalten[9a], ermahnt er im Brief an die Gemeinde in Ephesus, häufiger zur Eucharistie und zum Lobgebet zusammenzukommen, damit „die Macht Satans gebrochen und sein verderblicher Einfluß in der Eintracht eures Glaubens aufgehoben wird"[10], eine Mahnung, die ähnlich wie in Didache 15,2 und Hebr 10,25 wohl auf eine einsetzende Gleichgültigkeit und Laxheit im Gottesdienstbesuch schließen läßt.

Der Brief des Statthalters *Plinius d.J.* von Bithynien an Kaiser *Trajan* aus dem Jahre 112 berichtet von zwei gottesdienstlichen Versammlungen der Christen an einem festgesetzten Tag. Die eine findet noch vor Tagesanbruch statt, wobei Christus „wie einem Gott" im Wechselgesang Loblieder gesungen würden und die Christen sich zu bestimmten Geboten eidlich verpflichten. Am Abend kämen sie zu einem harmlosen Mahl zusammen. *J.A. Jungmann* u.a. vermuten in der ersten Zusammenkunft die Eucharistiefeier, in der zweiten eine Agape[11]. Andere deuten die Morgenfeier als Wortgottesdienst oder auch als Tauffeier, das abendliche Mahl aber als Eucharistie[12].

Wertvolle Kenntnisse über den christlichen Gottesdienst um das Jahr 150 vermittelt uns die erste Apologie des Philosophen und Märtyrers *Justin* (✝ um 165). Neben den Ausführungen über die Taufe (Kap. 61) finden die Kapitel 65-67 unser besonderes Interesse, weil sie den eucharistischen Gottesdienst beschreiben. Am Anfang steht ein Wortgottesdienst, bei dem die „Denkwürdigkeiten der Apostel" und die Schriften der Propheten verlesen werden. Es folgen die Homilie des Vorstehers und die Gebete der Gläubigen. Nach der Gabenbereitung (Brot, Wein und Wasser wer-

---

[9] Ad Smyrn. 8: *Bihlmeyer* 108. [9a] Ebd. 7.
[10] 13: *Bihlmeyer* 86.
[11] MS I, 23 f.
[12] Vgl. *R. Stählin*, a.a.O. (Anm. 1) 17.

den herbeigebracht) spricht der Vorsteher das „Gebet der Danksagung", dem das Volk mit Amen zustimmt. „Dann findet die Austeilung dessen, worüber die Danksagung gesprochen ist, an alle Anwesenden statt und wird den Abwesenden durch die Diakone zugeschickt.[13]"

Den Wortlaut liturgischer Texte erfahren wir erstmals aus der um 215 geschriebenen Kirchenordnung des römischen Priesters und späteren Gegenpapstes *Hippolyt* († 235), der sich als Vertreter der konservativen Kreise darum bemüht, die „Apostolische Überlieferung" (so die Übersetzung des griechischen Titels) vor Verfälschungen zu bewahren. Diese Texte beziehen sich auf Taufe, Eucharistie, den dreigestuften Ordo, Segnungen, Gebete und Agape. Darunter befindet sich u. a. ein eucharistisches „Hochgebet", das nach dem II. Vatikanum als Hochgebet II mit einigen Anpassungen in das Römische Missale aufgenommen wurde. Bei aller Ausformulierung der Texte anerkennt jedoch *Hippolyt* das Recht der freien Textgestaltung durch den Bischof, wenn er dazu in der Lage ist[14].

Was Hippolyt über Taufe, Eucharistie und Übertragung des kirchlichen Amtes überliefert, wird im wesentlichen auch von den Schriften *Tertullians* († um 220) und *Cyprians* († 258) bestätigt.

Zusammenfassend läßt sich für die ersten drei Jahrhunderte feststellen, daß es bei aller Mannigfaltigkeit in Textgestaltung und Einzelriten in der Gesamtkirche doch eine einheitliche Struktur des christlichen Gottesdienstes gab. Dies gilt vor allem für die Feier der Eucharistie. „Bei aller Verschiedenheit im einzelnen läßt sich von einer einheitlichen Grundgestalt des Abendmahls sprechen. Die Unterschiede sind nicht grundsätzlicher Art, sondern solche der Betonung."[15] Man hat von einem „Justinischen Schema" (*L. Fendt*) gesprochen, das den eucharistischen Gottesdiensten der meisten Liturgien bis heute zugrunde liegt. So wird es auch verständlich, daß Bischof *Polykarp von Smyrna* bei seinem Besuch in Rom im Jahre 154 auf Einladung des Papstes *Anicet* die Eucharistie feiern kann und diese Geste der Gemeinschaft von der syrischen Didaskalie (um 250) für ähnliche Fälle empfohlen wird.[16]

2. *Der christliche Gottesdienst im 4.-6. Jahrhundert*

Mit dem Toleranzprogramm des Kaisers *Konstantin*, das er zusammen mit *Licinius* 313 in Mailand entworfen und den Statthaltern der Provinzen in Form eines Reskriptes zugestellt hatte („Toleranzreskript von Mailand"), erfährt das Christentum volle Freiheit und Gleichberechtigung mit anderen Religionen. Es folgen mehrere Privilegien zugunsten der

---

[13] Kap. 67, Übersetzung nach MS I, 30.
[14] Vgl. MS I, 39. Kritische Ausgabe: *B. Botte*, La tradition apostolique de Saint Hippolyte (LQF 39) (Münster ³1966).
[15] *R. Stählin*, a.a.O. (Anm. 1) 24; vgl. auch *W. Nagel*, Geschichte des christlichen Gottesdienstes (Berlin ²1970) 88.   [16] Vgl. MS I, 42.

Christen bis zur Proklamation als allein berechtigter Staatsreligion im Jahre 380 unter den Kaisern *Gratian* (Westen) und *Theodosius* (Osten). Aus der verfolgten Kirche von einst wird die privilegierte Reichskirche.

a) Auswirkungen der konstantinischen Wende auf den Gottesdienst

Die konstantinische Wende hatte auch Auswirkungen auf den Gottesdienst der Kirche. Dies zeigt sich schon im äußeren Erscheinungsbild der Kirche. Die Gottesdienste, vor allem in den großen Städten, finden jetzt in prächtigen Basiliken statt, erbaut vor allem mit Hilfe des Kaisers und seiner Familienmitglieder (z.B. Kaiserinmutter *Helena*)[17]. Dies bringt von selbst eine feierlichere Liturgie mit sich. Hinzu kommt, daß die Bischöfe den obersten Reichsbeamten gleichgestellt werden. Entsprechend dem kaiserlichen Hofzeremoniell werden sie nun beim feierlichen Einzug in die Basiliken von Licht- und Weihrauchträgern begleitet und an einen Thron geleitet. Wie der Kaiser und seine höchsten Beamten wird ihnen als Zeichen der Ehrerbietung die Verneigung und Proskynesis (das Sichniederwerfen und Berühren des Bodens mit der Stirn) erwiesen. Die gesellschaftliche Aufwertung des Bischofs und seines Klerus führt auch zu einer festlichen Amtskleidung mit bestimmten Insignien, wie Stola, Pallium und Manipel, woraus sich die spätere liturgische Gewandung entwickelt (s. unten S. 73 f). „Soweit wir wissen, haben nur wenige Bischöfe Bedenken getragen, ihren staatlichen Insignien und Ehrenrechten Gewicht beizulegen und im gottesdienstlichen Raum von ihnen Gebrauch zu machen. Diese wenigen freilich gehörten zu den besten ihrer Zeit: *Hilarius von Poitiers, Martin von Tours, Fulgentius von Ruspe* und *Augustinus*. Die Mehrheit aber hat wohl gemeint, die Autorität der Kirche könne gewinnen, wenn die Träger dieser Autorität nun auch noch mit dem Glanz staatlicher Rangabzeichen und staatlichen Zeremoniells umgeben waren.[18]"

Während sich so die Kirche für manche von außen kommende Prachtentfaltung aufgeschlossen zeigt, verhält sie sich der reichen *Musikkultur* der Antike gegenüber ablehnend. Dies dürfte seinen Grund vor allem darin haben, daß bei den vielfältigen heidnischen Opfern Musikinstrumente eine große Rolle spielten und als Teil des Kultes betrachtet wurden. „Bei den Römern war bei jedem Opfer die Flöte vorgeschrieben, bei den Griechen die Lyra und das Tympanon. Man gebrauchte die Musik, um Dämonen abzuwehren…, um Götter herbeizurufen.[19]" Statt dessen begnügten sich die Christen mit dem responsorischen Gesang, erst später trat auch der antiphonische (mit zwei Gesangsgruppen) hinzu. Besondere

---

[17] Vgl. *Adam*, Kirchenbau 19-26.
[18] *Klauser*, Liturgiegeschichte 38; *ders.*, Der Ursprung der bischöflichen Insignien und Ehrenrechte (Krefeld o.J.).
[19] *Jungmann*, Frühzeit 112; vgl. auch *J. Quasten*, Musik und Gesang in den Kulturen der heidnischen Antike und christlichen Frühzeit (München 1930).

Förderung erfuhr der Kirchengesang durch *Ambrosius von Mailand*, der nicht nur den Psalmengesang mit seiner Gemeinde einübte, sondern auch selber „Hymnen" dichtete. Kein Geringerer als *Augustinus* hat nach seiner Bekehrung in tiefer Rührung und unter Tränen diesen Gesängen gelauscht (Bekenntnisse IX,6) und den großen Nutzen dieser Einrichtung gerühmt (ebd. X,33). „Seitdem hat man diese Einrichtung bis auf den heutigen Tag beibehalten, und schon ahmen sie viele, ja fast alle deine Gemeinden auf dem übrigen Erdkreis nach" (ebd. IX,7).

Eine wesentliche Erleichterung des sonntäglichen Gottesdienstbesuches bedeutet das Gesetz *Konstantins* vom 3. März 321. Es erklärt „den verehrungswürdigen Tag der Sonne" zum Ruhetag für alle Richter, die Stadtbevölkerung und alle Gewerbetreibenden. Die Landbevölkerung darf ihrer Arbeit nachgehen, um nicht die Stunden günstiger Witterung zu versäumen. Wenige Monate später (3. Juli) verfügt ein weiteres Gesetz, daß die wünschenswerte Freilassung von Sklaven nicht unter das Ruhegebot fällt. Die weitere Entwicklung führt dazu, daß die Arbeitsruhe immer stärker in die Mitte der Sonntagsheiligung gerückt wird. „Knechtliche Arbeiten" (opera servilia) am Sonntag gelten als schwerer Verstoß gegen staatliche und kirchliche Gesetze und werden mit drakonischen Maßnahmen verfolgt. Dabei beruft man sich auch auf die alttestamentliche Sabbatgesetzgebung, obwohl doch früher zahlreiche kirchliche Schriftsteller deutlich gemacht hatten, daß dieses Verbot zu den jüdischen Zeremonialgesetzen gehört und die Christen nicht bindet[20].

Im Zusammenhang mit der Abwehr des Arianismus, der die Gottheit Christi bestritt, verändern sich auch manche *Gebetsformen*. So wird aus der weitverbreiteten Bitte an den „Vater durch den Sohn im Heiligen Geist" die Schlußformel „den Vater und den Sohn und den Heiligen Geist". Auch wenden sich manche Gebetsanreden jetzt unmittelbar an Jesus Christus und nicht mehr an den Vater. Die Ehrfurcht vor dem in der Eucharistie gegenwärtigen Herrn als dem wesensgleichen Gottessohn steigert sich immer mehr. Man spricht vom „mysterium tremendum", dem schauervollen Geheimnis, dem man sich nur in Furcht und Zittern nahen dürfe[21]. Schon im 4. Jahrhundert gibt es Beispiele dafür, daß man die Einsetzungsworte und die Gebete davor und danach (Postsanctus und Anamnese) nur noch leise spricht. Die Trennungslinie zwischen Altar und Gemeinde wird verstärkt, indem man die Altarschranken erhöht und sie (besonders im Osten) mit Vorhängen versieht, um während der entscheidenden Gebete der Anaphora (= Hochgebet) den Blick zum Altar zu verhindern. Hieraus entwickelt sich die spätere Ikonostase der byzantinischen Kirche. Aber die bedauerlichste Folge war das *Nachlassen des Kommunionempfangs.* Im Osten begnügt man sich schon im 4. Jahrhun-

---

[20] Belege und ausführlicher bei *Adam*, Kirchenjahr 42 f.
[21] Zur Deutung des „mysterium tremendum" vgl. *R. Kaczynski*, Das Wort Gottes in Liturgie und Alltag der Gemeinden des Johannes Chrysostomus (Freiburg i. Br. u.a. 1974) 246-249, bes. Anm. 866.

dert mit dem ein- bis zweimaligen Kommunionempfang im Jahr, einer Sitte, der der Westen nur wenig später ebenfalls folgt. Dies lag sicher nicht im Vermächtnis Christi, und man wird dem evangelischen Liturgiehistoriker *W. Nagel* zustimmen müssen, wenn er schreibt: „Wie weit war die Feier des Herrenmahles der einstigen Freude an der Gemeinschaft mit dem gegenwärtig Geglaubten und dem zukunftsfrohen Ausblicken auf den Tag seiner Parusie entfremdet!"[22]

In dem Maß, als aufgrund der Privilegierung der Kirche und ihrer Erhebung zur verpflichtenden Staatsreligion breite Volksmassen in die Kirche einströmen, stellt sich auch die Gefahr einer *Verflachung* der gottesdienstlichen Mitfeier ein. Wir erfahren dies z. B. von *Augustinus*. Er führt nicht nur bewegte Klage darüber, daß viele sich mit dem Eintrag in die Katechumenenlisten begnügen und die Taufe hinausschieben, sondern tadelt auch „die Masse des Theaterpublikums", das an Festtagen die Gottesdienste mehr aus äußeren Beweggründen statt aus echter Frömmigkeit besucht. „Hat sich inzwischen in der Kirche nicht eine so große Masse angesammelt, daß wir vor lauter Spreu fast keinen Weizen mehr sehen?... Wenn etwas Geistliches gesagt oder befohlen wird, widersetzen sie sich, folgen ihrem Fleisch und widerstreben dem Heiligen Geist."[23]

Mit dem Ende der Christenverfolgungen nach der konstantinischen Wende wird den *Märtyrern* des Glaubens besondere Aufmerksamkeit und Verehrung zuteil. Die Anfänge dieser Verehrung begegnen uns schon früh vor allem im Osten, wo z. B. um die Mitte des 2. Jahrhunderts die Gemeinde von Smyrna in Kleinasien das Jahresgedächtnis ihres Märtyrerbischofs Polykarp († 155 oder 156) „in Freude und Frohlocken" begeht[24]. Auch im Westen gewinnt die Verehrung der Märtyrer zunehmend an Volkstümlichkeit. Man sieht ihren Zeugentod in Verbindung mit dem Pascha-Geheimnis Christi und mißt den Anrufungen der Märtyrer größte Wirksamkeit bei, besonders wenn sie am Grab des Märtyrers gesprochen werden. Später übernehmen auch andere Gemeinden die Verehrung bedeutender Märtyrer in ihren Festkalender und ersetzen das fehlende Grab durch Reliquien (auch Berührungsreliquien = brandea) und in einer späteren Epoche auch durch Bilder[25].

Für die Ausgestaltung des *Gebetes*, insbesondere für die Entwicklung des täglichen *Stundengebetes*, war die Erstarkung des Mönchtums im 4. Jahrhundert von besonderer Bedeutung. Mönche und gottgeweihte Jungfrauen schlossen sich seit dem 4. Jahrhundert allenthalben zu Gemeinschaften zusammen. „Sie haben zwar ihre Klöster mit Vorliebe in der Einsamkeit errichtet... Aber gerade in Italien sind solche Klöster

---

[22] A. a. O. (Anm. 15) S. 56 f.

[23] Serm. 252, 4; vgl. *F. van der Meer*, Augustinus der Seelsorger (Köln 1951) 209-217.

[24] Mart. Polycarpi 18: *Bihlmeyer* I, 130; vgl. *Jungmann*, Frühzeit 165.

[25] Näheres bei *Th. Klauser*, Christlicher Märtyrerkult, heidnischer Heroenkult und spätjüdische Heiligenverehrung (Köln – Opladen 1960); *B. Kötting*, Art. Heiligenverehrung, in: HthG I, 633-641.

auch in der Stadt entstanden, und zwar vor allem in der Nähe berühmter Märtyrergräber bei der zugehörigen Basilika... Diese Klostergründungen waren offenbar aus dem Verlangen hervorgegangen, daß in der Basilika, die über dem Grab erbaut war, das Stundengebet in der Weise der Mönche nie verstummen sollte[26].

b) Die Bildung von Liturgiefamilien in Ost und West

Von großer Bedeutung für die weitere Gestaltung der Liturgie wird der Einfluß der großen kirchlichen Zentren, der sich nach der konstantinischen Wende in theologisch-disziplinärer und liturgischer Hinsicht steigert. Nicht überall gelingt es jedoch, die regionalen Unterschiede zu beseitigen. Im Gegenteil – es entstehen und verfestigen sich neue Ritengruppen, wobei sowohl die theologischen Auseinandersetzungen um Trinität und Christologie als auch völkisch-kulturelle wie politische Komponenten wirksam werden. Es bedarf schon eines genauen Hinschauens, um sich in diesem „Labyrinth der Gottesdienstformen in Ost und West"[27] zurechtzufinden. Allerdings läßt es unser gestraffter Überblick nicht zu, eine eingehende Inhaltsbeschreibung zu geben. Manches wird bei den Teilbereichen der Liturgie genauer behandelt.

b 1) Die orientalischen Liturgien

Ältestes Patriarchat und beherrschendes kirchliches Zentrum im Osten war *Antiochien*, die Hauptstadt der römisch-byzantinischen Provinz Syrien. Während die Stadt selbst und die vorgelagerten Küstengebiete von griechischer Sprache und Kultur geprägt waren, sprachen das Hinterland und die an Persien angrenzenden Gebiete ihre syrisch-aramäischen Dialekte. Die in den ersten Jahrhunderten in Antiochien gewachsene Liturgie (= westsyrische Liturgie) heißt auch *Jakobus-Liturgie* nach der aus Jerusalem stammenden Jakobus-Anaphora. Wir begegnen ihr in der Didaskalie, in den Apostolischen Konstitutionen vom Ende des 4. Jahrhunderts und in den Predigten des *Johannes Chrysostomus* († 407) und des Bischofs *Theodor von Mopsuestia* († 428).

Von dieser in griechischer Sprache gefeierten Jakobus-Liturgie ist die *jakobitische Liturgie* des 6. Jahrhunderts zu unterscheiden, benannt nach ihrem Organisator *Jakob Baradai* († 577). Sie überträgt die Jakobus-Liturgie ins Syrische und verbindet sie mit monophysitischen Tendenzen und ostsyrischen Elementen. Später kommen byzantinische Einflüsse hinzu.

Als *Melchiten* bezeichnet man die orthodox gebliebenen Christen, die sich eng an Byzanz anlehnen und im 12. Jahrhundert den byzantinischen Ritus ganz übernehmen. Die *Maroniten* im Libanon, benannt nach dem

---

[26] *Jungmann*, Frühzeit 270.
[27] *Wegman* 79.

Mönch Maro, haben eine Liturgie vom westsyrischen Typ mit ostsyrischen Besonderheiten. Seit den Kreuzzügen ist sie nach der Union mit Rom stark latinisiert worden.

Die ostsyrischen Gebiete mit den Zentren Edessa und Nisibis (Mesopotamien = Irak) kamen schon früh unter persische Herrschaft und gerieten damit in eine starke Isolation gegenüber dem Westen. Nach dem Konzil von Ephesus (431) schlossen sie sich dem Nestorianismus an. Ihre Liturgie, die auch *syro-mesopotamische* genannt wird, enthält zahlreiche ursprüngliche Elemente und gibt der Forschung manche Probleme auf. So enthält die vielgebrauchte „Apostel-Anaphora" der hll. *Addai und Mari* keine Einsetzungsworte.

Eine lebhafte Missionstätigkeit dieser „nestorianischen Kirche" verbreitete das Christentum u. a. auch an die Südwestküste Indiens *(Malabar, heute Kerala)*, wo es die Jahrhunderte überdauerte. Weil diese Inder ihren Glauben auf den Apostel Thomas zurückführen, heißen sie auch Thomaschristen. Als die Portugiesen im 16. Jahrhundert dort Fuß fassen, beginnt eine rigorose Latinisierung, worauf ein Teil dieser Malabarchristen sich von Rom abwandte und sich als „Malankaren" dem syro-antiochenischen Patriarchat anschloß. 1962 und erst recht im Gefolge des II. Vatikanums wurde den Malabaren ihr alter Ritus wieder gestattet[28].

Als *Chaldäer* bezeichnet man die mit Rom unierten Christen des syro-mesopotamischen Ritus, die hauptsächlich im heutigen Syrien und im Irak, aber auch auf Zypern leben.

Im *Patriarchat von Alexandrien* finden wir zuerst die sogenannte Markus-Liturgie, die stark von Syrien beeinflußt ist. Eines der wenigen uns erhaltenen Dokumente ist das Euchologion des Bischofs *Serapion von Thmuis* (Unterägypten) aus der Mitte des 4. Jahrhunderts. Das Patriarchat schließt sich nach dem Konzil von Chalzedon (451) den Monophysiten an. Aus einer Überarbeitung und Übersetzung der Markus-Liturgie entwickelt sich der *koptische* (= ägyptische) und *äthiopische* (abessinische) Ritus. Die orthodox bleibenden Christen (hauptsächlich an den Küstenstrichen) schließen sich stärker dem byzantinischen Ritus an und werden, wie in Westsyrien, *Melchiten* (= die Kaiserlichen) genannt[29].

Besondere Bedeutung für die Liturgiegeschichte erlangt *Jerusalem*. Im kirchenrechtlichen Sinn wurde es zwar erst auf dem Konzil von Chalzedon (451) zum Patriarchat erhoben; aber seine Verbindung mit der christlichen Heilsgeschichte läßt es besonders seit dem 4. Jahrhundert zu einem bevorzugten Wallfahrtsort und „Pietätszentrum" werden. *Konstantin* und seine Familie lassen an den heiligen Stätten prachtvolle Kir-

---

[28] Vgl. *F. Chirayath*, Taufliturgie des Syro-Malabarischen Ritus ... (Das östl. Christ. NF Bd. 32) (Würzburg 1981).

[29] Näheres zu den östlichen Riten u. a. bei *I.-H. Dalmais*, Die Liturgie der Ostkirchen (Aschaffenburg 1960); *W. Nyssen* u. a. (Hg.), Handbuch der Ostkirchenkunde, Bd. I (Düsseldorf 1984); *J. M. Hanssens*, Institutiones liturgicae de Ritibus orientalibus (Rom 1930-32).

chen erbauen, in denen sich das ganze Jahr hindurch zahlreiche Pilger versammeln und täglich Gottesdienste gefeiert werden. Darüber berichtet um das Jahr 400 ausführlich die südfranzösische Pilgerin *Egeria* (Aetheria)[30] Die dortigen gottesdienstlichen Feiern werden durch die zahlreichen Pilger auch in anderen Ländern bekannt und gern nachgeahmt. Wichtige Kenntnisse der Liturgie von Jerusalem vermitteln uns auch die „mystagogischen Katechesen", die früher meist *Cyrill von Jerusalem* zugeschrieben wurden, jetzt aber häufiger seinem Nachfolger *Johannes*. Bei der eucharistischen Feier wird meist die Jakobus-Anaphora benutzt, die von dort aus auch den Weg in andere Regionen fand. Auch das Stundengebet und der Festzyklus Jerusalems wurden für andere Teile der Kirche bestimmend (so Karwoche und Pascha-Feier, Christi Himmelfahrt, Pfingsten und verschiedene Marienfeste). Von hier aus tritt deutlich ein historisierendes Element in die Liturgie ein, was sich auch in der Auswahl der Lesungen an den einzelnen Festen zeigt.

Die größte Verbreitung unter den zahlreichen östlichen Liturgien erlangte die von *Byzanz*. Dies hat mehrere Gründe: Der Patriarch von Byzanz erlangt im Zusammenhang mit der Residenz des Kaisers einen Vorrang vor allen anderen Patriarchen des Ostens (offiziell seit 451); die alten Patriarchate von Antiochien und Alexandrien werden monophysitisch und geraten früh in den Machtbereich des Islams. Bedeutungsvoll für die weitere Ausbreitung der byzantinischen Liturgie wird die Missionstätigkeit der hll. *Cyrill und Methodius*, durch die sie ins Altslawische übersetzt wird (zweite Hälfte des 9. Jahrhunderts), und ihre Übernahme durch das russische Reich (987).

Ihre Wurzeln gehen vor allem auf Antiochien und Kappadozien, aber auch auf Jerusalem zurück. Ihre am häufigsten gebrauchte eucharistische Liturgie ist die nach dem hl. *Chrysostomus* (354-407) benannte, die aber erst im 8. Jahrhundert vollendet wurde. An zwölf Tagen des Jahres wird die Liturgie des hl. *Basilius* (329-379), eines Kappadoziers, gefeiert. Daneben gibt es noch die „Liturgie der vorgeheiligten Gaben" an besonderen Tagen[31].

Der byzantinischen sehr ähnlich ist die *armenische Liturgie*. Sie geht z.T. auf gemeinsame antiochenische und kappadozische Wurzeln zurück, hat aber auch direkte byzantinische Einflüsse erfahren.

Zum Schluß sei noch die *georgische oder grusinische Liturgie* erwähnt, verbreitet im Bereich der heutigen Sowjetrepublik Georgien mit der Hauptstadt Tiflis. Ursprünglich stark von Armenien und Syrien abhängig, wurde sie später „russifiziert", d.h., sie kam unter den Einfluß der russisch-byzantinischen Liturgie. Die Kirche von Georgien (Grusinien) ist heute Mitglied im Ökumenischen Rat. In Deutschland existiert die Georgisch-Orthodoxe Kirche mit einem Propst in München.

---

[30] Itinerarium Egeriae, hg. von *A. Franceschini – R. Weber* (Tournholt 1968); deutsche Ausgabe u.a. Klosterneuburg 1958.

[31] Ausführlich informiert *H.-J. Schulz*, Die byzantinische Liturgie (Trier ²1980); eine

b 2) Die abendländischen Liturgien

Im Westen lassen sich zwei Grundtypen der Liturgie feststellen: die nordafrikanisch-römische und die gallische.

Über die Gestalt der *nordafrikanischen Liturgie* sind wir vor allem durch die Schriften des hl. *Augustinus* unterrichtet[32]. Die Sprache war wohl von Anfang an lateinisch, im Gegensatz zu Rom, wo das Griechische (vgl. Kirchenordnung Hippolyts) erst im Lauf des 4. Jahrhunderts der lateinischen Sprache weichen mußte[33]. Aus einer Synode von Hippo im Jahre 393[34] erfahren wir, daß es in den einzelnen Bistümern keine einheitlichen Texte gab. Vielmehr konnte jeder Bischof eigene oder fremde Texte verwenden, sollte sie aber vorher von sachverständigen Mitbrüdern prüfen lassen. Diese Bestimmung kehrt in der Folgezeit in mehreren afrikanischen Synoden wieder[35]. Was jedoch die Gesamtstruktur, vor allem die Meßfeier und das Kirchenjahr, betrifft, so besteht eine starke Übereinstimmung mit der *römischen Liturgie*.

Von dieser erfahren wir zwar für das 4.-6. Jahrhundert manche Einzelheiten, aber die eigentlichen liturgischen Texte sind – wider Erwarten – verhältnismäßig spät überliefert. Ältestes Dokument ist das *„Sacramentarium Veronense"*, das man lange dem Papst *Leo I.* (440-461) zugeschrieben hat, in Wirklichkeit aber erst in der zweiten Hälfte des 6. Jahrhunderts entstanden ist. Es handelt sich dabei um eine Zusammenstellung älterer „libelli", das sind Blätter bzw. Hefte, auf denen die Texte bestimmter römischer Gottesdienste im Ablauf des Jahres notiert sind, wobei für manche Festtage mehrere Formulare Aufnahme gefunden haben (für das Fest der Apostel Petrus und Paulus allein 28). Die Monate Januar bis April einschließlich der Quadragesima und des Osterfestes sind nicht enthalten[36]. Das zweite Sakramentar wurde Papst *Gelasius I.* (492-496) zugeschrieben, entstand aber (als Altgelasianum) wohl erst Mitte des 7. Jahrhunderts als Sakramentar einer römischen Titelkirche[37]. Das *Sacramentarium Gregorianum* dürfte von Papst *Gregor I.* (590-604) um 592 redigiert worden sein, und zwar als Jahressakramentar für die päpstlichen

---

Art Volksmeßbuch einschließlich der Sakramentenliturgie ist das Buch von *S. Heitz*, Der orthodoxe Gottesdienst (Mainz 1965).

[32] *W. Rötzer*, Des hl. Augustinus Schriften als liturgiegeschichtliche Quelle (München 1930); vgl. *F. van der Meer*, a.a.O. (Anm. 23).

[33] Vgl. *Th. Klauser*, Der Übergang der römischen Kirche von der griechischen zur lateinischen Liturgiesprache, in: Miscellanea G. Mercati I (Città del Vaticano 1946) 467-482; *ders.*, Liturgiegeschichte 23-28.

[34] Can. 21: *Mansi* 3 (1759) 922.

[35] Vgl. *Neunheuser*, Storia 57.

[36] Wichtigste Ausgabe: *L. C. Mohlberg*, Sacramentarium Veronense (Rom 1956); zu den „libelli" vgl. *A. Stuiber*, Libelli sacramentorum romani ... (Theophaneia Bd. 6) (Bonn 1950).

[37] Ausgaben u.a. von *L. C. Mohlberg* (Rom 1960); vgl. *A. Chavasse*, Le sacramentaire Gélasien (Paris 1958).

Gottesdienste (Stationsgottesdienste). Ein überarbeitetes Exemplar schickte Papst *Hadrian I.* (772-795) an Kaiser *Karl d. Gr.* Für die Bedürfnisse der fränkischen Kirche wurde es dort mit einem Anhang versehen („Hucusque"). Überhaupt entstanden im 8. Jahrhundert und später zahlreiche Mischformen, die man auch als *Junggelasiana* bezeichnet[38].

Trotz der verhältnismäßig späten Entstehungszeit der römischen Sakramentare hat die Forschung erwiesen, daß manche der Texte auf *Leo I.*, andere auf die Päpste *Gelasius I.* und *Vigilius* (537-555) zurückgehen. Besondere Verdienste um die Neuordnung der römischen Liturgie erwarb sich *Gregor I.* In allen altrömischen Gebeten begegnet uns eine knappe, sachlich-nüchterne, fast juristische Sprache und ein Verzicht auf poetische und gefühlsbetonte Prägungen des Ritus. Ein bedeutender Forscher spricht vom „Puritanismus der römischen Liturgie"[39]. Diese Sprachgestalt entsprach der damals hochgeschätzten römischen Rhetorik. „Die Gesetze des ‚Cursus' mußten beobachtet werden. Man verstand darunter die wohlklingenden Schlußkadenzen am Ende eines Satzes, für die es bestimmte Regeln gab: ... régna perdúcat (cursus planus); ... plácita pietáti (cursus velox); ... méntis et córporis (cursus tardus)[40]. Für die römische Meßfeier charakteristisch ist der Gebrauch eines einzigen Hochgebetes (Kanon), der nur für wenige Teilgebete kleinere Änderungen vorsieht.

Zum *gallischen Liturgietyp* zählen alle abendländischen Riten außerhalb des römischen Umfeldes. Bei aller Verschiedenheit stimmen sie darin überein, daß sie stark von östlichen Riten, insbesondere dem byzantinischen, beeinflußt sind; die (lateinische) Sprache ist weitschweifiger und farbiger, das Zeremoniell dramatischer. In Auswirkung des Antiarianismus wenden sich die Gebete im Gegensatz zur römischen Gepflogenheit öfter direkt an Christus.

Im einzelnen unterscheiden wir:

Die altspanische Liturgie, auch westgotische und nach der Besetzung Südspaniens durch die islamischen Araber auch mozarabische Liturgie genannt.

Die altgallische oder auch gallikanische Liturgie wurde in Gallien gefeiert, mit zahlreichen örtlichen Besonderheiten, weil ein überragendes und einendes Zentrum fehlte.

Die keltische Liturgie bei den Iren, Schotten und in Wales ist stark von altspanischen, altgallischen und auch römischen Elementen geprägt. Ihre Überlieferung ist sehr mangelhaft und datiert aus späterer Zeit. Wichtigstes Dokument ist das Stowe-Missale (8. und 10. Jahrhundert).

Die Mailänder Liturgie wird heute noch in der gesamten Kirchenprovinz Mailand gefeiert. Erst im 8. Jahrhundert wurde sie auf den hl. *Ambrosius* zurückgeführt und deshalb auch Ambrosianische Liturgie genannt. Ihr eigentlicher Ursprung ist noch in Dunkel gehüllt. Vielleicht

---

[38] *K. Gamber,* Codices liturgici latini antiquiores (Fribourg ²1968).
[39] *E. Bishop,* La réforme liturgique de Charlemagne, in: EL 45 (1931) 186-207, hier 204.
[40] *Jungmann,* Frühzeit 115 f.

besitzt sie die gleiche Urform wie die römische Liturgie. Über ihre ältere Gestalt vermitteln uns die Schriften des *Ambrosius* (ca. 340-397) „De mysteriis" und „De sacramentis" zahlreiche Einzelheiten. Der Kanon ist im wesentlichen der römische, sonst finden sich viele Gemeinsamkeiten mit der gallikanischen Liturgie[41]. Zu den Verdiensten des Ambrosius um den gottesdienstlichen Gesang s. oben S. 25.

3. Die abendländische Liturgie im Mittelalter

In den folgenden Abschnitten wenden wir uns vorwiegend der Entwicklung der römischen Liturgie zu.

a) Die Epoche der liturgischen Austauschbeziehungen

Mit dem 7. Jahrhundert beginnt nördlich der Alpen ein weitreichender Verschmelzungsprozeß von römischer und gallisch-fränkischer Liturgie, so daß man von Jahrhunderten des Übergangs sprechen kann. Triebkräfte waren sowohl die allgemeine Hochschätzung der römischen Kirche wegen ihrer Herkunft von Petrus wie auch eine weitverbreitete Unsicherheit und Unzufriedenheit mit dem vielgestaltigen gallischen Liturgietyp bei vielen Bischöfen und Äbten. Für den angelsächsischen Missionsbischof *Bonifatius* war es ein wichtiges Anliegen, die germanischen Stämme fester an Rom und seine Liturgie zu binden. Dieses Bestreben kennzeichnet auch das Bemühen König *Pippins,* der im Jahre 754 die römische Liturgie für sein Reich vorschreibt. *Karl d. Gr.* vollendet dieses Werk durch entsprechende Gesetze der Jahre 785/786.

Was aber als vermeintlich römische Liturgie übernommen wurde, war schon mit gallikanischen Elementen durchsetzt und erfuhr in der Folge weitere gallisch-fränkische Anpassungen und Umgestaltungen. Diese zeigten sich insbesondere in der Vorliebe für dramatische Handlungen, für Vermehrung und Verlängerung der Gebete und Riten, für subjektive Elemente, die sich in zahlreichen stillen Gebeten des zelebrierenden Bischofs und Priesters finden.

Gegen Ende des 8. Jahrhunderts setzt langsam die Sitte ein, den *Kanon der Messe nur noch leise* zu sprechen. Dies wird damit begründet, daß hier der Priester ins innerste Heiligtum eintritt und die heiligen Worte vor Verunehrung geschützt werden sollen[42]. Die allegorische Meßerklärung bestimmt das Verständnis des Gottesdienstes. Die Gläubigen werden belehrt, hinter jeder liturgischen Einzelheit eine tiefere Bedeutung zu sehen, die oft gekünstelt und weit hergeholt ist. „Es wird alles und jedes gedeutet, Personen, Paramente, kirchliche Geräte, Zeitangaben, Handlungen, und zwar so, daß bald sittliche Mahnungen (moralische Allegorese), bald

---

[41] Zusammenfassende Darstellungen bei *Radó* I, 102-105; *Righetti* I, 144-153.
[42] Vgl. MS I, 131 f.

Erfüllungen des Alten Testamentes (typologische Allegorese), bald Vorgänge der Heilsgeschichte (rememorative Allegorese), bald Hinweise auf die endzeitliche Vollendung (eschatologische oder anagogische Allegorese) auftreten."[43] Hauptvertreter dieser allegorischen Ausdeutung waren in karolingischer Zeit *Alkuin* und sein Schüler *Amalar*, Bischof von Metz, die ja auch die Hauptratgeber *Karls d. Gr.* waren.

Die Menschen dieser Zeit sind von einem starken Unwürdigkeits- und Sündigkeitsgefühl geprägt. Das führt u.a. zum Einschub zahlreicher Schuldbekenntnisse (Apologien) in die Gebetsliteratur und vor allem in die Meßfeier[44]. Es ist auch die Zeit, wo iroschottische Wandermönche die *Privatbeichte* auf dem Festland verbreiten. Um das Jahr 800 wird sie für das gesamte Frankenreich vorgeschrieben. Das vom Altertum überkommene öffentliche Bußverfahren gerät ins Hintertreffen. „Öffentliche und private Buße haben in der karolingischen Zeit um die Gunst der Gläubigen gestritten. Die Hierarchie verlangte die öffentliche Buße, die Gläubigen baten um die private Beichte. Begreiflich ist, daß die Ortsseelsorger die Privatbuße am meisten praktizierten. Anfänglich wurde für öffentliche schwere Sünden noch die öffentliche Buße verlangt, aber für geheime Sünden die Beichte schon zugelassen. Aber es liegt auf der Hand, daß die Beichtpraxis mehr und mehr die öffentliche Buße an Bedeutung übertraf."[45]

Während die alten römischen Liturgiebücher fast nur Texte, aber keine Beschreibungen des gottesdienstlichen Ablaufs enthalten, entstehen allmählich auch Regieanweisungen, die man heute als Rubriken- oder Zeremonienbüchlein bezeichnen könnte, damals aber „Ordines" (Ordnungen) hießen. Die meisten erscheinen nördlich der Alpen. Aus ihnen lassen sich die wenigen römischen Ordines, die damit oft vermengt wurden, mühsam eruieren[46]. Aus der Sammlung solcher Ordines entstehen zusammenfassende liturgische Bücher. Das bedeutendste derartige Werk wird um 950 von Benediktinern des Klosters St. Alban in Mainz geschrieben und erhält später den Namen *„Römisch-Germanisches Pontifikale"*. Außer dem „Ordo Romanus Antiquus" enthält es gallikanisch-fränkische Texte und Riten mit eigenen Beifügungen des Schreibers. Dieses Buch gelangt unter *Otto I.* in der zweiten Hälfte des 10. Jahrhunderts nach Rom, wo sich das kirchlich-kulturelle Leben in einem desolaten Zustand befindet (saeculum obscurum = finsteres Jahrhundert wird es von den Geschichtsschreibern genannt). Weil liturgische Handschriften im 9. und in der ersten Hälfte des 10. Jahrhunderts kaum mehr angefertigt wurden[47], griff man in Rom um so dankbarer und bereitwilliger nach diesem Werk und übernahm es als vermeintlich authentische römische Litur-

---

[43] MS I, 117.

[44] Beispiele bei MS I, 105, Anm. 28.   [45] *Wegman* 158.

[46] Die klassische kritische Ausgabe stammt von *M. Andrieu*, Les Ordines Romani du haut moyen-âge, Bd. I-V (Louvain 1931-61).

[47] *Klauser*, Austauschbeziehungen 149 f.

gie. Ähnlich ging es mit anderen Handschriften. So kehrt die römische Liturgie von einst in gallisch-fränkischer Prägung nach Rom zurück und tritt von dort aus als „Liturgie der römischen Kurie" ihren Siegeszug als Einheitsliturgie des Abendlandes an.

Mit dem Zurückdrängen der Araber (Mauren) aus Spanien mit Hilfe des Frankenreiches verlor auch die altspanische (mozarabische) Liturgie zugunsten der (neu)römischen an Bedeutung und erhielt sich schließlich nur noch in einer Kapelle in Toledo. Auch der keltische Liturgietyp mußte dem römischen weichen. In Schottland geschah dies im 11. Jahrhundert, in Irland durch die Synode von Cashel 1172[48]. Weit früher schon hatte die römische Liturgie in England Fuß gefaßt, und zwar durch den Benediktinerabt *Augustinus*, der im Auftrag *Gregors I.* die Missionierung der Angelsachsen eingeleitet hatte.

Der Kirchenbau erlebte in diesem Zeitabschnitt unter den Karolingern und Ottonen einen mächtigen Aufschwung, der schließlich um 1100 in der Romanik einem ersten Höhepunkt zustrebte[49].

b) Von Gregor VII. bis zum Vorabend der Reformation

Mit Papst *Gregor VII.* (1073-1085) beginnt in Rom eine Phase der Konsolidierung nicht nur im gesamtkirchlichen Leben, sondern auch in der Liturgie. Er und seine Nachfolger verlangen nun von allen Bischöfen, sich an den Gottesdienst der römischen Kurie zu halten. Diese Zielvorstellung ließ sich allerdings erst im 13. Jahrhundert erreichen, als der Franziskanerorden mit Tausenden seiner Wanderprediger sich die Liturgie der „curia romana" zu eigen machte und sich überall dafür einsetzte. Mit dem Zeitalter der Gotik, die ja nicht nur ein Baustil war, sondern die gesamte öffentliche und private Sphäre als Denk- und Lebensstil erfaßte, dringen neue Kräfte und Formen auch in den Gottesdienst ein. Charakteristische Züge dieser neuen Geisteshaltung sind Individualismus, Subjektivismus und Ethizismus. „Sie sind die Wurzeln alles Schöpferischen und Fruchtbaren in der Gotik; sie sind auch der Urgrund alles Ringens, alles Zweifelns und Verzweifelns; in ihnen schlummern die Keime des gotischen Aufbaues und die der gotischen Zersetzung."[50] „Auch der gotische Realismus, der sich dann immer mehr zum Naturalismus fortentwickelt, ist ein Kind des Individualismus."[51]

War die Liturgie, ihrem Wesen entsprechend, immer als Gemeinschaftshandlung verstanden und gefeiert worden, so zeigen sich jetzt individualistische und subjektivistische Tendenzen. Die nun entstehenden Vollmissalien ermöglichen es dem Priester, die Messe als *„Privatmesse"*

---

[48] Vgl. *H. Jedin* (Hg.), Hdb. der Kirchengeschichte, Bd. III, 1 (Freiburg i. Br. 1966) 342 f (Beitrag von *J. A. Jungmann*).
[49] Näheres bei *Adam*, Kirchenbau 29-40.
[50] *Mayer*, Liturgie 70.
[51] Ebd. 73.

ganz allein zu feiern, ohne Lektor und Sängerchor. Aber auch dort, wo deren Mitwirkung in feierlichen Gottesdiensten noch gegeben war, fühlt er sich verpflichtet, alle Lesungen und Gesangsstücke leise mitzusprechen. Die Liturgie wird mehr und mehr zur *„Klerusliturgie"*, bei der die Geistlichkeit alles allein tut, eine Tendenz, die durch den *Lettner* noch zusätzlich verstärkt wird. Er zerteilt die eine Kirche in eine „Herrenkirche" und eine „Leutekirche" und zerreißt so schon architektonisch die Einheit der aus Geistlichen und Laien bestehenden einen Gemeinde Christi. Zwar steht jetzt auf seiner dem Volk zugewandten Seite ein eigener Altar für die „Volksmesse", aber auch hier ermöglicht die „stille Messe" keine aktive Beteiligung der Gläubigen.

Für das *Stundengebet* zeigt sich eine ähnliche Tendenz zur Privatisierung. Die Entstehung des „Breviers", das alle Texte enthält, ermöglicht und fördert das individuelle Tagzeitengebet, das doch ursprünglich öffentlich und eine Angelegenheit der ganzen Gemeinde war.

Das *Kirchenjahr* erfährt eine starke Ausweitung durch neue Herren-, Marien- und Heiligenfeste. Die Kreuzzüge steigern die Verehrung der Menschheit Christi und aller Stationen auf seinem Erdenweg. Insbesondere ist es die Passion des Herrn, die den gotischen Menschen zutiefst beschäftigt und ergreift und die Passionsandacht und Passionsmystik aufblühen läßt. Entsprechende Kunstwerke schmücken die Kirchen und Kapellen, aber auch die öffentlichen und privaten Gebäude.

Hand in Hand mit der zunehmenden Heiligenverehrung wachsen *Reliquienverehrung und Wallfahrtswesen*. Wo immer es einer Gemeinde oder auch einem Privatmann (Adel) gelingt, in den Besitz einer (vermeintlich) bedeutenden Reliquie zu kommen, fühlt man sich begnadet und des Heiles sicherer. Zu den alten Wallfahrtsorten treten zahlreiche neue, meist entstanden durch Erzählungen von Erscheinungen, Wundern und ungewöhnlichen Ereignissen. Viele Gläubige nehmen die größten Strapazen auf sich, um zu ihnen zu gelangen und dort zu beten, nicht nur in den Anliegen ihrer zeitlichen Nöte – und deren gab es die Fülle –, sondern vor allem für das Heil ihrer Seele.

Die Vorliebe für das Realistisch-Konkrete führt zu einem großen *Schauverlangen* des Heilig-Göttlichen. Man möchte mit seinen Augen möglichst schauen, was der Glaube verkündet und verheißt. So werden die gotischen Kathedralen zur überwältigenden Versinnbildlichung des himmlischen Jerusalem[52]. In der Erhebung der konsekrierten Hostie nach den Einsetzungsworten, die erstmals für Paris kurz nach 1200 überliefert ist, erfährt die Messe in der Meinung der damaligen Menschen einen neuen Höhepunkt[53]. Das Fronleichnamsfest mit der Fronleichnamsprozession wird von der zweiten Hälfte des 13. Jahrhunderts an neben Weihnachten mit seinen Krippendarstellungen zum beliebtesten Fest. Selbst

---

[52] *Adam*, Kirchenbau 40-47.
[53] Vgl. *H.B. Meyer*, Die Elevation im deutschen Mittelalter und bei Luther, in: ZkTh 85 (1963) 162-217.

während der Meßfeier will man von Anfang an den „Heiland" in der konsekrierten Hostie sehen. So kommt es zu den „Aussetzungsmessen", die sich trotz römischer Zurückhaltung bis in die Mitte unseres Jahrhunderts gehalten haben und denen selbst heute noch manche Gläubige nachtrauern. Zum Schaden einer echten Meßfeier bilden sich Formen einer isolierten Anbetungsfrömmigkeit. Der Kommunionempfang selbst geht erschreckend zurück, so daß das IV. Laterankonzil (1215) die mindestens einmalige Kommunion vorschreiben muß[54]. Schuld daran trägt nicht so sehr mangelnde Frömmigkeit, sondern die übergroße Ehrfurcht vor dem Sakrament. Sie ist auch eine Ursache dafür, daß man die Hostie nicht mehr auf die Hand, sondern auf die Zunge des Kommunikanten legt und die Kelchkommunion außer Übung kommt, weil man die Gefahr des Verschüttens auch nur eines einzigen Tropfens über die Maßen fürchtet (dies neben anderen Gründen).

Die überspannten Vorstellungen von der Wirkung des Meßopfers führen weithin zu einem quantitativen Denken und Verhalten. So kommt es im „Herbst des Mittelalters" (*J. Huizinga*) zu immer neuen Votivmessen und zahlreichen Meßreihen, denen man außerordentliche Früchte zutraut. Die Häufigkeit des „Messelesens" nimmt gewaltig zu, Hand in Hand mit der großen Schar jener Priester, die (nach schlechter Ausbildung) als „Altaristen" keine andere Aufgabe haben, als täglich eine gestiftete Messe zu zelebrieren. So gab es am Straßburger Münster im Jahre 1521 nicht weniger als 120 Meßpfründen[55] und an zwei Breslauer Kirchen im 15. Jahrhundert 236 Altaristen[56]. Das bedingte natürlich eine Unmenge von Altären in der gleichen Kirche, was wiederum den grotesken Brauch der „Schachtelämter" begünstigte[57]. Solche und ähnliche Mißstände weckten in vielen einsichtigen Christen den Ruf nach einer „Reform an Haupt und Gliedern".

Neben solchen bedauerlichen Fehlentwicklungen darf man andererseits nicht die tiefe Gläubigkeit, Innerlichkeit und Opferbereitschaft weiter Kreise übersehen. Das dokumentiert sich auch in jener Frömmigkeitsrichtung, die man als *Mystik* bezeichnet, als Kunst der Versenkung in den tiefsten „Seelengrund", in die „Seelenspitze", um so das Göttliche zutiefst zu erfahren. Als Vertreter seien genannt aus dem 12. Jahrhundert *Bernhard von Clairvaux* (1090-1153), *Hildegard von Bingen* (1098-1179) und *Elisabeth von Schönau* (1129-1164). Vor allem waren es seit dem 13. Jahrhundert die Orden der *Franziskaner* und *Dominikaner*, die den mystischen Zug dieser Zeit förderten. Den Höhepunkt der deutschen

---

[54] Näheres bei *P. Browe*, Die Pflichtkommunion im Mittelalter (Münster 1940); *ders.*, Die häufige Kommunion im Mittelalter (Münster 1938); *ders.*, Die Verehrung der Eucharistie im Mittelalter (Münster 1933).

[55] MS I, 172, Anm. 20.

[56] *J. Lortz*, Die Reformation in Deutschland, Bd. I (Freiburg i. Br. 1939) 86. Hier erschütternde Feststellungen über das „geistliche Proletariat" der vorreformatorischen Zeit.

[57] MS I, 172 f.

Mystik brachte das 14. Jahrhundert; genannt seien nur die herausragenden Gestalten wie *Meister Eckehart, Johannes Tauler* und *Heinrich Seuse.* Aus ihren Reihen kam auch immer wieder der Ruf nach Verinnerlichung des religiösen Lebens.

Von ähnlichem Innerlichkeitsstreben erfüllt war die Erneuerungsbewegung der „*devotio moderna*", die Ende des 14. Jahrhunderts von den Niederlanden ausging (*G. Groote*, Mystiker und Bußprediger, † 1384) und sich über ganz Westeuropa ausbreitete. Sie bemühte sich um eine vertiefte Christusfrömmigkeit und -nachfolge, wie sie in dem bekannten Werk des *Thomas von Kempen* (1379-1471), der „Imitatio Christi" (Nachfolge Christi), einen klassischen Ausdruck fand.

Beide Richtungen haben über das Gebetsleben auch den Gottesdienst der Kirche befruchtet und die Mitfeier im Sinn einer größeren Innerlichkeit vertieft. Aber solche Bemühungen konnten die Tatsache nicht beseitigen, daß die Liturgie zur Klerusliturgie geworden war. Die Gläubigkeit der Laien suchte und fand Betätigung und Nahrung in peripheren Bereichen, z. B. auch in den zahlreichen *Mysterienspielen,* vor allem an den großen Festen Weihnachten, Epiphanie und Ostern, aber auch zu Ehren der Kirchen- und Stadtpatrone. Für jede Not suchte und fand man einen *Schutzpatron,* mit dessen Verehrung sich nicht selten abergläubische Vorstellungen und Praktiken verbanden. „Die Verehrung der Heiligen und ihrer Reliquien, echter oder unechter, nimmt oft maßlose Formen an. Man sucht Schutz und Segen in immer neuen Formen; im Rituale entsteht eine Flut neuer Benediktionen. Bruderschaften werden gegründet und neue Andachtsformen ausgebildet. Das religiöse Leben wird immer komplizierter. In alledem zeigt sich eine wachsende Unsicherheit, ein vielfältiges Ungenügen."[58]

4. Vom Trienter Konzil bis zum II. Vatikanum

a) Das Trienter Konzil und die Liturgie

Angesichts der bestehenden Mißstände im gesamten kirchlichen Leben, von dem die Liturgie ja ein wesentlicher Teil ist, verstärkte sich der Ruf nach „Reform an Haupt und Gliedern" schon zu Beginn des 16. Jahrhunderts; so in einer Bittschrift der späteren Kamaldulensermönche *V. Quirini* und *T. Giustiniani* an Papst *Leo X.* vom Jahre 1513[59]. Aus Deutschland verdient das Reformgutachten des *Georg Witzel* (1501-1573) für den Fürstabt von Fulda aus dem Jahre 1542 besondere Erwähnung. Er trat für eine Reform der Kirche durch Reform der Liturgie ein und betonte besonders die Notwendigkeit der Liturgieerklärung vor dem einfachen Volk. „Dadurch würde das murrende Volk zufriedengestellt, weil sie nun hören, daß man in der verachteten Kirche so gutes Ding habe und

---

[58] *Jungmann,* Erbe 107.   [59] Vgl. *Neunheuser,* Storia 110.

halte."[60] Der Ruf nach einheitlichen erneuerten Liturgiebüchern für die gesamte Kirche wird immer lauter. Aber zunächst blieb alles beim alten. Die Renaissance-Päpste hätten sich erst selbst einmal erneuern müssen.

So konnten die Reformatoren ihre schwerwiegenden Anklagen verbinden mit der Forderung nach grundlegenden Änderungen und damit auf eine breite Bereitschaft und Zustimmung stoßen. Nach großen Schwierigkeiten kam es schließlich zum *Konzil von Trient* (1545-1563, mit größeren Unterbrechungen). Für die Erneuerung der Liturgie war die letzte Sitzungsperiode 1562/63 von Bedeutung. Eine Kommission wurde beauftragt, die bestehenden Mißstände der Messe (abusus missae) zusammenzustellen. Die in knappster Darstellung gefertigte Liste umfaßt sechs Quartseiten[61], „das umfassendste Sammelbecken liturgischer Reformideen"[62]. Aber das Konzil konnte angesichts der Zeitknappheit nicht ausführlich darauf eingehen. Es traf jedoch insofern eine wichtige Entscheidung, als es den Papst beauftragte, mit Hilfe einer Kommission von Sachverständigen einen neuen Katechismus zu erstellen und alle liturgischen Bücher neu herauszugeben. Nach dem *„Catechismus Romanus"* (1566) erschienen dann unter *Pius V.* (1566-1572) das *Römische Brevier* (1568) und das *Römische Missale* (1570). In den begleitenden Bullen wurde bestimmt, daß künftig diese Bücher allgemein verpflichtend seien, sofern nicht Diözesen oder Ordensgemeinschaften einen mindestens 200 Jahre alten Sonderbrauch nachweisen können. Die Gründung der *Ritenkongregation* 1588 sollte die getreue Befolgung überwachen. Nach den Worten der dem Missale vorangestellten Bulle („Quo primum tempore") dürfe „nichts jemals hinzugefügt, entfernt oder geändert werden", eine disziplinäre Anordnung, die rechtlich spätere Päpste oder allgemeine Konzilien in keiner Weise binden kann. Der Vereinheitlichung der Liturgie dienen auch die weiteren Reformbücher: das *Pontificale Romanum* (1596), das *Caeremoniale Episcoporum* (1600) und das *Rituale Romanum* (1614).

Damit war für das gesamte Abendland eine Einheitsliturgie vorgeschrieben, die aber nicht die alte römische, sondern eine römisch-gallisch-germanische Mischliturgie war. Dem Konzil schwebte zwar vor, das Stundengebet „nach der früheren Gebetsordnung" und die Messe „nach der früheren Norm der heiligen Väter und Riten" zu reformieren, aber das war „ein Ziel, das mit den damaligen Mitteln und bei dem dama-

---

[60] Entwürfe *G. Witzels* zur Fuldaer Reformordnung (1542), in: *G. Pfeilschifter* (Hg.), Acta reformationis catholicae IV, 2 (Regensburg 1971) 246. Übertragung ins heutige Deutsch durch den Verfasser. Vgl. *L. Pralle*, Die volksliturgischen Bestrebungen des G. Witzel, in: Archiv für mittelrheinische Kirchengeschichte 3 (1948) 224-242.

[61] *Görres-Gesellschaft* (Hg.), Concilium Tridentinum, Bd. VIII (Freiburg i. Br. 1964) 916-921.

[62] *H. Jedin*, Das Konzil von Trient und die Reform des römischen Meßbuches, in: Liturg. Leben 6 (1939) 47.

ligen Stand der Liturgiewissenschaft unerreichbar bleiben mußte"[63]. Die nachtridentinische Liturgie blieb „Fortsetzung des Mittelalters, allerdings die geläuterte Fortsetzung ..., eine Sonderliturgie des Klerus, die sich zunächst noch vielfach hinter dem Lettner abspielte. Die Sprache ist wie bisher die lateinische. Auch die Pfarrkirchen führen den Gottesdienst nach Maßgabe ihrer Möglichkeiten auf dieselbe Weise durch ... Auf das Volk wird aber, von der Predigt abgesehen, nur wenig Rücksicht genommen."[64] Es „wohnt der Messe bei", seine Teilnahme beschränkt sich auf das „Hören" und „Schauen". Für das einfache Volk bleibt die Liturgie das meist unverstandene Mysterium, auch wenn das Trienter Konzil gemahnt hatte, „häufig bei der Meßfeier die Lesungen und irgend etwas aus dem Mysterium zu erklären, besonders an Sonn- und Feiertagen"[65].

Einen wertvollen Beitrag für die Volksfrömmigkeit leisten die nun entstehenden katholischen Gesangbücher, so das von *Michael Vehe* (1537) und *Johannes Leisentritt* (1567). Zunächst werden ihre Lieder außerhalb der Messe bei Prozessionen und Andachten gesungen, dringen aber allmählich auch in die Meßfeier ein. *Petrus Canisius* (1521-1597) nannte diesen deutschen Volksgesang, der nun nach dem Beispiel der reformatorischen Gläubigen verstärkt gepflegt wird, eine fromme und für die Kirche segensreiche Sache[66]. Das *„Mainzer Cantual"* von 1605 sieht bereits volkssprachliche Gesänge beim Graduale, nach der Wandlung, zum Agnus Dei und zur Kommunion vor.

b) Die Liturgie in der Barockzeit

Die im Auftrag des Trienter Konzils herausgegebenen Liturgiebücher, insbesondere das Missale, leiten eine „Zeit der ehernen Einheitsliturgie und der Rubrizistik"[67] ein. „Rechtsformalismus und Kasuistik in der Ausübung der Liturgie und in der Unterweisung"[68] dominieren vom 17. bis 20. Jahrhundert. Das barocke Lebensgefühl führt dazu, daß der offizielle Gottesdienst der Kirche mit immer größerer Prachtentfaltung begangen wird. Dazu trägt nicht nur der festliche Raum der Barockkirchen, sondern auch der mehrstimmige Gesang und die instrumentale Musik bei. Die Meßfeier wird als „Augen- und Ohrenschmaus" erlebt. Dieses „Prachtgewand" zeigt sich vor allem bei den Fronleichnamsprozessionen, den zahlreichen Umgängen und Wallfahrten und den geistlichen Festspielen. Am Subjektivismus hat sich im Vergleich zum Hoch- und

[63] *J. A. Jungmann*, Das Konzil von Trient und die Erneuerung der Liturgie, in: *G. Schreiber*, Das Weltkonzil von Trient ..., Bd. I (Freiburg i. Br. 1951) 328.
[64] Ebd. 329 f.
[65] Sess. 22 cap. 8: DS 1749.
[66] Zitiert in MS I, 194, Anm. 30; s. unten Kap. V: Die Musik im Gottesdienst S. 86 f.
[67] *Klauser*, Liturgiegeschichte 8.
[68] *P. Jounel*, Vom Konzil von Trient bis zum Zweiten Vatikanischen Konzil, in: *Martimort* (1) I, 50.

Spätmittelalter wenig geändert, wenn man vom Wegfall der gröbsten Mißbräuche einmal absieht. Bei der Meßfeier beten die Gläubigen z. T. den Rosenkranz, z. T. Gebete der „Meßandacht", die sich in den zahlreichen Gebetbüchern (Aufblühen der Buchdruckerkunst) finden. Der Versuch des französischen Priesters *Voisin*, die eigentlichen Meßtexte in landessprachlicher Übersetzung dem Volk zugänglich zu machen, wird 1661 durch ein Breve *Alexanders VII.* als „Entweihung des Heiligtums" schärfstens verurteilt[69]. Die häufiger werdende Unsitte, die Kommunion erst nach der Messe auszuteilen, damit die nichtkommunizierenden Gläubigen die Kirche früher verlassen können, verstärkt die isolierte Kommunionfrömmigkeit. Die Predigt wird meist vor der Messe gehalten, so daß man sich leicht davon dispensieren kann. „Die Andacht zu dem im ‚Tabernakel' auf den Altären gegenwärtigen Gottessohn, zu seinem heiligsten Herzen und zu seiner Passion, ebenso die Marienverehrung in ihren kaum übersehbar vielen Arten, sie alle sagten den Frommen mehr zu als die meist nicht mehr recht verstandenen Formen der Liturgie."[70] „Ein eigenartiger Zug zur Peripherie ist auf der ganzen Linie des liturgischen Lebens unverkennbar. Entwicklungen des Mittelalters setzen sich fort, ohne daß man nach den Ausgangspunkten zurückblickt."[71]

Als erfreuliches Faktum in der Barockzeit ist die *Entwicklung der Liturgiewissenschaft* zu verzeichnen. Zahlreiche Gelehrte, insbesondere aus Italien und Frankreich, veröffentlichten Quellentexte und Abhandlungen über liturgische Themen. Unter ihnen verdienen besondere Erwähnung die Benediktiner *U. Menardo* († 1644), *G. Mabillon* († 1707) und *E. Martène* († 1739), der Theatiner-Kardinal *B. G. M. Tommasi* († 1713), der Historiker *L. A. Muratori* († 1750) aus Modena, Papst *Benedikt XIV.* († 1753) und aus Deutschland der Benediktinerabt *M. Gerbert* aus St. Blasien († 1793). Weit mehr als früher gab es jetzt wissenschaftliche Unterlagen, die einen kritischen Vergleich mit der tridentinischen Liturgie ermöglichten und zu Erneuerungsbestrebungen anregten. In Frankreich kehrten zahlreiche Diözesen zur vortridentinischen „gallikanischen" Liturgie zurück, in manchen Diözesen erschienen neue Missalien und Breviere mit zahlreichen Änderungen. Wegen ihrer zumindest regionalen und zeitlichen Verflochtenheit mit dem Jansenismus und Gallikanismus gerieten sie in Rom rasch in den Verdacht des Häretischen und wurden zum Teil verboten. Die von *Benedikt XIV.* beabsichtigte Liturgiereform kam nicht zur Verwirklichung.

c) Die Liturgie in der Zeit der Aufklärung

Unter dem Einfluß einer neuen Geisteshaltung, die das barocke Lebensgefühl ablöste, der sogenannten Aufklärung, gewannen diese Erneue-

---

[69] Näheres bei *H. Vehlen*, Geschichtliches zur Übersetzung des Missale Romanum, in: Liturg. Leben 3 (1936) 90-95.
[70] *Klauser*, Liturgiegeschichte 121.   [71] *Jungmann*, Erbe 118.

rungsbestrebungen eine neue Dynamik. Man sah jetzt die Liturgie stärker unter dem Aspekt der Nützlichkeit für die Seelsorge, betonte ihren Gemeinschaftscharakter und erstrebte eine größere Einfachheit und „Vernünftigkeit". Dabei geriet man allerdings in die Gefahr, den Gottesdienst zu einem Hilfsmittel der moralischen Erziehung, zu einem Instrument der Pädagogik zu degradieren. Erwähnung verdient vor allem die *Synode von Pistoia 1786* mit zahlreichen wertvollen Reformvorschlägen. Sie wurde 1794 von *Pius VI.* heftigst verurteilt[72]. Auch auf dem *Emser Kongreß 1786*, auf dem sich die Erzbischöfe von Köln, Trier, Mainz und Salzburg in erster Linie gegen die Primatsansprüche des Papstes wandten, wurden Forderungen nach Liturgiereform laut[73].

Daneben gab es zahlreiche Theologen, die die Anliegen einer gesunden Liturgiereform aufgriffen und zum Teil tief ins 19. Jahrhundert hineintrugen. Man kann von ihrer Zeit als der Wiege der Liturgischen Bewegung sprechen. Zu diesen Männern zählen *V.A. Winter* († 1814), *B.M. Werkmeister* († 1823), der Bautzener Domdekan und spätere Bischof *F.G. Lock* († 1832), der Konstanzer Generalvikar *J.H. von Wessenberg* († 1860), der Regensburger Bischof *J.M. Sailer* († 1832), der Tübinger Theologe *J.A. Möhler* († 1838), der Freiburger *J.B. Hirscher* († 1865) und der Mainzer Regens und Domherr *M.A. Nickel* († 1869)[74].

d) Liturgie und katholische Restauration im 19. Jahrhundert

Entgegengesetzter Pendelausschlag zur Aufklärung ist die *Romantik* in den ersten Jahrzehnten des 19. Jahrhunderts. Sie ist Gegenströmung zum Rationalismus, individualistisch und subjektivistisch, mit einer Überbetonung des Gefühls und der Stimmung, auch im Bereich des Religiösen. „Das ganze Wesen romantischer Religiosität widerstrebt dem Geist der Liturgie. Es ist daher nicht verwunderlich, daß die eigentliche Romantik ... mit Liturgie und liturgischen Dingen sich so gut wie gar nicht beschäftigt ..., sie nimmt die Liturgie bestenfalls hin als etwas historisch Gegebenes oder als etwas ästhetisch Gefälliges, aber das Wesen der Liturgie ist ihr

---

[72] DS 2600-2700.

[73] *H. Schotte*, Zur Geschichte des Emser Kongresses, in: Hist. Jb. der Görres-Gesellschaft 35 (1914) 89-109, 319-348, 781-820.

[74] Eine knappe Zusammenfassung bei *F. Kolbe*, Die Liturgische Bewegung (Aschaffenburg 1964) 15-19. Genauere Untersuchungen: *W. Trapp*, Vorgeschichte und Ursprung der liturgischen Bewegung (Regensburg 1940); *A. Vierbach*, Die liturgischen Anschauungen des V.A. Winter (München 1929); *Mayer*, Liturgie 185-245; *M. Probst*, Gottesdienst in Geist und Wahrheit. Die liturgischen Ansichten und Bestrebungen Joh. Mich. Sailers (Regensburg 1976); *H. Hollerweger*, Die Reform des Gottesdienstes zur Zeit des Josephinismus in Österreich (Regensburg 1976); *G. Duffrer*, Auf dem Weg zur liturgischen Frömmigkeit. Das Werk des Markus Adam Nickel ... (Speyer 1962); *A. Steiner*, Liturgiereform in der Aufklärungszeit (Freiburg i. Br. 1976); *W. Müller*, Die liturgischen Bestrebungen des Konstanzer Generalvikars Wessenberg (1774-1860), in: LJ 10 (1960) 232-238.

völlig fremd."[75] Romantik ist übrigens keine katholische Bewegung und darf nicht gleichgesetzt werden mit der nachfolgenden katholischen Restauration, wenn auch einige Romantiker später zur katholischen Restauration gestoßen sind und sich gelegentlich in dieser romantische Elemente finden.

Von ihrem Begriff her will die *katholische Restauration* das in der Aufklärung vermeintlich Zerstörte wieder aufbauen. Dabei sucht sie den engen Anschluß an Rom und an die Zeiten des Hochmittelalters. So verbindet sich mit ihr der Historismus, der sich z. B. in der Neubelebung der scholastischen Theologie (Neuscholastik) und in der Nachahmung mittelalterlicher Baustile (vor allem Romanik und Gotik) dokumentiert. Diese Einstellung prägt auch das Verhältnis zur Liturgie, die er in ihrer vermeintlich römischen Urgestalt als eine verehrungswürdige Größe pflegen und dafür begeistern will.

Exponent für diese restaurative Einstellung zur Liturgie ist in Frankreich der Benediktinerabt *Prosper Guéranger* von Solesmes (1805-1875). In seinen beiden Hauptwerken „Institutions liturgiques" und „L'année liturgique"[76] versucht er, Würde und Schönheit der Liturgie deutlich zu machen. Dabei betont er stark ihren Geheimnischarakter. Sie sei „ihrer Natur gemäß mehr als die Heilige Schrift dem Klerus vorbehalten"[77]. „Die liturgischen Bücher sind für die Priester bestimmt ... Die Gläubigen können sich also keinesfalls beklagen, daß man ihnen vorenthält, was nicht für sie geschrieben wurde."[78] Jede Veränderung der „Formeln und Riten" betrachtet er als ein Vergehen gegen die Kirche selbst und als einen Mangel an Katholizität[79]. Das gelte auch für alle Bemühungen um volkssprachliche Liturgie. Weil nach seiner Meinung nur die römische Liturgie frei von jedem Irrtum ist, bekämpft er die gallikanischen Liturgien in vielen französischen Diözesen aufs heftigste und hatte darin einen vollen Erfolg. Er hegt sogar die Hoffnung, daß „die Zeit kommen werde, in der die Sprache und der Glaube Roms für den Osten wie für den Westen das einzige Mittel sein wird, um die Einheit und Erneuerung zu erreichen"[80]. Durch die Wiedereinführung der römischen Liturgie in Frankreich ging damals auch wertvolles Gut der Sonderliturgien verloren. Seine zentralistischen Bestrebungen wirkten auch über die Landesgrenzen Frankreichs hinaus und führten auch hier (z. B. Trier)[81] zum Verzicht auf wertvolle Sonderbräuche. Bei allen Verdiensten um die grundsätzliche Hochschätzung der Liturgie wird man ihn kaum zu den Vätern der Liturgischen Be-

---

[75] *Mayer*, Liturgie 272 ff.

[76] Das erstgenannte Werk umfaßt 3 Bde. (Paris [1]1840-1851), das zweite 9 Bde. (Paris [1]1841-1866).

[77] Instit. lit. III, 71.

[78] Ebd. 168.

[79] Ebd. IV, 340 (posthum veröffentlicht Paris [2]1978).

[80] Instit. lit. II, 35.

[81] Vgl. *A. Heinz*, Im Banne der römischen Einheitsliturgie. Die Romanisierung der Trierer Bistumsliturgie in der zweiten Hälfte des 19. Jahrh., in: RQ 79 (1984) 1-2.

wegung im Sinn einer verstehenden Teilnahme des ganzen Volkes zählen dürfen. Besondere Verdienste erwarben sich *Guéranger* und seine Abtei um die Erforschung, Pflege und Verbreitung des römischen Chorals, was in Deutschland dazu führte, daß die deutschen „Singmessen" in manchen Diözesen durch den lateinischen Choral zurückgedrängt wurden.

Von besonderer Bedeutung wurde Solesmes dadurch, daß die beiden Brüder *Maurus und Placidus Wolter* aus Köln von 1862 bis 1863 in Solesmes weilten, um den Geist des dortigen Benediktinertums besser kennenzulernen und dann anschließend die Abtei *Beuron* neu zu gründen. Diese wurde zu einem Zentrum liturgischer Feier und Forschung und verbreitete diesen Geist auch in die zahlreichen von Beuron aus gegründeten neuen Klöster (Beuroner Kongregation), von denen Maredsous in Belgien (1872) und Maria Laach (1892), aber auch das von Maredsous aus gegründete Kaisersberg (Mont-César) bei Löwen entscheidende Bedeutung für die Liturgische Bewegung des 20. Jahrhunderts erlangen sollten. Ein zukunftsträchtiges Ereignis war die Übersetzung des Römischen Meßbuches durch den Beuroner Mönch *Anselm Schott* im Jahre 1884. Seitdem haben Millionen Exemplare des Schott-Meßbuches Verständnis und Mitfeier der Meßliturgie wesentlich gefördert.

Wichtig für die spätere liturgische Erneuerung ist in dieser Zeit der Restauration die wissenschaftliche Beschäftigung mit der Geschichte der Liturgie. Es entstehen umfangreiche Väterausgaben und Quellenwerke (Migne, Bibliothek der Kirchenväter, „Analecta hymnica" von *G. M. Dreves* und *C. Blume*) und zahlreiche liturgische Lehrbücher. Genannt seien u. a. *F. X. Schmid* († 1871), *V. Thalhofer* (1825-1891) und *F. Probst* (1816-1899), „der zum eigentlichen Begründer und Bahnbrecher der neuzeitlichen Liturgiewissenschaft geworden ist"[82]. So war die Voraussetzung geschaffen, die in der Phase der Restauration oft einseitig gepriesene mittelalterlich-tridentinische Liturgie kritischer zu betrachten und ihrem Wesen als einer Angelegenheit des ganzen Gottesvolkes näherzukommen.

e) *Die Liturgische Bewegung des 20. Jahrhunderts (bis zum II. Vatikanum)*

Zum Beginn des 20. Jahrhunderts setzt ein Dokument des Papstes *Pius X.* (1903-1914) in einem einzigen Satz den Markstein für den Beginn der eigentlichen pastoralen Phase der Liturgischen Bewegung, die man auch „klassische" Liturgische Bewegung genannt hat[83]. In seinem Motupro-

---

[82] *Mayer*, Liturgie 385.
[83] So z. B. *B. Neunheuser*, Die klassische Liturgische Bewegung 1909-1963 und die nachkonziliare Liturgiereform, in: Mélanges liturgiques offerts au R.P. Dom Botte (Louvain 1972); *O. Rousseau*, Histoire du mouvement liturgique (Paris 1945); *Th. Bogler* (Hg.), Liturgische Erneuerung in aller Welt (Maria Laach 1950); *ders.* (Hg.), Liturgische Bewegung nach 50 Jahren (Maria Laach 1959); *H. A. P. Schmidt*, Introductio in

prio „Tra le sollecitudini" vom 22. November 1903 über die Kirchenmusik fordert er die „aktive Teilnahme an den Mysterien und dem öffentlichen und feierlichen Gebet der Kirche"[84]. Dieses Wort von der „tätigen Teilnahme" (lat.: participatio actuosa) der Gläubigen an der Liturgie wurde von dem belgischen Benediktiner *Lambert Beauduin* (1873-1960) aus der Abtei Kaisersberg aufgegriffen und zum Leitwort seiner pastoral-liturgischen Arbeit gemacht. Er sprach von der Notwendigkeit, „die Liturgie zu demokratisieren", d. h., sie zu einer Angelegenheit des ganzen Volkes zu machen. Auf dem Katholikentag der Erzdiözese Mecheln 1909 hatte er Gelegenheit, seine Vorstellungen einer breiten Öffentlichkeit darzulegen. Er nannte die Liturgie das wahre Gebet der Kirche, das Band der Einheit zwischen Priester und Volk und das große Instrument der kirchlichen Verkündigung. Die von ihm vorgeschlagenen Entschließungen wurden einstimmig angenommen: Verbreitung volkssprachlicher Übersetzungen der sonntäglichen Meß- und Vespertexte, die Ausrichtung der gesamten Frömmigkeit an der Liturgie und jährliche Exerzitien für Kirchenchöre. Dieses „Mechelner Ereignis" kann als die Geburtsstunde der klassischen Liturgischen Bewegung gelten[85]. Schon wenige Wochen später gab er eine Art Volksmeßbuch in Form einer Monatszeitschrift heraus (seit 1911 als Sonntagsmeßbuch), und 1910 fanden die ersten „liturgischen Wochen" in der Abtei Kaisersberg mit großen Teilnehmerzahlen und ausstrahlender Begeisterung statt.

In Deutschland war es vor allem die *Abtei Maria Laach*, die unter ihrem Abt (seit 1913) *Ildefons Herwegen* Verständnis und Mitfeier der Liturgie förderte. Dabei wandte man sich zunächst an die Akademiker, die 1913 erstmals zur Mitfeier der Karwoche in die Abtei eingeladen waren. Unter den Teilnehmern befanden sich auch der spätere deutsche Reichskanzler *H. Brüning* und der spätere französische Ministerpräsident *R. Schumann*. Noch während des I. Weltkrieges erschien in der Buchreihe „Ecclesia orans" (Hg. *I. Herwegen*) als erster Band *Romano Guardinis* „Vom Geist der Liturgie", das als klassisches Werk der Liturgischen Bewegung in ihren Anfangsjahren gilt und bis zur Gegenwart in zahlreichen Auflagen das liturgische Verständnis befruchtete[86].

Nach dem I. Weltkrieg erschienen zahlreiche liturgiewissenschaftliche Studien im In- und Ausland, z.B. in der Reihe „Liturgiegeschichtliche Quellen und Forschungen"[87], das „Jahrbuch für Liturgiewissen-

---

liturgiam occidentalem (Rom u.a. 1960) 164-208; *F. Kolbe*, a.a.O. (Anm. 74); *B. Botte*, Le mouvement liturgique... (Paris 1973); *W. Birnbaum* (ev.), Das Kultusproblem und die liturgischen Bewegungen, Bd. I: Die deutsche katholische liturgische Bewegung (Tübingen 1966).

[84] ASS 36 (1903 f) 330.

[85] *B. Fischer*, Das „Mechelner Ereignis" ..., in: LJ 9 (1959) 203-219; *F. Kolbe*, a.a.O. (Anm. 74) 33-36; *L. Bouyer*, Dom Lambert Beauduin, un homme d'Église (Tournai 1964).

[86] Freiburg i. Br. 1919. Seit 1957 Bd. 2, seit 1983 Bd. 1049 der Herderbücherei.

[87] Münster 1909-1941; 1957 ff.

schaft"[88], die Veröffentlichungen von *F.J. Dölger* (vgl. AC) u. seiner Schule, u. a. *Th. Klauser* (vgl. JAC), und in Italien das mehrbändige Werk „Liber sacramentorum" von dem Benediktinerabt und späteren Kardinal von Mailand *I. Schuster*[89]. Unter den Liturgiewissenschaftlern ragt der Laacher Mönch *Odo Casel* (1886-1948) besonders hervor. Seine patristischen und religionswissenschaftlichen Studien führten ihn zur Überzeugung von der Liturgie als Mysterienfeier (Kultmysterium), bei der das „Urmysterium" Jesus Christus mit seinem Heilswerk heilbringend gegenwärtig wird[90]. Zu den verdienstvollen Förderern der Liturgischen Bewegung in Deutschland gehören u. a. *J. Pinsk* (Berlin), *J.A. Jungmann* (Innsbruck), *K. Mohlberg* (Maria Laach) und *J. Quasten* (Washington). Wissenschaftliche und praktische Arbeit leisteten auch die Mitglieder des *Leipziger Oratoriums* vom hl. Philipp Neri (seit 1930, später auch in München), unter ihnen *Th. Gunkel, J. Gülden, H. Kahlefeld* und *K. Tilmann*.

Während sich die Mönche von Maria Laach in erster Linie an die Akademiker wandten, trug *R. Guardini* den „Geist der Liturgie" in die Reihen der studierenden Jugend, die sich im Bund „Quickborn" unter seiner Leitung auf Burg Rothenfels zusammenfand. Auch im Bund „Neudeutschland" wurde dem Geist verstehender Liturgiefeier gefördert[91]. Breitere Schichten der werktätigen Jugend erreichte der Generalpräses des katholischen Jungmännerverbandes *Ludwig Wolker*. Sein „Kirchengebet für den Gemeinschaftsgottesdienst katholischer Jugend" mit den Texten von Prim, Messe, Komplet und einigen weiteren Gebeten und Gesängen war 1939 in fünf Millionen Exemplaren verbreitet. Von noch größerer Bedeutung war die „volksliturgische" Breitenarbeit des Klosterneuburger Chorherrn *Pius Parsch* (1884-1954). Allein von seinen sonntäglichen Meßtexten, die in vielen Kirchen aufgelegt wurden, waren 1930 über 25 Millionen verbreitet. In glücklicher Synthese verband er biblische und liturgische Bildungsarbeit[92], eine Synthese, die auch *R. Guardini* gelang.

---

[88] Münster 1921-1941; jetzt „Archiv für Liturgiewissenschaft" (Regensburg 1950 ff).

[89] Deutsche Übersetzung Regensburg 1929-1932.

[90] *Casels* Lehre blieb nicht unwidersprochen, führte jedoch allgemein zu einer vertieften Sicht der liturgischen Feier und vieler kultischer Ausdrücke und Symbole. Wichtigste Werke: Das christliche Kultmysterium (Regensburg ⁴1960); Das christliche Festmysterium (Paderborn 1941); weitere Arbeiten in JLW, bes. Jg. 1926, 1933, 1941. Neuere Beurteilung durch *A. Schilson*, Theologie als Sakramententheologie. Die Mysterientheologie Odo Casels (Mainz 1982); ders., Neue Wende zum Mysterium, in: Gd 18 (1984) 73-76.

[91] Vgl. *F. Henrich*, Die Bünde katholischer Jugendbewegung. Ihre Bedeutung für die Liturgie (München 1968).

[92] „Bibel und Liturgie" heißt die von ihm 1926 gegründete Zeitschrift. Weit verbreitet sein dreibändiges „Jahr des Heiles". Ausführlicher informiert *N. Höslinger – Th. Maas-Ewerd*, Mit sanfter Zähigkeit. Pius Parsch und die biblisch-liturgische Erneuerung (Klosterneuburg 1979); ferner die Festnummer von BiLi zum 100. Geburtstag von *P. Parsch:* 57 (1984) H. 1.

Eine wichtige Rolle im liturgischen Aufbruch nach dem I. Weltkrieg spielte die *Art und Weise der Meßfeier*. Schon seit 1921 wurde in der Krypta von Maria Laach die „missa recitata" gefeiert, bei der der Priester versus populum zelebrierte, die Gläubigen den Altar dicht umstanden und die lateinischen Antworten gaben („missa dialogata")[93]. Daraus erwuchs die spätere „Gemeinschaftsmesse", bei der ein Vorbeter synchron mit dem Zelebranten Gebete und Lesungen deutsch sprach und die Mitfeiernden manche Teile gemeinsam beteten. Mit dem Einbau deutscher Lieder entstand daraus die „Betsingmesse". *Pius Parsch* hatte schon früh die „Chormesse" und das „Volkschoralamt" eingeführt. In allen Formen wurde ein beachtliches Maß an „tätiger Teilnahme" verwirklicht. Über diese Meßformen, die zunächst bei den Jugendverbänden heimisch wurden, konnten auch viele Pfarreien mit dem liturgischen Anliegen vertraut gemacht werden.

Der liturgische Aufbruch blieb nicht ohne *Widerspruch und Verdächtigungen*. Manche bekämpften ihn als oberflächliche Spielerei und Modesache der Jugend, andere warfen ihm Spaltung der Gemeinde und Eigenbrötelei vor. Vor allem waren es zwei Bücher, die schwere Vorwürfe erhoben und nicht nur den deutschen Episkopat, sondern auch römische Stellen beunruhigten[94]. So kam es mitten im II. Weltkrieg zur sogenannten „Krise der Liturgischen Bewegung". Zu einer gewissen Klärung der Situation trug ein Brief *Romano Guardinis* an Bischof *A. Stohr* von Mainz vom Jahre 1940 bei[95]. Darin klärt er manche Mißverständnisse, weist Übertreibungen zurück und warnt vor den Gefahren des Liturgismus, Praktizismus, Dilettantismus, Konservatismus und des behördlichen Kurzschlusses. Im gleichen Jahr gründen die deutschen Bischöfe eine liturgische Kommission unter der Leitung der Bischöfe *A. Stohr* und *S. Landersdorfer* (Passau), die fortan die Liturgische Bewegung steuern und in schwer bedrängter Zeit (NS-Regime mit seiner Kirchenverfolgung, II. Weltkrieg) eine innere Krise der Kirche verhindern sollte. Zu einer kritischen Situation kam es nochmals im Jahr 1943, als dem deutschen Episkopat der Brief einer eigens wegen dieser liturgischen Spannungen eingesetzten römischen Kardinalskommission übersandt wurde, in dem von den Besorgnissen Roms gesprochen wurde und die deutschen Bischöfe aufgefordert wurden, alle Eigenmächtigkeiten in liturgischen Fragen zu unterbinden. Bereits eine Woche nach Bekanntwerden dieses Briefes verschärfte der Erzbischof *K. Gröber* von Freiburg die Spannungen durch seine im Grundtenor gleichen „17 Beunruhigungen". Während *Kardinal Innitzer* von Wien – Österreich zählte damals als „Ostmark" zu „Großdeutsch-

---

[93] Vgl. *B. Neunheuser*, Die „Krypta-Messe" in Maria Laach ..., in: Liturgie und Mönchtum 28 (1961) 70-82.
[94] *M. Kassiepe*, Irrwege und Umwege im Frömmigkeitsleben der Gegenwart (Kevelaer 1939); *A. Doerner*, Sentire cum Ecclesia (Mönchen-Gladbach 1941).
[95] Zunächst als Manuskriptdruck unter dem Titel „Ein Wort zur liturgischen Frage" veröffentlicht.

land" – in einem eigenen Antwortbrief die römischen Besorgnisse für
Österreich als nicht zutreffend erklärte und sich von Gröbers Beunruhigungen distanzierte, antworteten die übrigen deutschen Bischöfe durch
ihren Vorsitzenden *Kardinal v. Bertram* (Breslau) am 10. April 1943. Mit
Freimut und Überzeugungskraft stellten sie die römischen Vorwürfe
richtig bzw. entschärften sie. Am 24. Dezember 1943 teilte das Kardinal-
staatssekretariat in versöhnlicherem Ton mit, die Bischöfe möchten weiterhin alle Eigenmächtigkeiten unterbinden, und erlaubte gleichzeitig die
Gemeinschaftsmesse, die Betsingmesse und das „deutsche Hochamt", bei
dem der Zelebrant zwar alle Teile lateinisch spricht, gleichzeitig aber entsprechende deutsche Lieder gesungen werden. Damit war die von *Guardini* befürchtete Gefahr des behördlichen Kurzschlusses gebannt[96].

Eine weitere Wende zugunsten der Liturgischen Bewegung brachte die
Enzyklika „*Mediator Dei*" Pius' XII. vom Jahre 1947, indem sie deren
Bestrebungen grundsätzlich anerkannte. Unter ihrem Eindruck wurden
in zahlreichen Ländern „Liturgische Institute" gegründet. Es kam zu
zahlreichen nationalen liturgischen Kongressen und internationalen liturgischen Studientreffen, von denen der pastoralliturgische Kongreß in Assisi 1956 eine besondere Bedeutung gewann[97]. In einem Grußwort spricht
der Papst der Liturgischen Bewegung höchste Anerkennung aus: „Die
Liturgische Bewegung ist gleichsam wie ein Zeichen der göttlichen Vorsehung für die gegenwärtige Zeit aufgeleuchtet, sie war wie ein Durchbruch
des Heiligen Geistes in seiner Kirche, um die Menschen den Geheimnissen des Glaubens und den Reichtümern der Gnade näherzubringen, welche aus der tätigen Teilnahme der Gläubigen im liturgischen Leben strö-
men."[98]

Während es in den ersten Jahrzehnten der Liturgischen Bewegung um
die erneuerte Teilnahme der Gläubigen an der bestehenden tridentinischen Liturgie ging, erkannte man um die Mitte des Jahrhunderts immer
stärker, daß *die Liturgie selbst* der Reform, der Erneuerung bedürfe. Ein
Anfang war schon mit der neuen lateinischen Psalmenübersetzung geschehen, die *Pius XII.* im Jahre 1945 veröffentlichen ließ (Psalterium
Pianum). Um die Jahrhundertmitte genehmigte Rom mehrere nationale
Ritualien mit einem wachsenden Gebrauch der Landessprache, unter denen die deutsche „Collectio rituum" von 1950 besondere Beachtung fand.
Am 9. Februar 1951 erschien das Dekret über die Reform der Osternachtliturgie und ihre Verlegung vom Karsamstagmorgen auf den Beginn der
Osternacht, zunächst behutsam „ad experimentum" eingegrenzt, wobei
jedem Bischof die Einführung in seiner Diözese anheimgegeben war. So

---

[96] Die vorstehenden Ausführungen beruhen zum großen Teil auf der Akteneinsicht aus
dem Nachlaß von *Bischof A. Stohr.* Vgl. auch *Th. Maas-Ewerd,* Die Krise der liturgischen Bewegung (Regensburg 1981).
[97] Vgl. *J. Wagner* (Hg.), Erneuerung der Liturgie aus dem Geist der Seelsorge ... (Trier
1957); *Bugnini* 32 f.
[98] Ebd. 344; vgl. LK 43.

erhielt die „Mutter aller Vigilien" im Bewußtsein der Gläubigen wieder einen hohen Stellenwert. Der Reform der Osternacht folgte am 16. November 1955 die Neuordnung der gesamten Karwoche, diesmal als verpflichtend für die Gesamtkirche ab 1956. Man spürte plötzlich, daß der „Panzer der ehernen Einheitsliturgie" von Trient aufgesprengt war. Wenn auch die Instruktion der Ritenkongregation „De musica sacra et sacra liturgia" von 1958 zunächst wie ein Rückschlag angesehen wurde, der Drang nach weiteren Reformen ließ sich nicht mehr eindämmen.

5. Das II. Vatikanum und die nachkonziliare Entwicklung

Die Zeit war reif geworden für eine grundsätzliche und allgemeine Reform der Liturgie. Sie kam schneller als vermutet durch die unerwartete Ankündigung eines allgemeinen Konzils durch *Johannes XXIII.* am 25. Januar 1959 und durch die Art und Weise, wie dieses Konzil im Geist der Freiheit und im ehrlichen Ringen um den bestmöglichen Weg durchgeführt wurde.

Der große Durchbruch gelang trotz eines letzten Versuches kurialer Kreise, die nur allzugern an Rubrizismus und Zentralismus, an Unveränderlichkeit und Zementierung der Liturgie festgehalten hätten. Unter diesem Aspekt ist die hastige Veröffentlichung des *„Codex rubricarum"* vom 27. Juli 1960 zu betrachten. „Wohl oder übel mußte man in dieser Ausgabe ein Werk sehen, das den späteren Konzilsbeschlüssen vorgreifen sollte, und es sollte sich später auch zeigen, wie wenig diese Vermutung aus der Luft gegriffen war."[99]. Am 5. April 1961 erschien eine neue „editio typica" des Breviers, am 23. Juni 1962 eine solche des römischen Missale, zwei weitere Aktivitäten der Ritenkongregation, die wohl unter dem gleichen Aspekt wie der „Codex rubricarum" zu deuten sind. Auch in der Vorbereitung des Liturgie-„Schemas" (= LK) gab es Spannungen und Versuche eines letzten Sichaufbäumens gegen tiefgreifende Veränderungen; aber auch diese Widerstände konnten auf dem Konzil selbst überwunden werden.

Es war nicht nur für die Geschichte der Liturgie, sondern auch für das Leben der Gesamtkirche ein historisch bedeutsames Ereignis, als am 4. Dezember 1963 – genau 400 Jahre nach der Schlußsitzung des Trienter Konzils – die LK als erstes Konzilsdokument mit 2147 Ja-Stimmen bei nur vier Nein-Stimmen angenommen wurde. Hier werden wichtige Aussagen über Wesen und Bedeutung der Liturgie gemacht und die Weichen für eine grundlegende Reform gestellt. Dies geschieht nicht aus irgendwelchen peripheren Absichten, sondern im Rahmen des Gesamtzieles, das sich das Konzil gesteckt hatte: „das christliche Leben unter den Gläubigen mehr und mehr zu vertiefen, die dem Wechsel unterworfenen

---

[99] *H.A.P. Schmidt*, Die Konstitution über die heilige Liturgie. Text, Vorgeschichte, Kommentar (Freiburg i. Br. 1965) 65 f.

Einrichtungen den Notwendigkeiten unseres Zeitalters besser anzupassen, zu fördern, was immer zur Einheit aller, die an Christus glauben, beitragen kann, und zu stärken, was immer helfen kann, alle in den Schoß der Kirche zu rufen" (LK 1). Das Konzil will mit diesem Dokument nicht nur die Liturgie erneuern, sondern durch sie die Menschen.

Die umfangreichen und vielfältigen Aussagen des Konzils können hier nur in ihren wichtigsten Aspekten zusammengefaßt werden. Von den die Teilbereiche betreffenden Ausführungen wird im speziellen Teil dieses Buches noch öfter die Rede sein. Zu den *allgemeinen Zielsetzungen* gehören:

1) Neue Hochschätzung der Liturgie, weil „deren Wirksamkeit kein anderes Tun der Kirche an Rang und Maß erreicht" (7).

2) Die Förderung tätiger Teilnahme seitens der Gläubigen (Art. 14 und öfter).

3) Aufwertung der Liturgiewissenschaft und liturgischen Bildung (15-19).

4) Allgemeine Erneuerung der Liturgie in ihren wandelbaren Teilen (21-40), soweit es „ein wirklicher und sicher zu erhoffender Nutzen der Kirche" verlangt (23). Besonderer Wert wird dabei gelegt auf die Hochschätzung und Mehrung der biblischen Lesungen innerhalb der liturgischen Feiern („reicher, mannigfaltiger und passender" 35), auf den Gemeinschaftscharakter liturgischer Feiern, auf Vereinfachung und größere Durchschaubarkeit (34), auf Anpassung an Überlieferung und Eigenart der Völker einschließlich einer gewissen Dezentralisierung (37-40) und auf stärkere Berücksichtigung der Volkssprache (36 und öfter).

Diese allgemeinen Aspekte kommen in den folgenden Kapiteln über Einzelbereiche der Liturgie zum Tragen (47-130). In einem Anhang nimmt das Konzil zu den oft erhobenen Forderungen nach Festlegung des Osterfestes auf einen bestimmten Sonntag und nach einem immerwährenden Kalender Stellung[100].

Von entscheidender Bedeutung für die Verwirklichung der Konzilsbeschlüsse war die Einsetzung des „Consilium ad exsequendam constitutionem de sacra liturgia" (Rat zur Ausführung der Konstitution über die heilige Liturgie) durch ein Motuproprio *Pauls VI.* vom 25. Januar 1964. Zu den wichtigsten Aktivitäten dieses Gremiums und seiner Nachfolger (s. unten S. 51) gehören folgende sechs Instruktionen: drei Instruktionen zur ordnungsgemäßen Durchführung der LK („Inter oecumenici", 1964; „Tres abhinc annos", 1967; „Liturgicae instaurationes", 1970); die Instr. „Musicam sacram" (1967); Instr. „Eucharisticum mysterium" (1967); Instr. über die Übersetzung liturgischer Texte für Feiern mit dem Volk (1969). Hinzu kommen die in rascher Folge erscheinenden liturgischen

---

[100] An deutschsprachigen Kommentaren zur LK seien genannt: *H.A.P. Schmidt,* ebd. (Anm. 99); *E.J. Lengeling,* LK; *J.A. Jungmann,* Einleitung und Kommentar, in: LThK. Das II. Vatikanische Konzil, Bd. I (Freiburg i. Br. 1966) 10-109; ein Verzeichnis weiterer Kommentare in EL 78 (1964) 562-572, 79 (1965) 465-480.

Ordnungen und Bücher, die im folgenden gruppenweise in der Reihenfolge des Erscheinens der lateinischen Ausgabe verzeichnet sind (deutschsprachige Ausgaben in Klammern):

Eucharistiefeier: Missale Romanum [1]1970, [2]1974 (Meßbuch für die Bistümer des deutschen Sprachgebietes, 2 Bde., 1975; Kleinausgabe in 1 Bd.). Lectionarium missae [1]1969, [2]1981 (Meßlektionar [1]1970-1974, 6 Bde.; [2]1983-1986, 8 Bde.; Evangeliar 1985; Kleinausgabe 1985).

Kyriale simplex 1965; Graduale simplex 1967; Ordo cantus missae 1972; darauf basierend die private Ausgabe „Graduale ss. Romanae Ecclesiae" (Solesmes 1974). Für die deutschsprachigen Gesänge gibt es außer dem „Gotteslob" das diesem zugeordnete Kantorenbuch (o.J.) und Scholabuch (1975).

Stundengebet: Liturgia horarum, 4 Bde. (1971ff) (Stundenbuch für die katholischen Bistümer des deutschen Sprachgebietes, 3 Bde., 1978/79, und 16 Lektionarsfaszikel 1978ff).

Kleines Stundenbuch (Laudes, Vesper, Komplet), 4 Bde., 1981ff.

Antiphonale zum Stundengebet 1979.

Vesperbuch zum Gotteslob 1979.

„Christuslob", Kleinoffizium, 1980 von Rom konfirmiert.

Pontifikale (Einzelfaszikel): Liber de ordinatione diaconi, presbyteri et episcopi 1968, 2. Ausgabe in Vorbereitung (deutsche Ausgabe mit gleichem Titel 1971; Volksausgabe für die „Feier der Diakonenweihe und Priesterweihe" 1971).

Ordo benedictionis abbatis et abbatissae 1970.

Ordo consecrationis virginum 1970 (Die Feier der Abts-, Äbtissinnen- und Jungfrauenweihe 1975).

Ordo confirmationis 1971 (Die Feier der Firmung 1973; hierzu Volksausgabe).

Ordo benedicendi oleum catechumenorum et infirmorum et conficiendi chrisma 1971 (deutsche Ausgabe s. Kirchweihe).

Liber de institutione lectorum et acolythorum; de admissione inter candidatos ad diaconatum et presbyteratum; de sacro caelibatu amplectendo 1972 (Die Beauftragung von Lektoren, Akolythen und Kommunionhelfern; die Aufnahme unter die Kandidaten für Diakonat und Presbyterat; das Zölibatsversprechen 1974).

Ordo dedicationis ecclesiae et altaris 1977 (Die Feier der Kirch- und Altarweihe; die Feier der Ölweihen – Studienausgabe – 1981).

Caeremoniale Episcoporum 1984.

Rituale (Einzelfaszikel): Ordo baptismi parvulorum [1]1969, [2]1973 (Die Feier der Kindertaufe 1971; hierzu Volksausgabe).

Ordo celebrandi matrimonium 1969 (Die Feier der Trauung 1975; hierzu Volksausgabe. Gemeinsame kirchliche Trauung bei Konfessionsverschiedenheit 1971; hierzu Volksausgabe).

Ordo exequiarum 1969 (Die kirchliche Begräbnisfeier 1972; hierzu Volksausgabe).

Ordo professionis religiosae 1970 (Die Feier der Ordensprofeß 1974).

Ordo initiationis christianae adultorum 1972, [2]1974 (Die Feier der Eingliederung Erwachsener in die Kirche – Studienausgabe – 1975. Die Feier der Aufnahme gültig Getaufter in die volle Gemeinschaft der katholischen Kirche 1974. Die Eingliederung von Kindern ... 1986).

Ordo unctionis infirmorum eorumque pastoralis cura 1972 (Die Feier der Krankensakramente 1975; hierzu Volksausgabe).

De s. communione et de cultu mysterii eucharistici extra missam 1973 (Kommunionspendung und Eucharistieverehrung außerhalb der Messe – Studienausgabe – 1976).

Ordo paenitentiae 1974 (Die Feier der Buße – Studienausgabe – 1974).

De benedictionibus 1984.

Ohne römische Vorlage: Benediktionale – Studienausgabe – 1978.

Gottesdienst mit Gehörlosen – Studienausgabe – 1980.

Kleines Rituale für besondere pastorale Situationen 1980.

Lektionar für Gottesdienste mit Kindern – Studienausgabe – 1981; 1985.

Die Eingliederung von Kindern im Schulalter in die Kirche – Studienausgabe – 1986.

Calendarium Romanum 1969 (Der Römische Kalender), lateinisch-deutsche Ausgabe in: „Nachkonziliare Dokumente", Bd. 20 (Trier 1969).

Instructio de Calendariis particularibus ... 1970 (Instruktion über die Neuordnung der Eigenkalender ...), in: „Nachkonziliare Dokumente", Bd. 29, Trier 1975)[101].

Auf der Suche nach einer bestmöglichen Organisation für das umfangreiche Arbeitspensum der anstehenden liturgischen Aufgaben teilte *Paul VI.* am 8. Mai 1969 die bisherige Ritenkongregation in eine „Kongregation für den Gottesdienst" und eine „Kongregation für die Heiligsprechungsprozesse" auf. Damit erlosch die Arbeit des „Consilium" als Organisation eigenen Rechts. Es wurde als Sonderkommission der Kongregation für den Gottesdienst einverleibt, jedoch 1970 aufgelöst und ihre Aufgaben bestimmten Arbeitsgruppen übertragen. Am 11. Juli 1975 verschmolz *Paul VI.* mit der Apostolischen Konstitution „Constans nobis gaudium" die Gottesdienstkongregation mit der 1908 gegründeten „Kongregation für die Disziplin der Sakramente" zu einer einzigen Kongregation unter dem nicht gerade glücklichen Titel „Kongregation für die Sakramente und den Gottesdienst". *Johannes Paul II.* hat am 5. April 1984 diese Verbindung wieder gelöst und beiden ihre Selbständigkeit zurückgegeben, aber 1988 wieder vereinigt unter dem Titel „Kongregation für den Gottesdienst und die Sakramentendisziplin"[102].

Wenn auch die Revision der meisten liturgischen Bücher abgeschlossen ist[103], so bleibt doch als Daueraufgabe die Verwirklichung der Grundli-

---

[101] Die meisten Dokumente zu den vorliegenden Büchern finden sich bei *Kaczinski* (lat.) und *Rennings* (dt.).

[102] Vgl. *H. Rennings*, 25 Jahre Herbergssuche ..., in: LJ 39 (1989) 37-48.

[103] Es stehen u.a. noch aus das „Martyrologium Romanum" und Bd. V der „Liturgia horarum" mit einer (im deutschen Stundenbuch schon vorhandenen) zweiten Jahresreihe mit biblischen und patristischen Lesungen, ein Ersatz des „großen Exorzismus"

nien und Richtwerte im Leben der Gläubigen und Gemeinden. Jeder Generation wird immer neu die Aufgabe gestellt, die Gläubigen zu einer verstehenden und aktiven Teilnahme an der Liturgie zu erziehen.

Die zahlreichen Veränderungen im Gottesdienst wurden im allgemeinen von den Gläubigen als echte Verbesserung begrüßt und bereitwillig realisiert, besonders in den Pfarreien, wo eine entsprechende Einführung vorausging. Doch ist auch nicht zu übersehen, daß sich von zwei verschiedenen Seiten Kritik und Widerspruch erhob. Den einen (oft als Progressisten bezeichnet) ist die Reform zu zaghaft und geringfügig, sie glaubten sich deshalb zu weitergehenden eigenmächtigen Veränderungen berechtigt. Die anderen (als Konservative bezeichnet) halten fast jede der Reformen für einen Verrat an der Tradition und für ein Unglück. Insbesondere entzündete sich die Kritik an der Öffnung der Liturgie für die Volkssprache (vgl. die „Una-voce-Gruppen"[104]). Teile dieser „konservativen" Opposition unter Führung des französischen (Missions-)Erzbischofs *M. Lefèbvre* nähern sich in bedenklicher Weise einem Schisma, was mit der widerrechtlichen Bischofsweihe von vier Lefèbvre-Anhängern am 30.6.1988 leider Wirklichkeit geworden ist.

Am 3. Oktober 1984 veröffentlichte die Kongregation für den Gottesdienst zur Überraschung vieler *ein Indult des Papstes,* in dem den Bischöfen die Möglichkeit eingeräumt wird, jenen Priestern und Gläubigen, „die in der Anhänglichkeit an den sogenannten ‚Tridentinischen' Ritus verblieben waren", zu erlauben, die „Messe unter Verwendung des Missale Romanum nach der im Jahr 1962 im Druck erschienenen Ausgabe" zu feiern. Hierfür sollen folgende Normen gelten:

Solche Priester und Gläubige dürfen keine Gemeinschaft mit denen haben, „die die rechtliche Gültigkeit und Richtigkeit hinsichtlich der kirchlichen Lehre des 1970 von Papst Paul VI. veröffentlichten Römischen Meßbuchs in Zweifel ziehen". Eine solche Feier soll nur für die Antragsteller stattfinden, wobei der Ortsbischof über Raum, Zeit und nähere Bedingungen zu entscheiden hat. Die Feier soll in der lateinische Sprache gehalten werden, ohne Vermischung mit den Riten und Texten des neuen Meßbuches. Mit dieser Erlaubnis darf die „Beachtung der liturgischen Erneuerung innerhalb des Lebens einer jeden kirchlichen Gemeinschaft" nicht beeinträchtigt werden. Das Dokument versteht sich als „ein Zeichen der Sorge, mit der der gemeinsame Vater alle seine Söhne umhegt"[105].

---

und die Anpassung der „Pastoralen Einführungen" an den CIC 1983, wozu ein lateinisches Dokument mit dem Titel „Variationes" schon erarbeitet wurde. Weitere Desiderate bei *E.J. Lengeling,* Zum 20. Jahrestag der Liturgiekonstitution, in: LJ 34 (1984) 122 f.

[104] Vgl. *H.B. Meyer,* Una voce – Nunc et semper? Konservative Bewegungen nach dem Konzil, in: StdZ 180 (1967) 73-90.

[105] Veröffentlicht u.a. in: Gd 18 (1984) 172. Vgl. auch den Kommentar von *K.-O. Nußbaum,* Die bedingte Wiederzulassung einer Meßfeier nach dem Missale Romanum von 1962, in: Pastoralblatt 37 (1985) 130-143.

III. KAPITEL

Die Wissenschaft von der Liturgie (Liturgik)

1. Die geschichtliche Entfaltung

Nicht zu allen Zeiten gab es eine wissenschaftliche Beschäftigung mit der Liturgie. Das christliche Altertum begnügte sich, von den regelmäßigen gottesdienstlichen Homilien abgesehen, mit katechetisch-homiletischen Erklärungen der Initiationssakramente Taufe, Firmung und Eucharistie für die Neophyten, überraschenderweise nicht vor deren Empfang in der Osternacht, sondern in den Gottesdiensten der nachfolgenden Osterwoche. Wir kennen derartige Auslegungen u. a. von *Cyrill* (Johannes?) *von Jerusalem* und *Theodor von Mopsuestia* für den Osten und von *Zeno von Verona, Ambrosius von Mailand* und *Augustinus von Hippo* für den Westen (s. oben Kap. 2).

Aus Ansätzen der späten Väterzeit (*Isidor von Sevilla*) kam es in der karolingischen Zeit duch *Alkuin* und *Amalar von Metz* zu einer ersten Hochblüte allegorischer Liturgieauslegung, die im Hochmittelalter einem neuen Höhepunkt zustrebte, u. a. bei *Johannes Beleth, Sicard von Cremona, Innozenz III.* und *Durandus von Mende*. Es gab nur wenige Gegner dieser Methode, der bedeutendste ist *Albert der Große*[1]

Eine wissenschaftliche Beschäftigung mit der Liturgie beginnt erst mit den *Humanisten* und ihrer historisch-kritischen Methode. Auch die Auseinandersetzung mit den *Reformatoren* führte in der Folge auf beiden Seiten zu einer verstärkten Erforschung liturgischer Quellen und zu historisch fundierten Abhandlungen wie bei *J. Pamelius* und *M. Hittorp*. Sie nahmen im 17. und 18. Jahrhundert (Barockzeit) an Zahl und Bedeutung noch zu (s. oben S. 40 f). Besonderes Interesse fanden die Veröffentlichungen über die orientalischen Liturgien, z. B. durch *J. Goar* und die Gelehrtenfamilie *Assemani*.

Mit dem Ausbau der Pastoraltheologie seit Ende des 18. Jahrhunderts vertiefte sich auch die Zuwendung zur Liturgie der Gegenwart und führte so zu den Anfängen einer systematisch-theologischen Liturgiewissenschaft. Besondere Erwähnung verdient der Sailerschüler *F. X. Schmid*, der in seiner dreibändigen „Liturgik der christkatholischen Religon"[2] wohl als erster betont, daß Liturgik als selbständige Wissenschaft (scientia li-

---

[1] Beispiele dieser phantasierenden Auslegung, die von *Albert* heftig bekämpft wurden, bei MS I, 150.

[2] Passau, Bd. I-II: 1832; Bd. III: 1833. Weitere Auflagen.

turgica, I, 9) zu betrachten sei. Ihr Gegenstand sei das äußere Erscheinungsbild des katholischen Gottesdienstes, „die Gesamtheit der Ceremonien, das Gewand, in welchem der Katholizismus sichtbar und hörbar erscheint" (Vorwort VII), wie er „gleichsam sichtbar und hörbar in Leibsgestalt auf der Erde herumwandelt – wie er leibt und lebt" (I, 18). Der Liturgik gehe es aber nicht nur um Entstehen und Bedeutung der einzelnen „Ceremonien" und um eine „summarische Aufzählung derselben", sondern sie suche sie in „ein systematisches Ganzes" zu bringen und auch ihren „Wert oder Nichtwert" unter der Rücksicht auf das Wesen der katholischen Religion und die Bedürfnisse der Christen zu beurteilen (ebd. 9).

Eine wesentlich vertiefte Sicht von Liturgiewissenschaft begegnet uns im Jahre 1889 bei dem Benediktiner *Suibert Bäumer,* der sie als „Wissenschaft von der Ecclesia orans et sanctificans" bezeichnet, die deshalb „auf eine hohe Stufe zu stellen" sei[3].

Diese Auffassung machte sich *R. Guardini* in einem Aufsatz von 1921 zu eigen: „Gegenstand der systematischen Liturgieforschung ist also die lebendige, opfernde, betende, die Gnadengeheimnisse vollziehende Kirche, in ihrer tatsächlichen Kultübung und ihren auf diese bezüglichen, verbindlichen Äußerungen."[4] Einen Schritt weiter geht wenig später der Laacher Mönch *Athanasius Wintersig,* wenn er die Liturgie „das hohepriesterliche Fortleben Christi in der Kirche" nennt, „das heilige Mysterium". Dieses sei „der wahre Mittelpunkt des religiösen Lebens der Gläubigengemeinde", womit sich speziell die Pastoralliturgie zu beschäftigen habe[5].

So wurde immer deutlicher, daß Liturgiewissenschaft primär theologische Wissenschaft ist und zentrale Wirklichkeiten des Glaubens reflektiert. Dies verdeutlicht zu haben, „ist zweifellos ein bleibendes Verdienst *O. Casels* OSB (1886-1948), der damit der Liturgiewissenschaft einen Anspruch verliehen hat, hinter den sie nicht mehr zurückfallen dürfte, unabhängig davon, wie viele der nicht unumstrittenen Prämissen und Aussagen O. Casels der einzelne übernimmt"[6].

---

[3] So in einer Besprechung von *V. Thalhofers* „Handbuch der katholischen Liturgik", Bd. I (Freiburg i. Br. 1883), in: ZkTh 13 (1889) 351.

[4] Über die systematische Methode in der Liturgiewissenschaft, in: JLW 1 (1921) 97 bis 108; Nachdruck in: *ders.,* Auf dem Wege. Versuche (Mainz 1923) 95-110; hieraus das Zitat (S. 104).

[5] Pastoralliturgik. Ein Versuch über Wesen, Weg, Einteilung und Abgrenzung einer seelsorgwissenschaftlichen Behandlung der Liturgie, in: JLW 4 (1924) 153-167, hier 166.

[6] *A.A. Häußling,* Liturgiewissenschaft zwei Jahrzehnte nach Konzilsbeginn, in: ALW 24 (1982) 1-18, hier 4; vgl. *J.A. Jungmann,* Art. Liturgiewissenschaft, in: Sacramentum Mundi, Bd. III (Freiburg i. Br. 1969) 285 f.

2. *Aufgaben und Probleme heutiger Liturgiewissenschaft*

Der Liturgiebegriff des II. Vatikanums (s. oben S. 12 f) hat auch Auswirkungen auf Stellung und Aufgaben der Liturgiewissenschaft. Weil Liturgie Aktuierung des Priesteramtes Christi und Aktionsgemeinschaft von Christus und Kirche zur Heiligung der Menschen und zur Verherrlichung Gottes ist (vgl. LK 7), umfaßt die wissenschaftliche Reflexion sowohl den Hohenpriester Jesus Christus wie die Kirche als fortlebenden und fortwirkenden Christus. Gegenstand der Liturgiewissenschaft ist nichts weniger als die Heilsökonomie Gottes und das Pascha-Mysterium Christi, aber auch die das Heil empfangende und darauf antwortende Gemeinde Christi. Liturgiewissenschaft hat zu erforschen, inwiefern sich in sichtbaren Zeichen der gottesdienstlichen Feier das Mysterium Christi ereignet und den Gläubigen zugewandt wird und ob und wie die Gläubigen darauf in ihren gottesdienstlichen Versammlungen und darüber hinaus in angemessener Weise Antwort geben. Sie ist also ein eminent *theologisches* Fach.

Mit dieser theologischen Aufgabe muß sich die *historische* verbinden, indem aufgezeigt wird, welche Handlungen und Formen der Liturgie auf Christus selbst zurückzuführen sind, welche in der Urgemeinde oder schon im vorausliegenden Judentum ihre Wurzeln haben und was mit der Entfaltung der Kirche vor dem Hintergrund der zeitgenössischen Kulturen und des Zeitgeschehens an Gedanken, Texten und Riten hinzugewachsen ist. Es muß geprüft werden, wie die Liturgie der Anfänge in den verschiedenen Liturgiefamilien in Ost und West ein je eigenes Gepräge gefunden hat (s. oben S. 27 f).

Weil aber Liturgie von ortsgebundenen Gemeinden und damit auch von zeitabhängigen und sich wandelnden Individuen gefeiert wird, muß die Liturgiewissenschaft auch *den konkreten Menschen* ins Auge fassen. Dabei geht es um die Prüfung seiner Liturgiefähigkeit, also um die Frage, ob und wieweit er offen ist für die Zuwendung Gottes, ob er die Zeichen, die das Mysterium verdeutlichen sollen, zu verstehen und auf Gottes Heilsruf und -angebot in Wort, Zeichen und Leben zu antworten vermag – und dies nicht nur als Individuum, sondern als Glied der Gemeinde Christi, was also Gemeinschaftsfähigkeit voraussetzt, die Überwindung einer individualistischen oder gar egozentrischen Haltung. Dieser Sektor wissenschaftlicher Bemühung um eine Optimierung der Liturgiefähigkeit ist Sache der *Pastoralliturgik,* der man aber weniger den Rang eines selbständigen Lehrfaches zuerkennen sollte, wie dies *A. Wintersig* befürwortet hatte[7].

In diesem Zusammenhang kommt der Liturgiewissenschaft auch die Aufgabe zu, Untersuchungen darüber anzustellen, ob nicht manche Teile der Liturgie, die dem Wandel unterworfen sind, *erneuerungsbedürftig*

---

[7] Zur Entstehung des Ausdrucks vgl. *H. Rennings,* Über Ziele und Aufgaben der Liturgik, in: Conc 3 (1969) 130.

sind. „Bei dieser Erneuerung sollen Texte und Riten so geordnet werden, daß sie das Heilige, dem sie als Zeichen dienen, deutlicher zum Ausdruck bringen, und so, daß das christliche Volk sie möglichst leicht erfassen und in voller, tätiger und gemeinschaftlicher Teilnahme mitfeiern kann" (LK 21). Ausdrücklich verlangt das Konzil, daß jeder Revision „gründliche theologische, historische und pastorale Untersuchungen vorausgehen" (LK 23). Wenn es anschließend heißt, daß dabei „die allgemeinen Gestalt- und Sinngesetze der Liturgie" zu beachten seien, so ist auch hier die Liturgiewissenschaft gefordert.

Weil, wie bereits gesagt, auch der konkrete Mensch bei der Liturgie beteiligt ist, muß sich Liturgiewissenschaft auch für die gesicherten Erkenntnisse der *Humanwissenschaften* offenhalten. Hierfür kommen in Frage die Psychologie einschließlich der Gruppen- und Tiefenpsychologie, Sprach- und Kommunikationswissenschaft, Phänomenologie, Soziologie, Semiotik (Lehre von den Zeichen), Kunstgeschichte und die Musikwissenschaft. Insofern kann man den Ruf nach einer „integrativen Methode" und nach der „Gewinnung der empirischen Dimension"[8] durchaus bejahen, wenn dabei auch der einzelne Liturgiewissenschaftler in vielen Fällen überfordert erscheint. Allerdings läßt sich diese Überforderung insofern entschärfen, als diese humanwissenschaftlichen Kenntnisse in einer fächerübergreifenden Ausbildung vermittelt werden könnten. Denn auch andere, vor allem praktisch-theologische Fächer wie Pastoraltheologie, Homiletik, Religionspädagogik und Katechetik sind auf solche Kenntnisse angewiesen. Erfreulicherweise wurde diese Regelung in der „Rahmenordnung der Priesterbildung" der DBK schon berücksichtigt, indem vier Semesterwochenstunden für „humanwissenschaftlichen Studienanteil" vorgesehen sind[9].

Was die *Stellung der Liturgiewissenschaft im Gesamtstudium der Theologie* betrifft, so finden sich nicht nur in der erwähnten Rahmenordnung für die Priesterbildung, sondern auch in den Veröffentlichungen der Kommission „Curricula in Theologie" des Westdeutschen Fakultätentages[10] wichtige Hinweise und Empfehlungen[11].

Im Hinblick auf den hohen Stellenwert, den das II. Vatikanum der Liturgie einräumt, ist es konsequent, daß das Konzil auch der Wissenschaft von der Liturgie *einen neuen Rang* im Kosmos der theologischen Fächer

---

[8] Vgl. *H. W. Gärtner – M. B. Merz*, Prolegomena für eine integrative Methode in der Liturgiewissenschaft. Zugleich ein Versuch zur Gewinnung der empirischen Dimension, in: ALW 24 (1982) 165-189; vgl. *A. A. Häußling*, a.a.O. (Anm. 6) 8 f; *F. Kohlschein*, Liturgiewissenschaft im Wandel, in: LJ 34 (1984) 32-49.
[9] Herausgegeben vom Sekretariat der DBK (Bonn 1978) 56, 50 f.
[10] Es handelt sich um die sechs Hefte „Studium Katholische Theologie. Berichte, Analysen, Vorschläge", hg. von *E. Feifel* (Zürich u. a. 1973-1980).
[11] Hierzu *K. Richter*, Die Liturgiewissenschaft in der theologischen Ausbildung, in: LJ 27 (1977) 124-126; *ders.*, Die Liturgiewissenschaft im Studium der Theologie heute, in: LJ 32 (1982) 46-63; *ders.*, Struktur und Aufbau des Studiums der Liturgiewissenschaft, in: ebd. 89-107; *ders. (Hg.)*, Liturgie – ein vergessenes Thema der Theologie? (Frb. 1986).

zuweist: „Das Lehrfach Liturgiewissenschaft ist in den Seminarien und Studienhäusern der Orden zu den notwendigen und wichtigen Fächern und an den theologischen Fakultäten zu den Hauptfächern zu rechnen" (LK 16). Dabei wird betont, daß diese wissenschaftliche Beschäftigung „sowohl unter theologischem und historischem wie auch unter geistlichem, seelsorglichem und rechtlichem Gesichtspunkt zu behandeln" sei (ebd.). Diese Vielfalt der Aspekte macht deutlich, daß es bei der Liturgiewissenschaft nicht eine einzige *Methode* geben kann. „Das Fehlen einer spezifischen liturgiewissenschaftlichen Methode zeigt die besondere Stellung des Fachgebietes."[12] Gleichzeitig fordert das Konzil die Vertreter der anderen theologischen Fächer auf, von ihrer Position aus „das Mysterium Christi und die Heilsgeschichte so herauszuarbeiten, daß von da aus der Zusammenhang mit der Liturgie und die Einheit der priesterlichen Ausbildung aufleuchtet" (LK 16). Dies ist eine deutliche Einladung, auch innerhalb der theologischen Fakultäten das interdisziplinäre, themenorientierte Gespräch zu suchen. So wie die Liturgiewissenschaft als „doxologische Theologie"[13] eine kritische Funktion gegenüber den anderen theologischen Fächern hat[14], so ist es auch „die kritische Funktion der Nachbarfächer, unsere Arbeit zu überprüfen und uns das Material zu geben, das wir nicht selbst aufbereiten können"[15].

Zu den Aufgaben der Liturgiewissenschaft zählt – sicher nicht an letzter Stelle – auch die Erforschung und Vermittlung dessen, was wir *liturgische Spiritualität*[16] nennen. Ausdrücklich wird diese Verpflichtung im bereits zitierten Artikel 16 der LK urgiert, wonach die Liturgik auch unter dem Gesichtspunkt des geistlichen Lebens zu behandeln sei. Geistliches Leben ist das Erfülltsein vom Geist Christi, was sowohl die liebende Hingabe an Gott wie die Nachfolge Christi im Alltag und damit auch die liebende Zuwendung zum Mitmenschen und die Weltgestaltung aus christlicher Sicht beinhaltet. Liturgische Spiritualität[17] fällt weitgehend mit der biblischen zusammen, weil ja auch die liturgische Feier den Menschen immer wieder unter das Wort Gottes stellt. Hier „spricht Gott zu seinem Volk, offenbart er das Erlösungs- und Heilsmysterium und nährt er das

---

[12] *K. Richter*, a.a.O. (Anm. 11 [2]) 60; zur Vielfalt der Methoden vgl. *H. Reifenberg*, Fundamentalliturgie …, Bd. I (Klosterneuburg 1978) 67.

[13] *E. Griese*, Perspektiven einer liturgischen Theologie, in: Una sancta 24 (1969) 102 bis 113; vgl. *M.-J. Krahe*, „Psalmen, Hymnen und Lieder, wie der Geist sie eingibt". Doxologie als Ursprung und Ziel aller Theologie, in: *H. Becker – R. Kaczynski* (Hg.), Liturgie und Dichtung, Bd. II (St. Ottilien 1983) 923-958.

[14] Vgl. *A.A. Häußling*, Die kritische Funktion der Liturgiewissenschaft, in: *H.B. Meyer* (Hg.), Liturgie und Gesellschaft (Innsbruck u.a. 1970) 103-130.

[15] Ebd. 129 f. Hier schwächt H. wohl seine zuvor geäußerte Meinung ab, die Liturgiewissenschaft habe sich u.a. auch mit der „theologischen Aufarbeitung des Atheismusproblems" zu befassen (123 ff).

[16] Zu diesem verhältnismäßig neuen Begriff vgl. *J. Sudbrack*, Art. Spiritualität, in: HPTh V, 533-537 mit weiterer Literatur.

[17] Wertvoll die Studie von *W. Dürig*, Pietas liturgica (Regensburg 1958).

Leben im Geist. Christus selbst ist in seinem Wort inmitten der Gläubigen gegenwärtig" (AEM 33). Die Begegnung mit Christus intensiviert sich noch in der liturgischen Teilnahme am Pascha-Mysterium, besonders bei der Eucharistie. Diese „liturgische Formung des geistlichen Lebens" (LK 17) erwächst wie eine immanente Frucht aus der rechten liturgischen Feier. Die Liturgiewissenschaft sollte hierfür die Augen öffnen und die Wege bereiten[18].

3. Quellen und Hilfsmittel der Liturgiewissenschaft

Das vorausgehende Kapitel über die Geschichte der Liturgie hat zugleich eine Fülle von Hinweisen über Quellen und Hilfsmittel der Liturgiewissenschaft gebracht. Gleiches gilt auch für die Behandlung der Teilbereiche der Liturgie. Aus allem ergibt sich, daß der primäre Quellgrund für liturgiewissenschaftliche Erkenntnisse die *Schriften des Neuen Testaments* sind, auch wenn sich hierin keine systematische Darstellung des christlichen Gottesdienstes findet. Von eminenter Bedeutung sind dann die *Zeugnisse der nachapostolischen Zeit* und die langsam einsetzenden Beschreibungen des christlichen Gottesdienstes, wie sie uns beispielsweise bei *Justin dem Märtyrer* und *Hippolyt von Rom* begegnen. Es wäre aber eine Verdoppelung, wollte man dies nochmals im einzelnen aufzählen. Gleiches gilt auch für die Folgezeit, in der uns nicht nur die patristische Literatur manche Aufschlüsse gibt, sondern wo uns auch vielgestaltige Dokumente über den Gottesdienst der einzelnen Liturgiefamilien begegnen. Für die Kenntnis des römischen Gottesdienstes sind die Sakramentarien, Libelli und Ordines Romani grundlegende Dokumente (s. oben S. 30 ff)[19]. Auch die folgende Entwicklung der abendländischen Liturgie mit ihren wichtigsten Liturgiebüchern, Dokumenten und literarischen Niederschlägen läßt sich aus dem geschichtlichen Überblick hinreichend erkennen, so daß wir uns gleich der Gegenwart zuwenden wollen.

Neueste Quellen für die Liturgiewissenschaft sind die Dokumente des II. Vatikanums und der nachkonziliaren Gremien, soweit sie sich auf die Liturgie beziehen. Sie finden ihren Niederschlag in der Neuordnung der liturgischen Bücher[20]. Als Hilfsmittel zur Erschließung dieser Quellen gibt es *Sammlungen und Kommentare* (z. B. Kaczynski, Rennings und LThK² mit den drei Ergänzungsbänden „Das II. Vatikanische Konzil") und viele Monographien zu Einzelfragen. Hilfreich sind auch zahlreiche *Zeitschriften*, die sich mit Geschichte, Theologie und Pastoral des Gottesdienstes befassen. Ihre Aufzählung (in alphabetischer Reihenfolge) soll

---

[18] Vgl. auch K. *Richter*, Liturgische Frömmigkeit im Wandel, in: Diak 16 (1985) 99 bis 106.

[19] Eine wertvolle Zusammenstellung bei K. *Gamber*, Codices liturgici latini antiquiores (Spicil. Friburg., subsidia 1). (Fribourg ²1968).

[20] Verzeichnis aller erneuerten Liturgiebücher s. oben S. 50 f.

diesen kurzen Überblick abschließen, wobei fremdsprachige Zeitschriften nur insofern berücksichtigt werden, als sie für unser Sprachgebiet von größerer Bedeutung sind. Zeitschriften, die nur gelegentlich liturgische Themen behandeln, sind hier nicht erfaßt.

a) Deutschsprachige Zeitschriften:

Archiv für Liturgiewissenschaft, Regensburg
Bibel und Liturgie, Klosterneuburg
Erbe und Auftrag, Beuron
Gottesdienst, Freiburg u. a.
Heiliger Dienst, Salzburg
Jahrbuch für Liturgik und Hymnologie, Kassel (ev.)
Kunst und Kirche, Gütersloh – Linz (ök.)
Liturgie konkret, Regensburg
Liturgisches Jahrbuch, Münster
Münster, Das, München – Zürich
Musica sacra, Regensburg
Quatember, Kassel (ev.)

b) Fremdsprachige Zeitschriften

Communautés et liturgie, Ottignies (Belgien)
Ecclesia orans, Rom
Ephemerides liturgicae, Rom
La Maison-Dieu, Paris
Notitiae, Città del Vaticano
Questions liturgiques, Löwen (Louvain)
Studia liturgica, Rotterdam
Tijdschrift voor liturgie, Afflighem (Belgien)

IV. KAPITEL

Die gottesdienstliche Versammlung als Kommunikationsprozeß

1. Grundsätzliche Überlegungen

Wenn sich christliche Gemeinden (Gruppen) zum Gottesdienst versammeln, müssen wir zwei Handlungsdimensionen unterscheiden: die Dimension des Heilsmysteriums und die Dimension des zwischenmenschlichen Verhaltens und Handelns. Die erstgenannte besteht darin, daß sich Gott selber in Christus der Gemeinde in Liebe zuwendet und sich ihr mitteilt. Liturgie hat primär Geschenkcharakter. Indem sich die Gläubigen für die Zuwendung Gottes öffnen und ihm im dankenden Lobpreis und mit ihrer Selbsthingabe antworten, kommt eine vertikale Dimension zustande: Begegnung und Gemeinschaft von Gott und Mensch. Das Heilsmysterium realisiert sich. Dieser Vorgang läßt sich im wesentlichen nur vom Glauben her erfassen und entzieht sich deshalb weitgehend der empirischen Beobachtung. Anders ist es bei der Dimension des zwischenmenschlichen Verhaltens und Handelns, das sich im Sinn der anthropologischen Wissenschaften als Kommunikationsprozeß erkennen und beobachten läßt. „Die Wiederentdeckung der kommunikativen Struktur aller gottesdienstlichen Feiern gehört zu den wichtigsten Ergebnissen der Liturgiereform seit dem Zweiten Vatikanum.[1]"

Ein *Kommunikationsprozeß* besteht in der Vermittlung von Informationen (Sachverhalten, Appellen) durch einen Kommunikator (Sprecher, Sender) an die Kommunikanten (Hörer, Empfänger) mittels bestimmter Signale verbaler oder nichtverbaler Art. Dabei gibt es bestimmte Gesetzmäßigkeiten, die für das Ziel der Kommunikation entscheidend sein können. Ohne sie hier im einzelnen definitionsmäßig aufzulisten[2], wollen wir die wichtigsten sofort auf die gottesdienstliche Versammlung übertragen und ihre Relevanz für Gelingen oder Mißlingen des Gottesdienstes bedenken[3].

Einen wichtigen Part im gottesdienstlichen Kommunikationsprozeß

---

[1] *F. Kohlschein*, Gekreuzigte Liturgie..., in: Gd 16 (1982) 113.

[2] Hierfür gibt es zahlreiche Hand- und Fachbücher, u. a. *P. Watzlawick* u. a., Menschliche Kommunikation. Formen, Störungen, Paradoxien (Bern [2]1970); *H. Bühler* u. a., Einführung in die Grundlagen der sprachlichen Kommunikation, in: Linguistik I (Tübingen 1970); *G. Meggle*, Grundbegriffe der Kommunikation (Berlin 1981).

[3] Hilfreich sind u. a. *Ph. Harnoncourt*, Liturgie als kommunikatives Geschehen, in: LJ 25 (1975) 5-27; *F. Kohlschein*, Die liturgische Feier als Kommunikationsgeschehen in: *Kath. Fachhochschule Mainz* (Hg.), Theorie für Praxis... (Mainz 1982), gekürzt in: Theologie der Gegenwart 26 (1983) 1-13.

spielt der *Kommunikator* in Gestalt des Vorstehers (Leiters), also Bischof, Priester, Diakon oder auch ein beauftragter Laie. Schon seine Persönlichkeit und der von ihm ausgehende Gesamteindruck (Image) sind entscheidend für die Entschlüsselung (Dekodierung) seiner Mitteilung durch die Teilnehmer am Gottesdienst. Wird er von ihnen anerkannt und hochgeschätzt, so ist von vornherein mit größerer Aufmerksamkeit und Aufnahmebereitschaft zu rechnen. Sein Verhalten müßte erkennen lassen, daß er nicht Befehlshaber der Gemeinde, sondern Bruder unter Brüdern (vgl. Mt 23,8) und Diener ihrer Freude (vgl. 2 Kor 1,24) sein möchte. Dies sollte schon am Beginn eines Gottesdienstes zu spüren sein, wenn er die Gemeinde begrüßt und sie in den Gottesdienst einführt. Hierfür gibt das Direktorium für Kindermessen eine beherzigenswerte Weisung, die für alle Gottesdienste wichtig ist: „Dem Priester... sei es ein Herzensanliegen, der Feier einen festlichen, brüderlichen und meditativen Charakter zu geben... durch die kommunikative Art und Weise seines Handelns und Sprechens.⁴“ Des weiteren sollte spürbar sein, daß er den Gegenstand seiner Mitteilungen aus Vertrautheit mit dem Gegenstand, mit eigener Erfahrung und persönlicher Überzeugung zum Ausdruck bringt. Dies gilt vor allem für die Predigt (Homilie), bei der erkennbar werden sollte, daß der Prediger zuerst selber vom Wort Gottes angerührt und ergriffen ist, bevor er es an die Gemeinde weitergibt. Augustinus beschreibt diese Abfolge einmal mit dem Wortspiel: „Territus terreo“ = als ein Aufgeschreckter schrecke ich auf, als ein Ergriffener mache ich andere ergriffen⁵.

Auch vom *Gebet*, das der Vorsteher in der Regel in der Wir-Form spricht, als Vorbeter für und mit der Gemeinde, muß gelten, daß es sich ebenso von Theatralik und falschem Pathos wie von kalter, „herzloser“ Routine fernhält. Zwar ist es zunächst ein „vertikales“ Sprechen, zu Gott hin, wird aber auch Kommunikation zur Gemeinde hin, die es sich zu eigen machen und mitbeten soll. Darum kann es auch hier zu Kommunikationsstörungen kommen.

Auch bei der *nichtverbalen (zeichenhaften) Kommunikation* kommt es auf das Verhalten des Vorstehers entscheidend an. Liturgische Zeichen und Symbole sind ja, wie später noch ausführlich zu zeigen ist, Signale mit Informationswert. Werden sie falsch gesendet, können sie die intendierte Botschaft verfälschen und zur Kommunikationsstörung führen.

So bedarf der Vorsteher als Kommunikator einer hohen *Sensibilität*, er braucht Auge und Ohr für eine harmonische Gottesdienstgestaltung, ein Gespür für das Atmosphärische, das Langeweile und Freudlosigkeit vom Gottesdienst fernhält, und einen wachen Blick für auftretende Kommunikationsstörungen.

Was die *Teilnehmer am Gottesdienst* angeht, so sind sie mehr als stumme Zuschauer und passive Zuhörer, sondern Mitfeiernde („Konze-

---

⁴ Nr. 23; u. a. bei *Rennings* I, 1313, Nr. 3137.
⁵ Sermo Frangipane 2,8: *G. Morin*, Misc. Agost. 1 (Romae 1930) 199.

lebranten" im richtig verstandenden Sinn), die durch ihr äußeres und inneres Verhalten den Gottesdienst mittragen sollen (s. oben S. 17 f). Von der Bedeutung ihrer Beziehung und Einstellung zum Vorsteher war bereits die Rede.

Wichtig für den Ablauf des Kommunikationsprozesses ist auch die *Erwartungshaltung*, die die Teilnehmer in den Gottesdienst mitbringen. Aus statistischen Erhebungen, u.a. aus den Umfragen zur Würzburger Synode[6], läßt sich erkennen, daß die meisten Gottesdienstbesucher die Idealvorstellungen vom Gottesdienst, wie sie in den Dokumenten des II. Vatikanums niedergelegt sind, noch nicht voll rezipiert haben. Die meisten erhoffen sich Stille, persönliches Gebet und Begegnung mit Gott. „Dies gilt noch mehr für die gelegentlichen Kirchenbesucher: Bei ihnen steht die Formulierung ‚Stilles, persönliches Gebet' mit Abstand an der Spitze aller Antworten.[7]" Nun können solche Erwartungen einer wenig homogenen Gottesdienstgemeinde sicher nicht das Regulativ für die Gestaltung der Gottesdienste sein. Aber sie sind Anhaltspunkte für die Schwachstellen in der gottesdienstlichen Versammlung und Anstöße für eine intensivierte Informierung und Motivierung dieser Besucher. So enthält der betonte Wunsch nach Stille und persönlichem Gebet die berechtigte Absage an manche Unruhe und Hektik im Gottesdienst, an den Übereifer mancher Priester im Reden („Sermonitis") und den Mangel an stillen Phasen der Liturgiefeier[8].

Wie bei allen Kommunikationsprozessen gilt auch für die gottesdienstlichen Versammlungen, daß inhaltliche Vorstellungen bei „Sender" und „Empfänger" oft *nicht deckungsgleich* sind. Was etwa der Vorsteher in Einführung, Lesung oder Predigt mitteilt, wird vom Hörer oft anders aufgenommen, als es gemeint war. Gründe hierfür können sein mangelnde Verstehensfähigkeit (unterschiedlicher „Zeichenvorrat"), die divergente Erfahrungsbasis, die sozio-kulturelle Verflochtenheit oder auch gewisse Auswahlmechanismen, die manche „Sendungen" nicht ankommen oder auch im Gedächtnis nicht haften lassen. Darum ist es wichtig, daß der Vorsteher hellhörig ist für gewisse sensorische Rückwirkungen beim Hörer und daß er, etwa in einem nachfolgenden Gespräch über Gottesdienst und Predigt, das „feedback" (Rückkoppelung, Rückmeldung) zur Kenntnis nimmt und auswertet.

In einem Kommunikationsprozeß kommt den Verständigungsmedien

---

[6] Ausgewertet von *G. Schmidtchen*, Zwischen Kirche und Welt... (Freiburg i.Br. 1972); *ders.*, Priester in Deutschland... (Freiburg i.Br. 1983); hierzu der Kommentar von *K. Forster* (Hg.), Befragte Katholiken – Zur Zukunft von Glaube und Kirche (Freiburg i.Br. [7]1973).

[7] *L. Roos*, Erwartungen an die Predigt..., in: Oberrhein. Pastoralblatt 75 (1974) 44.

[8] Schon 1968 hatte *K. Tilmann* in dem Beitrag „Ein erquickender Gottesdienst", in: Gd 2 (1968) 67 f, 76 f, folgende drei Erwartungen formuliert: „Die Menschen möchten innerlich zur Ruhe kommen"; „... in die Nähe Gottes kommen"; „... einen guten Gedanken in die Woche mitnehmen". Vgl. *B. Fischer*, Gottesdienst als Ort der Ruhe, in: Gd 8 (1974) 185 ff; 9 (1975) 4 f.

eine besonders wichtige Rolle zu. Beim Gottesdienst sind dies in erster Linie die Sprache und die gottesdienstlichen Zeichen (Symbole). Über beide muß deshalb ausführlich nachgedacht werden.

2. Die liturgische Sprache (verbale Kommunikation)

Im Gefolge des II. Vatikanums öffnete sich die Liturgie des römischen Ritus nach langer, fast ausschließlicher Vorherrschaft der lateinischen Sprache den Volkssprachen, ein Vorgang von historischer Bedeutung. Während sich die meisten Gläubigen darüber freuen, ist dies für eine Minderheit zum Ärgernis geworden, weil sie darin einen Verrat an der Tradition sieht. Auch in dieser Frage vermag der Blick in die Anfänge des christlichen Gottesdienstes und die weitere Entwicklung Kriterien für eine gesunde Beurteilung dieses Problemes zu geben.

a) Geschichtlicher Rückblick

Die gottesdienstliche Sprache der Urgemeinde in Jerusalem war, wie das aramäisch geschriebene Matthäusevangelium nahelegt, das dort als Umgangssprache übliche Aramäische, wobei sicher viele Gebetsformeln und -rufe hebräisch waren. Außerhalb Palästinas kannte die Kirche vor allem die griechische Sprache. Als weitere Sprachen der ersten Jahrhunderte sind für den christlichen Gottesdienst bezeugt die syrische, koptische, äthiopische (unter dem Namen Ge'ez), armenische, georgische, altslawische und seit dem 10. Jahrhundert die arabische[9]. Man kann sagen, daß die Ostkirchen der jeweiligen Landessprache immer geöffnet waren und in mehrsprachigen Gemeinden die Liturgie zum Teil auch mehrsprachig feierten.[10]

In Rom war die griechische Sprache in der Form der *„koiné"* bis ins 3. Jahrhundert hinein die dominierende Umgangssprache, sowohl bei den Gebildeten wie in weiten Kreisen der einfachen Stadtbevölkerung. Es kann deshalb nicht überraschen, daß auch die römische Liturgie mindestens bis ins 3. Jahrhundert hinein in griechischer Sprache gefeiert wurde, wie beispielsweise die Kirchenordnung *Hippolyts von Rom* (um 215) beweist. Die Restauration der lateinischen Sprache, die mit der Regierungszeit des Kaiser *Decius* (249-251) einsetzt, schafft nun auch für Rom das Problem der Verschiedenheit von Volks- und Liturgiesprache. In dieser Situation hat sich die römische Kirche in einem längeren Übergang für den Grundsatz entschieden, daß die Liturgie in der Sprache des Volkes

---

[9] Ausführliche Dokumentation bei *C. Korolevskij*, Liturgie in lebender Sprache (Klosterneuburg 1958). Das französische Original erschien 1955 in Paris unter dem Titel „Liturgie en langue vivante".

[10] *Martimort (1)* I, 154 f. Gewisse Einschränkungen gelten für die nestorianisch gewordene syrische Kirche bei ihrer Missionstätigkeit östlich des Euphrats (ebd. 155).

gefeiert werden müsse. Dieser Prozeß der Latinisierung ist unter Papst *Damasus* um 380 abgeschlossen[11]. Der sogenannte *Ambrosiaster*, ein unbekannter Kommentator von Paulusbriefen und Zeitgenosse des genannten Papstes, läßt in seinen Ausführungen zu 1 Kor 14 erkennen, daß man es damals als unnatürlich empfand, wenn Lateiner griechische Lieder singen, deren Sinn sie nicht verstehen. Die Freude am Wohlklang der Worte wiege den Nachteil nicht auf, daß solches Tun fruchtlos bleiben müsse. Im Sinn des hl. Paulus, der ja an genannter Stelle bekannte, daß er lieber fünf verständliche als zehntausend unverständliche Worte reden wolle (V. 19), schließt er mit der Mahnung: „Wenn ihr also zum Aufbau der Kirche zusammenkommt, muß das gesprochen werden, was die Hörer verstehen.[12]" Als mit der byzantinischen Verwaltung das griechische Element wieder stärker wurde, führte man vom 7. Jahrhundert an doppelsprachige Lesungen beim Papstgottesdienst und Doppelsprachigkeit in wichtigen Teilen des Taufritus ein.

Als in der *Zeit der Völkerwanderung* die Germanen den Westen überfluten, behalten die Goten, die das Christentum bereits in der Form des Arianismus übernommen hatten, ihre Volkssprache in der Liturgie bei. Diejenigen Germanenstämme aber, die im Westen zum Katholizismus bekehrt werden, übernehmen mit dem katholischen Glauben auch die römische Liturgie in lateinischer Sprache. Damals mag sich in abendländischen Kreisen die Vorstellung festgesetzt haben, daß lateinische Liturgie und Rechtgläubigkeit eng zusammengehören. Allmählich eigneten sich die führenden Schichten der Germanen gewisse Lateinkenntnisse an und empfanden so den lateinischen Gottesdienst für sich selbst nicht als Problem. Nach dem einfachen Volk wurde nicht gefragt, es war ohne Stimme.

Im Zusammenhang mit der Slawenmission der aus Konstantinopel kommenden *Cyrill* und *Methodius* in Mähren (zweite Hälfte des 9. Jahrhunderts) kommt es zu heftigen Kontroversen um die Frage der liturgischen Sprache. Die beiden Missionare hatten die sogenannte Petrus-Liturgie ins Slawische übersetzt, was ihnen als Byzantinern nicht ungewöhnlich erschien. Man hält ihnen jedoch entgegen, es gebe nur drei Sprachen, die für die Liturgie geeignet seien, nämlich Hebräisch, Griechisch und Lateinisch, weil diese durch die Kreuzinschrift geheiligt seien. Sie werden in Rom angezeigt und verhört, doch zu guter Letzt erklärt Papst *Johannes VIII.* im Jahre 880, Gott wolle durch alle Sprachen geehrt werden. Es verstoße nicht gegen den rechten Glauben, die Messe in slawischer Sprache zu singen oder das Evangelium und die göttlichen Lesungen in guter Übersetzung zu verkünden. Denn der Schöpfer der drei Hauptsprachen habe auch alle übrigen zu seiner Ehre hervor-

---

[11] Vgl. *Th. Klauser*, Der Übergang der römischen Kirche von der griechischen zur lateinischen Liturgiesprache, in: Misc. G. Mercati I (Città del Vaticano 1946) 467-482; *G. Bardy*, La question des langues dans l'Église ancienne (Paris 1948).
[12] MPL 17, 255.

gebracht[13] Genau 200 Jahre später widerruft *Gregor VII.* diese Erlaubnis, indem er die Bitte des böhmischen Königs *Vratislaw*, weiterhin die slawische Sprache in der Liturgie gebrauchen zu dürfen, ablehnt. Die Begründung, die besonders auf die Heilige Schrift abgestellt ist, überrascht: Es habe dem allmächtigen Gott nicht ohne Grund gefallen, daß die Heilige Schrift in gewissen Gegenden verhüllt bleibe, damit sie nicht bei allseitiger Zugänglichkeit gewöhnlich werde und der Verachtung anheimfalle oder von mittelmäßigen Menschen falsch verstanden werde und so in Irrtum führe[14].

Im *Hochmittelalter* erlangt die lateinische Sprache im öffentlichen Leben eine so überragende Bedeutung, daß ihr Gebrauch als Kultsprache bei den führenden Kreisen keinen Widerspruch hervorruft. Mit dem Beginn des 16. Jahrhunderts melden sich aber auch gutmeinende Stimmen, die im Interesse des einfachen Volkes für die Landessprache eintreten, so die Bittschrift der (späteren) Kamaldulenser *Giustiniani* und *Quirini* an Papst *Leo X.* aus dem Jahre 1513, wo unter Hinweis auf die volkssprachliche Praxis der Väterzeit die Frage aufgeworfen wird, was uns denn hindern könnte, auch heute die Väter nachzuahmen, da ja nur wenige Gläubige das Latein verständen. Niemand mit gesundem Menschenverstand könne sich gegen die Übersetzung der liturgischen Texte zur Wehr setzen, wie das einige täten, die allein als weise gelten möchten. Das Volk würde viele Früchte aus seinen Kirchen mitnehmen, wenn es verstände, was dort gelesen wird. Der Papst solle doch der „latina miseria", dem lateinischen Elend, ein Ende bereiten[15]. Demgegenüber betrachten andere wie der Marburger Franziskanerguardian *Nikolaus Herborn* die lateinische Kultsprache als einen Hauptsatz unseres Glaubens, „praecipuum articulum fidei nostrae"[16].

Obwohl sich durch die volkssprachlichen Forderungen und Praktiken der Reformatoren die Fronten verhärteten, verurteilt das *Konzil von Trient* (1545-1563) lediglich die Behauptung, die Messe dürfe *nur* in der Volkssprache gefeiert werden[17], und läßt so die Tür für weitere Entwicklungen offen. Aber bereits gegen Ende des 16. Jahrhunderts wird diese Entscheidung so interpretiert, als habe das Konzil jede volkssprachliche Liturgie verboten, so daß sich die Stellung Roms zugunsten des Lateins in den folgenden vier Jahrhunderten erheblich verhärtet. Selbst Übersetzungen des Missale zum privaten Gebrauch werden verboten. So indiziert eine Breve *Alexanders VII.* im Jahre 1661 die französische Missale-

---

[13] MPL 126, 906 B. Näheres über die Slawenmission von Cyrill und Methodius bei *C. Korolevskij*, a. a. O. (Anm. 9) 111-127.

[14] *Mansi* 20, 296 f.

[15] *J. Fischer*, Essai historique sur les idées reformatrices du cardinaux Gian Pietro Carafa et Réginald Pole (Diss. Paris 1957) 83 f.

[16] Zitiert bei *L. A. Veit* – *L. Lenhart*, Kirche und Volksfrömmigkeit im Zeitalter des Barock (Freiburg i. Br. 1956) 16.

[17] Sess. 22 can. 9: DS 1759.

Übersetzung des Priesters *Voisin* in einer ungewöhnlich scharfen Form[18]. 1851 erfolgt ein erneutes Verbot von Meßbuchübersetzungen durch die Ritenkongregation; *Pius IX.* untersagt 1857 die Übersetzung von Kanon und Konsekrationsworten. Erst *Leo XIII.* ordnet 1897 an, daß derartige Übersetzungen nicht mehr beanstandet werden dürften[19]. *Pius XI.* empfiehlt im Jahre 1926 in einem Brief an die Herausgeber des Schott-Meßbuches den Gläubigen angelegentlich den Gebrauch dieses Werkes.

Erst um die Mitte des 20. Jahrhunderts lassen sich im liturgischen Gebrauch der Volkssprache gewisse Milderungen der römischen Einstellung erkennen, beginnend mit der Enzyklika „Mediator Dei" (Nr. 59). Aber eine grundlegende Änderung erfolgt erst mit dem *II. Vatikanum.* Es bestimmt zwar in LK 36, daß der Gebrauch der lateinischen Sprache „in den lateinischen Riten" erhalten bleiben soll, soweit nicht Sonderrecht entgegensteht, gesteht aber zugleich im Hinblick auf den großen pastoralen Nutzen der Muttersprache einen weiteren Raum zu. In welcher Weise das geschieht, sei der Entscheidung der regionalen Bischofskonferenzen mit Billigung Roms anheimgegeben. Diese Möglichkeit wird in den folgenden Jahren auf Antrag mehrerer Bischofskonferenzen mit Zustimmung des Papstes wesentlich erweitert, so daß heute praktisch die gesamte Liturgie in der Volkssprache gefeiert werden kann. Wenn diese Entwicklung auch über den Wortlaut der Konzilsbeschlüsse hinausgeht, so darf doch nicht übersehen werden, daß die Forderungen des Konzils nach bewußter und tätiger Teilnahme des Volkes und nach Anpassung der Riten an die Fassungskraft der Gläubigen diese Dynamik in sich bergen. Denn wie will der des Lateins Unkundige die Liturgie bewußt und verstehend mitfeiern, wenn eine fremde Sprache ihm die Einsicht in den Inhalt der Texte verwehrt? Hier ist eine fundamentale Kommunikationsstörung gegeben, vor der alle traditionellen Argumente für das Latein ihr Gewicht verlieren.[20] Mehrfach wurde jedoch von Bischöfen und Bischofskonferenzen betont, die Fähigkeit der Gemeinden zur Feier lateinischer Messen dürfe nicht verlorengehen, nicht zuletzt mit Rücksicht auf Gottesdienste, an denen Gläubige verschiedener Sprachen teilnehmen. Deshalb besteht in manchen Diözesen die Weisung, einmal im Monat ein lateinisches Amt zu feiern.

---

[18] Näheres bei *H. Vehlen*, Geschichtliches zur Übersetzung des Missale Romanum, in: Liturg. Leben 3 (1936) 89-97.

[19] ASS 30 (1897/98) 39-53. Erstaunlich ist die hohe Zahl der trotz allem erschienenen deutschen Missale-Übersetzungen: vgl. *A.A. Häußling*, Das Missale deutsch... (LQF 66) (Münster 1984).

[20] Eine ausführliche Abwägung der beiderseitigen Argumente u. a. bei *P. Winninger*, Volkssprache und Liturgie (Trier 1961).

b) Die Problematik volkssprachlicher Übersetzungen

Mit der Erlaubnis zur volkssprachlichen Liturgie ergab sich jedoch bald die Erfahrung, daß viele wörtliche Übersetzungen der lateinischen Vorlagen sehr unbefriedigend sind, besonders wenn diese zeit- und kulturgebundene Vorstellungen enthalten. Auch die Frömmigkeit der einzelnen Epochen trägt ihre geschichtliche Färbung und kann nicht ohne weiteres in die Gegenwart übernommen werden. Hinzu kommt, daß sich manche theologischen Akzente, vor allem seit dem II. Vatikanum, merklich verschoben haben. Wenn beispielsweise in manchen Orationen gebetet wird, daß wir „das Irdische verachten und das Himmlische lieben", so betont unsere Zeit in Übereinstimmung mit dem Konzil stark den Weltauftrag der Christen. Sie sollen die irdischen Wirklichkeiten ernst nehmen, in ihrer rechten Gestaltung einen göttlichen Auftrag erkennen und sich nicht nur für das ewige, sondern auch das zeitliche Heil ihrer Mitmenschen in Gerechtigkeit und Frieden einsetzen. Weitere Probleme ergeben sich daraus, daß manche lateinischen Ausdrücke nicht gleichwertig mit einem Wort der Volkssprache in voller Sinnbreite wiedergegeben werden können (z. B. „Mysterium") und manche wörtlichen Übersetzungen sich für die Vertonung als sperrig erweisen. Die Folge all dieser Schwierigkeiten war ein verbreitetes Unbehagen, das den Gegnern einer volkssprachlichen Liturgie recht zu geben schien.

In dieser schwierigen Situation war die Instruktion des römischen „Consilium" betreffend *Die Übertragung liturgischer Texte* vom 25. Januar 1969 eine wertvolle Hilfe[21]. Sie basiert auf den Ergebnissen eines internationalen Kongresses für die Übersetzung liturgischer Texte vom 9.-13. November 1965 in Rom. Darin heißt es u. a., es genüge nicht, einen Text wortwörtlich zu übersetzen, sondern es komme darauf an, ihn zunächst „gedanklich freizulegen, um ihm dann eine andere, genaue und treffende Form zu geben" (Nr. 8). „Die Treue der Übersetzung kann also nicht lediglich von den Worten und Sätzen her beurteilt werden. Es muß vielmehr geschehen nach dem genauen Gesamtzusammenhang des Verständigungsvorganges in Übereinstimmung mit der literarischen Art des Textes" (Nr. 6). „Viele Wörter oder Ausdrücke können nur dann genau verstanden werden, wenn man sie wieder in ihren geschichtlichen, gesellschaftlichen und gottesdienstlichen Zusammenhang hineinstellt" (Nr. 13d). Die verwendete Sprache soll die gehobene Umgangssprache sein. Im allgemeinen sei es besser, deren einfache Wörter für die Wiedergabe christlicher Aussagen zu verwenden, „in der Erwartung, daß sie den christlichen Sinn annehmen werden, statt daß man auf seltene Worte zurückgreift, die nur ein Gelehrter versteht" (Nr. 19c). Was die Gebetstexte angeht, so soll die versammelte Gemeinde „den übersetzten Text zu ihrem eigenen lebendigen Gebet machen können, und jedes ihrer Glieder

---

[21] Deutscher Text bei *Rennings* I, 592-605; der offizielle französische Text bei *Kaczynski* 421-430.

soll sich in ihm aussprechen können" (Nr. 20). Bei Gemeinschaftsgebeten, insbesondere bei Akklamationen, sei die phonetische und rhythmische Qualität besonders zu beachten (Nr. 35). Dies sind nur einige der zahlreichen und gewichtigen Hinweise und Empfehlungen. Die Instruktion weiß aber auch, daß es mit ihr noch so guten Übersetzungen allein nicht getan ist. Sie schließt deshalb mit der eindrucksvollen und inhaltsschweren Feststellung: „Man kann sich für die Feier einer von Grund auf erneuerten Liturgie nicht mit Übersetzungen begnügen: Neuschöpfungen sind erforderlich" (Nr. 43).

Hiermit wird unserer Zeit eine schwierige Aufgabe gestellt. Denn die Sprache der Liturgie muß einerseits verständlich und lebensnah sein, „ohne in die Sprache der Zeitungen, Wissenschaften oder in modischen Jargon zu verfallen"[22]; andererseits sollte sich in ihr religiöse Erfahrung verdichten, sie sollte aus Gott und zu Gott sprechen, ins Zentrum der Menschenherzen treffen und so eine gewisse Nähe zur Dichtung erlangen, wie es vielen Psalmen und Hymnen der Vergangenheit gelungen ist[23]. Solche qualitativen Texte lassen sich nicht auf Bestellung produzieren. Sie bedürfen der Inspiration und einer ausreichenden Zeit des Reifens. Hierfür sollten auch unsere Gemeinden Verständnis und Geduld aufbringen[24].

3. Die Sprache der liturgischen Zeichen

a) Die Bedeutung der Zeichen und Symbole

Neben der Wortsprache als Medium kennt die Liturgie auch eine Sprache ohne Worte, die Welt der Zeichen, die eine bestimmte Wirklichkeit signalisieren. Gewiß sind auch die gesprochenen Worte in einem allgemeinen Sinn hör- und lesbare Zeichen für ein Seiendes. Daneben aber gibt es sinnlich wahrnehmbare Dinge, auch Personen, Handlungen und Haltungen, die über ihr eigenes Dasein und Sosein hinaus auf andere, unsichtbare Realitäten verweisen. Sie haben neben ihrem eigenen Sinn einen weiteren, auf den sie hindeuten, sie sind „Sinnbilder" unsichtbarer Wirklichkeiten, sie haben Zeichenkraft. In diesem Sinn definiert schon *Thomas von Aquin* in seiner Sakramentenlehre das Zeichen als „etwas, durch das jemand zur Kenntnis eines anderen gelangt"[25]. Zeichen besitzen also die Funktion des Offenbarens, ohne jedoch die bezeichnete Wirklichkeit in ihrer vollen

---

[22] *E. J. Lengeling*, Wort, Bild, Symbol in der Liturgie, in: LJ 30 (1980) 242.
[23] Ausführlich bei *H. Becker – R. Kaczynski* (Hg.), Liturgie und Dichtung…, 2 Bde. (St. Ottilien 1983); vgl. *K. Rahner*, Das Wort der Dichtung und der Christ, in: Schr. z. Theol. IV (Einsiedeln u. a. ⁴1964) 441-454.
[24] Weitere Überlegungen bei *P. Born*, Sprache und Sprechen im Gottesdienst, in: LJ 25 (1975) 28-46.
[25] S. Th. III q. 60 a. 4 corp.

Seinsfülle aufleuchten zu lassen. Möglich ist dies durch eine gewisse Ähnlichkeit zwischen Zeichen und Bezeichnetem.

Mit einem griechischen Wort pflegt man solche sinnweisenden Zeichen auch *Symbole* zu nennen. Ursprünglich meint dieses Wort die beiden Hälften eines zerbrochenen Gegenstandes (Ring, Stab, Tafel u. a. m.), die man durch Zusammenfügen (griechisch: *symbállein*) an den Bruchrändern als Erkennungszeichen dafür benutzte, daß es sich beim Besitzer der einen Hälfte um einen wirklichen Gastfreund, Boten oder Vertragspartner handelte. Symbol ist also ein Zeichen, das gleichsam aus zwei Teilen besteht: dem sichtbaren Teil und der bezeichneten übersinnlichen Wirklichkeit. Erst im Zusammenfügen wird das Ganze sichtbar.

In der *Definition des Symbolbegriffes* und damit auch im Gebrauch des Wortes gibt es keine Einheitlichkeit. Symbol wird von manchen in einem weiteren Sinn gebraucht und umfaßt dann praktisch die Gesamtheit der Zeichen. Andere gebrauchen es in Abhebung von der übrigen Zeichenwelt in einem engeren Sinn und wollen „sich streng auf die doppelsinnigen zeichenhaften Phänomene beschränken..., deren unmittelbar erkennbarer Sinn auf weiterführenden Sinn hindrängt"[26]. Hier erhebt sich allerdings der Einwand, daß doch jedes Zeichen ein „doppelsinniges Phänomen" ist, das eine Deutkraft auf „weiterführenden Sinn" hat, wobei der Aspekt des „unmittelbaren" Erkennens der Zeichenkraft in vielen Fällen nur schwer feststellbar bzw. unterscheidbar ist.

Auch der Versuch, das Symbol als *stilisiertes Zeichen* zu definieren und es so von den übrigen abzuheben, vermag nicht zu befriedigen. So schreibt *A. Verheul:* „Je mehr man nun stilisiert, um so mehr nähert sich das Zeichen dem Symbol, um so mehr geht man vom Zeichen zum Symbol über... Wir haben es also hier mit der äußersten Grenze der Vergeistigung und Stilisierung des Bildes zu tun."[27] Auch hier kann es doch nur fließende Grenzen geben, und es dürfte in zahlreichen Fällen schwer zu entscheiden sein, ob nun jener Grad von Stilisierung erreicht ist, der das Zeichen zum Symbol werden läßt. Auch muß man dem zitierten Autor widersprechen, wenn er behauptet: „Ein Symbol ist daher niemals ein natürliches Zeichen, sondern immer ein Kulturzeichen, also ein frei gewähltes Zeichen."[28] Das würde in der Konsequenz dazu führen, daß die sogenannten „Ursymbole" wie Wasser, Wind, Feuer, Licht, Berg, Fels u. a. m., die doch allen Völkern und Kulturen gemeinsam sind, diesen Namen gar nicht führen dürfen[29].

Aus all diesen Überlegungen und Abwägungen dürfte es sich empfeh-

---

[26] *W. Jetter,* Symbol und Ritual. Anthropologische Elemente im Gottesdienst (Göttingen 1978) 28 f.
[27] Einführung in die Liturgie (Wien u. a. 1964) 141.
[28] Ebd.
[29] Weitere unterschiedliche Symbolbegriffe finden sich bei *R. Fleischer,* Zeichen, Symbol und Transzendenz, in: *R. Volp* (Hg.), Zeichen. Semiotik in Theologie und Gottesdienst (München-Mainz 1982) 175-177.

len, auf Unterscheidungskriterien von Zeichen und Symbol zu verzichten und beide Ausdrücke synonym zu gebrauchen[30]. Dabei bleibt bestehen, daß die einzelnen Zeichen eine unterschiedliche Intensität im Hinweis auf das Bezeichnete haben, eine unterschiedliche Zeichenkraft.

Zeichen (Symbole) sind keineswegs eine Verarmung der Kommunikation. Sie vermögen vielmehr die unsichtbare Wirklichkeit in einer Intensität auszudrücken, die von der Sprache oft nicht erreicht wird. Sie vermitteln ein rasches Erfassen in intuitiver Erkenntnis und dringen auch in Bereiche vor, die sich dem logischen Sprechen weitgehend verschließen. „Die Symbolik stellt eine Redeweise dar, die sich in Gleichnissen an das Unvergleichliche heranwagt und eben darin zugleich den angemessenen Abstand zu diesem hält. Symbolisch ist eine Ausdrucksweise, in der die zum Ausdruck gebrachte Erkenntnis offenbleibt für verschiedene Weisen der Anerkenntnis und Aneignung, für kognitive wie für affektive Zugänge, für ganz verschiedene Verständnismöglichkeiten der Angesprochenen und Miterlebenden. Die Symbolik kann unterschiedliches Sprachniveau überbrücken, ja sich sogar über ausgeprägte Sprachgrenzen… hinwegsetzen."[31]

Die Welt der Zeichen ist im alltäglichen Leben unüberschaubar groß, man „steht einem verwirrend vielschichtigen und vielgesichtigen Bereich gegenüber."[32] Dies gilt schon von der fast unübersehbaren *Vielfalt der Klassifizierung*. „Man spricht z. B. ganz schlicht von einfachen und von künstlichen, eigentlichen und uneigentlichen, durchsichtigen und undurchsichtigen Symbolen. Oder man unterscheidet Ursymbole, natürliche und geschichtlich gewordene, soziale, statuarische, nationale, konfessionelle Symbole. Man bedenkt die Lebensbereiche, in denen sie auftreten, und sondert dementsprechend psychologische, metaphysische, religiöse und ästhetische Symbole voneinander. Man sucht ihr Wesen und ihre Funktion auszudrücken, indem man ontologische von funktionalen, repräsentative von expressiven, präsentative von diskursiven, verhüllende von aufschließenden Symbolen unterscheidet. Man kann von Statussymbolen, von einer Ausdrucks-, Assoziations-, Instrumental-, Hinweis- und Zielsymbolik, von Traum-, Gegenstands- und Sprachsymbolik, von Primär- und von Sekundärsymbolik sprechen und bei all diesen Versuchen dann doch feststellen, daß Symbole normalerweise konkrete, schlecht zu systematisierende Individualitäten sind, sofern man die logischen, in den mathematischen gipfelnden Symbole außer Betracht läßt."[33]

---

[30] Das Ungenügen der üblichen Unterscheidungskriterien konstatiert auch *A. Wucherer-Huldenfeld:* „Der Versuch, vom Zeichen her etwas über das Symbol zu erfahren, ist zu keinem rechten Ergebnis gekommen, sondern auf die Problematik des Zeichenbegriffes gestoßen". In: Theologie des Symbols, in: *E. Hesse – E. Erharter* (Hg.), Liturgie der Gemeinde (Wien 1966) S. 94; vgl. auch *Ph. Harnoncourt,* Der Gebrauch von Zeichen und Symbolen in der Liturgie, in: ThprQ 133 (1985) 114-124.
[31] *W. Jetter,* a. a. O. (Anm. 26) 74.   [32] Ebd. 24.   [33] Ebd. 25, Anm. 4.

Zahlreiche Wissenschaften haben sich in neuerer Zeit ausführlich mit dieser Zeichenwelt befaßt und sie in je eigener Fachterminologie zu analysieren versucht. Erwähnt seien die Linguistik, Kommunikationswissenschaft, Religionsphänomenologie und -philosophie, die Psychologie einschließlich der Tiefenpsychologie, der Soziologie und Sozialpsychologie. Vor allem hat sich in den letzten Jahrzehnten die *Semiotik* als Lehre von den Zeichen systematisch mit „der Eigenart, Bedeutung und dem Funktionieren der Zeichen, durch die Menschen miteinander kommunizieren"[34], auseinandergesetzt. Auch hier hat sich rasch eine eigene Fachsprache herausgebildet, wobei allerdings die konkurrierenden Systeme von einer Einheitlichkeit der Terminologie noch weit entfernt sind. Auf ihre Einbeziehung (Gleiches gilt für die Fachsprachen der anderen genannten Wissenschaften) wird im vorliegenden Grundriß wegen der intendierten Kürze und Allgemeinverständlichkeit verzichtet[35].

b) Der Kosmos liturgischer Zeichen

Im biblisch-christlichen Verständnis ist jedes Seiende als geschaffenes zugleich ein auf den Schöpfer verweisendes Zeichen: „Die Himmel rühmen die Herrlichkeit Gottes, vom Werk seiner Hände kündet das Firmament" (Ps 19,2). „Auch in Anemonen und Nelken ist das Reich und die Herrlichkeit, Herr, für den, der es sieht, der durch alles hindurchsieht."[36]

In der Menschwerdung Christi hat die unfaßbare Seinsfülle Gottes leibhafte Gestalt angenommen. In ihm offenbart sich leib- und sinnenhaft die Herrlichkeit Gottes (vgl. Joh 1,14; 2 Kor 4,6). Wer ihn gesehen hat, hat den Vater gesehen (Joh 14,9). „Er ist das Ebenbild (*eikón*) des unsichtbaren Gottes" (Kol 1,15; vgl. 2 Kor 4,4). In diesem Sinn ist der Gottmensch Jesus Christus das tiefste, umfassendste und reichste Symbol, das die unendlichen Dimensionen Gottes eröffnet. An dieser Leibhaftigkeit Gottes in Jesus gewinnt auch die Kirche als der „mystische Leib Christi" Anteil. Man spricht von der inkarnatorischen Struktur der Kirche. Weil in ihr Christi Geist lebt und wirkt, wird sie zum sichtbaren Zeichen des Heiles unter den Völkern, in ihr und durch sie vermittelt der Hohepriester des Neuen Bundes in den sichtbaren Zeichen der Sakramente Gottes unsichtbare Herrlichkeit und Gnade. In diesem Sinn kann man das Wort

---

[34] *G. Schiwy* u.a., Zeichen im Gottesdienst (München 1976) 10. Der Verfasser gibt auf S. 141, Anm. 2 einen kurzen Überblick über die zahlreichen konkurrierenden Schulen und Systeme der Semiotik, die sich noch nicht auf einen gemeinsamen Nenner bringen lassen.
[35] Eine leicht verständliche Einführung in die wichtigsten Fachausdrücke und Methoden der Semiotik bei *G. Schiwy*, a.a.O. (Anm. 34), wo versucht wird, in die semiotische „Sehweise" insbesondere bei Gottesdiensten einzuüben. Vgl. auch *R. Volp*, a.a.O. (Anm. 29).
[36] So in einem Gedicht von *Silja Walter*, zit. in: *I. Jorissen – H.B. Meyer*, Zeichen und Symbole im Gottesdienst (Innsbruck u.a. 1977) 11.

Papst *Leos d. Gr.* (440-461) verstehen: „Was an Christus sichtbar war, ist nun übergegangen auf die Sakramente der Kirche."[37] Von den sakramentalen Zeichen im engeren Sinn sagt *Thomas von Aquin*, sie seien Zeichen, die an Vergangenes erinnern, nämlich an das Leiden Christi (signa rememorativa), Zeichen, die auf Gegenwärtiges hinweisen, nämlich auf die Begnadung (signa demonstrativa), und vorausdeutende Zeichen, die die kommende Herrlichkeit vorausverkünden (signa prognostica).[38]

Darüber hinaus gibt es auch im kultischen Verhalten der Gemeinde, also in der aufsteigenden Linie des liturgischen Geschehens, eine Fülle von zeichenhaften Handlungen und Dingen. Schon die *Versammlung* der Gläubigen ist ein deutliches Zeichen, insofern es sich hier nicht um eine Zusammenkunft von Individualisten, sondern um das „Volk Gottes", den Mystischen Leib Christi, den Partner Gottes im liturgischen Geschehen handelt und hier die Gemeinschaft *(Koinonia)* mit Gott und untereinander als eines der großen Heilsgüter angedeutet und erstrebt wird. Die Aufmerksamkeit, Ehrfurcht und Dankbarkeit der Gemeinde gegenüber dem Wort Gottes und seinem sakramentalen Handeln bekundet sich nicht nur im gesprochenen und gesungenen Wort des Lobpreises, der Danksagung, der Anbetung und Bitte, sondern auch in leibhaften Handlungen, Haltungen und Gebärden wie auch im Gebrauch symbolischer Dinge. Im folgenden beschränken wir uns auf einen knappen Überblick und verweisen wegen der gebotenen Kürze für die nähere Ausdeutung auf die umfangreiche Literatur[39].

Schon die Haltung des *Körpers* kann zum Ausdruck geistiger Einstellung und Gesinnung werden. Die Liturgie kennt das Stehen, Knien und Sitzen, das Schreiten (Prozessionen), die Verneigung bis hin zur Prostratio, dem sich Niederwerfen, wie z. B. am Karfreitag oder bei der Priesterweihe, und in manchen Ländern auch den religiösen Tanz und Reigen[40]. Vielfältig ist die Gestik der *Hände:* Falten, Erheben, Ausbreiten, Auflegen, Bezeichnen mit dem Kreuz, Schlagen an die Brust, Segnen, Reichen der Hände zum Friedensgruß und Waschung der Hände. Zahlreich sind auch die rituellen Handlungen unter Verwendung symbolischer Dinge, so das Übergießen mit Wasser bei der Taufe, die Salbungen mit heiligen Ölen; bei der Meßfeier erleben wir das Küssen des Altares und des Evan-

---

[37] Serm. 74, 2: MPL 54, 398.   [38] S. Th. III q. 60 a. 3 corp.

[39] Erwähnt seien u. a. *R. Guardini*, Von heiligen Zeichen (Rothenfels [1]1927; weitere Auflagen); *ders.*, Die Sinne und die religiöse Erkenntnis (Würzburg 1950); *H. Lubienska de Lenval*, Die Liturgie der Gebärde (Klosterneuburg 1959); *D. Forstner*, Die Welt der christlichen Symbole (Innsbruck u. a. [4]1982); *A. Kirchgässner*, Die mächtigen Zeichen (Freiburg i. Br. 1959); *B. Kleinheyer*, Heil erfahren im Zeichen (München 1980); *A. Kuhne*, Zeichen und Symbole im Gottesdienst und Leben (Paderborn 1982); *H. Kirchhoff*, Ursymbole und ihre Bedeutung für die religiöse Erziehung (München 1982); *B. Fischer*, Von der Schale zum Kern ... (Freiburg i. Br. [4]1984).

[40] *S. Walter – J. Baumgartner*, Tanz vor dem Herrn (Zürich 1974); *Ch. Bittner*, Der religiöse Ausdruckstanz (München 1982); vgl. Gd 18 (1984) 13; *T. Berger*, Liturgie und Tanz ... (St. Ottilien 1985); *W. Schneider*, Getanztes Gebet (Freiburg i. Br. 1986).

geliars, die Bereitung des Altares (heiliger Tisch), das Herbeibringen von Brot und Wein, die Vermischung des Weines mit Wasser, das Brechen der Hostie, das heilige Mahl als solches, den Friedensgruß bzw. -kuß, den Gebrauch des Weihrauchs bei festlichen Gelegenheiten; im Ablauf des Kirchenjahres das Bestreuen mit Asche, das Verhüllen der Kreuze, Palm-segnung und -prozession, die Fußwaschung am Gründonnerstag, die Lichtriten in der Osternacht (Osterkerze) und mannigfache Segnungen (Speisen an Ostern, Heilkräuter am Fest der Aufnahme Marias in den Himmel, Früchte am Erntedankfest). Auch viele dingliche Zeichen be-gegnen uns im liturgischen Raum wie Kreuze, Kerzen, Ewiges Licht, Fa-stentuch und bildliche Darstellungen. Voller Symbolik ist das Kirchenge-bäude im Ganzen wie in seinen Teilen, im Äußeren wie im Inneren, also Atrium und Portal, Turm und Glocken und im Innenraum Altar, Ambo, Vorstehersitz, Taufbrunnen, Orgel u.a.m.[41] Zeichencharakter haben auch die liturgischen Gewänder und ihre Farben, denen der folgende Ab-schnitt gewidmet wird.

c) Geschichte und Sinn der liturgischen Gewänder und Farben

Die Frühzeit des Christentums kennt keine besondere liturgische Klei-dung. Nur setzt sich schon früh die Überzeugung durch, daß man zur Feier der heiligen Mysterien in festlicher Kleidung kommen sollte[42]. Mit der konstantinischen Wende wird der höhere Klerus den hohen kaiserli-chen Beamten gleichgestellt und erhält besondere Insignien, wie Stola, Manipel, Pallium und Ring. Die liturgische Gewandung im eigentlichen Sinn trat erst in Erscheinung, als im 5. Jahrhundert die altrömische Män-nerkleidung – Tunika und Toga – den gallisch-germanischen Kleidersit-ten mit ihren kurzen Formen (Hose und kurzer Leibrock) Platz machte. Indem die Liturgen die altrömische Festkleidung beibehielten, kam es zu den im Lauf der Jahrhunderte immer stärker als fremdartig empfundenen Paramenten. Im folgenden sollen nur die wichtigsten liturgischen Ge-wandstücke des römischen Ritus kurz beschrieben werden:

Die *Albe* (von albus = weiß) ist das lange weiße Untergewand als Nachfolgerin der altrömischen Tunika, das bei der Meßfeier von allen In-habern des sakramentalen Ordo zu tragen ist. Unter der Albe, in man-chen Orden auch über ihr, wird das Schultertuch (Amikt) aufgelegt. Man könnte es als eine Art Halstuch bezeichnen; es kann nach der jetzigen Ordnung entfallen, wenn die Albe den Hals gut umschließt. Auch auf das Zingulum (Gürtel) darf verzichtet werden, wenn die Albe so gearbeitet ist, daß sie sich auch ohne Gürtel gut tragen läßt.

Die *Stola*, ein schärpenartiges Band, war ursprünglich ein weltliches Amtszeichen. Sie ist heute dem sakramentalen Ordo vorbehalten. Bi-schof und Priester tragen sie so, daß sie von der Schulter beiderseits nach

---

[41] Siehe unten S. 296 ff. Ausführlich bei *Adam*, Kirchenbau.
[42] Vgl. *Klemens von Alexandrien* († vor 215), Paed. III, 11: MPG 8, 657.

vorn herabhängt (vor der Reform war sie beim Priester über der Brust ge-kreuzt). Der Diakon trägt sie schräg von der linken Schulter zur rechten Hüfte.

Die *Kasel oder das „Meßgewand"* (lateinisch auch paenula oder planeta genannt) ist das liturgische Obergewand, das sich von der altrömischen Toga herleitet. Sie hatte zuerst glockenförmige Gestalt, wurde über den Kopf gestülpt und umhüllte den ganzen Körper (Kasel, von casula = Häuschen). Im 13. Jahrhundert entstand durch seitliche Kürzung das „gotische" Meßgewand, das im Barock durch weitere Kürzungen und durch Verwendung von schwerem Brokat zu einem steifen Zierstück wurde („Baßgeigenform"). Die Ritenkongregation brachte es 1925 fertig, diese „Mini"-Kasel als einzig zulässige Form zu erklären und die „goti-schen" Kaseln zu verbieten. Erst 1957 wurde dieses Dekret zurückge-nommen.

Die *Dalmatik* (der Name stammt wahrscheinlich von einem aus Dal-matien stammenden Obergewand für Männer und Frauen am Ende des 2. Jahrhunderts) wurde zum liturgischen Obergewand des Diakons, ge-hörte aber auch zur Pontifikalgewandung, wo es zusätzlich unter der Ka-sel zu tragen war.

Die *Tunika* war Obergewand der Subdiakone, deren Rangstufe nach dem II. Vatikanum aufgehoben wurde (s. unten S. 205), näherte sich aber in der Form immer mehr der Dalmatik an.

Das *Pluviale* (wörtlich: Regenmantel), auch Chor-, Rauch-, Vesper- und Segensmantel genannt, wird vom Bischof und Priester bei manchen Handlungen außerhalb der eucharistischen Feier getragen, z. B. bei Pro-zessionen, Chorgebet, sakramentalem Segen, Konsekrationen, Benedik-tionen u. a. m. Es handelt sich um einen festlichen, fast bis zum Boden rei-chenden Umhang, dessen geöffnete Vorderseite vor der Brust mit einer Schließe zusammengehalten wird.

Das *Pallium* ist wohl aus der Stola hervorgegangen und gilt heute als Rangabzeichen für den Papst und die residierenden Erzbischöfe. Es be-steht aus einem kreisförmigen Wollband, das über dem Meßgewand auf die Schultern gelegt wird. Es ist vorn und hinten mit einem kurzen Band-stück versehen und mit insgesamt sechs Kreuzen geschmückt. Seit dem Wegfall der Tiara unter *Paul VI.* wurde seine Überreichung zum Zeichen der Übernahme der römischen Kathedra.

Wer außer Bischof, Priester und Diakon einen Dienst am Altar ver-sieht, kann ein liturgisches Gewand tragen, das in den einzelnen Gebieten rechtmäßig zugelassen ist (AEM 301)[43].

Was den *Sinn der liturgischen Kleidung* angeht, so hebt die AEM zwei

---

[43] Zur Geschichte: *J. Braun*, (a) Die liturgische Gewandung im Occident und Orient... (Freiburg i. Br. 1907); *ders.*, (b) Die liturgischen Paramente in Gegenwart und Vergan-genheit... (Freiburg i. Br. 1924); *J. Wagner*, Die geschichtliche Entwicklung der liturgi-schen Gewandung..., in: Das Münster 32 (1979) 91-94. Zur Gegenwart: AEM 297 bis 306; hierzu *Lengeling*, Ordnung 405-411.

Aspekte hervor: sie „soll auf die verschiedenen Funktionen derer, die einen besonderen Dienst versehen, hinweisen und zugleich den festlichen Charakter der liturgischen Feier hervorheben" (297). Eine weitere zeichenhafte Bedeutung darf darin gesehen werden, daß in den Liturgen der Hohepriester Christus tätig wird, dessen Werkzeug sie sind und dessen Person die repräsentieren (vgl. LK 7). In der Feier der heilbringenden Mysterien ist Christus der Ersthandelnde, hinter dem Subjekt und Subjektives des menschlichen Priesters zurückzustehen hat, was durch die Verhüllung mit der liturgischen Gewandung angedeutet wird. Insofern hat diese eine mystagogische Bedeutung, d.h., sie ist für das Verstehen und Erleben des Mysteriums hilfreich. Auf jeden Fall will sie nicht ihren Träger glorifizieren („Personenkult"), sondern auf seine Indienstnahme durch Christus hinweisen[44].

Mit den vorstehenden Ausführungen soll in keiner Weise der Eindruck erweckt werden, als ob die geschichtlich gewordenen Paramente für alle Zeiten in der heutigen Form festzuhalten seien. Liturgische Zeichen sind, wie im folgenden Abschnitt näher begründet wird, wandelbar. Dies gilt auch für die jetzige liturgische Gewandung. Die kirchlichen Dokumente tragen dem insofern Rechnung, als sie eine gewisse Dezentralisierung kirchlicher Zuständigkeit signalisieren: „Hinsichtlich der liturgischen Kleidung können die Bischofskonferenzen Änderungen vornehmen, die den Erfordernissen und Bräuchen der einzelnen Gebiete Rechnung tragen ..." (AEM 304).

Mit der liturgischen Kleidung hat sich im Lauf der geschichtlichen Entfaltung ein bestimmer *Farbenkanon* verbunden. Für die Beurteilung der Farbensymbolik bei den frühesten liturgischen Gewändern liegt der Schlüssel in der *Färbetechnik der Antike*. Als besonders kostbares Färbemittel galt ein Sekret der Purpurschnecke, das tropfenweise gewonnen werden mußte, um dann im verdünnten Zustand zusammen mit den Stoffen gekocht zu werden. Je nach der Menge des Sekrets und der Dauer des Kochvorgangs und der Belichtung konnte man verschiedene Farbschattierungen gewinnen. Die teuerste und darum vornehmste war ein Dunkelrot. *Plinius* spricht von einem schwärzlichen Purpur. In der Wertskala folgte das „königliche Purpur". Je dunkler das Gewand war, um so wertvoller und festlicher war es. So zeigen alte Darstellungen Papst und Bischöfe meist in einer dunklen Kasel, während die Gewänder der Diakone eine helle Färbung haben. Im 9./10. Jahrhundert ging diese Färbetechnik verloren, an ihre Stelle trat die billigere mit Hilfe von Pflanzensäften[45].

---

[44] Vgl. *R. Kaczynski*, Über Sinn und Bedeutung liturgischer Gewänder, in: Das Münster 32 (1979) 94-96; *H. Rennings*, Liturgische Kleidung im Wandel, in: Gd 13 (1979) 113-115.

[45] *W. Schöneis*, Antike Färbung und liturgische Farben, in: LJ 8 (1958) 140-143 (mit weit. Lit.); *Th. Schnitzler*, Von Geschichte und Sinn der liturgischen Gewandung und Färbung, in: Das Münster 32 (1979) 97-99; *R. Kroos – F. Kobler*, Farbe, liturgisch in der kath. Kirche, in: RDK VII (1981) 54-121; *A.A. Häußling – E. Hofhansl*, Farben – Farbensymbolik, in: TRE 11 (1983) 25-30.

Ein eigentlicher Farbenkanon für die liturgischen Gewänder bildet sich aber erst um das Jahr 1200 heraus, nachdem es in der Karolingerzeit zu ersten Ansätzen gekommen war. *Innozenz III.* bringt als erster eine genaue Beschreibung der zu seiner Zeit gültigen Gewohnheiten[46]. Dieser Farbenkanon wird am Ende des 13. Jahrhunderts auch von *Durandus von Mende* übernommen und empfohlen[47]. Verpflichtenden Charakter bekam dieser Farbenkanon aber erst mit dem Tridentinischen Meßbuch (1570). Mit geringen Änderungen ist er auch vom Meßbuch des II. Vatikanums übernommen worden. In seiner AEM führt es aus: Die liturgischen Farben „sollen den besonderen Charakter der jeweils gefeierten Glaubensgeheimnisse und den Weg des christlichen Lebens im Verlauf des liturgischen Jahres verdeutlichen" (307). Die wichtigsten Bestimmungen sehen vor: *Weiß* für Oster- und Weihnachtszeit, für die Festtage des Herrn und seiner Mutter, der Engel und Heiligen, die nicht Märtyrer waren; *Rot* für Palmsonntag, Karfreitag und Feiern des Leidens Christi, Pfingsten, Apostel und Märtyrer; *Grün* für die allgemeine Kirchenjahreszeit; *Violett* für Advent und Fastenzeit, gestattet auch für die Totenliturgie; *Schwarz* für die Totenliturgie (fakultativ); *Rosa* am 3. Adventssonntag („Gaudete") und 4. Fastensonntag („Laetare"). Die Bischofskonferenzen können, ähnlich wie bei den liturgischen Gewändern, geeignete Anpassungen vornehmen (AEM 308). Besonders wertvolle Paramente (z. B. Goldbrokat) können bei allen festlichen Anlässen, unabhängig von der Tagesfarbe, verwendet werden (309).

Den *orientalischen Riten* ist ein eigentlicher Farbenkanon unbekannt, wenn man von einigen Gewohnheiten des byzantinischen Ritus und insbesondere der griechischen Kirche absieht[48].

Die Einstellung und Praxis des *Protestantismus* ist regional und bekenntnismäßig sehr unterschiedlich. „Die spätma. Tradition der liturg. F. wurde offensichtlich am stärksten im Luthertum fortgesetzt bzw. aufgenommen. Das Reformiertentum vernachlässigte die Frage schon wegen des Fortfalls der Altäre und der Kultgewänder bereits im 16. Jh. fast völlig ... und nahm sie erst in der neuesten Zeit mit der liturg. Reformbewegung gelegentlich wieder auf ... Der Anglikanismus ging in seiner traditionsgebundenen Weise eigne Wege und lehnte sich dann im Anglokatholizismus wieder sehr stark an das ma. bzw. röm. Brauchtum an."[49] Die Reformation in den skandinavischen Ländern „bewahrte zeremonielle Elemente noch konservativer als das lutherische Deutschland. Dazu gehören Meßgewänder und wohl grundsätzlich auch der vorhandene Kanon der liturg. F."[50] Der Ruf nach mehr Festlichkeit und Farbenfreudigkeit im protestantischen Gottesdienst wird immer wieder vernehmbar. Die „Agende

---

[46] De sacro altaris mysterio I, 65: MPL 217, 799-802.
[47] Rationale... III cap. 18.
[48] Vgl. *J. Braun*, a.a.O. (Anm. 43 [a]) 753 f.
[49] *K. Goldammer*, Art. Farbe, liturgisch (prot.), in: RDK VII (München 1981) 122 f.
[50] Ebd. 128.

für evangelisch-lutherische Kirchen und Gemeinden" kennt für die einzelnen Feste und Kirchenjahreszeiten einen Farbenkanon für die Bekleidung des Altars und des Kanzelpultes, der dem traditionellen römischen Kanon sehr ähnlich ist[51].

d) *Die Wandlungsfähigkeit liturgischer Zeichen*

Weil liturgische Zeichen unsichtbare Wirklichkeiten anzeigen und verdeutlichen sollen, ist es notwendig, sie von Zeit zu Zeit auf ihre tatsächliche Zeichenkraft zu überprüfen. Viele Zeichen haben ein hohes Alter und stammen aus längst vergangenen Kulturen. Zwar gehören manche zu den sogenannten Ursymbolen, die allen Völkern gemeinsam sind und die Zeiten überdauern, andere aber sind zeit- und kulturgebunden und büßen zum Teil mit dem Ablauf der Geschichte oder bei der Übertragung in andere Kulturen ihre Zeichenkraft ein. Das gilt ebenso für manche schon in den heiligen Schriften vorkommenden Zeichen und symbolischen Handlungen wie auch für später hinzugekommene. Denken wir etwa an den Gebrauch des Speichels bei Krankenheilungen Jesu oder an die Vielfalt jener liturgischen Zeichen, die nach der konstantinischen Wende aus dem kaiserlichen Hofzeremoniell übernommen wurden.

Darum war es ein Anliegen des II. Vatikanums, Texte und Riten der Liturgie so zu ordnen, „daß sie das Heilige, dem sie als Zeichen dienen, deutlicher zum Ausdruck bringen, und so, daß das christliche Volk sie möglichst leicht erfassen und in voller, tätiger und gemeinschaftlicher Teilnahme mitfeiern kann" (LK 21). Diese Absicht wird in Artikel 34 des gleichen Dokumentes noch deutlicher als Weisung ausgesprochen: „Die Riten mögen den Glanz edler Einfachheit an sich tragen und knapp, durchschaubar und frei von unnötigen Wiederholungen sein. Sie seien der Fassungskraft der Gläubigen angepaßt und sollen im allgemeinen nicht vieler Erklärungen bedürfen."

Tatsächlich wurde bei der vom Konzil in Auftrag gegebenen Revision der liturgischen Bücher mit einer Durchforstung der Zeichen begonnen. Als Beispiel sei auf den Ritus der Kindertaufe hingewiesen, wo man bei der Reform auf die dreimalige Anhauchung des Gesichtes, das Hineinlegen von etwas Salz in den Mund, die Berührung von Nase und Ohren mit Speichel u. a. m. verzichtet hat. Hingegen hat man andere, auch heute noch ausdrucksstarke Zeichen wie die Bezeichnung mit dem Kreuzzeichen, die Überreichung des weißen Kleides und der brennenden Kerze nicht nur beibehalten, sondern zusätzlich verdeutlicht, so u. a. durch die Beteiligung der Eltern und Paten bei der Bekreuzung des Kindes und das Entzünden der Taufkerze an der Osterkerze[52]

---

[51] Bd. I (Berlin 1955) 16.
[52] Daß der Vorwurf der Zeichenfeindlichkeit der erneuerten Liturgie jeder Berechtigung entbehrt, zeigt überzeugend *B. Fischer*, Reform der Zeichensprache bei der nachkonziliaren Erneuerung der katholischen Liturgie, in: LJ 35 (1985) 45-57.

Gewiß lassen sich manche, heute unverständliche alte Kulturzeichen von Sachverständigen in gelehrten Ausführungen als sinnvoll erweisen. Aber es geht ja doch gerade darum, daß sie auch von einfachen Gläubigen ohne viele Erklärungen rasch verstanden werden. Sonst gerät die Liturgie in die Gefahr des Musealen und setzt sich dem Vorwurf des Archäologismus aus. In diesem Sinn fordert der flämische Benediktiner *A. Verheul,* „daß die Formen, die nur mehr mittels einer komplizierten archäologischen Deutung verständlich sind und denen kein Sinn mehr gegeben werden kann, ausgemerzt werden oder eine neue Gestalt erhalten. Eine Liturgie, die erst dann durchsichtig wird, wenn ihr eine ausführliche Auslegung vorangeht und sie begleitet, ist etwas Bedenkliches. Eine solche Liturgie ist nicht imstande, den Menschen von heute anzusprechen."[53] In übereinstimmender Weise betont auch der evangelische Theologe *K.H. Bieritz* für den evangelischen Gottesdienst: „Gegenwärtige Probleme liturgischer Praxis können nicht einfach durch die Rückkehr zu den vermeintlichen oder wirklichen ‚Ursprüngen' gelöst werden. Ein solches restauratives Vorgehen verkennt, daß das zu restituierende liturgische Zeichen ursprünglich in ganz anderen Syntagmen, ja, in einem ganz anderen kulturellen und sozialen Kontext eingebettet war und die Bedeutung, die es vielleicht in diesem Kontext zu realisieren vermochte, nicht ohne weiteres in einen neuen Kontext transportieren kann."[54]

Die Wandlungsfähigkeit der Zeichenkraft schließt auch ein, ja macht es notwendig, daß sich die Liturgie offenhalten muß für geeignete *Zeichen der Gegenwart* und daß es im Hinblick auf die vielgestaltigen Kulturen innerhalb einer Weltkirche keine verordnete Einheitlichkeit der liturgischen Zeichen geben darf. Hier drängt sich die Parallele mit dem Kirchenbau auf. Noch bis in die ersten Jahrzehnte unseres Jahrhunderts gab es in beiden großen Konfessionen einflußreiche Kreise, die sich energisch gegen jegliches Abweichen von den historischen Baustilen wandten. Diesen Anhängern des Historismus macht der evangelische Baumeister *Otto Bartning* den Vorwurf, daß sie den Eindruck begünstigten, als ob die gegenwärtige Kirche eine Institution von gestern und für gestern sei und so an Glaubwürdigkeit verliere[55]. Ähnlich argumentierte man auch gegenüber katholisch-kirchlichen Verboten, einen neuen Baustil einzuführen: „Die Verbote schädigten nicht nur die Sache des Kirchenbaus, sondern entfremdeten auch eine begeisterte Jugend der Kirche, die ihr überaltert erscheinen mußte und als eine Sache, mit der man sich nicht mehr beschäftigte."[56] Dieses starre Festhalten am Althergebrachten wurde vom II. Vatikanum aufgegeben: „Auch die Kunst unserer Zeit und aller Völker und Länder soll in der Kirche Freiheit der Ausübung haben, sofern sie nur

---

[53] Einführung in die Liturgie (Wien 1964) 156.
[54] Zeichen der Eröffnung, in: *R. Volp,* a.a.O. (Anm. 29) 209.
[55] Aus einem Vortrag in Berlin, zitiert in: Leiturgia I, 403 f.
[56] *R. Schwarz,* Kirchenbau. Welt vor der Schwelle (Heidelberg 1960) 13.

den Gotteshäusern und den heiligen Riten mit der gebührenden Ehrfurcht und Ehrerbietung dient" (LK 123).

Die aufgezeigte Parallele mit dem Kirchenbau und die Erklärung des
Konzils haben volle Geltung auch für die Welt der liturgischen Zeichen
überhaupt. Die *tragische Geschichte der Missionsarbeit* in den letzten
Jahrhunderten ist eine einzige Anklage gegen jene unerleuchtete Meinung, man müsse zu allen Zeiten und in allen Kulturen an der Einheitlichkeit überkommener Zeichen festhalten. Liturgische Zeichen, die im Ver-
ständnishorizont anderer Kulturen nicht vorkommen, ja sogar das Gegenteil des Gemeinten signalisieren, dienen nicht der Liturgie und dem
Glauben, sondern erweisen sich als hemmend und schädlich. Als man
beispielsweise in den ostsyrisch beeinflußten christlichen Gemeinden des
südlichen Indien („Thomaschristen" von Kerala) Ende des 16. Jahrhunderts unter dem Schutz der portugiesischen Kolonialherren die Firmung
nach lateinischem Ritus einführte und dabei das Zeichen des Backenstrei-
ches gebrauchte, kam es zu gewalttätigen Demonstrationen, weil man
dieses Zeichen als Schmach und Entwürdigung betrachtete. Der ursprüngliche Sinn dieses bei germanischen Stämmen des Mittelalters behei-
mateten „Einprägezeichens" stieß dort, wie auch anderwärts, auf Unver-
ständnis und Widerstand[57]. Wie sehr eine unkritische Übertragung kul-
turbedingter Zeichen Schaden anrichten kann, zeigt sich auch am undiffe-
renzierten Gebrauch des römischen Farbenkanons. Bekanntlich ist in
China und in einigen anderen Ländern nicht Schwarz, sondern Weiß die
Symbolfarbe der Trauer. Wer also die Zeichenkraft der Liturgie zum Tragen bringen will, muß den Verstehenshorizont der einzelnen Kulturen
beachten, er muß ja sagen zur *Inkulturation*. Das II. Vatikanum hat diesen Schritt endlich getan. „Unter Wahrung der Einheit des römischen Ritus im Wesentlichen ist berechtigter Vielfalt und Anpassung an die verschiedenen Gemeinschaften, Gegenden und Völker, besonders in den
Missionen, Raum zu belassen, auch bei der Revision der liturgischen Bücher. Dieser Grundsatz soll entsprechend beachtet werden, wenn die Gestalt der Riten und ihrer Rubriken festgelegt werden" (LK 38).

4. Die Frage nach der heutigen Liturgiefähigkeit

Mit dem Zeichencharakter der Liturgie hängt eng die Frage zusammen,
ob der heutige Mensch des technischen Zeitalters überhaupt noch liturgiefähig sei. Kann er überhaupt noch die Zeichen und Symbolhandlungen
verstehen und in ihnen und durch sie in Kommunikation mit Gott und
der Gemeinde treten? Diese Frage wurde wenige Monate nach der Veröffentlichung der LK von *Romano Guardini*, einem Wegbereiter liturgischer Erneuerung und Bildung, erneut in die Diskussion gebracht. In ei-

---

[57] Vgl. *A. Adam*, Firmung und Seelsorge... (Düsseldorf 1959) 235.

nem Brief an den III. Deutschen Liturgischen Kongreß in Mainz im April 1964[58] weist er auf den innersten Kern aller liturgischen Erneuerung hin, den rechten Vollzug des liturgischen Aktes: „... die symbolische Handlung wird vom Ausübenden als liturgischer Akt ‚getan' und vom Wahrnehmenden in einem analogen Akt ‚gelesen', der innere Sinn im Äußeren angeschaut... Symbol ist in sich selbst etwas Leib-Geistiges, Ausdruck von Innerem im Äußeren und muß, damit er seine volle Aussagekraft erhalte, mit Ernst und Sammlung vollzogen und im Schauen mitvollzogen werden" (328). Für *Guardini* war dies schon in seinen frühen Jahren ein Kernproblem[59]. Am Schluß seines Briefes stellt er die aufwühlende Frage: „Ist vielleicht der liturgische Akt, und mit ihm überhaupt das, was ‚Liturgie' heißt, so sehr historisch gebunden – antik, oder mittelalterlich –, daß man sie der Ehrlichkeit wegen ganz aufgeben müßte? Sollte man sich vielleicht zu der Einsicht durchringen, der Mensch des industriellen Zeitalters, der Technik und der durch sie bedingten psychologisch-soziologischen Strukturen sei zum liturgischen Akt einfach nicht mehr fähig?" (331 f.) Aus dem Kontext ergibt sich klar, daß *Guardini* nicht grundsätzlich die Liturgie als Mysterium der Heilszuwendung und Gottverherrlichung in Frage stellen will. Es geht ihm wesentlich um den „liturgischen Akt", den der Mensch in leiblich-zeichenhafter Weise vollziehen, den er „schauen" und in den er seine ganze Persönlichkeit einbringen muß.

Aus der Fülle der von Guardinis Brief ausgelösten Diskussionsbeiträge sei ein Hinweis herausgegriffen, der das Problem zunächst auf ein paralleles Gebiet verlagert, aber sehr hilfreich erscheint: „Ist der Mensch von heute fähig, ein Kunstwerk zu schauen, eine Symphonie zu hören, eine Landschaft zu bewundern, ein Fest zu feiern, und das alles nicht nur in bloß passivem Zuschauen, sondern in tätigem Mitvollzug und innerlicher Aneignung, in der Ergriffenheit seines Herzens, im Stillewerden, in Erschütterung, in Erhebung und Begeisterung, im festlichen Mitschwingen, in der Kraft und Fähigkeit, für sein Bewegtsein den gemäßen Ausdruck hoher Festlichkeit, des Preisens und Rühmens, in der Gemeinschaft mit Gleichgesinnten zu finden?"[60]

So wie man dem modernen Menschen diese Fähigkeit nicht grundsätzlich absprechen kann, wenn sie auch in vielen verschüttet ist und erst wieder geweckt werden müßte, so auch hinsichtlich der Liturgiefähigkeit.

---

[58] Der Kultakt und die gegenwärtige Aufgabe der liturgischen Bildung, veröffentlicht u.a. in: LJ 14 (1964) 101-106; ferner bei *W. Becker* (Hg.), Romano Guardini. Ein Gedenkbuch mit einer Auswahl aus seinem Werk (Leipzig o.J., wohl 1969/70) 323-333. In Fußnote 1 heißt es hier: „Für den Abdruck wurde der ursprüngliche Wortlaut in manchem etwas genauer gefaßt bzw. entwickelt." Wir zitieren nach dieser Ausgabe.

[59] So heißt es im Geleitwort zu seinem Buch „Von heiligen Zeichen" (Mainz ¹1927) S. 7: „Es gilt also vor allem, jenen lebendigen Akt zu lernen, mit dem der glaubende Mensch die heiligen ‚sichtbaren Zeichen unsichtbarer Gnade' auffaßt, empfängt, vollzieht."

[60] *B. Neunheuser*, Liturgiefähigkeit. Mindestmaß der Vorbedingungen, in: *Th. Bogler* (Hg.), Ist der Mensch von heute noch liturgiefähig? (Maria Laach 1966).

Zeigt er doch auch im profanen Bereich nicht selten Sinn und Willigkeit für ein gewisses Zeremoniell und läßt sich davon innerlich ergreifen[61]. Allerdings scheint der bewußte und tätige Mitvollzug der liturgischen „Akte" an bestimmte Voraussetzungen geknüpft, von denen die wichtigsten im folgenden kurz aufgezeigt werden sollen.

An erster Stelle muß verwiesen werden auf den lebendigen *Glauben*, daß in der Liturgie Gott selber in Christus auf unser Heil hin tätig wird und wir dieses Heiles bedürftig sind. Dabei geht es schon um den grundlegenden Glauben an einen persönlichen Gott überhaupt. Wenn *A. Delp* SJ schon 1944/45 das Wort von der Gottunfähigkeit vieler Menschen schrieb, so dürfte sich dieses Phänomen im Zeitalter der „zweiten Aufklärung" noch verschärft haben, zumal die religiös-christliche Sozialisation der Kinder und Jugendlichen in den letzten Jahrzehnten stark nachgelassen hat. Um hier eine Wende zu erreichen, bedarf es der Bemühungen der Gesamtpastoral, nicht nur der liturgischen Bildung.

Eine weitere Voraussetzung für die rechte Mitfeier der Liturgie ist ein gewisses Maß innerer *Stille*, Konzentration und geistiger Wachheit, Werte, die vielen Menschen unseres technischen Zeitalters mit seinen zahlreichen Streßsituationen, aber auch dem sich aufdrängenden Überangebot an leichter Unterhaltung in den Massenmedien fehlen. „Wirkliche Stille bedeutet, daß auch die Gedanken, die Gefühle, das Herz zur Ruhe kommen... Sie ist die Ruhe des inneren Lebens. Sie ist die Tiefe des verborgenen Stromes. Sie ist gesammelte Anwesenheit, Offenheit und Bereitschaft."[62]

Schließlich setzt Liturgiefeier auch die *Gemeinschaftsfähigkeit* der Teilnehmer voraus. Gemeinschaft ist ja mehr als die Summe der versammelten Einzelnen. Sie ist der Zusammenschluß mündiger Menschen zu gemeinsamem Tun in gegenseitiger Bejahung und Achtung. Sie verlangt den Verzicht auf den sich abkapselnden Individualismus und Egoismus. „Viel Trennendes muß überwunden werden: vor allem die Isolation des neuzeitlichen Individuums; darüber hinaus alles, was sich dem Nachbarwesen gegenüber im Innern an Abneigung und Feindseligkeit regt; Gleichgültigkeit gegen die vielen, die ‚einem nichts angehen', in Wahrheit aber Glieder der gleichen Gemeinde sind; träges In-sich-Lasten und so fort."[63]

Die genannten Voraussetzungen fallen vielen Christen unserer Tage sicher nicht leicht. Ihre Verwirklichung bedarf nicht nur entsprechender Belehrung, sondern ausdauernder Erziehung und Bildung, scheint aber grundsätzlich auch heute möglich. Dabei vermag die gelegentliche Liturgiefeier im kleinen Kreis wertvolle Dienste zu leisten (s. unten S. 162 f).

---

[61] Dieser Auffassung ist auch der angesehene französische Liturgie- und Musikwissenschaftler *J. Gelineau*, Die Liturgie von morgen (Regensburg 1979) 95.

[62] *R. Guardini*, Besinnung vor der Feier der heiligen Messe (Mainz [4]1949) 22, 24.

[63] *R. Guardini*, a.a.O. (Anm. 58) 329.

V. KAPITEL

Die Musik im Gottesdienst

Um bei dieser vielschichtigen Thematik Mehrdeutigkeiten und Mißverständnissen vorzubeugen, ist es hilfreich, sich auf eine klare *Terminologie* zu einigen. Der von römischen Dokumenten gebrauchte Ausdruck „musica sacra" wird zumeist in einem umfassenden Sinn gebraucht, der sowohl die vokale wie instrumentale Musik einschließt und in deutschen Übersetzungen meist mit Kirchenmusik wiedergegeben wird. So heißt es in der „Instruktion über die Musik in der Liturgie", die der römische Liturgierat („consilium") zusammen mit der Ritenkongregation am 5. März 1967 veröffentlicht hat: „Unter dem Ausdruck Kirchenmusik wird im folgenden verstanden: der Gregorianische Gesang, die verschiedenen Arten alter und neuer mehrstimmiger Kirchenmusik, die Kirchenmusik für die Orgel und für andere zulässige Instrumente, der Kirchengesang oder liturgische Gesang des Volkes und der religiöse Volksgesang."[1]

Demgegenüber bevorzugt der „Internationale Studienkreis für den Gesang und die Musik in der Liturgie", der sich unter dem Namen „*Universa Laus*" 1966 konstituierte, in seinem „Universa-Laus-Dokument '80" (deutsche Textfassung vom 23. Juni 1980) den Ausdruck „Musik des Gottesdienstes" und versteht darunter „alle Formen vokalen und instrumentalen Musizierens im Gottesdienst"[2]. Dieser Begriff wird in den folgenden Ausführungen benutzt, wobei wir in seinem Rahmen Gesang in den verschiedenen Formen und instrumentale Musik unterscheiden.

1. Geschichtlicher Überblick

Die aus dem Judentum hervorgegangene Urgemeinde von Jerusalem war mit dem Gesang und der Instrumentalmusik des Tempelgottesdienstes wohl vertraut. In den Synagogen allerdings fehlten höchstwahrscheinlich Musikinstrumente. Es gab dort einen kantillationsähnlichen Vortrag der Lesungen und Gebete und den Gesang der Psalmen. In den Berichten vom Letzten Abendmahl Jesu heißt es: „Nach dem Lobgesang gingen sie zum Ölberg hinaus" (Mt 26,30; Mk 14, 26), d. h., die Jünger sangen mit Jesus das „große Hallel" (Ps 112-117), das zum Ritual des Pascha-Mahles gehörte.

---

[1] IML 4 b = *Rennings* I, 405, Nr. 736. Lateinischer Text bei *Kaczynski* 276, Nr. 736.
[2] Erschienen u. a. als Beilage von Gd 14 (1980) H. 15; allerdings sollte auch der Studienkreis seinen eigenen Namen in diesem Sinn korrigieren.

Die paulinischen Briefe fordern ihre Gemeinden auf, „Psalmen, Hymnen und Lieder" in ihrer Mitte erklingen zu lassen und aus vollem Herzen zum Lob des Herrn zu singen und zu jubeln (Eph 5, 19; Kol 3, 16). Darüber hinaus finden sich im NT zahlreiche hymnische Texte, vor allem Christushymnen wie z.B. Joh 1,1-18; Eph 1,4-14; 5,14; Phil 2,6-11; Kol 1,15-20; Hebr 1,3; 1 Tim 3,16. Von Gesängen zu Ehren Gottes und des „Lammes" ist auch in der „himmlischen Liturgie" der Geheimen Offenbarung des öfteren die Rede, etwa 1,4-7; 4,8.11; 5,9 f; 7,10.12; 11,15.17 f; 12,10-12; 14,3; 15,3 f; 19,1-8; 21,3 f). So ist die Schlußfolgerung erlaubt: „Die urchristlichen Gemeinden kennen und üben das Singen als ein Element ihres gottesdienstlichen Lebens ... Mit ziemlicher Bestimmtheit darf angenommen werden, daß neben den spontanen geistgewirkten Gesängen einzelner Pneumatiker feste liturgische Stücke der Gemeinde in Gebrauch waren. Das Verhältnis beider Formen der gottesdienstlichen Musik hat sich dann im Lauf der Entwicklung immer stärker zugunsten des Gemeindegesanges verschoben."[3] Insbesondere waren die Psalmen das „Liederbuch" der jungen Christengemeinden[4]. Daneben gab es zahlreiche, aus christlichem Glauben gewachsene Hymnen („psalmi idiotici", d.h. selbstgemachte Psalmen), von denen uns das „Gloria" und der ältere Teil des „Te Deum" noch heute Zeugnis geben. Hingegen konnte sich das frühe Christentum mit der instrumentalen Musik im Gottesdienst nicht anfreunden (s. oben S. 24).

Es ist verständlich, daß bei fehlender Zentralisation des Gottesdienstes auch regionale Elemente in die Musik des Gottesdienstes einflossen. Im folgenden soll lediglich die Entwicklung im Westen berücksichtigt werden, und auch dies nur in sehr knappem Überblick[5].

Mit der konstantinischen Wende und dem Bau der prächtigen Basiliken verstärkte sich die Tendenz zu größerer Feierlichkeit in den Gottesdiensten. Sie zeigt sich schon in der Gestaltung des Psalmengesangs, der zunächst responsorisch war, d.h., nur ein Chor oder ein Kantor sang den fortlaufenden Text, die Gemeinde aber beteiligte sich mit einem gleichbleibenden und öfter wiederholten Responsorium (Kehr- oder Rahmenverse), wozu im Anfang auch die Kurzformeln des Amen, Halleluja und Gloria Patri dienten. Später entwickelte sich die antiphonische Psalmodie (zwei einander abwechselnde Chöre).

Zentren des antiphonischen Psalmengesanges waren im 4. Jahrhundert Antiochien und Mailand *(Ambrosius)*. Zum Gesangsrepertoire gehört seit dem 4. Jahrhundert auch der *„Jubilus"*, eine textlose Melodie als Ausdruck einer tiefen Gefühlsbewegung, eine Melodie, „bei der das Herz

---

[3] *O. Söhngen*, Theologische Grundlagen der Kirchenmusik, in: Leiturgia IV, 12.
[4] Vgl. *B. Fischer*, Die Psalmen als Stimme der Kirche, hg. von *A. Heinz* (Trier 1982).
[5] Der Verfasser weiß sich dabei dem Beitrag von *H. Musch*, Entwicklung und Entfaltung der christlichen Kultmusik des Abendlandes, in: *ders.* (Hg.), Musik im Gottesdienst, Bd. I (Regensburg ²1983) 9-107, besonders verpflichtet. Eine ausführliche Darstellung auch bei *K. G. Fellerer* (Hg.), Geschichte der katholischen Kirchenmusik, 2 Bde. (Kassel 1972/76).

zum Ausdruck bringt, was es nicht sagen kann"[6]. Der Jubilus siedelte sich besonders beim Kyrie und beim Halleluja an (hier Weiterführung der letzten Silbe). Hieraus entstanden im frühen Mittelalter durch Textunterlegung die Tropen (besonders beim Kyrie) und die Sequenzen im Anschluß an das Halleluja. Allein dem Mönch *Notker Balbulus* von St. Gallen (840-912) verdanken wir 40 Sequenzen. Die zahlreichen Sequenzen des Mittelalters wurden durch die tridentinische Reform auf vier reduziert (s. unten S. 142).

Auch die *Hymnen*, die in der Frühzeit des Christentums textlich und melodisch meist schmucklos waren, gewinnen seit dem 4. Jahrhundert an textlicher Qualität und musikalischem Reichtum. Im Abendland wurden sie vor allem durch *Ambrosius* volkstümlich, nachdem *Hilarius von Poitiers* zahlreiche östliche Hymnen aus Kleinasien mitgebracht hatte. Ihr wesentliches Gestaltungsmerkmal ist der gleiche Bau der Strophen mit gleicher Silbenzahl und gleichbleibender Melodie (Isostrophismus und Isosyllabismus). Man schätzt die Zahl aller Hymnen auf ca. 35 000[7].

Besondere Bedeutung erlangte der *Gregorianische Choral*. Nach einer bis ins 8. Jahrhundert zurückreichenden Überlieferung soll Papst *Gregor I.* (590-604) die am päpstlichen Hof gesungenen Melodien der Messe und des Stundengebetes gesammelt und neu geordnet haben. Auf ihn soll auch die römische *schola cantorum* zurückgehen, die das Singen im Abendland wesentlich beeinflußt hat. Mit der Ausbreitung der römischen Liturgie wird auch dieser römische Choral weithin übernommen. Dies gilt besonders für das Frankenreich unter König *Pippin* und *Karl d. Gr.* Dort hatten sich nicht nur regional geprägte Liturgien entwickelt, sondern es gab auch viele gesangliche Varianten. Nicht ohne politische Nebenabsichten drängten sowohl *Pippin* wie *Karl* auf die genaue Übernahme der römischen Singweise. Dabei leistete die unter Pippin gegründete *Metzer Sängerschule* besondere Hilfe. Trotzdem hielten sich noch Jahrhunderte hindurch germanische Choralfassungen, von denen eine noch heute in der Pfarrkirche von Kiedrich bei Mainz gepflegt wird.

Seit der Mitte des 9. Jahrhunderts entwickelt sich nördlich der Alpen der *mehrstimmige Kirchengesang* (Diaphonie, ursprünglich auch Organum genannt), eng verbunden mit der sich entfaltenden Notenschrift, den Neumen. Weil hiermit aber die Tonhöhe nicht eindeutig gegeben war, kommt es um das Jahr 1000 *(Guido von Arezzo)* zum „Liniensystem mit Terzabstand der Notenlinien und vorgezeichneten Tonbuchstaben, die später zu Notenschlüsseln werden. Seit dem 12. Jahrhundert bilden sich die zuletzt verbliebenen Typen heraus, die deutsche Hufnagelschrift und die Quadratnotenschrift, die in ihrer spätmittelalterlichen Ausprägung für die Notation des Gregorianischen Chorals bis heute er-

---

[6] *Augustinus*, Enarr. in Ps. 32 I 8: CCL 38, 254.

[7] Wichtige Hymnensammlung durch *G. M. Dreves*, Ein Jahrtausend lateinischer Hymnendichtung, 2 Bde. (Leipzig 1909); ders. – *C. Blume* (Hg.), Analecta hymnica medii aevi, 55 Bde. (Leipzig 1886-1922).

halten blieb."[8] Eine weitere Verfeinerung des mehrstimmigen Gesangs, „verbunden mit harmonischer und melodischer Süße"[9], vollzieht sich im 14. Jahrhundert. Man spricht von der „Ars nova" (neue Kunst) und bezeichnet die bisherige Gesangsweise als „Ars antiqua". Weil die Verbindung mit dem Gregorianischen Choral und der liturgischen Ordnung dabei immer mehr gelockert wird und diese „neue Kunst" sich zunehmend weltlichen Festlichkeiten zuwendet, veröffentlicht Papst *Johannes XXII.* 1324 im Exil von Avignon die Konstitution „Docta Sanctorum Patrum", in der er Auswüchse verurteilt und den engeren Wiederanschluß an die ursprüngliche gottesdienstliche Musik fordert.

Während im 13. und 14. Jahrhundert Frankreich im musikalischen Bereich führend ist, verlagert sich vom 15. Jahrhundert an das Schwergewicht nach England und in die Niederlande. Unter dem Einfluß der franko-flämischen Musiker kommt es im 16. Jahrhundert an den bedeutenden Fürstenhöfen und schließlich auch am päpstlichen Hof zur „klassischen Vokalpolyphonie", als deren Hauptvertreter *Philipp de Monte, Orlando di Lasso* und *Giovanni Pierluigi da Palestrina* (kurz Palestrina genannt) anzusehen sind.

Das *Konzil von Trient* (1545-1563) war in seinen kirchenmusikalischen Beschlüssen vor allem auf Abstellung von Mißbräuchen bedacht, ohne jedoch stilistische Wegweisungen zu geben[10]. In seiner 22. Sitzung (17. September 1562) ermahnt es im „Decretum de observandis et evitandis in celebratione missae" die Bischöfe, aus den Kirchen jene Musikarten fernzuhalten, die dem Orgelspiel oder dem Gesang „etwas Zügelloses oder Unreines" (lascivum aut impurum) beimischen. In der 24. Sitzung (22. März 1563) wird noch zusätzlich die „weichliche Musik" in dieses Verbot aufgenommen[11]. Die mit der Durchführung der tridentinischen Beschlüsse beauftragte Kardinalskommission stellt besonders die Ausgeglichenheit und Textverständlichkeit in den Vordergrund.

Diesen Forderungen sucht besonders die „Römische Schule" unter *Palestrina* gerecht zu werden. „Zu Anfang des 17. Jh. wird der Stil der Römischen Schule, der durch die folgenden Jahrhunderte sich fortpflanzende ‚strenge Stil' (stylus gravis), oft mit den neuen Elementen der textdeutenden Affektdarstellung, der Monodie und des Konzertstils durchsetzt und vor allem durch die Mehrchörigkeit zum ‚römischen Kolossalbarock' erweitert."[12] Die Stilwende im Barock kann man als konzertierende Kirchenmusik bezeichnen, die schon durch die „Venezianische Schule" vorbereitet wird: Mehrchörigkeit, Abwechslung zwischen Chor und Solisten und Einbeziehung von Instrumentalstimmen. Die Rück-

---

[8] *H. Musch*, a.a.O. (Anm. 5) 25 f.

[9] Ebd. 30.

[10] Vgl. *K.G. Fellerer*, Das Tridentinum und die Kirchenmusik, in: *G. Schreiber* (Hg.), Das Weltkonzil von Trient, sein Werden und Wirken, Bd. I (Freiburg i. Br. 1951) 447.

[11] Ebd. 449.

[12] *H. Musch*, a.a.O. (Anm. 5) 43.

sichtnahme auf die Struktur des Gottesdienstes wird immer geringer, aus der dienenden Magd ist die Kirchenmusik zur Herrin im Gotteshaus geworden, geprägt vom Geist des Triumphalismus. Die Messe wird zum musikalischen Kunstwerk, das man mit Ergriffenheit „hört". Dies gilt besonders für die Gottesdienste an den Kathedralen der (fürstlichen) Bischöfe und den Hofkirchen der großen Fürstenhäuser. Die „Messen" der großen Klassiker *W.A. Mozart, J. Haydn* und *L. van Beethoven* haben hier ihren „Sitz im Leben".

Der barocke Überschwang kommt in der durch die Französische Revolution und durch die Säkularisation (1803) verarmten Kirche des 19. Jahrhunderts zum Erliegen. Es regen sich zaghafte Versuche zur Reform der Kirchenmusik im Sinn einer größeren Nähe zur Liturgie, die in der zweiten Jahrhunderthälfte durch die Bemühungen des Abtes *Guéranger* (Gregorianischer Choral) unterstützt werden. Hier ist die cäcilianische Bewegung unter *F.X. Witt* zu erwähnen, die „neue Formen in der Nachahmung der altklassischen Polyphonie" sucht, „aber meist in unkünstlerischer Veräußerlichung stehen bleibt"[13]. Große Bedeutung erlangt das Motuproprio *„Tra le sollecitudini"* Papst *Pius' X.* (1903), das sich selbst als neues Gesetzbuch der Kirchenmusik bezeichnet und auf das sich die folgenden päpstlichen Weisungen immer wieder berufen. Hier wird die Kirchenmusik als „notwendiger Teil der feierlichen Liturgie" bezeichnet, wenn auch ihre dienende Rolle stark betont und sie „schlichte Dienerin der Liturgie" (Nr. 23) genannt wird. Als unabdingbare Eigenschaften der Kirchenmusik werden gefordert ihre Heiligkeit, die alles „Weltliche" ausschließe, und ihre künstlerische Qualität (2). Höchstes Vorbild sei die Gregorianische Gesang (3), dem die klassische Polyphonie der „Römischen Schule" unter Palestrina besonders verbunden sei. Grundsätzlich wird auch die neuere Musik zugelassen, „denn sie vermag Werke von solcher Qualität, solchem Ernst und solcher Erhabenheit aufzuweisen, daß sie der liturgischen Handlungen keineswegs unwürdig sind"[14]

Zum Abschluß dieses kurzen Überblicks seien noch einige Feststellungen zum *deutschen Kirchenlied* gemacht. Schon für das frühe Mittelalter lassen sich Rufe und „Leisen", die von der gottesdienstlichen Gemeinde gesungen wurden, belegen[15]. Im Hoch- und Spätmittelalter mehren sich die Zeugnisse. Viele dieser deutschen Kirchenlieder sind Nachdichtungen von lateinischen Texten, wobei sich auch lateinisch-deutsche Mischpoesie feststellen läßt. „Die meisten Hinweise auf deutsche Gesänge finden sich für die reichentfalteten Gottesdienste der höchsten Feste…, für die

[13] *K.G. Fellerer*, Art. Kirchenmusik II. in: LThK² VI, 236.

[14] Nr. 5 nach der Ausgabe von *H.B. Meyer – R. Pacik*, Dokumente zur Kirchenmusik … (Regensburg 1981) 28.

[15] *J. Janota*, Studien zu Funktion und Typen des geistlichen Liedes im Mittelalter (Münch. Texte u. Untersuch. zur dt. Literatur des MA, Bd. 23) (München 1968); *W. Lipphardt*, Das Kirchenlied im Mittelalter, in: MGG VIII, 783-796; *Ph. Harnoncourt*, Gesamtkirchliche und teilkirchliche Liturgie. Studien zum liturgischen Heiligenkalender und zum Gesang im Gottesdienst … (Freiburg i. Br. u.a. 1974) 294-446.

Prozessionen... und in den Predigten... Für das 15. und das beginnende 16. Jahrhundert dürfen wir aufgrund der Quellen weiteste Verbreitung und begeisterte Verwendung deutscher Kirchenlieder im Gemeindeleben annehmen. Im Predigtritus, in den Segnungen der Hochfeste und Wallfahrten gehören ganz bestimmte Kirchenlieder zum festgelegten liturgischen Verlauf..."[16]

Die Bedeutung des Kirchenliedes bei den reformatorischen Gemeinden umreißt *Ph. Harnoncourt* in folgenden Stichworten: „Verbreitung und Festigung des Glaubens"; „Verwendung im Gottesdienst an Stelle der lateinischen Meßgesänge"; „die Entwicklung des Psalmenliedes"; „die Einführung von Gesangbüchern"[17]. Als erstes protestantisches Gesangbuch erscheint 1524 das „Achtliederbuch", als erstes katholisches das von *Michael Vehe* in Leipzig 1537. Die Zahl der Gesangbücher und Liederdrucke nimmt gegen Ende des 16. und zu Anfang des 17. Jahrhunderts mehr und mehr zu. Noch im 16. Jahrhundert werden die ersten Diözesangesangbücher eingeführt[18]. Wenn auch die eigentlichen Meßgesänge im 17. und 18. Jahrhundert in der Form des Gregorianischen Chorals vorgeschrieben sind, so erobert sich das deutsche Kirchenlied allmählich auch diese bislang verschlossene Domäne, besonders dort, wo es an entsprechenden Sängern bzw. Schulen mangelt. So bilden sich die Anfänge der deutschen Singmesse heraus. In der Zeit der Aufklärung verstärkt sich diese Tendenz zum „deutschen Hochamt". „Fast in allen Diözesen erschienen jetzt Diözesan-Gesang- und -gebetbücher, mit vielen ‚Meßliedern'... Neu war dabei nicht die Form, wohl aber der Liedertyp, denn an die Stelle von alten Ordinariums-Paraphrasen und Festliedern zum Proprium traten jetzt in der Singmesse die gereimte Unterweisung und die gesungene Meßandacht."[19] Außerhalb des deutschen Sprachraums war dieser Buchtyp kaum bekannt.

Gegen eine Meßfeier mit deutschen Liedern wandte sich in der zweiten Hälfte des 19. Jahrhunderts der *Cäcilianismus*, der die damals anwachsenden zentralistischen Tendenzen Roms in allen liturgischen Fragen kräftig unterstützte. Im 20. Jahrhundert kam es, vor allem im Zusammenhang mit der Liturgischen Bewegung, zu heftigen Auseinandersetzungen um den Gebrauch deutscher Kirchenlieder im Rahmen des „deutschen Hochamtes" und der Singmessen verschiedener Prägung[20]. Von Bedeutung für die Entwicklung des deutschen katholischen Kirchenliedes wurde nach dem II. Vatikanum das Katholische Kirchengesangbuch der

---

[16] *Ph. Harnoncourt*, a.a.O. (Anm. 15) 299.　　　　[17] Ebd. 306.

[18] Das erste deutsche Diözesangesangbuch erschien 1576 in Dillingen für Bamberg: vgl. *B. Schmid*, Deutscher Liturgiegesang, in: *H. Musch*, a.a.O. (Anm. 5) 395f.

[19] *Ph. Harnoncourt*, a.a.O. (Anm. 15) 358. Vgl. auch *J. Hacker*, Die Messe in den deutschen Diözesan-Gesang- und -Gebetbüchern von der Aufklärung bis zur Gegenwart (München 1951); *M. Hofer*, Die Gesang- und Gebetbücher der schweizerischen Diözesen (Freiburg i. Ü. 1965).

[20] Eine ausführliche Dokumentation dieser umfangreichen und differenzierten Kontroverse bei *Ph. Harnoncourt*, a.a.O. (Anm. 15) 358-366.

Schweiz 1966 und das katholische Gebet- und Gesangbuch „Gotteslob",
herausgegeben von den Bischöfen Deutschlands und Österreichs und der
Bistümer Bozen-Brixen und Lüttich (für ihren deutschsprachigen Bevöl-
kerungsteil) mit einem „Österreichanhang" und Anhängen der deutschen
Diözesen, erschienen 1975[21].

2. Die gottesdienstliche Musik nach dem II. Vatikanum

Das II. Vatikanum hat der „musica sacra" in der LK ein eigenes Kapitel
(VI) gewidmet. Der römische Liturgierat (Consilium) hat zusammen mit
der Ritenkongregation am 5. März 1967 die „Instruktion über die Musik
in der Liturgie" (IML) veröffentlicht[22], die es sich zur Aufgabe macht, die
Ausführungen der LK zu konkretisieren und Zweifelsfragen zu klären.
Die AEM wendet diese Grundsätze auf die Meßfeier an (passim). Auf der
Grundlage dieser Dokumente werden im folgenden die wichtigsten Aus-
sagen zur Musik im Gottesdienst zusammengefaßt.

Das II. Vatikanum sieht im genannten Kapitel in der gottesdienstlichen
Musik, näherhin in dem „mit dem Wort verbundenen gottesdienstlichen
Gesang", „einen notwendigen und integrierenden Bestandteil der feierlichen Liturgie" (LK 112). Diese Aussage bedeutet, daß Musik im Gottesdienst nicht nur der ausschmückende Rahmen, „nicht bloß der Lorbeer-
baum, der als Dekoration bei feierlichen Gelegenheiten aufgestellt
wird"[23], sondern *selbst Liturgie* ist. „In den Antwortgesängen zur Lesung, im Sanctus, im Gloria wird Musik selbst zur liturgischen Handlung, selbst Liturgie, die die Gemeinde singend oder hörend nicht nur in
äußerer, sondern in innerer Teilnahme vollzieht."[24] Darüber hinaus vermag die Musik im Gottesdienst aufgrund ihres Zeichencharakters die tätige Teilnahme der Gläubigen zu steigern und jene seelische Verfaßtheit
zu fördern, die den Menschen aufnahmefähig macht für Gottes Wort und
die sakramentale Gnade. Sie verdeutlicht das Christusmysterium, fördert
Gemeinschaftsbewußtsein und Kommunikation der Gläubigen und verleiht dem Gottesdienst die ihm angemessene Feierlichkeit. Auch die „Instrumentalmusik und die Orgelmusik führen gleichsam die wortlose Musik des frühchristlichen Alleluja-Jubilus fort. Denn es gibt Wirklichkeiten, die nur mit den Mitteln der Kunst erfahren und ausgedrückt werden
können."[25]

---

[21] Nähere Angaben mit Hinweisen auf Hilfsmittel und Literatur im PLHL, Art. Gotteslob. Zur heutigen Bedeutung des Kirchenliedes: *Ph. Harnoncourt*, Das Bleibende in
Form, Inhalt und Funktion des deutschen Kirchenliedes, in: ZkTh 107 (1985) 52-63.
[22] Text u. a. bei *Rennings* I, 404 ff.
[23] *H. Rennings*, Musikalische Elemente als Teil des gottesdienstlichen Handelns, in:
Musik in der feiernden Gemeinde, hg. von *H. Hucke* u. a. (Einsiedeln – Freiburg 1974)
55.
[24] *H. Musch*, a. a. O. (Anm. 5), in der 1. Auflage (1975) S. 10. [25] Ebd.

Die Musik im Gottesdienst hat *dienenden Charakter*. Sie muß sich der Liturgie ein- und unterordnen und nicht umgekehrt. Es darf nicht dazu kommen, daß um der musikalischen Prachtentfaltung willen wichtige Teile der Liturgie überdeckt und die einzelnen Dienstämter in ihrem liturgischen Tun behindert werden. Weder darf die tätige Teilnahme der Gemeinde unmöglich gemacht, noch darf die Gesamtfeier durch musikalische Vorträge ungebührlich in die Länge gezogen werden (IML 11). So ist es, um ein vorkonziliares Beispiel zu nennen, nicht mehr erlaubt, durch den polyphonen Vortrag des Sanctus vor den Einsetzungsworten und des erst nach der Konsekration gesungenen Benedictus Struktur und Vortrag des eucharistischen Hochgebetes zu verdecken.

Besonders bei der *Feier der Eucharistie* muß der Grundsatz gelten, daß „diejenigen Teile, die an sich zum Singen bestimmt sind, auch wirklich gesungen werden, und zwar in der von ihrem Wesen verlangten Form" (IML 6). Eine herausragende Bedeutung hat dabei die *Kantillation*, „das ist der gesungene Vortrag der Amtsgebete des Zelebranten, einschließlich des Vaterunsers und der Fürbitten, der Akklamationen des Volkes und der Lesungen"[26]. Sie ist geeignet, Lesungen, Gebete und Antworten des Volkes so zum Ausdruck zu bringen, daß Wort und Text wesentliches Element bleiben, aber durch den rhythmisch-melodischen Vortrag an Insensität und Feierlichkeit gewinnen[27]. Im Gegensatz zu dem vor wenigen Jahrzehnten bei den „Gemeinschaftsmessen" üblichen tonus rectus, der den Rhythmus und die Melodik des natürlichen Sprechens völlig einebnete und darum „unnatürlich" wirkte, verstärkt die Kantillation beides zugunsten des Textes.

Weil nicht in jeder Gemeinde die Voraussetzungen für die Hochform der gesungenen Messe vorliegen, sind nach der IML „verschiedene Zwischenstufen möglich… Bei der Auswahl der Teile, die gesungen werden, soll mit den wichtigeren begonnen werden, vor allem mit jenen, die vom Priester oder den Ministri zu singen sind und bei denen das Volk antwortet, sowie mit jenen, die vom Priester und vom Volk zusammen zu singen sind; die übrigen, nur vom Volk oder nur vom Sängerchor zu singenden Teile sollen stufenweise hinzugefügt werden" (IML 7). Hervorgehoben wird insbesondere der Gesang des Antwortpsalmes und das gemeinsam gesungene Vaterunser.

Dem *Gregorianischen Choral* wird für die liturgische Feier in lateinischer Sprache der erste Rang zuerkannt. Das Konzil betrachtet ihn „als den der römischen Liturgie eigenen Gesang" (LK 116). „Andere Arten der Kirchenmusik, besonders die Mehrstimmigkeit, werden für die Feier der Liturgie keineswegs ausgeschlossen, wenn sie dem Geist der Liturgie … entsprechen" (LK 116). Das bezieht sich vor allem auch auf den reli-

---

[26] *Ph. Harnoncourt*, Erneuerte Kirchenmusik …, in: *E. Hesse – H. Erharter* (Hg.), Liturgie in der Gemeinde (Wien 1966) 121.
[27] Näheres bei *K. Amon*, Kleine Schönheiten …, in: Gd 14 (1980) 113f.

giösen Volksgesang, also die volkssprachlichen Kirchenlieder und andere Gesänge (LK 118).

Auch die den einzelnen Völkern *eigene Musiküberlieferung* soll hochgeschätzt und gefördert werden (LK 119; vgl. 123). „Die christliche Tradition hat zeitweise und mancherorts Musikinstrumente von der Liturgie ausgeschlossen. Noch heute gibt es Vorbehalte gegenüber bestimmten Instrumenten, weil sie als Inbegriff einer mit dem Gottesdienst unvereinbaren Musikkultur betrachtet werden. Andererseits stellt die mit dem Gebrauch von Instrumenten … verknüpfte Musik in vielen Kulturen einen humanen und spirituellen Wert dar, dessen Einbeziehung in die Musik des christlichen Gottesdienstes ein Gewinn sein kann."[28] Insofern können auch manche (rhythmische) Gesänge und Musikinstrumente nicht grundsätzlich ausgeschlossen werden, sofern sie nur ihrer dienenden Funktion gerecht werden.

Die Zulassung der Volkssprache in der Liturgie leitete einen schwierigen Prozeß kirchenmusikalischer Umstellung und Anpassung ein, besonders schwierig für die Länder, die seither neben dem Gregorianischen Choral nur polyphone lateinische Gesänge des Chores kannten. Mit einer Übertragung lateinischer Melodien auf volkssprachliche Texte ist im allgemeinen nicht geholfen, wenn auch da und dort ein guter Wurf gelingen mag. Sinngemäß gilt auch hier für die Feststellung der Instruktion über die Übersetzung liturgischer Texte, daß Neuschöpfungen notwendig sind[29].

Dies aber erfordert Zeit und viel Geduld seitens der Gläubigen. „Kompositionen lassen sich nicht aus dem Boden stampfen, gute schon gar nicht, und begeistertes Singen läßt sich nicht kommandieren. Gebe Gott, daß uns bald jene Werke geschaffen und geschenkt werden, in denen sich das gläubige Volk in zeitgemäßer, lebendiger und begeisternder Weise angesprochen fühlt und sich selbst ausdrücken kann, damit die Stimmen der Gläubigen nicht verstummen, sondern im Gottesdienst auf Erden schon etwas aufklingen lassen von jenem himmlischen Jubel, zu dem wir pilgernd unterwegs sind und den wir uns ohne Musik und Gesang nicht vorstellen können."[30]

---

[28] Universa-Laus-Dokument-'80, 6,2.
[29] Nr. 43: *Rennings* I, 605, Nr. 1242.
[30] *Ph. Harnoncourt*, a. a. O. (Anm. 26) 145.

VI. KAPITEL

Liturgie und Volksfrömmigkeit

Neben dem offiziellen Gottesdienst, wie er in den liturgischen Büchern päpstlichen oder bischöflichen Rechtes festgelegt ist, gibt es vielfältige Äußerungen christlicher Frömmigkeit in breiten Volksschichten, in Gemeinden, Gemeinschaften und Familien, die man als Volksfrömmigkeit oder Volksreligiosität bezeichnet und zu der auch das religiöse Brauchtum gehört. Es handelt sich um Ausstrahlungen und Konkretisierungen des Glaubens und der Liturgie ins Alltagsleben. Manches Brauchtum reicht aber auch zurück bis in die Zeiten heidnischer Religion und wurde später mehr oder weniger verchristlicht. Wenn auch die Phänomene und Probleme der Volksfrömmigkeit und des christlichen Brauchtums in den romanischen Ländern und den von ihnen kolonialisierten und christianisierten Völkern Mittel- und Südamerikas, der Philippinen usw. eine wesentlich größere Rolle spielen[1], so beschränken sich die folgenden Ausführungen vorrangig auf die Gegebenheiten im deutschen Sprachgebiet.

Weil viele Formen der Volksfrömmigkeit ihre Wurzeln im Mittelalter und in der Barockzeit mit ihrem andersartigen Lebensgefühl und Glaubensleben haben und auf agrarischen und handwerklichen Strukturen aufbauen, ist es verständlich, daß die Menschen der gegenwärtigen Industriegesellschaft mit ihrer von einer zweiten Aufklärung geprägten Mentalität den Phänomenen der Volksfrömmigkeit sehr kritisch gegenüberstehen und vieles über Bord geworfen haben. Dies ist besonders dort der Fall, wo das überkommene Brauchtum mit magischen Vorstellungen durchsetzt ist oder Anlaß zu magischen Praktiken gibt[2]. Aber auch für anderes, weniger fragwürdiges Brauchtum fehlt in breiten Volksschichten der lebendige Glaube an die Transzendenz, an die übersinnlichen „Mächte und Gewalten". Hinzu kommt ein Rückgang des Gemeinschafts- und Traditionsbewußtseins, der Traditionsverhaftung, was durch die Dominanz der Kleinfamilie noch begünstigt wird. Auch ist nicht zu übersehen, daß bei vielen die Freiräume außerhalb der Berufstätigkeit durch die Unterhaltungsangebote der Massenmedien und durch

---

[1] Hingewiesen sei u. a. auf mehrere Untersuchungen in Conc 13 (1977) H. 2 und den Abschnitt „Volksreligiosität in einzelnen Regionen" in: *J. Baumgartner* (Hg.), Wiederentdeckung der Volksreligiosität (Regensburg 1979) 125-248.
[2] So ist z.B. dem modernen Menschen nicht mehr zumutbar, Blitz und Unwetter durch das Verbrennen geweihter Palmzweige, durch ihr Aufstecken an den Dachsparren oder durch das Läuten der „Wetterglocke" abzuwehren. „Fulgura frango" (die Blitze breche ich) war eine verbreitete Glockeninschrift.

eine wachsende Mobilität weithin ausgefüllt sind. So kann man seit Jahrzehnten von einer Krise der Volksfrömmigkeit und des volksfrommen Brauchtums sprechen. Diese Feststellung trifft auch der Episkopat des deutschen Sprachgebietes, wenn er auf eine Anfrage der römischen Gottesdienstkongregation von 1980, betreffend die Rezeption der Liturgiereform, antwortet: „Die Volksfrömmigkeit ist seit langem im Rückgang. Die Liturgiereform hat den Rückgang nicht aufgehalten, sondern beschleunigt."[3]

Und doch wäre es falsch, die Volksfrömmigkeit als „religiöses Abfallprodukt" zu bewerten und einen Schlußstrich darunter zu ziehen. Es mag sein, daß auch die Liturgische Bewegung in der Freude über die neuentdeckte Schönheit und Bedeutung der Liturgie volksfrommes Beten und Brauchtum etwas in den Hintergrund geschoben hat. „Niemand wird die Schwächen, die Schattenseiten und die Anfälligkeit des Volkskatholizismus für Depravation in Abrede stellen, andererseits birgt er aber, wie *Paul VI.* in seinem Apostolischen Schreiben ,Evangelii nuntiandi' betonte, die Möglichkeit, vielen zu einer ,echten Begegnung mit Gott in Jesus Christus' zu verhelfen."[4]

Schon der gesunde Menschenverstand sollte eigentlich nahelegen, „Altertümer" nicht unbesehen wegzuwerfen, sondern sie zunächst einmal auf ihren wirklichen Wert hin zu prüfen. So erhob auch *B. Fischer* auf dem Trierer Katholikentag 1971 die Forderung, man solle „nicht blindlings abschaffen, was nicht mehr zeitgemäß zu sein scheint, sondern zunächst einmal prüfen, ob die betreffenden Formen nicht so gereinigt und vertieft werden können, daß sie auch in einer neuen Welt Daseinsrecht behalten"[5].

Es ist deshalb pastorale Aufgabe, die Spreu vom Weizen zu trennen, in den Äußerungen der Volksfrömmigkeit den wertvollen Kern wiederzuentdecken, ihn von Übertünchungen und Verkrustungen zu befreien und altes Brauchtum in seiner Sinnhaftigkeit den Gemeinden wieder liebenswert vor Augen zu stellen. Die Einsicht von der „ecclesia semper reformanda" gilt wie für die Liturgie, so erst recht für manche Äußerungen der Volksfrömmigkeit. Auch bei ihr ist zu beachten, was die LK von den frommen Übungen des christlichen Volkes und von den gottesdienstlichen Feiern der Teilkirchen fordert: sie sollen „die liturgische Zeit gebührend berücksichtigen und so geordnet sein, daß sie mit der heiligen Liturgie zusammenstimmen, gewissermaßen aus ihr herausfließen und das Volk zu ihr hinführen" (13). Eine erneuerte Volksfrömmigkeit kann die offizielle Liturgie durchaus ergänzen und bereichern und durch die ihr in-

---

[3] Vgl. Gd 18 (1984) 179.

[4] *J. Baumgartner*, a. a. O. (Anm. 1) 8.

[5] *B. Fischer*, Gottesdienst und Gemeinde, in: *Zentralkomitee der deutschen Katholiken* (Hg.), Gemeinde des Herrn. 83. Deutscher Katholikentag in Trier 1970 (Paderborn 1970) 396.

newohnende Kraft christlicher Sozialisation der gläubigen Existenz wertvolle Dienste leisten[6].

Es ist deshalb erfreulich, daß sich in vielen Ländern Anzeichen für eine Regeneration alter und eine Entstehung neuer volksfrommer Formen finden. Nicht zuletzt gehen solche Impulse von Jugendkreisen aus, etwa in den Formen der „Früh- und Spätschicht", in der Wiederbelebung des Sternsingerbrauchtums, des Jugendkreuzwegs und der Jugendwallfahrten, wo sich Gebet und Lied mit Gespräch abwechseln, wobei ein bestimmtes Thema vorgegeben wird. Auch in den Pfarrgemeinden regen sich neue Formen der Volksfrömmigkeit, beispielsweise die Wiederbelebung des „Hungertuches" in der Fastenzeit[7], der Agapen nach den Gottesdiensten, volkstümliche Auferstehungsfeiern am Ostermorgen, Friedhofsgänge nach den Ostergottesdiensten, Entzünden von Grablichtern und Totengedenken am Heiligen Abend und Familiengebete in der Advents- und Fastenzeit. In nicht wenigen jungen Familien erfährt die Feier kirchlicher Feste und Zeiten einen neuen Tiefgang.

Neue volksfromme Formen und volksnahe religiöse Bräuche brauchen Zeit zum Wachsen. Sie werden es um so eher vermögen, je mehr der Glaube erstarkt und von einer lebensnahen Liturgie echte Impulse und Gemütswerte ausstrahlen. Eine gesunde Volksfrömmigkeit wird dann ihrerseits zum Wachstum des Glaubens und zur Bereicherung der Liturgie beitragen[8].

---

[6] Beispiele für das Gesagte bietet *B.Fischer*, Liturgie und Volksfrömmigkeit, in: LJ 17 (1967) 129-143; *ders.*, Das Kreuzzeichen – aufzugebender der beizubehaltender katholischer Brauch, in: *J.Baumgartner*, a.a.O. (Anm. 1) 251-261.

[7] Vgl. *W.Heim*, Wiederbelebung des Hungertuches, in: Hl. Dienst 31 (1977) 31-33.

[8] Außer der bereits zitierten Literatur seien erwähnt: *L.A.Veit*, Volksfrommes Brauchtum und Kirche im Mittelalter (Freiburg i.Br. 1936); *L.A.Veit – L.Lenhart*, Kirche und Volksfrömmigkeit im Zeitalter des Barock (Freiburg i.Br. 1956); *H.Schauerte*, Kirche und religiöses Brauchtum..., in: ThGl 56 (1966) 401-421; *A.Heinz*, Altes wieder neu entdeckt, in: Gd 13 (1979) 81-83; *W.Heim*, Volksbrauch im Kirchenjahr heute (Schriften der Schweizerischen Gesellschaft für Volkskunde 67) (Basel 1983); *ders.*, Altes und neues religiöses Brauchtum, in: Diak 16 (1985) 107-111; *Th.Schnitzler*, Kirchenjahr und Brauchtum neu entdeckt (Leipzig 1975, Freiburg i.Br. ⁶1984); *H.Kirchhoff*, Christliches Brauchtum. Von Advent bis Ostern (München 1984).

VII. KAPITEL

Liturgie und Ökumene

1. Die gespaltene Christenheit und die Ökumenische Bewegung

Daß die Christenheit über 300 autonome „Kirchen" bzw. Glaubensgemeinschaften aufweist und so ein Bild der Zerrissenheit bietet, „widerspricht... dem Willen Christi, sie ist ein Ärgernis (lateinisch: scandalum) für die Welt und ein Schaden für die heilige Sache der Verkündigung des Evangeliums"[1]. Um diesen Mißstand zu überwinden, bildeten sich *im protestantischen Raum* in den ersten Jahrzehnten des 20. Jahrhunderts die Bewegungen „Faith and Order" (Glaube und Kirchenverfassung) und „Life and Work" (Leben und Werk = Bewegung für praktisches Christentum), die sich 1938 vorläufig und 1948 auf der Vollversammlung in Amsterdam endgültig zum „Ökumenischen Rat der Kirchen" (= ÖRK; englisch: World Council of Churches = WCC) zusammenschlossen. „Der Ökumenische Rat ist eine brüderliche Assoziation von Kirchen, die den Herrn Jesus Christus als Gott und Erlöser gemäß der Schrift bekennen und sich bemühen, gemeinsam ihrer gemeinsamen Berufung zu entsprechen zur Ehre des einzigen Gottes des Vaters, des Sohnes und des Heiligen Geistes."[2] Innerhalb dieses ÖRK wurde die Kommission „Faith and Order" damit beauftragt, eine Annäherungsmöglichkeit der verschiedenen Traditionen auf theologischer Ebene zu suchen.

Auf katholischer Seite bedeutete die Errichtung des „Sekretariates zur Förderung der Einheit der Christen" durch *Johannes XXIII.* unter der Leitung von *Kardinal Bea* den Beginn einer intensivierten Bemühung um Einheit und einer engeren Zusammenarbeit mit dem ÖRK. Es folgte Ende 1964 das Dekret des II. Vatikanums über den Ökumenismus. 1967 erschien das „Ökumenische Direktorium I" und 1970 das „Ökumenische Direktorium II"[3]. Auf der Grundlage dieser römischen Dokumente folgten verschiedene Richtlinien von Bischofskonferenzen und einzelner Diözesen. Besondere Bedeutung auf regionaler Ebene erlangten die Ausführungen der Würzburger Synode im „Beschluß: Ökumene"[4] und im „Beschluß: Gottesdienst" Nr. 5: „Ökumenische Gottesdienste"[5].

---

[1] Dekret des II. Vatikanums über den Ökumenismus, Nr. 1. Zur Vorgeschichte und Bedeutung vgl. *W. Becker*, Einführung, in: LThK. Das II. Vatikanische Konzil, Bd. II (1967) 11-39, und den Kommentar von *J. Feiner* in: ebd. 40-126.
[2] So das von der Weltkirchenkonferenz von New Delhi (1961) modifizierte Statut.
[3] Veröffentlicht u. a. bei *Rennings I*, 441-457, 909-913.
[4] Synode 774-806. [5] Synode 212-216.

Die Bemühungen der christlichen Kirchen um die Verwirklichung der Einheit zeigten sich in zahlreichen Studienkonferenzen bilateraler und multilateraler Art sowohl auf Weltebene wie in einzelnen Regionen und Bezirken. Ein Höhepunkt dieser Anstrengungen auf Weltebene ist sicher die „Lima-Erklärung" und die auf ihr basierende „Lima-Liturgie", über die im letzten Abschnitt dieses Kapitels noch näher gesprochen werden soll. Von den zahlreichen Dokumenten bilateraler Art seien erwähnt die Veröffentlichungen der „Gemeinsamen römisch-katholischen/evangelisch-lutherischen Kommission": „Das Evangelium und die Kirche" („Malta-Bericht" von 1972)[6], „Das Herrenmahl" von 1978[7], „Das geistliche Amt in der Kirche" von 1981[8] und „Einheit vor uns. Modelle, Formen und Phasen katholisch/lutherischer Kirchengemeinschaft"[9]. An mehr regionalen Dokumenten seien genannt „Kirchengemeinschaft in Wort und Sakrament", erarbeitet im Auftrag der DBK und der VELKD[10], und die Studie „Christlicher Gottesdienst im evangelisch-katholischen Gespräch" der theologischen Kontaktkommission der Kirchenleitungen in Hessen[11]. Die christlichen Kirchen der Schweiz veröffentlichten die Wegweisung „Ökumenische Gottesdienste – Grundsätze und Modelle"[12].

Schon die genannten Dokumente machen Ausmaß und Intensität der ökumenischen Bemühungen unserer Zeit deutlich. Die flankierenden Anstrengungen der Ortsgemeinden dürfen dabei nicht übersehen werden. In dieser Situation muß allerdings beachtet werden, daß Ungeduld in diesem Bereich ein schlechter Ratgeber ist und das Vorpreschen einzelner Persönlichkeiten, Gruppen und Gemeinden eine nicht geringe Gefahr für die ökumenische Bewegung als Ganzes darstellt. Denn ein solches Verhalten könnte leicht zu einer neuen Konfession führen und damit eine zusätzliche Spaltung und innerkirchlichen Streit hervorrufen[13]. Was wir brauchen, ist beharrliche Ausdauer in den Bemühungen um die Einheit, verbunden mit der Einsicht, „daß Unterschiede, die in 400 Jahren bis in unser Alltagsverhalten hinein durchgeschlagen haben, nicht in zehn, fünfzehn oder zwanzig Jahren rückgängig gemacht werden können. Jeder Sozialpsychologe würde uns auslachen, wenn wir mit solchen überspannten Erwartungen kommen würden"[14].

---

[6] Veröffentlicht u. a. bei *H. Meyer*, Lutpertum und Katholizismus im Gespräch... (Frankfurt a. M. 1973) 143-174.
[7] Paderborn – Frankfurt a. M. [11]1982.
[8] Ebd. [4]1982.
[9] Ebd. 1985. Eine Sammlung aller Dokumente auf Weltebene enthält: *H. Meyer* u. a. (Hg.), Dokumente wachsender Übereinstimmung (Paderborn – Frankfurt a. M. 1983).
[10] Paderborn – Hannover 1984.
[11] Hofgeismar 1984.   [12] Zürich 1979.
[13] Wichtige Aspekte bei *H. Fries – K. Rahner*, Einigung der Kirchen – reale Möglichkeit. Mit einer Bilanz „Zustimmung und Kritik" von *H. Fries* (Freiburg i. Br. 1985). Vgl. *H. Fries*, Einheit in Sicht?, in: StdZ 110 (1985) 147-158.
[14] *K. Lehmann* in einem Interview in: Evangelische Kommentare 17 (1984) 689.

2. Gemeinsamkeiten im gottesdienstlichen Bereich

Die ökumenischen Bemühungen sind nicht bei wissenschaftlich-theologischen Erörterungen stehengeblieben, sondern haben auch zu konkreten Auswirkungen im gottesdienstlichen Bereich geführt. An solchen kleineren und größeren Schritten auf die Einheit hin seien folgende genannt:

a) Im Jahre 1967 wurde von den Beauftragten der christlichen Kirchen des deutschen Sprachgebietes eine einheitliche Fassung des *Vaterunsers* erarbeitet und 1968 von den Kirchenleitungen eingeführt bzw. den Synoden und Gemeinden empfohlen[15].

b) 1971 folgte die ökumenische Neuübersetzung folgender gottesdienstlicher *Gemeindetexte:* Apostolisches und Nizänisches Glaubensbekenntnis, Gloria, Sanctus, Agnus Dei und Ehre sei dem Vater[16].

c) Die „Arbeitsgemeinschaft für ökumenisches Liedgut (AÖL) im deutschen Sprachbereich" bemüht sich seit 1969 um die Erarbeitung *gemeinsamer Gesänge* für den Gottesdienst. Erarbeitet wurden bislang folgende Sammlungen: „Gemeinsame Kirchenlieder" (1973), „Gesänge zur Bestattung" (1978), Kinderliederbuch „Leuchte, bunter Regenbogen" (1983) und „Gesänge zur Trauung" (noch nicht erschienen). Während das katholische GL von 1975 aus dieser ersten Sammlung bereits zahlreiche Lieder übernommen hat (mit einem ö unter der Liednummer gekennzeichnet), besteht die günstige Chance, daß in den zur Zeit in Vorbereitung befindlichen neuen Gesangbüchern der EKD, der evangelisch-reformierten Kirchen der deutschsprachigen Schweiz und des „Katholischen Bistums der Altkatholiken in Deutschland" solche ökumenischen Lieder aufgenommen werden[17].

d) Es gibt verschiedene Ordnungen für die *gemeinsame Trauung* bekenntnisverschiedener Paare unter Beteiligung der Geistlichen beider Konfessionen[18].

e) Fast in allen Gemeinden werden *ökumenische Gottesdienste* unter Beteiligung der Amtsträger der teilnehmenden Kirchen gefeiert. Es handelt sich dabei um Wortgottesdienste ohne Eucharistie. Alle Kirchenleitungen wünschen solche Gottesdienste als feste Bestandteile des kirchlichen Lebens. Als besonders geeignet werden empfohlen die Gebetswoche für die Einheit der Christen (18.-25. Januar), die Woche vor Pfingsten, der Weltgebetstag der Frauen (erster Freitag im März), der ökumenische Kreuzweg der Jugend (Freitag vor Palmsonntag), Buß- und Bettag und Schulgottesdienste.

Ein Dissens besteht in der Frage der Eucharistiegemeinschaft („Inter-

---

[15] Vgl. die Information in: Gd 2 (1968) 1-3, 11 f, 41 f.

[16] Näheres in: Gd 5 (1971) 81-94; *H. Goltzen*, Ökumenische Gebets- und Bekenntnistexte, in: JLH 16 (1971) 119-133.

[17] Vgl. Dokument der AÖL vom Dezember 1984 (beziehbar u.a. beim Liturgischen Institut Trier).

[18] Siehe Kap. 15,4 S. 218 ff.

kommunion"). Während die evangelischen Kirchen auch Christen anderer Konfessionen zu ihren Abendmahlsfeiern willkommenheißen, ist nach Überzeugung der katholischen Kirche eine Eucharistiegemeinschaft noch nicht möglich, weil die Glaubens- und Kirchengemeinschaft noch nicht gegeben ist. Nur in Notfällen gestattet sie evangelischen Christen unter bestimmten Voraussetzungen den Empfang der Kommunion. Weil nach katholischer Auffassung die sonntägliche Teilnahme an der Meßfeier für ihre Gläubigen pflichtmäßig ist und deshalb nicht erschwert werden sollte, besteht die Weisung, am Samstagabend und Sonntagvormittag keine ökumenischen Gottesdienste anzusetzen.

f) Unter Mitarbeit auch evangelischer Exegeten erschien 1979/80 eine *neue Bibelübersetzung.* Das Neue Testament und die Psalmen werden als ökumenische Übersetzung auch von der EKD und dem Evangelischen Bibelwerk anerkannt und empfohlen. Bei den Katholiken fand der neue Text bereits Aufnahme im deutschen Stundenbuch und den neuen Lektionarien für die Meßfeier, ebenso in anderen Liturgiebüchern neueren Datums[19].

g) Ökumenische Zusammenarbeit zeigt sich auch in verschiedenen *gemeinsamen Erklärungen,* die z. T. auch den Gottesdienst tangieren, wie z. B. die Erklärung „Den Sonntag feiern", die als „gemeinsames Wort der DBK und des Rates der EKD" zum ersten Advent 1984 veröffentlicht wurde.

Mit diesen Schritten ist bereits ein weiter Raum des gemeinsamen Betens und Singens gewonnen. Es bewirkt nicht nur die gegenseitige Verbundenheit und den Verzicht auf lieblose Vorurteile, sondern ist der intensivste Ausdruck des Willens zur Einheit im Glauben und gläubigem Leben.

3. Lima-Erklärung und Lima-Liturgie

Zu den Höhepunkten ökumenischer Einigungsbemühungen zählen ohne Zweifel die Konvergenzerklärungen der Kommission für Glauben und Kirchenverfassung des ÖRK über Taufe, Eucharistie und Amt, die im Januar 1982 auf der Plenarsitzung in Lima (Perú) abschließend erarbeitet worden sind und deshalb auch „Lima-Erklärung" genannt werden[20]. Sie ist „das Ergebnis eines fünfzigjährigen Studienprozesses, der bis zur Ersten Weltkonferenz für Glauben und Kirchenverfassung in Lausanne 1927 zurückreicht. Das Material wurde von der Kommission für Glauben und Kirchenverfassung in Accra (1974), Bangalore (1978) und Lima (1982) diskutiert und revidiert. Zwischen den Plenarsitzungen haben die

---

[19] Vgl. *J. G. Plöger,* Das Wort des Herrn breite sich aus. Zur Einheitsübersetzung der Heiligen Schrift, in: Gd 13 (1979) 105-108.
[20] Wir benutzen den Sonderdruck der Verlage Bonifatius-Druckerei, Paderborn, und Otto Lembeck, Frankfurt a. M. [8]1984.

Ständige Kommission und ihr Redaktionsausschuß über Taufe, Eucharistie und Amt unter Vorsitz von Frère Max Thurian (Taizé-Bruderschaft) an diesen Texten weitergearbeitet."[21] Als Vollmitglieder der Kommission (seit 1968) haben auch Theologen der römisch-katholischen Kirche und andere Kirchen, die dem ÖRK nicht angehören, mitgearbeitet. In der Schlußabstimmung ging es nicht um die Frage, ob die Mitglieder allen Teilen inhaltlich zustimmen, sondern die Abstimmungsfrage lautete: „Sind Sie der Meinung, daß der Text eine solche Reife erlangt hat, daß er den Mitgliedskirchen der Kommission Glauben und Kirchenverfassung zur Stellungnahme zugesandt werden kann?"[22]

Diese Konvergenzerklärungen wurden allen Kirchen zugestellt mit der Bitte, sie bis Ende 1984 zu prüfen und offiziell Stellung zu beziehen. Insbesondere wurde um die Beantwortung der Fragen gebeten, in welchem Maß die einzelnen Kirchen darin den Glauben der Kirche durch die Jahrhunderte erkennen können, welche Folgerungen sich daraus für die Beziehungen zu anderen Kirchen ergeben, welche Hilfen die einzelne Kirche aus diesem Text für ihr gottesdienstliches, erzieherisches, ethisches und geistliches Leben und Zeugnis ableiten kann und welche Vorschläge sie für die weitere Arbeit in Richtung auf die Einheit sowohl in den angesprochenen Themen wie überhaupt machen kann[23]. Die Ergebnisse dieser Antworten sollen veröffentlicht und „die ökumenischen Implikationen für die Kirchen auf einer zukünftigen Weltkonferenz für Glauben und Kirchenverfassung" untersucht werden[24]. Nach dem Willen der Verfasser wird den Kirchen auf diese Weise Gelegenheit gegeben, sich das Lima-Dokument zu eigen zu machen, indem sie gewisse Ergänzungen und Veränderungen vorschlagen.

Man darf mit großer Spannung das Ergebnis des Rezeptionsprozesses erwarten. Der Text ist geeignet, viele Mißverständnisse zu beseitigen, die Denk- und Sprechweise der einzelnen Traditionen wieder stärker an die Ursprünge zu binden und damit eine gegenseitige Annäherung der Kirchen zu bewirken mit dem Ziel der Einheit in Wahrheit und Liebe, in Gottesdienst und Leben. Die erstrebte Einheit soll keine Einheitlichkeit in allem und jedem sein. So wie im ersten Jahrtausend die Kirchen im Osten und Westen eins waren trotz zahlreicher Unterschiede in theologischer Methode, Sprechweise, Liturgie und Lebensäußerungen, so ist es auch denkbar, daß es auch heute zu einem Konsens in allen wesentlichen Fragen kommt, ohne daß die Einzelkirchen ihre Eigenart und ihr Eigenleben aufgeben müssen. Es soll eine *Einheit in Vielfalt* sein.

Um die Prüfung dieses Dokumentes durch Einzelpersonen und Gruppen zu erleichtern, sind innerhalb kurzer Zeit zahlreiche Kommentare

---

[21] Vorwort zur Lima-Erklärung, a.a.O. 4 f.
[22] *W. Kasper*, Auf dem Weg zur Einheit. Erklärung zum Thema Lima-Liturgie, in: Gd 12 (1985) 89 f.
[23] Vorwort 8.
[24] Ebd.

und Handreichungen erschienen[25]. Was *die bisherige Rezeption* betrifft, so ist die Aufnahme im katholischen Raum überwiegend positiv. „Bezüglich der Taufe kann man insgesamt von einem Konsens sprechen. Bezüglich der Eucharistie kann man allem zustimmen, was positiv dasteht, es bleiben aber noch Fragen offen, die für die katholische Kirche nicht offen sind, besonders die Frage der fortdauernden Gegenwart Jesu Christi in der Eucharistie und die Frage des Vorsitzes (Amtes) bei der Eucharistie. Beim Amtsteil bleiben, bei all dem vielen sehr Positiven, die Fragen am deutlichsten offen, besonders bei der Frage der Apostolischen Sukzession. Die Frage des Petrusamtes wird ganz ausgeklammert. Also: eine sehr erfreuliche weitreichende Konvergenz, ein deutlicher Schritt nach vorne, aber kein Konsens."[26]

Aus dem evangelischen Bereich mehren sich die Stimmen der Kritik vor allem bezüglich des dritten Teils (Amt). Auch die Konvergenzerklärung zur Eucharistie erscheint manchem als zu stark katholisierend.

Auf jeden Fall läßt sich sagen, daß das Lima-Dokument das ökumenische Gespräch neu belebt und allen kirchlichen Gemeinschaften wertvolle Impulse zum Überdenken ihrer Lehre und Praxis gegeben hat. Schade wäre es – und es gibt da und dort Anzeichen dafür –, wenn vorrangig die Angst vor Veränderungen der bisherigen Traditionen den Rezeptionsprozeß bestimmen sollte und nicht so sehr die Frage nach der Wahrheit.

Auf der Basis der Lima-Erklärung hat *M. Thurian* eine *eucharistische Feier* ausgearbeitet („Lima-Liturgie"), die erstmals am vorletzten Tag der Lima-Konferenz (3.-15. Januar 1982) gefeiert, am 28. Juli 1982 in der Kapelle des Ökumenischen Zentrums in Genf wiederholt und bei der 6. Vollversammlung des ÖRK in Vancouver 1983 in festlichem Rahmen begangen wurde. Sie sollte die Konvergenzerklärungen gleichsam in einen gefeierten Gottesdienst übersetzen und anschaulich machen. *M. Thurian* orientierte sich dabei vor allem an den großen liturgischen Traditionsströmen in Ost und West. Weil dies auch das MR von 1970 getan hatte, wundert es nicht, daß sich große Übereinstimmungen ergeben. *M. Thurian* unterscheidet drei Teile: „Die Eingangsliturgie sammelt das Volk Gottes in Demut, Bitte und Lobpreis (Sündenbekenntnis, Kyrie-Litanei und Gloria). Der Wortgottesdienst beginnt mit einem Kollektengebet und umfaßt die drei Verkündigungen der Propheten (erste Lesung), Apostel (Epistel) und Jesu Christi (Evangelium); dann wird die Stimme der Kirche laut, die das Wort der Schrift in der Predigt zeitgemäß und lebendig werden läßt. Danach folgt eine meditative Stille. Der Glaube der Kirche wird dann im Glaubensbekenntnis zusammengefaßt und alle Not der Men-

---

[25] So u.a. *M. Thurian* (Hg.), Ökumenische Perspektiven von Taufe, Eucharistie und Amt (Paderborn – Frankfurt a. M. 1983); *W. H. Lazareth*, Zusammenwachsen in Taufe, Eucharistie und Amt (Frankfurt a. M. 1983); *G. Voss* (Hg.), Wachsende Übereinstimmung in Taufe, Eucharistie und Amt... (Meitingen u.a. 1984).
[26] *W. Kasper*, a.a.O. (Anm. 22) 89.

schen in der Fürbitte vor Gott gebracht. Die Eucharistiefeier umfaßt im wesentlichen das große eucharistische Gebet, dem eine kurze Vorbereitung vorangeht; das Gebet des Herrn, der Friedengruß und die Kommunion folgen. "[27]

Thurian war, wie das II. Vatikanum, bestrebt, eine große Beteiligung der Gemeinde zu ermöglichen, ohne die leitende Funktion des Amtsträgers undeutlich werden zu lassen. Einige bewußte Angleichungen an das MR, auch von der textlichen Seite her, sind nicht zu übersehen. Umgekehrt könnten einige Gestaltungselemente auch die katholische Eucharistiefeier bereichern (vgl. Gabenbereitung).

Was den katholischen Christen hindert, eine ökumenisch gefeierte Liturgie in vollem Umfang, also auch mit Kommunionempfang, mitzuvollziehen, sind die noch ungeklärten Fragen des Amtes bzw. des Leiters der eucharistischen Feier und des unterschiedlichen Glaubens in der Frage der eucharistischen Gegenwart (s. oben S. 99). Solange noch keine wirkliche Glaubens- und Kirchengemeinschaft besteht, kann es auch *keine Kommuniongemeinschaft* geben, weil diese ja ein Zeichen der Einheit mit Christus und seiner Kirche ist[28].

---

[27] *M. Thurian*, a.a.O. (Anm. 25) 213.

[28] Zur Lit.: *M. Thurian*, a.a.O. (Anm. 25) 213-235 (mit Text); *ders.*, Die eucharistische Feier von Lima, in: LJ 34 (1984) 21-31; *F. Schulz*, Die Lima-Liturgie... (Kassel 1983); *H.J. Schulz*, Die Lima-Liturgie..., in: Gd 18 (1984) 1-4; *R. Gronbach – L. Klein*, Überlegungen zur Lima-Liturgie, in: Ökumenische Rundschau 32 (1983) 27-40; zum Problem der „Interkommunion" vgl. *J. Höfer* u.a., Evangelisch-katholische Abendmahlsgemeinschaft? (Regensburg – Göttingen 1971), bes. den Beitrag von *K. Lehmann*, Dogmatische Vorüberlegungen zum Problem der „Interkommunion" S. 77-141 (auch in: *ders.*, Gegenwart des Glaubens [Mainz 1974] 229-273).

ZWEITER TEIL
SPEZIELLE LITURGIK

VIII. KAPITEL

Wesen und Bedeutung der Sakramente

Ein wesentlicher Bereich der Liturgie ist die Feier der sieben Sakramente. Gerade auf diesem Gebiet hat die Theologie in den letzten Jahrzehnten neue Aspekte gewonnen und neue Akzente gesetzt. „Weil sowohl die Anthropologie (Soziologie), wie die Ekklesiologie, wie vor allem eine soteriologisch und pneumatologisch gewendete Christologie voll beansprucht sind, gibt es eine Vielfalt von Äußerungen und Hinweisen, von Umakzentuierungen und Neuansätzen in diesem Traktat."[1]

Das lateinische Wort „sacramentum" ist zunächst die Übersetzung des biblisch-griechischen *mysterion*, das im NT nicht nur Geheimnis bedeutet, sondern speziell von der unauslotbaren Heilstat Gottes in Christus zu verstehen ist (vgl. Eph 1, 9 ff), näherhin von Christus selbst, dem „Geheimnis unseres Glaubens" (1 Tim 3, 16). Schließlich bezeichnen die Theologen der ersten christlichen Jahrhunderte auch die Worte und Taten Jesu als mysteria, weil sie zu unserem Heil gesprochen und vollbracht wurden. Darüber hinaus werden später auch die Kirche, ihre Lehre, ihr Gottesdienst, ihre Gebete, Segnungen und Riten mysteria = sacramenta genannt. Erst im 12. Jahrhundert entwickelt sich der heute übliche Sakramentenbegriff, indem die Frühscholastik zwischen den „sacramenta maiora" und den „sacramenta minora" (= größere und kleinere Sakramente) unterscheidet. Zu den erstgenannten zählt sie Taufe, Firmung, Eucharistie, Bußsakrament, Krankensalbung, Weihesakrament und Ehe; die „kleineren Sakramente" aber bekommen die Sammelbezeichnung Sakramentalien[2].

Gewiß kann man das Wort „Sakrament", unabhängig von seiner theo-

---

[1] *Schneider* 15.
[2] Die lehramtliche Verkündigung der Siebenzahl erfolgte auf dem II. Konzil von Lyon 1274 (DS 860), im „Decretum pro Armenis" (im engsten Anschluß an den hl. *Thomas*) des Konzils von Florenz 1439 (DS 1310) und auf dem Konzil von Trient 1547 (DS 1601).

logischen Wortgeschichte, auch in dem allgemeinen Sinn eines Zeichens für etwas Wertvolles, Bedeutsames (im subjektiven wie im objektiven Sinn) verstehen und schließlich jeden Bedeutungsträger, sei er Person oder Sache, ein Sakrament nennen[3]. Aber ein solcher Wortgebrauch dürfte heutzutage zur Verwirrung beitragen und das Verständnis der „sieben Sakramente" mehr beeinträchtigen als fördern. Darum sollten wir diese in Jahrhunderten gewachsene Bezeichnung den sieben Sakramenten vorbehalten.

1. Die Sakramente als gegenwärtiges Heilswirken Christi

Der wichtigste Zugang zum Verständnis der Sakramente liegt bei *Jesus Christus.* Seine Person, Sendung und Wirksamkeit sind das Fundament, auf dem christlicher Glaube aufruht, und die Quelle, aus der die heilsvermittelnde Tätigkeit der Kirche gespeist wird. Das NT und der von Christi Geist inspirierte Glaube der Kirche machen folgende wesentlichen Aussagen über ihn:

a) Er ist wirklicher Mensch und seit Ewigkeit existierender Sohn Gottes, d. h., er ist Gottmensch.

b) Er weiß sich vom Vater berufen, den Menschen eine neue, frohe Botschaft zu bringen und ihnen Befreiung und Heil zu vermitteln (vgl. Lk 4, 16-19).

c) Sein Leben ist Dienst und Hingabe für die Menschen und gipfelt in Passion und Auferstehung, wodurch er unseren Tod überwindet und uns „Leben in Fülle" (Joh 10, 10 u. a.) schenkt.

d) Er verheißt der Gemeinschaft seiner Jünger, die man Kirche nennt, den Heiligen Geist und in ihm seine bleibende Gegenwart (Mt 18,20; 28,20).

e) Er gibt seinen Jüngern Auftrag und Vollmacht, seinen Heilsdienst in der Verkündung des Wortes und in der Spendung der Sakramente fortzusetzen. Dabei verbindet und solidarisiert er sich mit ihnen in einer so engen Weise, daß er Annahme oder Ablehnung seiner Jünger auf sich selbst bezieht (z. B. Lk 10,16).

Aus diesen Fakten ergeben sich weitgehende Folgerungen für das Wirken der Kirche. Wo immer sie sein Wort verkündet, den Vater im Geist und in der Wahrheit anbetet, Gottesdienst feiert und Sakramente spendet, da ist er selbst gegenwärtig und durch sie tätig. Das II. Vatikanum hat dieses gegenwärtige Tun Christi eindringlich gewürdigt (LK 6-7) und die Liturgie den „Vollzug des Priesteramtes Christi" genannt (LK 7). So sind auch die Sakramente als ein wesentlicher Bereich der Liturgie Aktionsgemeinschaft Christi und seiner Kirche. Sie gründen nicht nur in einer noch

---

[3] *L. Boff*, Kleine Sakramentenlehre (Düsseldorf [1]1976), wo u. a. von einem Sakrament „des Wasserbechers", „des Zigarettenstummels", der „Weihnachtskerze" und des „Grundschullehrers" die Rede ist.

näher zu bestimmenden Weise im Heilswillen Christi, sondern werden von ihm mitgetragen und durch ihn mit Heilskraft erfüllt. Wir werden diesem Grundverständnis bei den einzelnen Sakramenten noch näher begegnen.

2. *Die inkarnatorische Struktur der Kirche und der Sakramente*

In seiner Menschwerdung (= Inkarnation) stiftet sich der ewige Gottessohn der Menschheit ein, nimmt unsere menschliche Natur an. So begegnen uns in Jesus Christus Gott und Mensch, Allmacht und Ohnmacht, göttlicher Reichtum und menschliche Armut, göttlicher Triumph und menschliches Leiden und Sterben. Wenn wir im Sinn der traditionellen Theologie das Sakrament in seinem allgemeinen Sinn als sichtbares Zeichen einer unsichtbaren Gnade verstehen, dann können wir Christus treffend als das *„Ursakrament"* bezeichnen. Denn sein menschliches Leben und Wirken, vor allem seine Hingabe für uns am Kreuz, sind sichtbares und wirksames Zeichen seines göttlichen Heilswillens, der „für uns Menschen und zu unserem Heil" tätig wird. Dieses Ursakrament Christus ist zum dynamischen Zentrum einer Heilstätigkeit geworden, die die gesamte Menschheit auf dem Weg über die Kirche und ihre Liturgie erfassen und umgestalten will.

Diese gottmenschliche Verfaßtheit teilt Jesus in einem gewissen Sinn auch seiner *Kirche* mit, indem er sich selbst ihr einstiftet und sie zu seinem mystischen Leib macht. So hat die Kirche eine sichtbare, menschliche Seite, sie ist „Kirche der Sünder", der armseliges Versagen nicht fremd ist und die sich unter dem Ruf zu Umkehr und Buße stehen weiß. Sie ist aber auch als Leib Christi eine gotterfüllte Wirklichkeit und in Christi Geist und Kraft dazu berufen, am Heil der Welt mitzuwirken. So wird sie zum sichtbaren Heilszeichen unter den Völkern, sie gewinnt sakramentale Struktur und Funktion. Sie steht zwischen dem Ursakrament Christus und den einzelnen Sakramenten, die sie in seinem Auftrag spendet. Das II. Vatikanum nennt sie das vom Geist Christi eingesetzte *„universale Sakrament des Heiles"*[4]. Manche Theologen sprechen vom „Sakrament Christi", vom „Grund- und Wurzelsakrament", vom „Haupt- oder Ganzsakrament".

Die inkarnatorische Struktur Christi und seiner Kirche teilt sich auch den *sieben Sakramenten* mit. Es sind zunächst unscheinbare Vorgänge im Bereich des Sichtbaren, menschliche Handlungen in Wort und Zeichen, die – für sich genommen – keine weittragende Bedeutung und Auswirkung haben können: ein wenig Wasser, das über den Kopf gegossen wird; Öl, mit dem Stirne oder Hände gesalbt werden; Brot und Wein, über die das Dankgebet gesprochen wird; Handauflegungen bei Kranken und Weihekandidaten, mit Gebet verbunden. Und doch steht hinter diesem

---

[4] Dogmatische Konst. über die Kirche 48.

so schlichten und alltäglichen Geschehen der allmächtige Heilswille Gottes, der sich durch Christus und seinen Geist den Menschen mitteilt und die neue Schöpfung des neutestamentlichen Gottesbundes bewirkt. Der unser Heil suchende Hohepriester Christus neigt sich zum Menschen und hebt ihn empor zum Vater, gießt wie der Samariter des Gleichnisses Öl und Wein in die Wunden der Menschen und bringt sie zur heilenden Herberge. Wer um diese in den Sakramenten tätige Heilsmacht Gottes nicht weiß, dem muß ein solches Tun wie Aberglaube und Magie vorkommen. Wer aber die Sakramente im Glauben erfaßt, sieht sie mit staunenden Augen.

Was die konkrete Gestalt der einzelnen Sakramente einschließlich der deutenden Worte und Gebete betrifft, so teilt die heutige Theologie (wie auch das kirchliche Lehramt) nicht mehr die Auffassung früherer Jahrhunderte, als ob jedes Sakrament in all seinen Einzelheiten von Christus persönlich festgelegt worden sei. *Christus als Ursakrament realisiert seinen Heilswillen durch das Universalsakrament Kirche.* Sie soll sein Heilswerk jeder Generation gegenwärtig machen und zuwenden. Dabei genügt es, wenn er die Zielrichtung der sakramentalen Heilswirkungen festgelegt und verdeutlicht hat. Aufgabe der Kirche aber ist es, dem gezielten Heilswillen Jesu die konkrete Gestalt des Zeichens und Wortes zu geben, also den konkreten Ritus des Sakramentes zu bestimmen. Hierdurch wird verständlich, daß die Geschichte der Kirche eine gewisse Verschiedenheit der Sakramentengestaltung in Ost und West kennt und daß es auch innerhalb der abendländischen Kirche zu Abwandlungen des Ritus in Zeichen und Wort, in Materie und Form gekommen ist. Das gilt nicht zuletzt für unsere nachkonziliare Zeit, nachdem das II. Vatikanum den Auftrag gegeben hatte, „eine allgemeine Erneuerung der Liturgie sorgfältig in die Wege zu leiten". Das Konzil führt zur Begründung näherhin an: „Denn die Liturgie enthält einen kraft göttlicher Einsetzung unveränderlichen Teil und Teile, die dem Wandel unterworfen sind. Diese Teile können sich im Laufe der Zeit ändern, oder sie müssen es sogar, wenn sich etwas in sie eingeschlichen haben sollte, was der inneren Wesensart der Liturgie weniger entspricht, oder wenn sie sich als weniger geeignet herausgestellt haben" (LK 21). Diese theologische Sicht vom Letztursprung der Sakramente im Heilswillen Christi und vom Konkretisierungsauftrag der Kirche bewahrt sowohl vor biblizistischer Verengung, die nur das als sakramental anerkennt, was im NT ausdrücklich erwähnt wird, als auch vor einem verengten Traditionsbewußtsein, das eine bestimmte Erscheinungsform der Sakramente in der jüngeren oder weiter zurückliegenden Vergangenheit festschreiben möchte und darum jegliche Veränderung ablehnt.

3. Die Sakramente als partnerschaftliche Begegnung mit Christus

Die Sakramente beruhen auf dem tätigen Heilswillen Gottes in Christus, und in ihnen geht Christus als Heiland der Welt und Hoherpriester des Neuen Bundes auf den heilsbedürftigen Menschen zu, wobei er sich als Ursakrament des Universalsakramentes Kirche bedient.

Wenn wir ein solches sakramentales Heilsgeschehen als eine *Begegnung mit Christus* und in ihm und durch ihn mit dem Vater bezeichnen, so schließt dieser Begriff eine wichtige Feststellung ein: Begegnung zwischen geistbegabten Partnern fordert Offenheit füreinander und ein beiderseitiges Hinzugehen aufeinander. Weil Christus den Menschen in seiner Freiheit ernst nimmt, will er sein Gnadenangebot niemandem aufdrängen und erst recht nicht aufzwingen. Er will die persönliche, partnerschaftliche Begegnung. Der „Part", den der Mensch dabei einbringen muß, ist Glaube an Jesus als den erhöhten Herrn und den Heilbringer der Welt und an den Vater, der ihn zur Heiligung der Menschen gesandt hat. „Das Sakrament ist gewissermaßen die Verlängerung jenes unendlichen Geschenkes, das der Vater der erlösungsbedürftigen Welt in seinem vielgeliebten Sohn geschenkt hat, der sich für uns am Kreuz hingeben wollte. Das schenkende Wort Gottes aber wendet sich an den freien Menschen. Um des Heilsgeschenkes teilhaft zu werden, muß der Mensch glauben: sich der Heilsbotschaft demütig-dankbar öffnen, sich dem schenkenden Gott gläubig überantworten."[5]

Dabei ist unter *Glaube* seine Vollform im Sinn des NT zu verstehen: Glaube sowohl als Anerkenntnis und Bekenntnis wie als Vertrauen und vorbehaltlose Hingabebereitschaft an den Vater. Es ist der Glaube, der durch die Liebe geprägt ist („fides caritate formata") und sich in ihr vollendet. Ein solcher Glaube schließt jede Form von Selbstherrlichkeit, Überheblichkeit, Hochmut, Herrschsucht und Lieblosigkeit aus. Diesen Glauben hat Jesus selbst als Voraussetzung für die Rechtfertigung bezeichnet und ihn ausdrücklich von jenen gefordert, die bei ihm Hilfe und Heilung suchten. Nur zu oft vermißt er ihn bei den geistlich-religiösen Führern des jüdischen Volkes, vor allem auch bei seinen Landsleuten in Nazaret; er findet ihn zumeist bei den Kleinen und Verachteten des Volkes, bei Zöllnern und Sündern, auch bei Ausländern. Im Gleichnis vom Pharisäer und Zöllner hat er diesen geistigen Hochmut, der auf eigene Verdienste pocht, gegeißelt und der vertrauenden und demütigen Offenheit des Zöllners die göttliche Begnadigung (Rechtfertigung) zugesagt. Der Evangelist vermerkt sogar einmal, daß Jesus in seiner Heimatstadt keine Wunder „tun konnte", weil dort der Unglaube derart groß war, daß er sich wunderte (Mk 6, 5f; Mt 13, 58).

So ist der Glaube des Sakramentenempfangers und die darin eingeschlossene Heilswilligkeit und Hingabebereitschaft die unabdingbare Voraussetzung für das sakramentale Heilswirken Christi und für einen

---

[5] *B. Häring*, Gabe und Auftrag der Sakramente. Meditationen (Salzburg 1962) 30 f.

fruchtbaren Empfang der Sakramente. Außerdem ist jedes Sakrament als feste Heilszusage Gottes und konkretisiertes Heilswort wie ein Samen-korn, das dem Menschen eingepflanzt wird und sich nicht ohne den Glau-ben und die Liebe des Empfängers entwickelt. In diesem Sinn ist jedes Sa-krament ein von Gott geschenkter Anfang, der einer Weiterführung und Vollendung bedarf. So wird die *Gabe des Sakramentes zur Aufgabe* und Verpflichtung, die ohne den durchgehaltenen Glauben des Empfängers nicht realisierbar ist.

Diese fundamentale Bedeutung des Glaubens wird noch dadurch un-terstrichen, daß die Heilsverheißung der sakramentalen Gaben wie auch die deutenden Zeichen nur im Glauben erfaßt werden können. Die ei-gentliche Feier der Sakramente ist nur im Glauben mitvollziehbar. Es ge-hört aber auch zu den besonderen Wirkungen der Sakramente, diesen Glauben im Empfänger zu nähren und zu stärken. Mit Recht spricht man deshalb von Sakramenten des Glaubens, wie es z. B. das II. Vatikanum (LK 59) und die Gemeinsame Synode der deutschen Bistümer tun[6].

4. Die Sakramente als Grund- und Selbstvollzüge der Kirche

Wenn wir die Sakramente als personale und partnerschaftliche Begeg-nung des Menschen mit Christus bezeichnen, so könnte die Auffassung begünstigt werden, als handle es sich dabei nur um einen Vorgang in der privaten Sphäre eines Menschen, der seinen Gott und sein Heil sucht und findet. Dieser verkürzten Sicht wehrt schon das Zweite Vatikanische Konzil in der ihm eigenen Sprache: „Die liturgischen Handlungen sind nicht privater Natur, sondern Feiern der Kirche, die das ‚Sakrament der Einheit' ist; sie ist nämlich das heilige Volk, geeint und geordnet unter den Bischöfen. Daher gehen diese Feiern den ganzen mystischen Leib der Kirche an, machen ihn sichtbar und wirken auf ihn ein; seine einzelnen Glieder aber kommen mit ihnen in verschiedener Weise in Berührung je nach der Verschiedenheit von Stand, Aufgabe und tätiger Teilnahme" (LK 26).

Dieser ekklesiologische Aspekt der Sakramente zeigt sich zunächst darin, daß sie in und durch die Kirche gespendet werden. Sie ist ja, wie wir sahen, das Universalsakrament, das im Auftrag des Ursakramentes Chri-stus den göttlichen Heilswillen verwirklicht. Sie ist das Werkzeug in der Hand Christi, sein verlängerter und allen Menschen sichtbarer Arm, das bleibende Zeichen seiner Nähe und helfenden Liebe. Die Spendung der Sakramente ist zwar nicht der einzige Auftrag Gottes an die Kirche, aber einer der wesentlichen und wichtigen. Sie gehört zu ihren Grund- und Selbstvollzügen, vergleichbar jenem anderen, das Wort Gottes zu ver-künden. So wie die Kirche das Wort Gottes als kostbares Vermächtnis be-wahren und, sei es gelegen oder ungelegen, in die jeweilige Zeit überset-

---

[6] Beschluß: Sakramentenpastoral A. Die Sakramente der Kirche (Synode I, 241).

zen und verkündigen muß und sich dabei selber auferbaut, so ist es auch mit den Sakramenten. Sind sie doch im letzten *das gegenwärtige Pascha-Mysterium* ihres Herrn und dessen Zuwendung an die heilsbedürftigen Menschen, das man ihnen nicht vorenthalten darf. So wie die Kirche niemals stumm werden darf in der Proklamation der frohen Botschaft, so darf sie auch nicht müde werden in der Ausspendung der Sakramente, selbst dort nicht, wo etwa ein totalitäres Regime ihre Spendung bedroht. Wenn Paulus einmal ausruft: „Wehe mir, wenn ich das Evangelium nicht verkündige!" (1 Kor 9, 16), so betrachtet es auch die Kirche als Verrat an der ihr ureigenen Sendung, in der Ausspendung der Sakramente zu erlahmen oder sich von außen her davon abbringen zu lassen.

Sie befolgt damit aber nicht nur einen Auftrag, sondern baut sich selber im und durch den Heiligen Geist auf. Jedes Sakrament, das gespendet und empfangen wird, *dient dem Aufbau des Mystischen Leibes Christi,* belebt und erweitert ihn. Denn die Sakramente nehmen, je nach ihrer besonderen Bestimmung und Gnadengabe, neue Glieder in die Gemeinschaft der Kirche auf oder eröffnen neue lebensvolle Verbindungen mit ihr und ihrem Haupt. Das aber ist ein Geschehen, das nicht nur den Mystischen Leib als ganzen, sondern alle seine Glieder entscheidend berührt. So aktualisiert sich die Kirche selbst in dem Maß, als sich sakramentale Heiligung an den Menschen vollzieht, und sie hat jeweils neuen Anlaß zur Danksagung und auch zur Fürbitte für ihre neu aufgenommenen oder tiefer begnadeten oder zu neuen Vollmachten und Aufgaben (Ordo und Ehe) berufenen Mitglieder.

Diese gesamtkirchliche Bedeutung eines Sakramentes macht auch deutlich, daß seine Spendung nicht rein privater Natur sein kann, sondern den *Charakter einer liturgischen Feier* haben und entsprechend ausgestaltet werden muß. Es gibt deshalb weder eine „Privatmesse" noch eine private Taufe im eigentlichen Sinn. Von daher sind auch die Bemühungen des II. Vatikanums zu verstehen, möglichst alle liturgischen Feiern unter Beteiligung und tätiger Teilnahme einer wenn auch kleinen Gemeinde zu begehen. „Das gilt vor allem für die Feier der Messe ... und für die Spendung der Sakramente" (LK 27). Wir werden bei der Beschreibung der einzelnen Sakramente diesen ekklesiologisch-liturgischen Aspekt ihrer Feier besonders im Auge behalten, wobei von vornherein einsichtig ist, daß die Möglichkeit gemeindlicher Teilnahme bei den einzelnen Sakramenten unterschiedlich ist.

5. Zur Wirksamkeit der Sakramente

Aus dem bislang Gesagten ist schon deutlich geworden, daß die Heilswirkung der Sakramente letztlich in Christus gründet. Er ist der eigentliche Spender, die von der Kirche beauftragten Personen sind gleichsam Werkzeug in seiner Hand. Nun taucht schon im christlichen Altertum im Zusammenhang mit dem sogenannten Ketzertaufstreit die Frage auf, ob die

Sakramente auch dann ihre Wirkung zeitigen, wenn der *menschliche Spender* unwürdig ist, etwa als Häretiker oder als einer, der schwere Schuld auf sich geladen hat und so der Gnade verlustig gegangen ist. Die Theologie hat immer daran festgehalten, daß die heilstiftende Tätigkeit Christi überall dort gegeben ist, wo der menschliche Spender den wesentlichen Ritus in der Absicht vollzieht, das zu tun, was die Kirche mit dem Sakrament zu tun beabsichtigt, auch wenn er persönlich unwürdig ist. Hierfür hat die Scholastik anfangs des 13. Jahrhunderts den Begriff der Wirksamkeit *„ex opere operato"* entwickelt, d.h. wörtlich: „aus dem vollzogenen Werk", nämlich kraft des richtig vollzogenen Ritus. Diese Auffassung wird ausdrücklich – einschließlich des genannten Terminus – vom Konzil von Trient bestätigt[7]. Daß dabei der Ritus nur das Medium ist, durch das Christus selbst die innere Heiligung bewirkt, muß zur Vermeidung eines magischen Mißverständnisses deutlich gesehen werden. Andererseits sollte aber auch beachtet werden, daß der Spender persönlich um jene innere Würdigkeit bemüht sein muß, die der Kooperation mit Christus bei der Zuwendung des Heiles angemessen ist.

Was den *Empfänger eines Sakramentes* angeht, so ist die sakramentale Wirkung immer Geschenk, nicht Verdienst. Was von ihm verlangt wird, ist dies, daß er sich dem im Sakrament auf ihn zugehenden Herrn in Glaube und innerer Hingabe öffnet. Wer aber diesem Gnadenwirken Christi durch bewußten Unglauben und innere Verweigerung einen „Riegel" (lateinisch: obex) vorschiebt, bei dem kann das Sakrament keine Wirksamkeit entfalten. Er geht leer aus, ja er macht sich, wie man früher sagte, eines „Gottesraubes", eines Sakrilegs, schuldig. Kein Geringerer als *Paulus* hat eindringlich vor dem unwürdigen Empfang des Leibes und Blutes Christi gewarnt (1 Kor 11, 27-29).

6. Reihenfolge, Rangordnung und Zusammenhang der Sakramente

Theologie und Praxis der Kirche haben in der westlichen Kirche zur *Siebenzahl der Sakramente* geführt, obwohl man im ersten Jahrtausend auch andere „Mysteria" der Kirche, wie Konsekration einer Kirche, Mönchsweihe und Begräbnisriten – zuweilen zählte man mehr als 30 „Sakramente" –, mit diesem Ausdruck bezeichnet hat. Für die ausgegrenzten sieben Sakramente hat sich seit der Scholastik eine feste Reihenfolge herausgebildet, die hauptsächlich vom Zeitpunkt des Empfangs bestimmt ist. Taufe, Firmung und Eucharistie gelten seit alters als die Sakramente der „Initiation", der Christwerdung, die nach jahrelanger Vorbereitung (Katechumenat) zumeist in der Osternacht gespendet wurden. Das Sakrament der Wiederversöhnung war ursprünglich als „rettende Planke nach dem Schiffbruch der (schweren) Sünde" nur selten, zuweilen nur einmal im Leben, gespendet worden. Die Krankensalbung sollte in der

---

[7] Canones de sacramentis in genere, can. 8: DS 1608.

schweren Situation ernster Erkrankung der leiblich-seelischen Aufrichtung dienen. Die beiden letztgenannten Sakramente der Weihe (Ordo) und der Ehe, auch „Standessakramente" genannt, haben eine besondere sozial-ekklesiologische Funktion: die Weihe als Amtsverleihung zur Sicherstellung der Heilsverwirklichung in Glaubensverkündung, Gottesdienst und tätiger Liebe (Martyria, Leiturgia, Diakonia); die Ehe zur Gründung und Heiligung der Familie, zur Auferbauung der „Kleinstkirchen" oder „Hauskirchen", wie man die Familien genannt hat.

Was die *Rangordnung der Sakramente* untereinander angeht, so bildet die Eucharistie als Gedächtnis und Vergegenwärtigung des Pascha-Mysteriums den Mittel- und Höhepunkt des sakramentalen Geschehens, auf den die übrigen Sakramente mehr oder weniger ausgerichtet sind, aus dem sie ihre Kraft schöpfen. Dies gilt auch für den reichen Kranz der Sakramentalien, der Weihungen und Segnungen, und alle anderen Formen christlichen Gottesdienstes. Von diesem Mittelpunktcharakter der Eucharistie sprechen auch evangelische Theologen: „So ist der Abendmahlsgottesdienst die verborgene lebendige Mitte aller Gottesdienste. Lösen sie sich von dieser Mitte, wird der Abendmahlsgottesdienst nicht mehr als die das ganze gottesdienstliche Leben tragende Mitte bewahrt, dann werden die so losgelösten Gottesdienste auch ihrerseits notwendig verkümmern und verderben."[8] Neben der Eucharistie darf man der Taufe einen besonderen Rang einräumen, weil sie als Eingangstor aller übrigen Sakramente den Menschen in das Christusmysterium eingliedert[8a]. Man kann mit guten Gründen sagen, daß die Firmung und das Sakrament der Wiederversöhnung als Geistbegabung und Sündennachlaß gewisse Entfaltungen des Taufsakramentes sind.

Von drei Sakramenten lehrt die Kirche, daß sie dem Empfänger eine besondere Prägung verleihen, den *„sakramentalen Charakter"* (das griechische Wort Charakter bedeutet ursprünglich Prägestempel), der unverlierbar ist und deshalb auch einen wiederholten Empfang dieser Sakramente verbietet. Es handelt sich um Taufe, Firmung und Ordo[9]. Nach *Augustinus* bedeutet diese Prägung eine bleibende Weihung („consecratio"), die den Empfänger zum unverlierbaren Eigentum Christi werden läßt[10]. *Thomas von Aquin* sieht darin die Teilnahme am Priestertum Christi und eine „deputatio ad cultum divinum", d.h., „jeder Gläubige wird dazu bestimmt, das, was zum Gottesdienst gehört, zu empfangen oder an andere weiterzugeben"[11].

Oft wird davon gesprochen, daß die sieben Sakramente dem Menschen an den „Knotenpunkten" oder besonderen Entscheidungssituationen sei-

---

[8] *P. Brunner,* Zur Lehre vom Gottesdienst, in: Leiturgia I, 185.

[8a] Eucharistie und Taufe nannte man im Mittelalter auch „sacramenta maiora", ein Ausdruck, der im 12. Jahrhundert auch zur Unterscheidung der sieben Sakramente von den Sakramentalien gebraucht wurde (s. unten Kap. 17, Anm. 1).

[9] Konzil von Trient (Anm. 7) can. 9: DS 1609.

[10] Epist. 98 ad Bonif. Nr. 5: CSEL 34, 526f.

[11] S. Th. III q. 63 a. 3 corp.

nes Lebens göttliche Kraft und Hilfe vermitteln und so der menschlichen Natur zutiefst entsprechen. „Die sieben Sakramente entfalten und sublimieren die Hochzeiten des Lebens."[12] Selbst beim protestantischen *J. W. v. Goethe* fand der Kosmos der sieben katholischen Sakramente unter diesem Aspekt viel Beifall und Wertschätzung[13]. Kein anderer als *Thomas von Aquin* hat bereits diese Parallelität zwischen dem körperlichen Leben und der Bestimmung der Sakramente für das geistliche Leben herausgearbeitet: Zeugung und Geburt entsprechen der Taufe, die Reifung der Firmung, die Ernährung der Eucharistie, die Heilung von Krankheiten der Buße und Krankensalbung. Der Leitungsgewalt im Gemeinschaftsleben entspricht das Sakrament des Ordo, das Sakrament der Ehe dient dem natürlichen und geistlichen Aufbau der Gemeinschaft[14]. Diese Analogie zum natürlichen Menschenleben darf allerdings nicht die Glaubenswahrheit übersehen, daß die Sakramente die Einbeziehung in das Pascha-Mysterium und letztlich die ewige Gemeinschaft mit dem dreifaltigen Gott zum obersten Ziel haben.

In der genannten Reihenfolge sollen nun in den folgenden Kapiteln die einzelnen Sakramente in gebotener Kürze nach Sinn und liturgischer Gestalt beschrieben werden.[15]

---

[12] *L. Boff*, a.a.O. (Anm. 3) 79ff.
[13] Dichtung und Wahrheit VII, 2.
[14] S. Th. III q. 65 a. 1 corp.
[15] Aus der Fülle neuerer weiterführender Lit. seien außer der bereis erwähnten noch genannt: *J. Wiener – H. Erharter* (Hg.), Zeichen des Heiles ... (Wien 1975); *A. Ganoczy*, Einführung in die katholische Sakramentenlehre (Darmstadt 1979); *H. Hotz*, Sakramente im Wechselspiel zwischen Ost und West (Einsiedeln – Gütersloh 1979); *W. Breuning*, Communio Christi ... (Düsseldorf 1980); *H. Luthe* (Hg.), Christusbegegnung in den Sakramenten (Kevelaer 1981); *Th. Schnitzler*, Was die Sakramente bedeuten (Freiburg ²1983).

IX. KAPITEL

Die Taufe

1. Die Bedeutung der Taufe

Die Taufe steht als wichtigstes und grundlegendes Ereignis des christlichen Lebens im Bewußtsein aller christlichen Bekenntnisse, sie ist ein ökumenisches Sakrament. Dieser Glaube gründet in dem einhelligen Zeugnis der neutestamentlichen Schriften und der ununterbrochenen Überlieferung. Die Zeugnisse des NT über die Taufe sind entsprechend der theologischen Eigenart und Aussageabsicht ihrer Autoren vielgestaltig. Sie geben in ihrer Summierung ein eindrucksvolles Bild von der hohen Bedeutung, welche die Urgemeinde diesem ersten der Sakramente beimißt. Dabei ist zu beachten, daß es hier zunächst um die Taufe Erwachsener geht, da ja die Taufe unmündiger Kinder erst in späteren Jahrhunderten vorherrschend wurde. Diese Bedeutung der Taufe soll im folgenden mehr in Thesenform und nicht nach Art eines exegetischen oder theologischen Traktates erhoben werden. Die spätere Erklärung der Taufriten wird Gelegenheit geben, einzelne Aussagen näher zu entfalten.

a) Die christliche Taufe geht auf eine *Weisung des Herrn* zurück (vgl. Mt 28,19; Lk 16,16). Dies wird indirekt bestätigt durch die allgemeine und unwidersprochene Taufpraxis der Urgemeinde, zu der ein angesehener protestantischer Exeget die Feststellung trifft, daß die Entstehung des christlichen Taufbrauches rätselhaft bleibe, wenn man sich nicht entschließt, die Traditionen vom Missionsbefehl des Auferstandenen ernst zu nehmen[1].

b) Die *persönlichen Voraussetzungen* für den Empfang der Taufe sind die innere Umkehr (Bekehrung) und der Glaube an Jesus und seine Botschaft. Aber dieser Beitrag des Menschen darf nicht als seine autarke Leistung, als sein Verdienst gesehen werden, sondern basiert auf der zuvorkommenden Gnade Gottes. Denn: „Niemand kann zu mir kommen, wenn nicht der Vater ... ihn dazu bewegt" (Joh 6,44).

c) Die Taufe *gliedert in die Kirche als das Gottesvolk des Neuen Bundes ein* und wird so zum Zeichen der Berufung und des Heiles, so wie einst die Beschneidung das Bundeszeichen des Alten Bundes war (vgl. Kol 2,11). Die Eingliederung in die Kirche bedeutet zugleich Gliedschaft am Mystischen Leib Christi und erfüllt den Getauften mit dem Heiligen Geist (1 Kor 12,13). „So verstanden ist die Eingliederung in die Kirche

---

[1] *E. Stauffer,* Die Theologie des Neuen Testamentes (Stuttgart 1948) 139-141.

auch die erste grundlegende Wirkung der Taufe, zugleich aber ... das Medium zur Erlangung der Fülle der Taufgnade. "[2]

d) Die *Verbindung mit Christus* ist so tief und innerlich, daß der Getaufte in das heilbringende Mysterium des Sterbens und Auferstehens Christi hineingezogen wird: Er bekommt Anteil am Pascha-Mysterium Christi. „Wir wurden mit ihm begraben durch die Taufe auf den Tod, damit so, wie Christus durch die Herrlichkeit des Vaters von den Toten auferweckt wurde, auch wir in dieser neuen Wirklichkeit leben" (Röm 6,4; vgl. auch V. 3 u. 5; ähnlich Kol 2,12ff).

e) Die Taufe ist das *Tor zum neuen Leben* und die Wiedergeburt gemäß dem vom Johannesevangelium berichteten Jesuswort: „Wenn jemand nicht aus Wasser und Geist geboren wird, kann er nicht in das Reich Gottes kommen" (3,5).

f) Sie ist eine *neue Schöpfung*, bei der die göttliche Allmacht tätig wird: „Wenn also jemand in Christus ist, dann ist er eine neue Schöpfung: Das Alte ist vergangen, Neues ist geworden" (2 Kor 5,17).

g) Die Heilstat der Taufe *hebt die Trennung des Menschen von Gott auf*, d.h. mit anderen Worten, daß jede Schuld vergeben wird, einschließlich der Erbsünde. Gott schenkt die Liebe, die er seinem „vielgeliebten Sohn" zuwendet, nun auch den Getauften, weil sie Glieder am Leibe Christi und Brüder und Schwestern seines Sohnes geworden sind. „Der Vater hat uns so große Liebe geschenkt, daß wir Kinder Gottes genannt werden, und wir sind es" (1 Joh 3, 1).

h) Die Taufe verleiht dem menschlichen Leben eine neue *Sinnerfüllung und die Hoffnung auf ein ewiges Leben* in der Gemeinschaft mit Gott (vgl. Röm 8, 17).

So ist die Taufe nicht nur ein äußerer Aufnahmeritus in eine menschliche Organisation. Von seiten Gottes ist sie Erweis seines Erbarmens und Heilswillens, für den Menschen ein neues Leben in und mit Christus in Richtung auf Teilnahme an seiner Verherrlichung.

2. Die neue Ordnung der Kindertaufe

Im Anschluß an die Taufverkündigung im NT entwickelt sich schon in den ersten Jahrhunderten ein Gesamtritus der Christwerdung, den man als christliche Initiation (Einweihung, Eingliederung) bezeichnet. Er faßt in einem Aktgefüge all das zusammen, was wir heute mit der Taufe, Firmung und Eucharistie benennen. Man nennt diese Sakramente deshalb auch Initiations- oder Grundsakramente. Die geschichtliche Entwicklung führte in der westlichen Kirche zu einer stärkeren Aufgliederung und zum getrennten Empfang[3]. Auch als vom 4. Jahrhundert an die Säuglings-

---

[2] *K. Rahner – H. Vorgrimler*, Art. Taufe, in: Kleines theol. Wörterbuch (Freiburg i. Br. [7]1969) 349.
[3] Ausführliche Darstellung bei *A. Stenzel*, Die Taufe. Eine genetische Erklärung der Taufliturgie (Innsbruck 1958).

taufe vorherrschend wurde, kam es niemals zu einem echten Kindertaufritus, der die Situation des unmündigen Kindes gebührend berücksich-
tigte. Es war und blieb im Grunde ein unzureichend angepaßter Taufritus
für Erwachsene. Das II. Vatikanum hat das Verdienst, in dieser Hinsicht
eine grundlegende Änderung eingeleitet zu haben, indem es bestimmte:
„Der Ritus der Kindertaufe soll überarbeitet und der tatsächlichen Situation der Kinder angepaßt werden" (LK 67). Dieser Weisung entsprechend veröffentlichte die römische Kongregation für den Gottesdienst im
Jahre 1969 einen neuen Kindertaufritus. Die deutsche adaptierte Ausgabe
erschien 1971 unter dem Titel „Die Feier der Kindertaufe". Ihre umfangreiche Einführung („Vorbemerkung") und ihre Riten bilden die Grundlage für die folgenden Überlegungen und Erklärungen.

a) Die Berechtigung der Kindertaufe

Dieses Problem ist nicht neu. Die Kirchengeschichte weiß von Bemühungen einzelner Gruppierungen, sie für unrechtmäßig und ungültig zu erklären und durch die Erwachsenentaufe zu verdrängen. Die Frage, ob das
NT die Praxis der Kindertaufe oder – wie man wohl eindeutiger sagen
sollte – der Säuglingstaufe kennt und gutheißt, wird von den Exegeten unterschiedlich beantwortet. Zugunsten der Kindertaufe von Anfang an
spricht die Feststellung des *Origenes:* „Die Kirche hat von den Aposteln
die Überlieferung empfangen, auch den Kindern die Taufe zu gewähren."[4] Seit dem Vorstoß des protestantischen Theologen *Karl Barth* 1943
(„eine tief unordentliche Sache") ist die Frage ihrer Berechtigung bzw. ihrer Angemessenheit erneut in die Diskussion geraten[5]. Das neue Rituale
nimmt in seiner Einführung folgendermaßen Stellung:

„Die Kirche, die zum Verkünden des Evangeliums und zum Taufen gesandt ist, hat von den ersten Jahrhunderten an nicht nur Erwachsene, sondern auch Kinder getauft. Das Herrenwort „Wer nicht wiedergeboren ist
aus dem Wasser und dem Heiligen Geist, kann nicht in das Himmelreich
eingehen" (Joh 3,5) hat sie immer in dem Sinne verstanden, daß man den
Kindern die Taufe nicht vorenthalten, sondern daß man sie auf den Glauben der Kirche taufen darf, den die Eltern und Paten sowie die übrigen
Teilnehmer der Tauffeier bekennen. In ihnen ist ja sowohl die Ortskirche
wie die gesamte Gemeinschaft der Heiligen und Gläubigen, die mütterli-
che Kirche, gegenwärtig, die allen und jedem einzelnen das Leben
schenkt" (Nr. 7).

---

[4] Comm. in Epist. ad Rom. V, 9 zu Röm 6, 5-7: MPG 14, 1047.
[5] Vgl. *W. Kasper* (Hg.), Christsein ohne Entscheidung, oder soll die Kirche Kinder
taufen? (Mainz 1970); *W. Molinski,* Diskussion um die Taufe (München 1971); *K. Lehmann,* Gegenwart des Glaubens (Mainz 1974) bes. 213-228; *F. Reckinger,* Kinder taufen – mit Bedacht … (Steinfeld 1979).

b) Taufgespräch und Taufaufschub

Die neue Ordnung der Kindertaufe ist bemüht, den Eltern, die ihr Kind zur Taufe anmelden, die Verpflichtung zur weiterführenden christlichen Erziehung bewußt zu machen. Dies soll vor allem durch ein vorausgehendes Taufgespräch geschehen[5a]. Wenn nun Eltern, die mit Sicherheit als unchristlich anzusehen sind, das Angebot eines Taufgesprächs ausschlagen oder sich beim Taufgespräch von einer künftigen christlichen Erziehung distanzieren, „so darf die Taufe – auch wenn die Eltern bei ihrer Bitte bleiben – vorerst nicht gespendet werden, es sei denn, eine fest im Familienverband lebende Person verpflichtet sich unter Zustimmung der Eltern vor dem Seelsorger, für eine religiöse Erziehung des Kindes Sorge zu tragen" (Nr. 36). Ein solcher Taufaufschub, der ja keine endgültige Taufverweigerung ist, unterstreicht, wie ernst es der Kirche mit den Konsequenzen aus der Säuglingstaufe ist. Es muß alles vermieden werden, was sie zu einem Leerlauf machen könnte, zu einer Pflanzung ohne weiterführende Pflege und Lebenschance. Diese Einstellung widerlegt zugleich jenen gehässigen Vorwurf, es gehe der Kirche mit ihrem Festhalten an der Kindertaufe in erster Linie um große Mitgliederzahlen, um damit verbundenen äußeren Machtzuwachs, um Rekrutierung neuer Kirchensteuerzahler[6].

c) Kindertaufe und Gemeinde

Wenn die Eltern die Erstberechtigten und Erstverantwortlichen für Taufe und christliche Erziehung ihrer Kinder sind, so kommt doch auch der Ortsgemeinde als sichtbarer Vertretung der Gesamtkirche eine erhebliche Aufgabe und Verantwortung zu. Die Art und Weise, wie bis vor wenigen Jahrzehnten die Kindertaufe vielerorts gespendet wurde, verdunkelte die Wahrheit, daß es sich hier nicht nur um einen individuellen Heilsvorgang handelt, sondern um ein die Gemeinde der Gläubigen zutiefst berührendes Ereignis. Die neue Ordnung unterstreicht den Bezug zur Gemeinde und hebt deren Verantwortung hervor. Taufe bedeutet ja Eingliederung in das Volk Gottes. Darum muß dieses bemüht bleiben, daß entsprechend dem Willen Gottes möglichst alle Menschen getauft werden und daß dieser Anfang der Heilszuwendung seine organische Fortsetzung in einem Leben des Glaubens innerhalb der kirchlichen Gemeinschaft findet. „Es ist demnach von großer Bedeutung, daß schon bei der Vorbereitung der Taufe Mitglieder der Gemeinde den Priestern und Diakonen helfen" (Nr. 20). Hier ist offenbar an Gespräche mit unentschlossenen, weil glaubensschwachen Eltern gedacht, aber auch an die Mithilfe bei den bereits er-

---

[5a] *W. Rück*, Taufgespräche (Würzburg 1972); *D. Emeis*, Anregungen für das Taufgespräch, in: Diak 3 (1972) 347 ff; *J. Netzer*, Das Taufgespräch in der Gemeinde (Freiburg i. Br. 1976); *M. Huber*, Taufgespräche (Regensburg 1976); *E. Werner*, Die Taufe in der Gemeinde (München u.a. 1981).
[6] Vgl. *E. Nagel*, Kindertaufe und Taufaufschub (Frankfurt a. M. 1980).

wähnten Taufgesprächen, die den Eltern Gabe und Aufgabe der Taufe bewußter machen und sie im Glauben bestärken sollen.

„Weiterhin ist es sehr wünschenswert, daß bei der Feier der Taufe das Volk Gottes nicht nur durch Eltern, Paten und Verwandte vertreten ist: nach Möglichkeit sollen auch Freunde und Nachbarn und weitere Mitglieder der Pfarrgemeinde an der Tauffeier tätig teilnehmen. Sie alle geben durch ihre Teilnahme den gemeinsamen Glauben und die gemeinsame Freude kund, mit der die Neugetauften in die Kirche aufgenommen werden. So wird deutlich, daß der Glaube, auf den die Kinder getauft werden, nicht nur der Glaube der Familie ist, sondern kostbarer Besitz der ganzen Kirche Christi" (ebd.). Um diese Mitfeier durch die Gemeinde besser zu ermöglichen, soll die Taufe normalerweise in der Pfarrkirche gespendet werden; Krankenhäuser und Privatwohnungen kommen nur aus gesundheitlichen oder zwingenden pastoralen Gründen in Frage. „In größeren Pfarrgemeinden soll nach Möglichkeit für alle Kinder, die innerhalb einer bestimmten Zeit geboren sind, eine gemeinsame Tauffeier gehalten werden" (Nr. 58). Auf diese Weise ist von vornherein die Wahrscheinlichkeit groß, daß eine größere Taufgemeinde anwesend ist. Außerdem soll die Taufe zuweilen im Rahmen der Sonntagsmesse stattfinden, so daß die Gesamtgemeinde daran teilnehmen kann und der enge Zusammenhang zwischen Taufe und Eucharistie deutlich wird (Nr. 57). Schließlich kann die Taufspendung als selbständige liturgische Feier auch an die Stelle einer Nachmittagsandacht treten oder innerhalb eines sonntäglichen Wortgottesdienstes gefeiert werden.

Auch nach der Taufspendung bleibt die Verantwortung der Gesamtgemeinde bestehen: „Die Kirche in der Gestalt der christlichen Gemeinde und der gläubigen Familie ermöglicht, fördert und trägt die Glaubensentscheidung des einzelnen, die dieser nur in der Gemeinschaft der Glaubenden durchhalten kann."[7]

d) Das Patenamt

Ein besonderer persönlicher Dienst für das Kind und seine Eltern besteht in der Übernahme des Patenamtes. Seine Institution entstand im Zusammenhang mit der Erwachsenentaufe und ihrer Vorbereitungszeit, dem Katechumenat, schon in den ersten christlichen Jahrhunderten. Der Pate hatte dabei die Aufgabe, der Gemeinde gegenüber Gewährsmann für die ernste Absicht und die aufrichtige Bekehrung des Katechumenen zu sein. Er mußte seinen Schutzbefohlenen mit dem Gemeindeleben in Verbindung bringen, ihn durch Wort und Beispiel im Glauben und in der Nachfolge Christi bestärken und ihm im Rahmen der Vorbereitungsriten und der Taufspendung hilfreich zur Seite stehen. Auch nach der Taufe sollte er dem neuen Mitglied des Volkes Gottes eng und hilfreich verbunden bleiben. Die geschichtliche Entwicklung (Massenzustrom zur Kirche seit

---

[7] Würzburger Synode, Beschluß: Sakramentenpastoral B 1.1.3 (Synode 244).

Konstantin, häufig Taufaufschub, oft bis ins hohe Alter, Überhandneh-
men der Kindertaufe und allgemeine Verflachung des christlichen Be-
wußtseins) höhlte das Katechumenat und mit ihm das Patenamt allmählich aus. Im ausgehenden Altertum, als die Kindertaufe im römischen
Reich schon vorherrschend war, hat man auch hier einen Paten vorgesehen, obwohl man sich zunächst noch klar bewußt war, daß in erster Linie
die Eltern für Taufe und Erziehung ihrer Kinder in Pflicht zu nehmen
sind. Innerhalb des Kindertaufritus treten diese Paten immer mehr an *die
Stelle der Eltern* und verdrängen sie schließlich ganz. Die Paten, und nicht
mehr die Eltern, werden jetzt als Garanten und Vermittler des Glaubens
betrachtet. Diese bedenkliche Mißachtung der Elternrelation des Kindes
in seinem geistig-religiösen Entwicklungsprozeß ist vor allem bedingt
durch eine ausufernde Theorie von der sogenannten geistlichen Verwandtschaft[8]. Die Entwicklung führt schließlich dazu, daß die Väter der
Taufe ihrer Kinder fernbleiben. Erst der neue Kindertaufritus von 1969
hat diesen Fehlentwicklungen einen Riegel vorgeschoben, indem er die
rechte Relation zwischen Eltern und Paten wiederherstellte durch die
Aussage: „Aus der Schöpfungsordnung ergibt sich, daß Dienst und Auftrag der Eltern bei der Kindertaufe vor dem Auftrag der Paten den Vorrang haben" (Nr. 29).

Trotz dieses Primates des elterlichen Dienstes in Ritus und Leben fallen
den Taufpaten wichtige *Funktionen* zu, auch wenn sie mehr subsidiäre
Bedeutung haben. Der Pate ist gleichsam der Dauerrepräsentant der Gesamtkirche und ein sichtbarer Mittler zur Gemeinde hin. Ferner kann ein
Pate bei längerer Krankheit oder frühem Tod der Eltern sich des getauften
Kindes annehmen; er kann den Eltern in schwierigen Fragen der Erziehung und Berufsfindung zur Seite stehen und auch dem Patenkind Ermutigung und Wegweisung geben. So kann er den schädlichen Auswirkungen einer gewissen Isolation begegnen helfen, in die heutige Kleinfamilien
nicht selten geraten. Die neue Tauordnung stellt an den Taufpaten folgende *Anforderungen:*

Er muß die Reife des Glaubens und Lebens haben, die für das Patenamt erforderlich ist, und sollte in einem Alter stehen, das ihm nach
menschlichem Ermessen ermöglicht, das Patenamt eine längere Zeit hindurch auszuüben.

Er muß die Sakramente der Taufe, der Firmung und der Eucharistie bereits empfangen haben.

Er muß der katholischen Kirche angehören und darf durch kein
Rechtshindernis vom Patenamt ausgeschlossen sein.

Ein Getaufter aber, der aus einer getrennten Kirche stammt und gläubiger Christ ist, kann zusammen mit einem katholischen Paten oder einer
katholischen Patin als Pate oder christlicher Zeuge der Taufe zugelassen
werden, wenn die Eltern es wünschen... (Nr. 41).

---

[8] Näheres bei *A. Adam*, Erwägungen zum Patenamt bei Taufe und Firmung, in: Zeichen des Glaubens 415-428.

Wo Eltern Schwierigkeiten haben, einen Paten mit den gewünschten Qualitäten in ihrem Bekanntenkreis zu finden, sollte die Pfarrgemeinde (Pfarrgemeinderat) aktiv werden. Im Notfall können Eltern auch auf einen Paten verzichten, wenn sich kein geeigneter finden läßt (vgl. CIC 1983 can. 872). Denn besser kein Pate als einer, der den gestellten Aufgaben nicht gewachsen ist und als bloßer Statist dem Ansehen der Pateninstitution mehr schadet als nützt[9].

e) Der Termin der Kindertaufe

Bis tief ins Mittelalter hinein waren Oster- und Pfingstvigil, in manchen Regionen auch die Nacht vor Epiphanie die bevorzugten Tauftermine. Man wollte die enge Verbindung der Taufe mit den großen Heilstaten Christi auf diese Weise deutlich machen. Im Hinblick auf die hohe Kindersterblichkeit der Vergangenheit und in der Sorge um das Heil der Kinder – es gab eine weitverbreitete Theorie, wonach ungetaufte Kinder verloren sind – kam es zu Brauch und Vorschrift, die Kinder möglichst früh zu taufen. Dabei deutete man das „quam primum" (= sobald als möglich) des CIC 1917 (can. 770) in der Weise, daß die Taufe in den ersten Tagen nach der Geburt zu erfolgen habe. Hiermit war die Mutter praktisch von der Teilnahme ausgeschlossen.

Um auch ihre Teilnahme zu ermöglichen und um genügend Zeit zu haben, die Eltern (Taufgespräch) und die Feier selbst gebührend vorzubereiten, bestimmt das neue Taufritual, daß die Tauffeier in den ersten Wochen nach der Geburt stattfindet. Nur in Todesgefahr ist das Kind unverzüglich zu taufen. Hierfür ist ein verkürzter Ritus vorgesehen, der auch von einem Laien vollzogen werden kann. In akuter Todesgefahr genügt das Übergießen von Wasser unter gleichzeitigem Aussprechen der Taufworte („Ich taufe dich im Namen…"). Um den österlichen Charakter der Taufe hervorzuheben, empfiehlt sich die Osternacht oder ein Sonntag, der ja die wöchentliche Feier des Ostergeheimnisses ist. Auf jeden Fall soll jede Tauffeier österliches Gepräge haben.

3. Der Ritus der Kindertaufe

Gliederung:

a) Eröffnung der Feier
Begrüßung der Taufgemeinde
Gespräch mit den Eltern
Wort an die Paten

---

[9] Ebd. 422-424.

b) Wortgottesdienst
Lesung(en) und Homilie
Bezeichnung des Kindes mit dem Kreuz
Fürbitten
Ausbreitung der Hände mit Gebet
Salbung mit Katechumenenöl

c) Spendung der Taufe
Weihe des Taufwassers
Absage und Glaubensbekenntnis
Taufe

d) Ausdeutende Riten
Salbung mit Chrisam
Anlegung des Taufkleides
Übergabe der Taufkerze
Effata-Ritus

e) Abschluß der Feier
Schlußansprache
Gebet des Herrn
Segensgebete und Schlußlied

a) Eröffnung der Feier

Der taufende Priester oder Diakon (= Zelebrant) begibt sich in liturgischen Gewändern, deren Farbe festlich sein soll, zum Eingang oder in den
Teil der Kirche, wo sich die Taufgemeinde versammelt, und begrüßt sie in
einer kurzen Ansprache. Die Eltern werden nach dem Namen des Kindes
gefragt. Auf die weitere Frage, was sie von der Kirche erbitten, antworten
sie: „Die Taufe." Sowohl der Zelebrant wie die Eltern sind dabei aber
nicht an diese eine Formulierung gebunden, sondern Fragen und Antworten können eine andere sinnentsprechende Form haben. Schon hier
wird eine gewisse Flexibilität sichtbar, die sich an zahlreichen anderen
Stellen wiederholt und die auch für die übrige Liturgie, besonders die der
Sakramente, vorgesehen ist. Man erhofft sich damit eine größere Leben-
digkeit des Vollzugs und eine bessere Anpassungsmöglichkeit an die jeweilige Situation. Der Zelebrant erinnert nun die Eltern an ihre Pflicht,
den Täufling im christlichen Glauben zu erziehen, und läßt sich von ihnen
diese Bereitschaft bestätigen. Die Paten werden gefragt, ob sie die Eltern
in dieser Aufgabe unterstützen wollen.

b) Wortgottesdienst

Er soll den Glauben der Eltern und der übrigen Teilnehmer stärken, das Taufbewußtsein vertiefen und die Frucht des Sakramentes erbitten. Die Kinder können während der Lesung(en) und Homilie gegebenenfalls in einen Nebenraum gebracht werden, wo ihr Schreien nicht die Aufmerksamkeit der Gemeinde beeinträchtigen kann („cry-room"). Zunächst sollen eine oder zwei Lesungen vorgetragen werden, eine davon soll aus dem NT genommen sein. Der Anhang des Rituale enthält zahlreiche Vorschläge. Bei der Auswahl sollen auch Wunsch und Situation der Eltern berücksichtigt werden. Nach den Lesungen können Psalmverse mit entsprechenden Kehrversen gesungen werden. Auch hierfür bietet das Rituale eine reiche Auswahl an. Nun hält der Zelebrant eine kurze Ansprache über Gabe und Aufgabe der Taufe. Ein Gesang kann sich anschließen. Es kann aber auch eine Gebetsstille an seine Stelle treten.

Anschließend bezeichnen Zelebrant, Eltern und Paten das Kind auf der Stirn mit einem Kreuzzeichen. Diese Signierung oder Besiegelung soll die Zugehörigkeit zu Christus dokumentieren und eine Absage an Satan sein, der in diesem Zeichen besiegt worden ist.

Die Fürbitten (vier Formulare zur Auswahl) gelten sowohl den Täuflingen wie den Eltern, Paten und anwesenden Gemeindemitgliedern. Sie werden eingeleitet mit einer Anrufung der Heiligen, wobei die Namen weiterer Heiliger eingefügt werden können (z. B. Namens- und Kirchenpatrone). Wo die Voraussetzungen dafür gegeben sind, können einzelne Mitglieder der Taufgemeinde den vom Vorbeter formulierten Anliegen eigene hinzufügen.

Der Zelebrant streckt nun beide Hände über die Täuflinge aus und spricht eines der drei folgenden Gebete, die die Bedeutung eines Exorzismus haben: Gott möge die Täuflinge aus der Verstrickung der Schuld lösen und zur Wohnung des Heiligen Geistes gestalten.

Die anschließende Salbung mit Katechumenenöl auf der Brust wird von einem Gebet um die Kraft Christi eingeleitet. Ölsalbungen betrachtete man in der antiken Welt als förderlich für Gesundheit und Kraft (z. B. beim Ringkampf). Weil dieses Bewußtsein weitgehend geschwunden ist und die praktische Durchführung bei Kleinstkindern gewisse Schwierigkeiten macht, kann die Salbung unterlassen werden. In diesem Fall legt der Zelebrant jedem Kind schweigend die Hand auf. Diese Handauflegung kann im Sinn der altrömischen Taufpraxis als Zeichen dafür gedeutet werden, daß der Täufling dem Machtbereich Satans entrissen und Christus übereignet werden soll.

c) Spendung der Taufe

Die Taufgemeinde begibt sich nun zum Taufbrunnen bzw. Baptisterium, wo der Zelebrant mit kurzen Worten auf die Taufwasserweihe vorbereitet. Denn nur in der österlichen Zeit wird bei der Taufe noch jenes Wasser benutzt, das in der Osternacht feierlich geweiht worden ist. Sonst aber wird es für jede Tauffeier eigens geweiht. Die Neuordnung bringt den Vorteil, daß man nicht mehr ein ganzes Jahr lang das abgestandene und mit Ölen vermischte Wasser der Osternacht benutzen muß, dessen Zustand unter hygienischen und ästhetischen Gesichtspunkten sicher nicht optimal sein konnte. Jetzt gilt die Vorschrift der allgemeinen Vorbemerkungen (Nr. 48): „Das Taufwasser soll gewöhnliches und reines Wasser sein, sowohl wegen seiner Zeichenhaftigkeit als auch aus hygienischen Gründen." Ausdrücklich wird auch die Möglichkeit eingeräumt, daß das Wasser in das Becken einfließen und daraus abfließen kann, mit anderen Worten: fließendes („lebendiges") Wasser. Ohne Zweifel rückt damit die ursprüngliche und bis ins hohe Mittelalter gebräuchliche Form, das Kind nicht durch Aufgießen (Infusionstaufe), sondern durch Eintauchen (Immersionstaufe) zu taufen, wieder in den Bereich der Möglichkeit, zumal es heute keine besonderen Schwierigkeiten macht, den Taufbrunnen mit warmem Wasser auszustatten.

Für die Taufwasserweihe sind vier Gebete zur Auswahl vorgesehen. Sie enthalten sowohl das Gedächtnis der früheren Heilstaten Gottes (= Anamnese) wie auch die Bitte um die Taufgnade (= Epiklese). Bei Taufen in der österlichen Zeit, wo ja das Taufwasser der Osternacht benutzt werden soll, wird die früher erfolgte Segnung in einem Gebet in Erinnerung gerufen.

Als weitere und unmittelbare Vorbereitung auf die Taufe ist die Absage an Satan und Sünde und das Glaubensbekenntnis der Eltern und Paten anzusehen. Sie und nicht wie seither die Kinder werden befragt und in Pflicht genommen. In der vorbereitenden Ansprache weist der Zelebrant auf die unabdingbare Verpflichtung der Eltern zur Glaubenserziehung hin. Für den Absagetext gibt es drei Formen. Die drei Fragen nach dem Glauben entfalten das Apostolische Glaubensbekenntnis. Es war ursprünglich das Bekenntnis der Taufbewerber in den westlichen Ländern, während im Osten das längere Glaubensbekenntnis von Nizäa und Konstantinopel (= Credo der Messe) in Übung war.

Dem Bekenntnis der Eltern und Paten stimmen der Zelebrant und die Taufgemeinde zu, indem sie gemeinsam das Apostolische Glaubensbekenntnis sprechen. Die Zustimmung, die auch in Form eines Glaubensliedes geschehen kann, entfällt, wenn nur Eltern und Paten zugegen sind.

Nun beginnt die eigentliche Taufhandlung durch dreimaliges Eintauchen bzw. Übergießen von Wasser auf das Haupt und unter dem Sprechen der Worte: „N., ich taufe dich im Namen des Vaters und des Sohnes und des Heiligen Geistes." Dies ist der entscheidende Taufritus, der im Notfall als gültige Taufe genügt. Das Heilswirken Gottes am Getauften wird durch das Taufwasser verdeutlicht, denn Wasser ist im biblischen Verständnis Zeichen der Reinigung und des Lebens.

Die anwesenden Gläubigen können nach der Taufhandlung eine kurze Akklamation anstimmen, wofür zahlreiche Auswahltexte angeboten werden. Im Gegensatz zum früheren Brauch wird gewünscht, daß die Eltern möglichst selbst ihr Kind bei der Taufe halten bzw. „aus dem Tauf-brunnen heben", während die Paten dem Kind die rechte Hand auflegen.

d) Ausdeutende Riten

Die anschließende *Scheitelsalbung mit Chrisam*, die durch ein vorausge-hendes Gebet vorbereitet und interpretiert wird, hat in der alttestamentli-chen Priester- und Königssalbung ein Vorbild. Sie will deutlich machen, daß der Getaufte als Glied des Gottesvolkes Anteil bekommt am königli-chen Priestertum Christi, gemäß dem Schriftwort in 1 Petr 2,9.

Die *Überreichung des weißen Kleides* ist nicht nur eine Erinnerung an die frühe Zeit der Kirche, wo die Neugetauften mit weißen Gewändern bekleidet wurden, die sie dann bei den Eucharistiefeiern der Osterwoche trugen. Das weiße Taufkleid symbolisiert, daß die Getauften eine neue Schöpfung geworden sind und „Christus angezogen haben" (vgl. Röm 13,14 und Gal 3,27). Das Rituale spricht den Wunsch aus, die einzelnen Familien möchten dieses Taufkleid selbst bereitstellen, es aber nicht dem Kind schon vor dem Gang zur Taufe anlegen.

Die *Übergabe der Taufkerze*, die der Vater oder Pate an der Osterkerze entzündet, will, wie das begleitende Gebet erkennen läßt, ein Zeichen da-für sein, daß die Neugetauften Kinder des Lichtes geworden sind und als solche wandeln sollen (Eph 5,8), um einmal dem wiederkommenden Herrn mit dem Licht des Glaubens entgegeneilen zu können (vgl. Gleich-nis von den zehn Jungfrauen).

Der *Effata-Ritus* (fakultativ) knüpft an eine Wunderheilung Jesu an ei-nem Taubstummen an (Mk 7,32-37). Der Zelebrant berührt mit dem Daumen Ohren und Mund des Kindes und betet, Jesus möge ihm helfen, bald sein Wort hören und den Glauben bekennen zu können.

e) Abschluß der Feier

Wenn die räumlichen Verhältnisse es ermöglichen, geht die Taufge-meinde vom Taufbrunnen zum Altar, wobei ein Tauflied gesungen wer-den kann. Nach einem kurzen Rückblick des Zelebranten auf die gespen-dete Taufe und einem Hinweis auf die noch zu empfangenden Sakramente der Firmung und Eucharistie sprechen alle gemeinsam das Gebet des Herrn mit der Schlußformel „Denn dein ist das Reich ..."

Dann segnet der Zelebrant die Mütter der neugetauften Kinder, ihre Väter, die Paten und übrigen Gläubigen (vier Segensformeln zur Aus-wahl). Zum Abschluß soll ein österliches Danklied oder das Magnificat gesungen werden. „Wo es üblich ist, die Kinder nach ihrer Taufe vor ein Marienbild zu bringen, sollte dieser Brauch erhalten bleiben" (Nr. 38).

Zusammenfassend darf man diesen Taufritus als wesentlichen Fort-schritt gegenüber der bisherigen Taufpraxis betrachten. Hier wird erst-mals die tatsächliche Situation des unmündigen Kindes ernst genommen. Dieser Ritus führt keine fingierten Dialoge mit einem Kind, das noch nicht denken und sprechen kann, sondern spricht Eltern und Paten an, fragt *sie* nach dem Taufwillen, nach *ihrer* Absage an Satan und Sünde und nach *ihrem* Glaubensbekenntnis. Gewiß spricht der Zelebrant in mehreren Teilriten auch zum Kind (Taufworte, Chrisamsalbung, Übergabe des Taufkleides, Effata-Ritus). Aber das ist kein fingierter Dialog, sondern ein Anreden des Kindes, weil die Kirche es als Person ernst nimmt, so wie es ja auch die Mütter tun, ohne daß wir ihr Verhalten als unvernünftig betrachten.

Ein weiterer Vorzug dieses Ritus ist schon mehrfach angeklungen: Weil das Kind auf den Glauben der Eltern hin getauft wird, sind sie die eigentlichen Partner des Dialogs, wenn es um die Feststellung des Taufwillens, um Abschwörung und Glaubensbekenntnis geht. Hier werden die Eltern aufgerufen, in Verantwortung zur eigenen Taufe zu stehen und den Kindern in späteren Jahren den notwendigen Glaubensdienst zu leisten. Demgegenüber treten die Paten, wie bereits beim Einleitungsritus bemerkt wurde, zurück, sie haben eine helfende (subsidiäre) Funktion.

Dieser Taufritus kann, nicht zuletzt wegen der darin vorgesehenen Auswahl- und Gestaltungsmöglichkeiten, zu einer eindrucksvollen und ergreifenden Gemeindefeier werden, die der inneren Bedeutung dieses Geschehens angemessen ist. Für das getaufte Kind ist es der Beginn seiner Glaubensgeschichte, die – soll sie gelingen – auch der Mithilfe der Gemeinde bedarf."[10]

4. Die Eingliederung Erwachsener in die Kirche

a) Geschichtlicher Überblick

Die Christenheit machte schon früh die Erfahrung, daß der Weg eines Erwachsenen zum Glauben und zur Kirche ein Wachstumsprozeß ist, der einen längeren Zeitraum beansprucht und in der Regel auch institutioneller Hilfen bedarf. Christliches Leben bedarf der Einübung und Bewährung, die sich in der Regel nur in der konkreten Ortsgemeinde vollziehen kann. So bildete sich schon am Ende des 2. Jahrhunderts die *Institution des Katechumenates* für die Taufbewerber heraus. *Hippolyt von Rom* gibt uns am Beginn des 3. Jahrhunderts in seiner „Apostolischen Überlieferung" einen genauen Einblick in die Struktur des Katechumenates im Zentrum der westlichen Kirche. Er hatte eine durchschnittliche Dauer von drei Jahren. In dieser Zeit erhielten die Taufbewerber Glaubensunterricht (Katechesen), der mit Gebet und Handauflegung schloß. Einige Wochen vor der Taufspendung in der Osternacht, in der Regel am Beginn der Quadragesima, begann eine Zeit intensiverer Vorbereitung, die soge-

---

[10] Weitere Lit. zum Kindertaufritus: *B. Fischer*, Die Intentionen bei der Reform des Erwachsenen- und Kindertaufritus, in: LJ 21 (1971) 65-75; *I. Jorissen – H. B. Meyer*, Die Taufe der Kinder (Innsbruck 1972).

nannte Kompetentenzeit (Kompetenten = Bewerber; in Rom hießen sie auch electi = Auserwählte). An ihrem Beginn stand eine Prüfung des Lebenswandels. Diese Zeit war geprägt von häufiger Teilnahme am Wortgottesdienst und von zahlreichen anderen liturgischen Handlungen wie Exorzismen, Handauflegungen, Bezeichnungen mit dem Kreuzzeichen, Übergabe des Glaubensbekenntnisses und des Vaterunsers, Darreichung von geweihtem Salz u. a. m. Der Empfang der drei „Initiationssakramente" (Taufe, Firmung und Eucharistie) geschah in der Osternacht. Die gesamte Osterwoche galt für die Neophyten (Neugeborenen) als Zeit der Mystagogie, in der sie tiefer in das Mysterium Christi und der Gemeinde hineinwachsen sollten und wo ihnen auch die Initiationssakramente näher erklärt wurden („mystagogische Katechesen", s. oben S. 29 u. 53).

Als der mehrstufige Katechumenat mit dem Massenzustrom in der nachkonstantinischen Zeit immer mehr ausgehöhlt wurde und zerfiel, behielt man zwar die meisten liturgischen Elemente und Texte bei, preßte sie aber in einen einzigen Taufritus ohne zeitliche Aufgliederung zusammen. Nach verschiedenen Klagen über diesen ungeeigneten Ritus schuf die Ritenkongregation 1962 die Möglichkeit, ihn in sieben Stufen aufzugliedern, ohne allerdings inhaltliche Änderungen vorzunehmen. Das II. Vatikanum packte das Problem tiefgreifender an und ordnete die Wiederherstellung eines mehrstufigen Katechumenates für Erwachsene und für Kinder im Schulalter an (LK 64-66; Missionsdekret 14). Der neue Ordo erschien am 6. Januar 1972, seine zweite, verbesserte Auflage 1974, die deutsche Übersetzung als Studienausgabe (noch ohne eigentliche Anpassungen) 1975 unter dem Titel „Die Feier der Eingliederung Erwachsener in die Kirche".

Dieser römische Modellritus bringt nach den Vorbemerkungen die Ordnung für den mehrstufigen Katechumenat, dann eine vereinfachte Ordnung, eine Kurzfassung bei Todesgefahr, Hinweise für die Vorbereitung Erwachsener, die zwar als Kinder getauft wurden, aber später keine Katechese hatten, einen Initiationsritus für Taufbewerber im Schulalter und im Anhang die Ordnung für die Aufnahme gültig Getaufter in die volle Gemeinschaft der katholischen Kirche. Die folgende Übersicht bezieht sich nur auf den erstgenannten feierlichen Katechumenats- und Initiationsritus.

b) Die Ordnung des Katechumenats und der Initiation

Als *Präkatechumenat* bezeichnet der römische Ritus jene Zeit, in der bei einem Menschen das erste Interesse am christlichen Glauben erwacht, in der sich Kontakte zu gläubigen Menschen oder auch christlichen Gruppen ergeben und wo sich ein anfänglicher Glaube und die Bereitschaft zur Umkehr langsam entwickeln. Hier kommt es entscheidend darauf an, daß sich solche „Sympathisanten" von ihrer christlichen Umgebung angenommen fühlen und die Offenheit und herzliche Liebe der christlichen Gemeinde spüren. Ein fester Ritus hat hier noch keinen Platz.

Der eigentliche Katechumenat, zunächst im Sinn einer entfernteren Vorbereitung auf die Initiation, wird mit der *„Feier der Annahme"* eingeleitet. Hat sich nämlich die Zuneigung zum christlichen Glauben so verstärkt, daß man von einem anfänglichen Glauben an Christus sprechen kann, und ist der Entschluß gereift, um die Aufnahme in die Kirche zu bitten, so kann die Aufnahme in die Reihen der Katechumenen erfolgen. Die Bewerber werden von ihren Freunden und Bekannten, die sie auf ihrem bisherigen Weg begleitet haben, im Vorraum der Kirche oder einem anderen entsprechenden Raum der Ortsgemeinde bzw. ihren Vertretern vorgestellt und vom Zelebranten nach ihrem Entschluß befragt. Diejenigen, die den bisherigen Weg der Bewerber helfend begleitet haben, bezeugen deren Bereitschaft, Christus zu suchen und ihm nachzufolgen. Sie werden deshalb auch Bürgen (lateinisch: sponsores) genannt und gebeten, den Bewerbern auch weiterhin helfendes Geleit zu geben. Nach einem Dankgebet bezeichnet der Zelebrant (und gegebenenfalls auch die Bürgen und andere) die Stirn der Bewerber mit einem Kreuzzeichen und geleitet sie in die Kirche. Nach einem Wortgottesdienst wird den Katechumenen ein NT oder auch ein Kreuz überreicht. In den anschließenden Fürbitten werden die Katechumenen der Gnade Gottes besonders empfohlen. Die Namen der Bewerber, die bereits jetzt in einem gewissen Grad der Kirche angehören – „die Mutter Kirche umarmt sie schon als die Ihren in liebender Sorge" (Nr. 18) –, werden in das *Buch der Katechumenen* eingetragen. Die folgende Zeit soll der Reifung im Glauben und im christlichen Leben dienen. Hierfür sind vor allem die persönlichen Kontakte und Gespräche im Katechumenatskreis von entscheidender Bedeutung. In diesem Kreis finden auch die besonderen Katechesen statt, die zusammen mit den genannten Glaubensgesprächen dem Wachstum des Glaubens dienen sollen. Im Anschluß an solche Katechesen und an die Wortgottesdienste der sonntäglichen Eucharistiefeier sind bestimmte „Gebete um Befreiung" (Exorzismen) und Segnungen vorgesehen. In dieser Zeit sollen sich die Bewerber um geeignete Paten bemühen. „Die Dauer des Katechumenats richtet sich ganz nach der Situation des Katechumenen. In der Regel wird man wenigstens ein Jahr beanspruchen. Wann der Zeitpunkt gekommen ist, um die Zulassung zur Taufe zu bitten, beurteilt die katechumenale Gemeinschaft zusammen mit dem Katechumenen. Aus dieser Gemeinschaft wählt er sich nun den Taufpaten, der ihm bei der Einübung in das christliche Leben besonders beigestanden hat und jetzt den gelebten Glauben des Katechumenen bezeugt. Gemeinschaftliche Patenschaft ist möglich und empfiehlt sich besonders, wenn der Katechumene seine ersten Glaubenserfahrungen etwa in einer Jugendgruppe, in einem Familienkreis oder in einer befreundeten Familie gemacht hat."[11]

Die Zeit der näheren Taufvorbereitung beginnt im allgemeinen mit dem Aschermittwoch oder dem ersten Sonntag der österlichen Bußzeit.

---

[11] Würzburger Synode, Beschluß: Sakramentenpastoral B 2.2 (Synode 249 f.)

Die Zulassung setzt voraus, daß der Bewerber eine echte Umkehr vollzogen hat, den christlichen Glauben ausreichend kennt und in Glaube und Liebe gefestigt ist. Hierüber müssen die Mitglieder des Katechumenatskreises ein entsprechendes Urteil abgeben. Die Zulassung geschieht in einer liturgischen Feier, die auch *„Feier der Einschreibung"* oder *„Ritus der Erwählung"* heißt. Die Bewerber selbst heißen jetzt „Electi" (= Erwählte) oder Kompetenten. Die „Feier der Einschreibung" beginnt mit der Vorstellung der Kandidaten und dem Zeugnis der Paten. Nachdem die Bewerber auf Befragen feierlich erklärt haben, die drei Initiationssakramente empfangen zu wollen, bekräftigen sie diesen Entschluß durch die Einschreibung ihres Namens in ein hierfür vorgesehenes Buch. Die Paten werden eingeladen, zum Zeichen ihrer Verantwortungsbereitschaft „ihre Hand auf die Schulter ihrer Bewerber zu legen" (Nr. 147). Mit den Fürbitten, bei deren Schluß der Zelebrant die Hände über die Katechumenen ausstreckt, schließt diese Feier der Einschreibung bzw. Erwählung.

Die folgenden sechs Wochen bis zur Osternacht werden die *Zeit der Läuterung und Erleuchtung* genannt und von entsprechenden Riten begleitet. Es handelt sich zunächst um die „Skrutinien" oder „großen Exorzismen", die von der deutschen Studienausgabe auch als Bußfeier bezeichnet werden. Durch stilles Gebet und Fürbitten mit Handauflegung sollen die Kandidaten in ihrem Bemühen bestärkt werden, dem Bösen zu entsagen und sich Christus enger anzuschließen. Wie viele der drei vorgesehenen Skrutinien (nach der Homilie des 3., 4. und 5. Fastensonntags) tatsächlich gehalten werden, wird wohl erst die Erfahrung der Gemeinden klären müssen.

Weitere Riten dieser Zeit sind die *„Übergaben" des Glaubensbekenntnisses und des Vaterunsers.* Sie können im Rahmen einer Werktagsmesse nach dem 3. und 5. Fastensonntag stattfinden. Es handelt sich hier um Riten, wie sie sich im christlichen Altertum ausgebildet hatten, als es noch die Arkandisziplin gab. Heute könnte diese Übergabe in Form einer Meditation dieser Texte geschehen.

Im römischen Modellritus ist für den *Karsamstagmorgen* ein besonderer Wortgottesdienst mit mehreren Riten vorgesehen (Effata-Ritus, Wiedergabe [redditio] des Glaubensbekenntnisses, Verleihung eines neuen Vornamens [Taufnamens] und unter Umständen noch die aus der Osternacht vorgezogene Salbung mit Katechumenenöl). Es erscheint fraglich, ob die noch ausstehende deutsche adaptierte Fassung dies alles übernehmen wird. Erste Erfahrungen mit der Eingliederung Erwachsener haben deutlich gemacht, daß es eine Grenze der Belastbarkeit und Aufnahmebereitschaft sowohl bei den Katechumenen wie auch und vor allem bei den Gemeinden gibt, die nicht überschritten werden sollte.

Die eigentliche *„Feier der Eingliederung"* in der Osternacht, auf die die Gemeinde durch entsprechende Predigten und Gespräche vorbereitet werden sollte, beginnt nach der Ansprache des Zelebranten mit der Allerheiligenlitanei. Ihr folgt die Taufwasserweihe, die Absage an Satan und

Sünde, das Taufbekenntnis und der eigentliche Taufakt. Die sich sonst (siehe Kindertaufe) anschließende „Scheitelsalbung" mit Chrisam unterbleibt, wenn in der gleichen Feier die Firmung gespendet wird. Von den ausdeutenden Riten bleibt also nur die Übergabe des Taufkleides und der Taufkerze, von deren Symbolik schon bei der Kindertaufe die Rede war. Spender der Firmung ist im Rahmen der Initiation der taufende Priester.

In der anschließenden Eucharistiefeier erreicht die Initiation ihren Höhepunkt und ihre Vollendung. Dabei wird der Neophyten und Paten besonders gedacht; sie empfangen zusammen mit ihren Verwandten die Kommunion unter beiden Gestalten.

Was an den Neophyten während des Katechumenats und in der Osternacht geschehen ist, soll im Zeitraum zwischen Ostern und Pfingsten eingeübt und vertieft werden. Man spricht deshalb auch von der *Zeit der Mystagogie,* der tieferen Einführung in das Mysterium Christi, die zugleich zu einem engeren Verwachsen mit der Gemeinde führen soll. Zum Abschluß dieser „großen Osteroktav" (= sieben Wochen) ist eine Feier vorgesehen, mit der gegebenenfalls auch äußere Festlichkeiten verbunden werden können. Wünschenswert ist eine Zusammenkunft der „Neubürger" des Gottesvolkes am Jahrestag der Eingliederung, bei der es zu einem Erfahrungsaustausch kommen sollte. Der Bischof soll bemüht bleiben, mit den neuen Gliedern der Kirche in enger Verbindung zu stehen, und besonders dann, wenn er die Initiation nicht selbst leiten konnte, wenigstens einmal im Jahr mit ihnen die Eucharistie feiern.

Man hat gelegentlich die Bestrebungen zur Wiedereinführung des mehrstufigen Katechumenats für Erwachsene als Archäologismus und Liebhaberei von Liturgiegeschichtlern abgewertet. Sicher ist nicht alles Alte besser als das Neue. In diesem Fall aber ist es doch so, daß die Vorbereitung auf die Initiationssakramente nicht nur ein intellektueller Lernvorgang, sondern auch Einübung in den Glauben und in ein gläubiges Leben sein muß. Das aber bedarf einer hinreichend langen Zeit, auch einer Zeit der Erprobung und Bewährung, damit sich nicht aufs neue ein Oberflächenchristentum wie in der konstantinischen Ära und der Zeit der germanischen Massenbekehrungen breitmacht. Auch ist der theologisch-geistliche Reichtum der Initiationssakramente so groß, daß er einer zeitlichen Entfaltung und stufenweisen Aneignung bedarf[12]

---

[12] Weiterführende Lit.: *M. Probst* u.a. (Hg.), Katechumenat heute ... (Einsiedeln u.a. 1976); *D. Zimmermann,* Die Erneuerung des Katechumenats in Frankreich und seine Bedeutung für Deutschland (Diss. Ms. Münster 1974); *G. Wainwright,* Christliche Initiation in der ökumenischen Bewegung, in: LJ 27 (1977) 193-216; *A. Kavanagh,* Christliche Initiation in der nachkonziliaren Kirche, in: LJ 28 (1978) 1-10; eine praktische Hilfe für die Taufe im Schulalter: *Deutscher Katechetenverein* (Hg.), Taufe und Erstkommunion (München 1984).

X. KAPITEL

Das Sakrament der Firmung

In der Überlieferung der Kirche begegnet uns als zweites Sakrament die Firmung. Der Name leitet sich vom lateinischen confirmatio her, was hier im Sinn von Stärkung zu verstehen ist. Bei mittelalterlichen Theologen begegnet uns auch der Name Handauflegung. Der Osten spricht vom heiligen „Myron" (Salbung und Myron) und chrakterisiert sie als „Stärkung" (*bebaíosis*) und „Vollendung" (*teléiosis*).

1. Ursprung und Bedeutung der Firmung

Die Firmung muß im engsten Zusammenhang mit der Taufe gesehen werden. Das Wasserbad unter Anrufung des Namens Jesu bzw. der Trinität ist die Eingliederung in Christus und seinen Leib, die Kirche. Sie vollzieht sich im Heiligen Geist, und sie verleiht den Heiligen Geist. Im Rahmen dieser Taufhandlung scheint es schon früh eine Handauflegung gegeben zu haben (vgl. Apg 19,5 f). Die noch im 1. Jahrhundert auftauchenden Spaltungen und Häresien haben anscheinend die Gefahr vergrößert, daß trotz erfolgter Taufe der Zusammenhang mit der apostolischen Kirche und der in ihr verwirklichten Sukzession des Gotteswortes gelockert oder ganz preisgegeben wurde. Darum schien es wünschenswert, was bereits in Apg 8,14-17 geschildert wird, die bei der Taufe vorkommende Handauflegung besonders zu betonen und sie dem eigentlichen Gemeindeleiter, d.h. dem Bischof als dem Nachfolger der Apostel, vorzubehalten, und zwar in dem Sinn, daß sie zum wirksamen Zeichen der Gemeinschaft mit der apostolischen Kirche und der sich daraus ergebenden Pflichten eines geistgewirkten Dienstes wird.

Diese Annahme wird bestätigt durch die ersten ausführlichen Berichte über die Initiation bei *Tertullian* und *Hippolyt von Rom*. Beide kennen nach der postbaptismalen Salbung durch den taufenden Priester eine bischöfliche Handauflegung zur Vermittlung des Heiligen Geistes und eine Signierung der Stirn, *Hippolyt* noch zusätzlich eine Salbung des Hauptes[1]. So werden bischöfliche Handauflegung und Salbung, zusammen mit dem Gebet der Gemeinde, wirksames Zeichen dafür, daß der Getaufte in der Kraft des Heiligen Geistes ein vollberechtigtes und zur Mitarbeit (vgl. die biblischen Charismen als Dienste für die Kirche) verpflichtetes Voll-

---

[1] Ausführliche Belege bei *A. Adam*, Firmung und Seelsorge ... (Düsseldorf 1959) 31 bis 34.

mitglied der Kirche geworden ist. Daß man diesen Teilvorgang der Gesamtinitiation etwas global als „Spendung des Heiligen Geistes" bezeichnet, begünstigt allerdings das Mißverständnis, als ob die vorausliegende Wassertaufe den Heiligen Geist nicht gebe. Dies aber wäre ein Irrtum. Denn aus dem NT, insbesondere aus den paulinischen Schriften, ergibt sich ganz klar, daß im Zusammenhang mit der Taufe auch der Heilige Geist empfangen wird. „In Christus sein" ist für Paulus identisch mit „im Geiste sein" (vgl. 1 Kor 6,11.19). Ebenso setzt das Johannesevangelium voraus, daß die Wiedergeburt „aus dem Wasser und Geist" (3,5) ein einziger Vorgang ist (vgl. 7,37-39). Man sollte deshalb besser von der besonderen Geistesgabe der Firmung sprechen.

Diese Deutung stimmt überein mit den Aussagen des *II. Vatikanums*, wo es u.a. heißt: „Durch das Sakrament der Firmung werden sie vollkommener der Kirche verbunden und mit einer besonderen Kraft des Heiligen Geistes ausgestattet. So sind sie in strengerer Weise verpflichtet, den Glauben als wahre Zeugen Christi in Wort und Tat zugleich zu verbreiten und zu verteidigen."[2] Diesen Text macht sich auch die Apostolische Konstitution „Divinae consortium naturae" vom 15. August 1971 zu eigen, mit der *Paul VI.* den neuen Firmritus einführt und approbiert. In ähnlicher Weise wird die Bedeutung der Firmung in den Vorbemerkungen des neuen Firmritus umrissen: „Durch diese Gabe werden sie vollkommener Christus ähnlich; sie werden gestärkt, für ihn Zeugnis abzulegen zur Auferbauung seines Leibes in Glaube und Liebe" (Nr. 3).

Die besondere Akzentuierung der bischöflichen Handauflegung und Salbung und der in ihr geschenkten besonderen Geistesgabe wurde vom 4. Jahrhundert an erheblich verstärkt durch die zeitlich-räumliche Trennung von Taufe und Firmung, die in vielen Regionen durch äußere Verhältnisse bedingt war. So schreibt um das Jahr 380 der hl. *Hieronymus:* „Ich bestreite nicht, daß es die Gewohnheit der Kirche ist, daß der Bischof zu denen reist, die weitab von den großen Städten durch Priester und Diakone getauft wurden, um ihnen die Hände aufzulegen und den Heiligen Geist anzurufen." Eine Rechtfertigung solcher „Firmungsreisen" sieht er in Apg 8,14-17 und fügt hinzu: „Auch wenn die Autorität der Schrift nicht zugrunde läge, würde die Übereinstimmung der Gesamtkirche die Kraft eines Gebotes haben."[3] Ein Idealfall ist eine solche Aufspaltung der Initiationsriten sicher nicht. Deshalb wurde ja auch ausdrücklich bestimmt, daß bei der Taufe Erwachsener und von Kindern im Schulalter der taufende Priester bei Verhinderung des Bischofs noch vor der anschließenden Eucharistiefeier die Firmung selbst spendet[4].

---

[2] Dogmatische Konst. über die Kirche („Lumen gentium") 11.
[3] Dialogus cum Luciferianis c.9: MPL 23, 172.
[4] Vorbemerkungen des Firmritus 17 b.

2. Ordnung und Ritus der Firmung

Der vom II. Vatikanum in Auftrag gegebene überarbeitete Firmritus erschien im Sommer 1971 als Faszikel des Römischen Pontifikales. Die Ausgabe für das deutsche Sprachgebiet wurde 1973 unter dem Titel „Die Feier der Firmung" veröffentlicht. Der neue Ordo betont den inneren Zusammenhang der Firmung mit der Gesamtinitiation und sieht ihre Spendung in der Regel innerhalb der Eucharistiefeier, dem dritten Initiationssakrament, vor (Nr. 22). Die heilige Handlung soll einen festlichen Charakter haben und wegen ihrer ekklesiologischen Bedeutung möglichst unter Beteiligung der ganzen Gemeinde begangen werden (Nr. 21). Als *„ursprüngliche Spender"*[4a] werden die Bischöfe bezeichnet, denen als weitere Spender von Rechts wegen Apostolische Administratoren, Prälaten und Äbte mit eigenem Jurisdiktionsbezirk, Apostolische Vikare und Apostolische Präfekten und Kapitelsvikare, und zwar in den Grenzen ihrer Gebiete und für die Dauer ihrer Amtszeit (Nr. 17), zur Seite stehen. Darüber hinaus können jene Priester firmen, die Erwachsene oder Schüler in Abwesenheit eines Bischofs taufen oder bereits Getaufte in die volle Gemeinschaft der Kirche aufnehmen. In Todesgefahr kann jeder Priester gültig firmen. Auch können die Bischöfe und die obengenannten Amts- und Würdenträger bei einer großen Zahl von Firmlingen Priester zur Firmung heranziehen. Nach dem neuen CIC can. 884,1 kann der Diözesanbischof im Fall der Notwendigkeit einen oder mehrere Priester zur Firmspendung bevollmächtigen.

Was das *Alter der Firmlinge* betrifft, so hatte sich am Ende des 13. Jahrhunderts die Vorschrift eingebürgert, die Firmung bis zum 7. Lebensjahr aufzuschieben[5]. Nach der neuen Ordnung können die Bischöfe aus pastoralen Gründen ein geeigneteres, also auch reiferes Alter festlegen[6]. „Zu diesen Gründen zählt die Aussicht, den Firmlingen die Verpflichtung zur Nachfolge Christi und zum christlichen Zeugnis stärker bewußt machen zu können."[7] Die *Würzburger Synode* hatte sich dafür ausgesprochen, daß das Mindestalter in der Regel etwa bei zwölf Jahren liegen solle, wobei auch die Möglichkeit bestehen soll, „die Firmung im Einzelfall und für Gruppen auf ein späteres Alter – auch das der jungen Erwachsenen – zu verschieben"[8]. Der CIC 1983 empfiehlt zwar das traditionelle „Unterscheidungsalter", räumt aber den Bischofskonferenzen das Recht ein, ein anderes Alter zu bestimmen (can. 891). Leider wird durch eine Spätfirmung der innere Zusammenhang von Taufe und Firmung noch stärker

---

[4a] So auch LG 26; anders der neue CIC can. 882: „minister ordinarius"; KEK: „erstberufene Spender" (S. 342).
[5] Ein ausführlicher geschichtlicher Überblick über das Firmalter bei *A. Adam*, a.a.O. (Anm. 1) 87-138; vgl. *A. Jilek*, Die Diskussion um das rechte Firmalter (Literaturübersicht), in: LJ 24 (1974) 31 ff.
[6] Vorbemerkung Nr. 6.   [7] Ebd.
[8] Beschluß: Sakramentenpastoral D 3.4.1 (Synode 256).

gelockert und die ursprüngliche Reihenfolge Taufe, Firmung, Eucharistie noch schwerer zu realisieren sein.

An der Institution der *Firmpatenschaft* wird grundsätzlich festgehalten. Unter Aufhebung von can. 796,1 des alten CIC wird empfohlen, den Taufpaten auch zum Firmpaten zu wählen, um so die enge Verbindung von Taufe und Firmung deutlicher werden zu lassen (Nr. 15). Der neue CIC hat sich dieser Regelung angeschlossen (893,2). Die Notwendigkeit eines Firmpaten ist keine unbedingte („quantum id fieri potest = insoweit es möglich ist", can. 892). Aufgabe des Firmpaten ist es, zusammen mit den Eltern darum besorgt zu sein, daß der Gefirmte den mit dem Sakrament übernommenen Verpflichtungen gerecht wird (ebd.).

Die Firmung soll im allgemeinen *während der Meßfeier* gespendet werden. Wenn sie in besonderen Fällen außerhalb der Messe stattfindet, muß ihr ein Wortgottesdienst nach Art des Meßritus vorausgehen. Als Meßformular kann außerhalb der Advents- und Fastensonntage, des Osterfestes, der anderen Hochfeste, des Aschermittwochs und der Karwoche eine der beiden Ritualmessen des Meßbuches (missae rituales = Messen bei besonderen Feiern) gewählt werden. Im Anhang des Firmbuches finden sich zahlreiche Vorschläge für die dabei vorzutragenden Lesungen.

Die Firmung beginnt, wenn sie während der Meßfeier gespendet wird, nach dem Evangelium und weist *folgende Elemente* auf:

Vorstellung der Firmlinge und Homilie des Bischofs.

Taufbekenntnis (Absage an Satan und Sünde und Bejahung des Glaubens).

Aufforderung an die Gemeinde zum stillen Gebet.

Gebet des Bischofs um den Heiligen Geist (Ausbreitung der Hände).

Salbung der Stirn in Kreuzesform unter gleichzeitiger Handauflegung[9] und dem Sprechen der Spendeworte: „N., sei besiegelt durch die Gabe Gottes, den Heiligen Geist." Diese neue Spendeformel wurde in Angleichung an die Spendeformel der byzantinischen Kirche gewählt; sie löst die frühere Formel ab: „N., ich bezeichne dich mit dem Zeichen des Kreuzes und stärke dich mit dem Chrisam des Heiles im Namen..." Der Firmling bekräftigt die Spendeworte mit „Amen".

Es folgen die Fürbitten für die Neugefirmten, ihre Eltern und Paten und für die gesamte Kirche.

In der anschließenden Eucharistiefeier können die Neugefirmten bei der Gabenbereitung mithelfen. Anstelle des üblichen Segens kann ein feierlicher Schlußsegen oder ein Segensgebet gesprochen werden.

---

[9] Ob diese gleichzeitige Handauflegung noch zum wesentlichen sakramentalen Zeichen gehört, ist umstritten. Die Apostolische Konst. „Divinae consortium naturae" bejaht es, der Spenderitus selbst schweigt darüber bzw. erwähnt sie nicht (Nr. 12). Die päpstliche Kommission für die Interpretation der Dekrete des II. Vatikanums erklärte auf Anfrage, daß durch die Salbung die Handauflegung hinreichend zum Ausdruck komme: AAS 64 (1972) 526. Vgl. *J. Schmitz*, Salbung mit Chrisam auf der Stirne unter Auflegen der Hand, in: LJ 35 (1985) 58-62; *H. Auf der Maur*, Unctio quae fit manus impositione..., in: Zeichen des Glaubens 469-483.

Auf die früher (seit dem 13. Jahrhundert) übliche Zeremonie des „Bak-kenstreiches", der bei den Firmlingen eine eigenartige und ungute Vordergründigkeit erlangt hatte, wurde verzichtet.[10]

3. Die Firmung außerhalb des römischen Ritus

Die *östlichen Riten* haben im Gegensatz zum Westen am zeitlichen Zusammenhang der drei Initiationssakramente immer festgehalten. Im *byzantinischen Ritus* wird der Neugetaufte nach seiner Bekleidung und einem Gebet vom Priester mit dem Myron in Kreuzesform an Stirn, Augen, Nase, Mund, Ohren, Brust und Füßen gesalbt, wobei jedesmal gesprochen wird: „Siegel der Gabe des Heiligen Geistes. Amen." Nach einem eucharistischen Wortgottesdienst wird dem Gefirmten (auch dem Säugling) sofort die Kommunion gereicht. In den übrigen Ostriten wird der noch unbekleidete Neugetaufte ebenfalls mehrmals gesalbt, bekleidet, mit einem Stirnband „gekrönt" und in manchen Riten auch „gegürtet"; nur bei den *Ostsyrern* liegt der Nachdruck auf der Handauflegung[11]

Die *Reformatoren* verwarfen die traditionelle Firmung, weil durch sie angeblich die Kraft und Wirkung der Taufe geleugnet werde. Dafür entwickelten sie aus der Katechismuspraxis einen gottesdienstlichen Akt, durch den der Getaufte in einem bestimmten Alter (ca. 12-14 Jahre) zum Vollglied der Gemeinde „eingesegnet" und zum Abendmahl zugelassen wird. Man nennt dies Konfirmation. Ihr Verständnis hat viele Wandlungen durchgemacht und ist auch heute noch nicht einheitlich. Vielfach erfolgt die Konfirmation noch unter Handauflegung. Meist bekommt jeder Konfirmand einen Bibelspruch als Geleitwort für das Leben mit[12].

Die Ordnung der „Konfirmation oder Handauflegung" bei den Anglikanern lehnt sich eng an den römischen Ritus an (aber ohne Salbung bzw. Signierung der Stirn). Den Sinn dieses Vorgangs sieht man in einer persönlichen Ratifikation des Taufversprechens, dem die Kirche fürbittend beitritt[13]

---

[10] Ursprünglich in der fränkischen Kirche des Mittelalters als „Denkzettel" gegeben, um den wiederholten Empfang der Firmung zu verhindern; später kam es zu zahlreichen weiteren Deutungen. Ausführlich bei *A. Adam*, a.a.O. (Anm. 1) 218-236. – Neuere Monographien zur Firmung: *D. Koster*, Die Firmung im Glaubenssinn der Kirche (Münster 1968); *O. Betz*, Sakrament der Mündigkeit (München 1969); *H.B. Meyer*, Aus dem Wasser und dem Heiligen Geist ... (Aschaffenburg 1969); *A. Benning*, Gabe des Geistes ... (Kevelaer 1972); *G. Biemer*, Firmung. Theologie und Praxis (Würzburg ¹1973); *J. Amougou-Atangana*, Ein Sakrament des Geistempfangs? ... (Freiburg i. Br. 1974); *P. Nordhues – H. Petri* (Hg.), Die Gabe Gottes ... (Paderborn 1974).

[11] Näheres bei *E.C. Suttner*, Taufe und Firmung (Regensburg 1971).

[12] *K. Froer*, Zur Geschichte und Ordnung der Konfirmation (München 1962); *M. Thurian*, Die Konfirmation (Gütersloh 1961).

[13] *G. W. H. Lampe*, The seal of the Spirit ... (London u.a. 1951) S. 315 und öfter.

XI. KAPITEL

Die Feier der Eucharistie

Mit dem Wort Eucharistie (griechisch ursprünglich dankbare Gesinnung, Danksagung) bezeichnen wir jenes Sakrament, das im katholischen Raum meist Messe oder Meßopfer, in den reformatorischen Kirchen Abendmahl genannt wird. Über dieses Sakrament ist so viel geforscht und geschrieben worden, daß ein „Grundriß" nicht alle Aspekte ausführlich beleuchten kann, die von der Exegese, der Dogmatik und Dogmengeschichte und von der Liturgiewissenschaft herausgearbeitet wurden.

1. Ursprung, Grundgehalt und Entwicklungslinien

Das NT berichtet an fünf Stellen ausführlich von diesem Sakrament als einem Vermächtnis Jesu Christi. Es handelt sich zunächst um die *vier „Einsetzungsberichte"*, die aus zwei Traditionsströmen hervorgegangen sind: den einen bilden Mk 14, 22-25 und Mt 26, 26-29, den anderen Lk 22, 15 bis 20 und Paulus mit 1 Kor 11, 23-25. „Eine genaue Untersuchung ergibt, daß der lukanische Bericht nicht einfach die paulinische Fassung abschreibt und weiterbildet, sondern daß beide Formen je für sich zurückgehen auf eine Textfassung, die aus dem griechisch sprechenden Antiochien stammen dürfte und etwa um das Jahr 40 formuliert wurde."[1] Noch älter dürfte die Quelle des Markusberichtes (und die von ihm abhängigen Mt) sein, die in einer alten semitischen Überlieferung wurzelt und in das erste Jahrzehnt nach Jesu Tod zurückreicht[2]. In allen Berichten spiegelt sich bereits liturgische Überlieferung, also die im Gottesdienst der Gemeinden verwendeten Texte.

Als Urform dürfte sich folgender Text erkennen lassen: „Und er nahm Brot, sprach den Segen darüber, brach es und gab es ihnen. Und er sagte: ,Das ist mein Leib, der für die Vielen dahingegeben wird. Tut dies zu meinem Gedächtnis!' Desgleichen auch den Kelch nach dem Mahl mit den Worten: ,Dieser Kelch ist der neue Bund in meinem Blut.'"[3]

Eine weitere theologische Aufhellung des eucharistischen Geheimnisses bringt Joh 6, 48-59 in Verbindung mit den vorausgehenden Aussagen[4].

---

[1] *Schneider* 149. Zur Gesamtthematik: HLW Teil 4 (Eucharistie) von *H. B. Meyer*.

[2] Vgl. *J. Jeremias*, Die Abendmahlsworte Jesu (Göttingen [4]1966) 181, zit. bei *Schneider* 149.

[3] *J. Betz*, Art. Eucharistie, in: HthG (1) I, 337.

[4] Diesem Text galt die letzte Studie von *J. Betz*, die unter dem Titel „Das Brot des Le-

Einer der bedeutendsten Eucharistieforscher der letzten Jahrzehnte, der 1984 verstorbene Dogmatikprofessor *Johannes Betz*, faßt den Gehalt dieser biblischen Aussagen wie folgt zusammen: „Überschauen wir die biblische Abendmahlskündung mit einem umfassenden Blick, so heben sich ihre durchgehenden Linien und tragenden Ideen um so deutlicher heraus. Es ergibt sich folgende Synthese: das Neue Testament verkündet je länger, desto klarer die Identität der eucharistischen Gaben mit der leibhaftigen Person Jesu, die sich für uns und unser Heil in den blutigen Sühnetod am Kreuz – und hier im Sakrament zum Genuß hingibt, um uns so die im Tod gewirkte Erlösung zuzuwenden. Diese Erlösung ist daher wesentlich er selber, seine inkarnierte, sich zum Sühneopfer dahingebende, in alledem zu unserem Heile handelnde Person. Mit der Realpräsenz dieser Person ist daher die Aktualpräsenz ihrer einstigen Heilstat eng verbunden, und die Eucharistie wird zur sakramentalen Gegenwart des ganzen Heilsereignisses ‚Jesus‘, in dem die Person und ihr Werk eine unlösliche Einheit bilden. Diesen Glauben bekunden alle neutestamentlichen Zeugen." [5]

Die von *J. Betz* immer wieder gebrauchten Begriffe *Real-(Personal-) Präsenz und Aktualpräsenz* wollen deutlich machen, daß in der Feier der Eucharistie nicht nur die Gegenwart Jesu gegeben ist, sondern seine durch ihn gewirkte Heilstat, die in der Hingabe am Kreuz für uns und um unseres Heiles willen kulminiert. „Die Gabe, die Jesus hinterläßt, ist nicht nur eine Idee, die im Wort verkündigt und im Sakrament veranschaulicht werden soll, nicht nur eine existentielle Befindlichkeit, die in gläubiger und ethischer Jesusnachfolge verwirklicht werden soll, die letzte und höchste Gabe Jesu und damit das Wesen des Christentums überhaupt ist er selbst, Jesus Christus. Diese Person will nicht nur im Glauben erfaßt, sondern in ihrer Leibhaftigkeit empfangen werden." [6]

Die *weitere Entwicklung* vom Abendmahl Jesu zur eucharistischen Feier der Urgemeinde hat sich so vollzogen, daß zunächst die Segensworte über Brot und Wein nach dem Sättigungsmahl gesprochen wurden, dann aber ganz von diesem getrennt und mit dem sonntäglichen Gebetsgottesdienst am Morgen vereinigt wurden. Aus einer Schrift des Märtyrers *Justin*[7] ergibt sich, daß um die Mitte des 2. Jahrhunderts der eucharistischen Feier ein Wortgottesdienst vorangestellt wurde, wie er damals in den Synagogen der Juden üblich war. Beide verschmolzen zu einer einzigen Feier. Der volle Wortlaut einer altchristlichen Eucharistie begegnet uns erstmals in der Schrift „Apostolische Überlieferung" des römischen

---

bens: Herzmitte des Christentums" in der Beilage zum Münchener Katholikentag 1984 der „Deutschen Tagespost" (6./7. Juli 1984, S. 19f) veröffentlicht wurde. Vgl. auch die Kommentare zum Johannesevangelium.
[5] Die Eucharistie in der Zeit der griechischen Väter, Bd. II/1: Die Realpräsenz des Leibes und Blutes Jesu im Abendmahl nach dem Neuen Testament (Freiburg i. Br. ²1964) 201.
[6] Ebd. 206.   [7] Apologie I c. 65-67.

Priesters *Hippolyt*, die um das Jahr 215 zu datieren ist[8]. Hier wie in späteren Darstellungen finden sich Texte, die als Modelle zu verstehen sind und vom Zelebranten variiert werden konnten.

Mit der weiteren Ausbreitung der Kirche bilden sich zahlreiche liturgische Zentren mit je eigenen Ausgestaltungen der Liturgie, insbesondere der Eucharistie (s. oben II. Kap., S. 27 ff). Auf deren Besonderheiten kann hier nicht näher eingegangen werden. Einige Entwicklungslinien wurden bereits im genannten Kapitel festgehalten. Weitere historische Einzelheiten finden sich bei der späteren Erklärung des Meßritus. Hier sei lediglich eine dogmatische Aussage des *Trienter Konzils* festgehalten, in der es heißt, daß die Meßfeier die Vergegenwärtigung (repraesentatio), das Gedächtnis (memoria) und die Zuwendung des einmaligen Kreuzesopfers Christi sei (DS 1740). Damit hat dieses Konzil die Grundgedanken, denen wir beim neutestamentlichen Befund begegnet sind, auch zum Beginn der Neuzeit klar herausgestellt.

Das gleiche Konzil gibt angesichts der damals vielfältigen und nicht immer glücklichen Ausformungen der Meßfeier eine Reform des Römischen Meßbuchs in Auftrag. Sie trat sieben Jahre nach Beendigung des Konzils unter *Pius V.* (1570) in Kraft und blieb ohne größere Veränderungen[9] fast 400 Jahre in Geltung.

Das II. Vatikanum beschäftigt sich im zweiten Kapitel seiner Liturgiekonstitution ausführlich mit dem „heiligen Geheimnis der Eucharistie". Seine besondere Sorge war, „daß die Christen diesem Geheimnis des Glaubens nicht wie Außenstehende und stumme Zuschauer beiwohnen; sie sollen vielmehr durch die Riten und Gebete dieses Mysterium wohl verstehen lernen und so die heilige Handlung bewußt, fromm und tätig mitfeiern, sich durch das Wort Gottes formen lassen, am Tisch des Herrenleibes Stärkung finden und Gott danksagen" (48). Um dieses Zieles willen fordert das Konzil eine Überarbeitung des Meßordo in der Richtung, „daß der eigentliche Sinn der einzelnen Teile und ihr wechselseitiger Zusammenhang deutlicher hervortreten und die fromme und tätige Teilnahme der Gläubigen erleichtert werde. Deshalb sollen die Riten unter treulicher Wahrung ihrer Substanz einfacher werden. Was im Lauf der Zeit verdoppelt oder weniger glücklich eingefügt wurde, soll wegfallen. Einiges dagegen, was durch die Ungunst der Zeit verlorengegangen ist, soll, soweit es angebracht oder nötig erscheint, nach der altehrwürdigen Norm der Väter wiederhergestellt werden" (50).

Diesen Weisungen entsprechend erarbeitete der Römische Liturgierat zunächst den gleichbleibenden Teil des Meßbuches, den „Ordo missae", der nach einigen Änderungen von höchster Stelle durch die Apostolische Konstitution *Pauls VI.* „Missale Romanum" am 3. April 1969 (Gründonnerstag) approbiert und in Kraft gesetzt wurde. Ein Jahr später erfolgte dann die Herausgabe des gesamten Meßbuches. Vorangestellt ist die „All-

---

[8] Herausgegeben von *B. Botte*, La Tradition apostolique (LQF 39) (Münster 1963).
[9] So unter *Clemens VIII.* (1604), *Urban VIII.* (1634) und *Pius X.* (1911).

gemeine Einführung in das Römische Meßbuch" (= AEM) und die Grundordnung des Kirchenjahres und des Kalenders. Im Gegensatz zu früher
enthält die AEM nicht nur rubrizistische Anweisungen, sondern auch inhaltliche Erläuterungen.

Nach jahrelanger Vorbereitungsarbeit konnte das übersetzte und adaptierte Meßbuch für den deutschen Sprachraum im Jahre 1974 fertiggestellt
werden. Es wurde am 23. September 1974 von der DBK, der Berliner Ordinarienkonferenz, der Österreichischen Bischofskonferenz, der Bischofskonferenz der Schweiz und den Bischöfen von Luxemburg, Bozen-Brixen und Lüttich jeweils für ihren Bereich gemäß LK 36 approbiert
und von der Gottesdienstkongregation am 10. Dezember 1974 verab-
schiedet. Es erschien 1975 und wurde am ersten Fastensonntag 1976 verpflichtend. Es konnten bereits gewisse Änderungen und Beifügungen berücksichtigt werden, die die Gottesdienstkongregation am 3. September
1974 für eine zweite Auflage des Missale Romanum angekündigt hatte. Es
handelt sich u.a. um eine Aufgabenbeschreibung der neu eingeführten
Dienste des Akolythen und Lektors anstelle der Bestimmungen über den
Subdiakon (AEM 142-152). Auch wurden einige Meßformulare ergänzt
bzw. neue hinzugefügt.

Was die lateinischen Texte in diesem Meßbuch betrifft, so galt seit dem
10. November 1969 die Bestimmung, den volkssprachlichen Meßbü-
chern einen lateinischen Anhang beizugeben. Ein Jahr später veröffentlichte Rom ein „Missale parvum", das zusätzliche lateinische Texte enthielt. Das deutsche Meßbuch übernimmt nun dieses Missale parvum und
einige weitere lateinische Formulare. Damit enthält es mehr Latein als
volkssprachliche Meßbücher anderer Länder.

Die deutsche Altarausgabe ist zweibändig. Der zweite Band enthält
den Gesamtinhalt deutsch, ohne die Große Woche und die AEM. Der erste Band enthält die AEM, die Große Woche und alle Sonn- und Festtage
in Latein, dazu einen Anhang mit lateinischen Lesungen, so daß auch ein
der deutschen Sprache nicht mächtiger Priester ohne Schwierigkeiten im
deutschen Sprachgebiet zelebrieren kann. Daneben erschien, ebenfalls
1975, eine Kleinausgabe „Das Meßbuch deutsch für alle Tage des Jahres."

2. Struktur und Einzelteile der Meßfeier

Der Aufbau der Meßfeier hat durch die Reform an Klarheit und Durchschaubarkeit gewonnen. Sie „besteht in gewisser Hinsicht aus zwei Teilen, dem Wortgottesdienst und der Eucharistiefeier, die jedoch so eng
miteinander verbunden sind, daß sie eine einzige Gottesdienstfeier bilden: denn in der Messe wird der Tisch des Gotteswortes wie des Herrenleibes bereitet, von ihm wird den Gläubigen Lehre und Speise geboten"[10].

---

[10] AEM 8; vgl. LK 56, 48, 51.

Ohne Zweifel liegt in dieser Aussage eine Aufwertung des Wortgottes-
dienstes, den man früher meist als „Vormesse" bezeichnete und dessen
Versäumen eine frühere kasuistische Moraltheologie nur als „leichte"
Sünde eingestuft hatte, weil es sich dabei nur um einen „unbedeutenden
Teil" („pars exigua") handele[11]. Den Rahmen dieser beiden „Hauptteile"
bilden die Riten der Eröffnung und des Abschlusses[12].

Im Sinn des kirchlichen Sprachgebrauches kann man sowohl die gesamte Meßfeier wie den genannten zweiten Hauptteil als Eucharistie bezeichnen. Um Mißverständnissen vorzubeugen, sollte man im zweiten
Fall besser von Eucharistie im engeren Sinn sprechen.

Das folgende Gliederungsschema versucht, diese Struktur zu verdeutlichen und den Überblick zu erleichtern. Beim Hochgebet werden insbesondere H II und H III berücksichtigt, die Besonderheiten der übrigen
Hochgebete kommen im späteren Text zur Sprache.

Gliederung der Eucharistiefeier

a) Eröffnung
Einzug mit Gesang (Introitus); Verehrung des Altares
mit Kuß und Inzens; Kreuzzeichen; Begrüßung der
Gemeinde; Einführung; Bußakt; Kyrie; Gloria; Tagesgebet.

**b) Wort-
gottesdienst**
Lesungen; Zwischengesänge; Evangelium; Homilie;
Credo; Fürbitten (Gläubigengebet).

**c) Eucharistiefeier
(im eng. Sinn)** *Gabenbereitung*
Herbeibringen der Gaben; Bereitungsgebet; Inzens;
Händewaschung; Gabengebet.
Hochgebet
Präfation mit Sanctus; Wandlungsepiklese; Einset-
zungsworte; Anamnese; Opfergebet; Kommunionepi-
klese mit Gebet um Einheit; Fürbittgebete (Interzes-
sionen) mit Heiligengedächtnis; Doxologie.
Kommunion
Vaterunser mit Embolismus und Akklamation; Ritus
des Friedens; Brotbrechung und Mischung; Agnus
Dei; Vorbereitungsgebet; Kommunionempfang;
Danksagung und Schlußgebet.

---

d) Abschluß
Pfarrliche Mitteilungen; Segen; Entlassung; Altarkuß;
Rezeß.

---

[11] So *H. Noldin*, Summa theologiae moralis, Bd. II (Innsbruck [9]1911) 278.
[12] Besonders hilfreich zum Verständnis der Einzelteile u. a.: MS I-II; *Lengeling*, Ord-

a) Die Eröffnung

Ihre Aufgabe besteht darin, die versammelte Gemeinde zur bewußten Gemeinschaft zu formen und auf die Verkündigung des Wortes Gottes und die würdige Feier der Eucharistie vorzubereiten.

Der *Gesang zum Einzug* (lateinisch: antiphona ad introitum, deutsch: Eröffnungsvers) des Priesters und seiner Begleitung hat die Aufgabe, „die Feier zu eröffnen, die Verbundenheit aller Teilnehmer zu vertiefen, sie in das Mysterium der liturgischen Zeit oder des Festes einzuführen sowie den Einzug des Priesters ... zu begleiten" (AEM 25). Die Möglichkeiten seiner Gestaltung sind vielfältig[13]. „Auf keinen Fall sollte die Gemeinde oft zum stummen Zuhören verurteilt sein, sondern gerade beim Eröffnungsgesang sollten Vorsänger, Chor und Gemeinde auf je ihre Weise mitwirken und so zur Gemeinschaft der Feier zusammenfinden."[14] An die Stelle des Gesangs kann zuweilen auch Orgelspiel treten. Wird der Eröffnungsvers nicht gesungen, so empfiehlt sich, ihn in die Einführung einzubeziehen[15].

Zunächst verehren Priester und Mitliturgen den Altar als Symbol Christi mit einem *Kuß*. Ein *Altarinzens* kann sich anschließen, besonders an festlichen Tagen. Der Gebrauch des Weihrauchs, eines Gemisches verschiedener Baumharze, war schon im alttestamentlichen Tempelkult und in der heidnischen Antike bekannt. Die Christen lehnten ihn zunächst ab, aber in der konstantinischen Ära drang er vom Osten her in den christlichen Gottesdienst ein. Hier verstand man ihn als Symbol des Gebetes (vgl. Ps 141,2) und als ein Zeichen der Ehrung und des fürbittenden Gebetes der Kirche. So kam es zum Inzens des Altares, der Opfergaben, Kreuze und Bilder, aber auch der Liturgen und der Gemeinde. Falsch wäre es, wollte man den Weihrauch als eine Gabe für Gott, als ein dingliches Opfer betrachten.

Der Zelebrant begibt sich nun zum *Vorstehersitz* und leitet von hier aus den weiteren Eröffnungsritus und den Wortgottesdienst. Ort und Art des Vorstehersitzes sollen deutlich machen, daß der Priester Leiter der gottesdienstlichen Versammlung ist. Die AEM empfiehlt als geeigneten Platz den Scheitelpunkt des Altarraumes und betont, daß dieser Sitz nicht die Form eines Thrones haben dürfe (271)[16].

Priester und Gemeinde stellen sich durch das gemeinsame *Kreuzzeichen* unter das Kreuz Christi und bekunden damit, daß sie von diesem Kreuz das Heil erwarten. Sie begrüßen sich dann mit einer der acht Gruß-

---

nung; *J. H. Emminghaus*, Die Messe ... (Klosterneuburg [3]1984); *J. Hermans*, Die Feier der Eucharistie ... (Regensburg 1984).

[13] Vgl. AEM 26 und den Kommentar bei *Lengeling*, Ordnung 189f; ferner die Rubrik in MD II, 323.

[14] PLHL 221.

[15] Rubrik in MD II, 325; vgl. auch *J. Wagner*, Reflexionen über Funktion und Stellenwert von Introitus, Kyrie und Gloria in der Meßfeier, in: LJ 17 (1967) 40-47.

[16] Näheres bei *Adam*, Kirchenbau 116f.

und Segensformeln, die im Meßbuch zur Auswahl angeboten werden. Es ist durchaus möglich, daß der Priester hiermit auch persönliche Gruß-worte und Segenswünsche verbindet[17]. Nur sollte man sich vor einem ausufernden Subjektivismus hüten, der auf die Dauer für die Gesamtheit der Gemeinde nicht erträglich wird. Die im Missale bereitgestellten For-meln haben laut AEM 28 auch die Aufgabe, das „Gegenwärtigsein des Mysteriums der Kirche in der feiernden Gemeinde" bewußt zu machen.

Die anschließend vorgesehene *Einführung,* die vom Priester oder ei-nem anderen Mitwirkenden vorgenommen wird, sollte knapp sein und sich nicht zu einer ersten Predigt ausweiten.

Der folgende *Bußakt* ist an die Stelle des früheren Stufengebetes mit seinem Sündenbekenntnis (Confiteor) getreten. Er kann auch jetzt noch die Form eines gemeinsamen Schuldbekenntnisses haben, das im Ganzen verkürzt, aber durch den Hinweis auf die Unterlassung des Guten erwei-tert wurde. Statt des Confiteors gibt es zwei weitere Möglichkeiten, im Wechsel von Priester und Gemeinde um Gottes Erbarmen zu bitten. Die eine Formel verbindet damit zugleich die Kyrie-Rufe und trägt so zu einer Straffung des etwas lang geratenen Eröffnungsritus bei. Bußakt und Ky-rie können auch durch eine Besprengung der Gläubigen mit gesegnetem Wasser (Weihwasser) ersetzt werden[18]. Die dafür vorgesehenen Gebets- und Gesangstexte weisen diesen Ritus vor allem als Tauferinnerung und Tauferneuerung aus.

Die *Kyrie-Rufe* waren schon im heidnischen Altertum als Huldigungs-rufe an die Gottheit oder einen Herrscher bekannt, den man als Gott ver-ehrte. Die Kirche bezog sie im Sinn des paulinischen Schrifttums auf Christus als ihren göttlichen Herrn. Im Osten waren solche Rufe zu-nächst bekannt im Rahmen von Anliegenlitaneien (Ektenien), deren ein-zelne Bitten von der Gemeinde mit Kyrie-Rufen begleitet wurden. Im Westen wanderten diese Litaneien vom Ende des Wortgottesdienstes, wo ihr ursprünglicher Platz war, weiter nach vorn und fanden schließlich nach Weglassen der Bitten ihre spätere Gestalt. Es entspricht der ge-schichtlichen Gepflogenheit, wenn die AEM auch heute wieder textliche Einschübe (= Tropen) erlaubt. Das Kyrie soll möglichst von der ganzen Gemeinde gesungen werden. Jeder Ruf wird in der Regel nur zweimal vorgetragen. Wenn sich Kyrie-Rufe bereits im Eingangslied finden (soge-nannte Leisen), kann das übliche Kyrie wegfallen[19].

Das „*Gloria in excelsis Deo*" („Ehre sei Gott in der Höhe") gehört zu jenen zahlreichen Hymnen, die von der ältesten Kirche gedichtet und ge-sungen wurden, bevor man die Psalmen zum eigentlichen Liederbuch der Kirche machte. Während die erste Strophe nach dem Gesang der Engel

---

[17] Rubrik des MD II, 325.
[18] MD II, 325 und 1171-1175. Zum Ganzen: *E.Färber,* Gemeinsame Tauferinnerung vor der sonntäglichen Eucharistiefeier, in: Gemeinde im Herrenmahl 199-208.
[19] Vgl. *Th.Schnitzler,* Kyrielitanei am Anfang?, in: Gemeinde im Herrenmahl 217-221; *G.Duffrer,* Das Kyrie retten ..., in: Gd 13 (1979) 17-19.

(LK 2, 14) einen Lobpreis des Vaters und Sohnes enthält, ist die zweite Strophe ein begeisterter Christushymnus, aus dessen Schlußteil („Denn du allein …") man noch die scharfe Frontstellung gegen den damaligen Kaiserkult heraushören kann. Im Zug der ökumenischen Bestrebungen haben Vertreter aller christlichen Kirchen des deutschen Sprachgebietes in den letzten Jahren eine einheitliche Übersetzung des Gloria und anderer liturgischer Gemeindetexte erstellt. In der Meßfeier wird das Gloria nur an Hochfesten, Festen, besonderen Feiern und den Sonntagen außerhalb der Advents- und Fastenzeit gesungen (AEM 31)[20].

Letztes Element des Eröffnungsritus ist das *Tagesgebet*. Zunächst spricht der Priester eine Gebetseinladung aus, der sich eine kurze Pause der Besinnung und des persönlichen Betens anschließt. In dem folgenden Gebet des Priesters kommt, besonders an Festtagen, der besondere Charakter der jeweiligen Meßfeier zum Ausdruck. Die alten römischen Tagesgebete (= Orationen) waren immer über den Mittler Christus im Heiligen Geist an den Vater gerichtet. Die Gemeinde beschließt dieses Gebet, das der Priester in der Wir-Form vorträgt, mit dem hebräischen „Amen", das in den meisten Liturgien unübersetzt bleibt und die Bedeutung hat: „Ja, so sei es!" oder „Ja, so ist es!" So bedeutet das Amen, daß sich die Gemeinde das Priestergebet zu eigen macht und gleichsam ihre Unterschrift daruntersetzt[21].

b) Der Wortgottesdienst

Im ersten Abschnitt dieses Kapitels war davon die Rede, daß bereits im 2. Jahrhundert der eucharistischen Feier biblische Lesungen vorangestellt wurden. Der Gebets- und Lesegottesdienst der Synagogen stand dabei Pate. Es war ein besonderes Anliegen des II. Vatikanums, bei den liturgischen Feiern „die Schriftlesung reicher, mannigfaltiger und passender" auszugestalten (LK 35). Bezüglich der eucharistischen Feier bestimmt es, „daß den Gläubigen der Tisch des Gotteswortes reicher bereitet werde" (LK 51). Darum wurde vorgesehen, „daß innerhalb einer bestimmten Anzahl von Jahren die wichtigsten Teile der Heiligen Schrift dem Volk vorgetragen werden" (ebd.). Grund für diese Intensivierung war die Überzeugung, daß sich Christus auch im Wortgottesdienst seiner Kirche verbindet und auf ihr Heil hin tätig wird (vgl. LK 7). „In den Lesungen, die in der Homilie ausgedeutet werden, spricht Gott zu seinem Volk, offenbart er das Erlösungs- und Heilsmysterium und nährt er das Leben im Geist … Dieses Wort Gottes macht sich die Gemeinde in den Gesängen zu eigen und bezeugt durch das Bekenntnis des Glaubens ihre Treue gegenüber dem Wort. Durch das Wort Gottes gestärkt, bittet sie in den Fürbitten für die Anliegen der gesamten Kirche und für das Heil der ganzen Welt" (AEM 33).

---

[20] Ausführlicher bei *A. Adam,* Vom Rühmen des Herrn, in: Gott feiern 85-93.
[21] Vgl. *H. Büsse,* Das „Tagesgebet" als integrierendes Element der Eröffnung, in: Gemeinde im Herrenmahl 222-231.

Die entsprechende Regelung erfolgte durch die neue *Leseordnung* für die Meßfeier, die vom Römischen Liturgierat erarbeitet und durch Dekret der Kongregation für den Gottesdienst am 25. Mai 1969 veröffentlicht wurde. Von ihr erschien am 21. Januar 1981 eine zweite authentische Ausgabe. Sie enthält eine wesentlich erweiterte „Pastorale Einführung" und verwendet für die lateinischen Texte die „Nova Vulgata". Im einzelnen wird folgendes festgelegt:

An allen Sonn- und Festtagen sind für jede Meßfeier drei Lesungen vorgesehen. Die erste aus dem AT, die zweite aus einem Apostelbrief, der Apostelgeschichte oder der Geheimen Offenbarung, die dritte aus einem Evangelium. Um aber den Gemeinden die Heilige Schrift in größerem Umfang zu erschließen, wurde eine dreijährige Perikopenordnung (Perikope = Abschnitt der Heiligen Schrift) eingeführt. Diese drei Jahresreihen sind durch die Buchstaben A, B und C gekennzeichnet. Die Reihe C soll in den Jahren genommen werden, die durch drei teilbar sind, die anderen in entsprechender Reihenfolge. Für die Auswahl der Lesungen waren *zwei Prinzipien* maßgebend: das der „thematischen Abstimmung" und das der „ausgewählten Bahnlesung". Das erste Prinzip kommt zum Tragen bei den liturgisch bedeutsamen Zeiten des Weihnachts- und Osterfestkreises. An den Sonntagen der „allgemeinen Kirchenjahrzeit" ist das Prinzip der „ausgewählten Bahnlesung" bestimmend, d.h., es wird ein biblisches Buch fortlaufend gelesen, wobei einzelne Teile aus pastoralen Gründen übergangen werden können. Diese Bahnlesung gilt aber nur für die Lesungen II und die Evangelienabschnitte, während die Lesungen I (AT) auf das jeweilige Evangelium abgestimmt sind. Man wollte damit eine zu große Unterschiedlichkeit der Themen vermeiden und die Einheit beider Testamente herausstellen. In der Jahresreihe A wird das Matthäusevangelium gelesen, in der Reihe B Markus und in C Lukas. Das Johannesevangelium ist den letzten Wochen der österlichen Bußzeit und der Osterzeit vorbehalten. Die Apostelgeschichte ist für die Lesungen I der Osterzeit vorgesehen.

Die *Dreizahl der Lesungen* an Sonn- und Festtagen hat manchenorts, besonders auch in Deutschland, Bedenken ausgelöst. Auch bei der Römischen Bischofssynode 1967 sprach sich eine ansehnliche Minderheit dagegen aus. Man befürchtete, daß die Quantität die innere Wirkung beeinträchtigen könnte. Darum räumt die genannte Synode den einzelnen Bischofskonferenzen die Möglichkeit ein, nur zwei Lesungen verpflichtend zu machen. Die Bischöfe des deutschen Sprachgebietes haben von dieser Möglichkeit Gebrauch gemacht. Nicht wenige Pfarreien bevorzugen jedoch die Dreizahl.

Die Leseordnung für die Wochentage sieht generell nur zwei Lesungen vor. Für die erste Lesung gibt es zwei Jahresreihen, wobei Reihe I in den ungeraden, Reihe II in den geraden Jahren zu nehmen ist. Hingegen wiederholen sich die Evangelien in jedem Jahr. Sie sind so aufgeteilt, daß in den Jahreswochen 1-9 Markus, in den Wochen 10-21 Matthäus und schließlich Lukas (22-34) gelesen werden. Für die besonders geprägten

Zeiten hat man eine besondere Auswahl getroffen, die dem Charakter dieser Zeiten Rechnung trägt.

Weitere Leseordnungen betreffen die Meßfeiern an Heiligenfesten und -gedächtnissen, bei der Feier der Sakramente und Sakramentalien, bei verschiedenen Anlässen und die Votivmessen. Bei diesen Ordnungen ist eine reiche Auswahlmöglichkeit gegeben.

Die *Lesungen* werden von einem Lesepult aus vorgetragen, das man als Ambo bezeichnet (vom griechischen *anabainein* = hinaufsteigen). Zur Begründung führt die AEM an: „Die Würde des Wortes Gottes erfordert für seine Verkündigung einen besonderen Ort in der Kirche, dem sich im Wortgottesdienst die Aufmerksamkeit der Gläubigen wie von selbst zuwendet" (272). Er muß in Anpassung an die räumlichen Gegebenheiten dort stehen, wo der Vortragende von allen gut gesehen und gehört werden kann. Außer den Lesungen werden von hier aus auch die Zwischengesänge, das Evangelium und gegebenenfalls auch die Homilie und die Fürbitten vorgetragen.

Lektor der biblischen Lesungen soll entsprechend der Überlieferung nicht der Zelebrant sein, sondern ein anderer Mitwirkender. Hierdurch soll deutlich werden, daß auch der zelebrierende Priester sich als Hörer unter das Wort Gottes stellt. Während die nichtevangelischen Lesungen auch von einem Lektor vorgetragen werden können, der Laie ist, soll das Evangelium immer von einem Diakon oder Priester, im Notfall vom Zelebranten, vorgetragen werden.

Nach dem lateinischen Missale wird der Schluß bei den ersten Lesungen vom Lektor angekündigt mit dem Ruf: „Wort des Herrn", worauf die Gemeinde mit „Dank sei Gott" antwortet. Die deutsche Ausgabe macht dies nicht verpflichtend, indem sie bemerkt: „Wo nach der Lesung ein Zuruf der Gemeinde üblich ist, fügt der Lektor folgenden Ruf an: Wort des lebendigen Gottes."

Es entspricht einer sinnvollen Tradition, daß nach den biblischen Lesungen bestimmte Gesänge das Gehörte ausklingen lassen und einen Raum der Meditation gewähren. Auf die erste Lesung folgt deshalb der *Antwortpsalm*, auch Responsorialpsalm (früher Graduale) genannt. Die AEM nennt ihn ein wesentliches Element des Wortgottesdienstes. Weil er inhaltlich mit der Lesung in Zusammenhang steht, ist er in den Lektionarien der Lesung gleich beigegeben. Doch gibt es auch für die verschiedenen Zeiten des Kirchenjahres und für einzelne Gruppen von Heiligenfesten einige gleichbleibende Antwortpsalmen. Es handelt sich hier um einen responsorischen Gesang, d.h., nur der Vorsänger (Kantor, Psalmist) trägt den Psalm vor, die Gemeinde aber antwortet nach jedem Abschnitt mit einem gleichbleibenden Kehrvers. Nach dem MD (II, 335) darf der Antwortpsalm im Notfall durch einen anderen dazu geeigneten Gesang ersetzt werden.

Nach der zweiten Lesung folgt das Halleluja (= Preiset den Herrn) mit einem Gesangsvers, der meist aus dem NT genommen ist. Dieser Gesang greift nicht die vorausgehende Lesung auf, sondern bereitet auf das Evangelium vor. Er ist ein Zuruf (Akklamation) an Christus. Darum soll er von der Gemeinde stehend gesungen werden (LO, PE 23). In der österlichen Bußzeit unterbleibt das Halleluja. Den an seine Stelle tretenden „Vers (Ruf) vor dem Evangelium" bezeichnete man auch als *Tractus*.

Wird vor dem Evangelium nur eine Lesung vorgetragen, so kann man beide Zwischengesänge nehmen oder sich auf einen beschränken.

Zwei Hochfeste, Ostern und Pfingsten, haben einen zusätzlichen Zwischengesang, die *Sequenz*. Es handelt sich bei den Sequenzen ursprünglich um Jubelmelodien, die man an das Halleluja anschloß, später mit Texten unterlegte und diese durch ebenmäßige Strophen und Reime erweiterte. Wie beliebt solche Sequenzen waren, zeigt sich u. a. darin, daß ungefähr 5000 mittelalterliche Sequenzen überliefert sind. Weil sich darunter aber mancher Wildwuchs befand, beschränkte das Missale *Pius' V.* (1570) die Sequenzen auf vier. Neben der Oster- und Pfingstsequenz dürfen die Sequenzen von Fronleichnam und vom Gedenktag der Schmerzen Marias beibehalten werden (fakultativ). Alle Sequenzen haben künftig ihren Platz schon vor dem Halleluja, weil dieses ja unmittelbare Vorbereitung auf das Evangelium ist.

Das *Meßevangelium* wird seit alters mit besonderer Feierlichkeit umgeben. Zu solchen Ehrungen zählen:

a) Der Vortragende muß ein Diakon oder Priester sein;
b) er spricht ein eigenes Vorbereitungsgebet bzw. läßt sich einen besonderen Segen geben;
c) das Evangelienbuch wird in Prozessionsform unter Mitführung von Weihrauch und Leuchtern zum Ambo getragen;
d) der Priester (Diakon) bezeichnet das Buch und sich selbst mit dem Kreuzzeichen;
e) er inzensiert es vor dem Vortrag (fakultativ);
f) die Gläubigen sprechen (singen) vor und nach der Verlesung besondere Huldigungsrufe („Ehre sei dir, o Herr"; „Lob sei dir, Christus");
g) während sie bei den Lesungen sitzen, hören sie das Evangelium in stehender Haltung (Ehrfurcht, Bereitschaft);
h) nach der Verlesung küßt der Vortragende das Buch und betet: „Herr, durch dein Evangelium nimm hinweg unsere Sünden."

Diese besondere Ehrfurcht führte in Ost und West auch dazu, ein eigenes Buch mit den Evangelien bzw. Evangelienperikopen als Teillektionar besonders kunstvoll herzustellen und zu illustrieren. Die PE des neuen Meßlektionars empfiehlt die Wiederbelebung dieses Brauches (36), nachdem schon früher solche Wünsche geäußert worden waren. So erschien 1985 im Auftrag der kirchlichen Autoritäten des deutschen Sprachgebietes ein solches *Evangeliar*, das in seiner kostbaren Gestaltung (verschiedene Ausgaben) geeignet ist, die Würde des Evangeliums auch zeichenhaft zu verdeutlichen[22].

---

[22] Erschienen bei der Verlegergemeinschaft Benziger, Herder u. a. Vgl. *F. Kohlschein,*

Diese ehrenvolle Abhebung von den übrigen Lesungen darf allerdings nicht zu deren Minderbewertung verleiten. Denn sie zählen ja auch zu den inspirierten heiligen Schriften, enthalten Gottes Wort und sind, soweit sie dem NT angehören, auch als „Frohbotschaft" (= Evangelium) zu betrachten. So sagt auch die AEM in Anlehnung an die LK des II. Vatikanums von *allen* heiligen Schriften ohne Heraushebung des Evangeliums: „In den Lesungen ... spricht Gott zu seinem Volk, offenbart er das Erlösungs- und Heilsmysterium und nährt er das Leben im Geist. Christus selbst ist in seinem Wort inmitten der Gläubigen gegenwärtig" (33). Die traditionelle Ehrung hat ihren Grund wohl darin, daß man alle in den vier Evangelien überlieferten Worte Jesu – und das sind nicht wenige – als seine ureigenen Worte betrachtete, die übrigen neutestamentlichen Schriften aber als Lehr- und Pastoralschreiben der Apostel. Obwohl man heute weiß, daß alle Bücher des NT theologische Interpretation und pastorale Aktualisierung enthalten, hat die Neuordnung die besonderen Auszeichnungen der Meßevangelien beibehalten. Anscheinend schätzt Rom die Gefahr einer Unterbewertung der übrigen Schriften nicht allzu hoch ein, andererseits fühlte man sich wohl auch bestätigt durch ähnliche Riten in den Ostkirchen. Eine solche Gemeinsamkeit der Kirchen preiszugeben, könnte sicher mißverstanden werden.

Für Lesungen und Evangelium gilt, daß sie nicht nur historisierend verstanden werden wollen, als eine Information über das, was in der Vergangenheit war. Das könnte in der Tat langweilen, da dem regelmäßigen Gottesdienstbesucher viele biblischen Perikopen bekannt sind. Es kommt vielmehr darauf an, die Heilige Schrift als eine Botschaft und einen Anruf an den gegenwärtigen Hörer zu verstehen und sich diesem Ruf zu öffnen.

Die *Predigt* oder *Homilie* als Auslegung der heiligen Texte gehört zu den ältesten Elementen des Wortgottesdienstes. Ursprünglich war sie das besondere Vorrecht des Bischofs. Im Hinblick auf eine gewisse Vernachlässigung in manchen Zeiten und Ländern betont das II. Vatikanum, daß sie ein Teil der Liturgie ist und besonders in den Gemeindemessen der Sonn- und Feiertage nicht ausfallen darf (LK 52). Was die inhaltliche Ausrichtung angeht, so soll sie „aus einem heiligen Text die Geheimnisse des Glaubens und die Richtlinien für das christliche Leben" (ebd.) darlegen. Im Anschluß an die erste Instruktion zur Durchführung der Liturgiekonstitution (26. September 1964) weitet die AEM diese inhaltliche Direktive aus auf eine Auslegung anderer Texte der Tagesmesse „unter Berücksichtigung des Mysteriums, das gefeiert wird, und der besonderen Bedürfnisse der Hörer" (41). In der Regel soll die Predigt vom zelebrierenden Priester selbst gehalten werden[23].

Gegenwärtig im Wort. Vom Umgang mit dem Evangeliar, in: Gd 19 (1985) 49-51; PLHL 134.
[23] Ausführlicher bei *A. Adam*, Die Meßpredigt als Teil der eucharistischen Liturgie, in: Gemeinde im Herrenmahl 242-50. Zum Ort der Predigt s. unten S. 308.

An Hochfesten und Sonntagen wird nach der Homilie das *Credo* (= Glaubensbekenntnis) gesprochen oder gesungen. Sein innerer Sinn ist das Ja der Gemeinde zu dem in Lesungen und Predigt gehörten Wort Gottes und zu den wesentlichen Glaubenswirklichkeiten, zugleich ist es aber auch ein Lobpreis des unser Heil wirkenden dreieinigen Gottes. Es hat in der Form des größeren Nizänisch-Konstantinopolitanischen Glaubensbekenntnisses erst um die Jahrtausendwende Eingang in die römische Meßfeier gefunden. Ursprünglich war es Taufbekenntnis des Ostens, während im Westen bei der Taufe das kürzere „Apostolische Glaubensbekenntnis" gesprochen wurde. So ist das Credo bei der Eucharistiefeier auch Erinnerung an die Taufe und Aufruf zur Tauferneuerung. Nach dem MD darf auch das Apostolische Credo in der Meßfeier verwendet werden. „Das Glaubensbekenntnis soll im Regelfall in seinem Wortlaut gesprochen oder gesungen werden. Ausnahmsweise darf es durch ein Credo-Lied ersetzt werden."[24]

Abschluß des Wortgottesdienstes sind die *Fürbitten*, auch „allgemeines Gebet" oder „Gebet der Gläubigen" genannt. Es gehört zu jenen Elementen, von denen die LK (50) sagt: „Einiges dagegen, was durch die Ungunst der Zeit verlorengegangen ist, soll, soweit es angebracht oder nötig erscheint, nach der altehrwürdigen Norm der Väter wiederhergestellt werden." Dieser Verlust des allgemeinen Gebetes erstreckte sich übrigens auf mehr als 1400 Jahre. In diesen Fürbitten weitet sich der Horizont der Gläubigen, das Volk Gottes übt priesterliche Funktion aus für die gesamte Menschheit. Denn nicht die persönlichen Anliegen des einzelnen Beters, sondern die weltweiten Anliegen der Gesamtkirche und der ganzen Menschheit werden im Sinn von 1 Tim 2, 1-3 einbezogen. In der Regel soll folgende Reihenfolge beachtet werden: a) für die Anliegen der Kirche, b) für die Regierenden und das Heil der Welt, c) für alle von verschiedener Not Bedrückten, d) für die Ortsgemeinde. In diesem Rahmen können Inhalt und Form der Fürbitten auch frei formuliert werden. So ist es möglich, den „heißen Atem der Gegenwart" in die Eucharistiefeier einzubeziehen. Aufgabe des zelebrierenden Priesters ist es, Einleitung und Schluß zu sprechen bezw. zu singen, während die einzelnen Bitten von einem Diakon oder Kantor oder auch von einem oder mehreren Laien vorgetragen werden. Die Gemeinde begleitet diese Bitten mit gemeinsamen Anrufungen oder auch mit stillem Gebet, wofür dann eine entsprechende Zeitspanne vorgesehen werden muß[25].

---

[24] Rubrik MD II, 341. Zur Lit.: *W. Beinert u.a.*, Glaubensbekenntnis und Gotteslob (Freiburg i. Br. 1971); *J. Baumgartner*, Vom Bekennen des Glaubens, in: Gott feiern 142-158.

[25] Die beste Monographie stammt von *P. de Clerck*, La „prière universelle …" (LQF 62 – Münster 1977). Weitere Lit.: PLHL 157f.

c) Die Eucharistiefeier (im engeren Sinn)

Dieser zweite Hauptteil wird vorbereitet mit der Zurüstung des Altares, des „heiligen Tisches", wie man heute noch in den Ostkirchen sagt. Das Meßbuch wird auf den Altar gelegt, ein viereckiges Linnentuch (= Korporale) in seiner Mitte ausgebreitet, der Kelch daraufgestellt und das Kelchtüchlein (= Purifikatorium) danebengelegt. Daß diese Zurüstung im Gegensatz zur früheren Gewohnheit erst jetzt erfolgt, soll deutlicher den Beginn des zweiten Hauptteils herausstellen, der ja in seiner Struktur die Abendmahlsfeier Jesu nachbildet und das Pascha-Mysterium vergegenwärtigt.

Die Gabenbereitung

Das „Darbringen" von Brot und Wein war ursprünglich ein schlichtes Bereitstellen der zu verwandelnden Gaben auf dem Altar. Allmählich verbanden die Gläubigen damit auch ihre Gaben für den Unterhalt des Klerus und des Gotteshauses und für die Armen. In manchen Teilen der Kirche bildete sich daraus der „Opfergang" oder die Gabenprozession, bei der nicht nur Brot und Wein, sondern auch andere Naturalien und später auch Geld und Wertgegenstände gespendet wurden. Solche Gaben können im neutestamentlichen Gottesdienst nur im übertragenen Sinn als Opfer bezeichnet werden, weil der Neue Bund außer dem Opfer Christi keine anderen sichtbaren Opfer im kultischen Sinn kennt, wie es im Alten Bund oder bei heidnischen Religionen der Fall war. Allerdings muß zugegeben werden, daß besonders im fränkisch-gallischen Raum seit Beginn des Mittelalters diesen Gaben ein fast kultischer Opfercharakter beigemessen wurde, dessen Niederschlag sich in manchen Gebeten und Zeremonien verfestigte. Manche Gebete früherer Meßordnungen sprachen von Brot und Wein so, als ob man bereits die verwandelten Gaben, nämlich Christi Fleisch und Blut, vor sich habe und schon in dieser Phase ein kultisches Opfer vollziehe. Wendungen wie „Nimm diese makellose Opfergabe gnädig an" bei der Darbringung des Brotes und „Wir opfern dir, Herr, den Kelch des Heiles" bei der Darbringung des Weines sind zu diesem Zeitpunkt verfrüht und können höchstens als eine gedankliche Vorwegnahme gedeutet werden. Legitim ist es allerdings, daß diese Gaben, die ja auch das Ergebnis menschlicher Arbeit und Mühsal sind, als Sinnbild des Selbstopfers der Gläubigen verstanden werden. Das Volk Gottes muß sich ja allezeit dem Vater in Gehorsam und Vertrauen ganz anheimgeben und sich so mit dem Hingabewillen Christi und seinem erlösenden Opfer verbinden.

Die Neuordnung der Gabenbereitung trägt diesen Gesichtspunkten weitgehend Rechnung. Die AEM bezeichnet es als sinnvoll und wünschenswert, daß die Gläubigen Brot und Wein herbeibringen, die dann der Priester oder Diakon an geeigneter Stelle entgegennimmt und auf den Altar stellt; dabei spricht der Priester die Begleitgebete. Wenn heute auch die Gläubigen Brot und Wein für die Eucharistiefeier nicht mehr, wie früher, selbst mitbringen, behält diese Handlung doch ihre spirituelle Aussagekraft. Auch Geld und andere Gaben für die Armen oder für die Kirche, die von den Gläubigen gebracht oder in der Kirche eingesammelt werden, haben hier ihren sinnvollen Ort. Sie werden an einem geeigneten Platz – jedoch nicht auf dem Tisch der Eucharistiefeier – niedergestellt (49)[26]. Die begleitenden Gebete sind nach Art der jüdischen Segnungsgebete (= Sing.: Beraka) ein dankender Lobpreis an den gütigen Gott, von dem wir Brot und Wein empfangen. Diese Gaben sind ebenso Frucht der Erde und des Weinstocks wie auch der menschlichen Arbeit und dazu bestimmt, in der zweiten Phase der Eucharistiefeier uns zum „Brot des Lebens" und zum „Kelch des Heiles" zu werden.

Was die nähere *Beschaffenheit der Gaben* betrifft, so gilt für das Brot die Feststellung der AEM 282: „Gemäß der Überlieferung verwendet die gesamte Kirche für die Eucharistiefeier Weizenbrot, das nach dem Brauch der lateinischen Kirche ungesäuert ist." Der genannte Brauch hat sich im Abendland erst im 9.-11. Jahrhundert herausgebildet. Um seinetwillen kam es seit dem 11. Jahrhundert zu heftigen Vorwürfen seitens der byzantinischen Kirche. Auf dem Unionskonzil von Florenz 1439 einigte man sich darauf, daß sowohl im ungesäuerten wie im gesäuerten Brot der Leib Christi wahrhaft gegenwärtig wird; jeder Priester habe sich aber an seinen Ritus zu halten[27]. Das Brot soll so beschaffen sein, „daß der Priester bei einer Gemeindemesse das Brot wirklich in mehrere Teile brechen kann, die er wenigstens einigen Gläubigen reicht" (AEM 283).

Für den Wein wird gefordert, daß er „vom Gewächs des Weinstocks" (vinum de vite) stammt und „naturrein, d.h. ohne Beimischung von Fremdstoffen", ist (AEM 284). Um dies sicherzustellen, hat die DBK am 15. Februar 1976 eine Meßwein-Verordnung veröffentlicht, die für alle Diözesen der Bundesrepublik Deutschland Gültigkeit hat[28]. Bis zum 16. Jahrhundert bevorzugte man roten Wein, wie es in der byzantinischen Liturgie bis zur Gegenwart üblich ist. Als aber im Abendland im 16. Jahrhundert die Purifikatorien (Kelchtüchlein zum Reinigen des Kelches) aufkamen, ging man zum Weißwein über, weil er weniger Spuren hinterläßt.

Brot und Wein müssen sich in einem einwandfreien Zustand befinden, d.h., der Wein darf nicht zu Essig geworden und „das Brot nicht verdorben oder so hart sein, daß man es nur mit Mühe brechen kann" (AEM 285).

Brot und Wein waren Inbegriff für Speise und Trank. Essen und Trinken haben eine tiefe Bedeutung. Sie ermöglichen das Leben. Wer

---

[26] Vgl. *J. Baumgartner*, Vom Sinn der Gabenkollekte, in: Hl. Dienst 32 (1978) 97-104; ders., Geldspende im Gottesdienst?, in: Schweiz. Kirchenzeitung 153 (1985) 209-211, mit weiterer Lit.
[27] DS 1303.
[28] Vgl. die Amtsblätter der Diözesen und Archiv für kath. Kirchenrecht 145 (1976) 215. Vgl. *Meyer-Schermann* Nr. 793-799.

nicht mehr essen und trinken kann, wer nichts zu essen und zu trinken hat, muß sterben. So enthält jede Mahlzeit einen stillen Hinweis auf die Abhängigkeit und Hinfälligkeit unseres Lebens. Speise und Trank werden vom religiösen Menschen als Gaben des Schöpfers erfahren, der nicht nur Schöpfer und Quell des Lebens ist, sondern auch sein Erhalter. So wird *das Mahl* zum Rückverweis auf den Schöpfergott. Wer das bedenkt, der dankt. Gott danken aber heißt beten. So ist das Tischgebet uralter Menschheitsbrauch. Das Mahl selbst hat eine religiöse Note, eine religiöse Weihe. Zugleich ist es ein Symbol der Gemeinschaft und Freundschaft mit allen, die daran teilnehmen. So konnten Brot und Wein, Essen und Trinken für Christus sichtbares Zeichen werden für ein Mahl, in dem er selbst zur Speise wird, worin er Gemeinschaft stiftet mit sich und unter allen, die daran teilhaben. So ist in den Gebeten der Gabenbereitung schon eine tiefe Aussage über Sinn und Ziel des eucharistischen Mahles enthalten.

Bevor der Priester den Kelch erhebt, *mischt er dem Wein ein wenig Wasser bei.* Dieser Ritus mag zunächst im antiken Brauch und damit auch im Beispiel Christi verwurzelt sein, den Wein nicht unvermischt zu trinken. Die Christenheit sah darin eine mehrfache Symbolik: einmal den Hinweis auf Blut und Wasser, die aus der Seite Christi flossen und durch die man die Geburtsstunde der Kirche und der Sakramente symbolisiert sah; dann eine Darstellung der engen Verbindung von göttlicher und menschlicher Natur in Christus; schließlich die enge Verbindung, die uns mit Christus geschenkt wird. Aus den beiden letzten Deutungen ist das Gebet zu verstehen, das den Mischungsritus begleitet: „Wie das Wasser sich mit dem Wein verbindet zum heiligen Zeichen, so lasse uns dieser Kelch teilhaben an der Gottheit Christi, der unsere Menschennatur angenommen hat."

Dem Bereitungsgebet des Kelches folgt ein Gebet der „Selbstaufopferung" („… Nimm uns an und gib, daß unser Opfer dir gefalle"). Anschließend ist es freigestellt, Gaben und Altar, Priester und Gemeinde zu inzensieren. Die dabei früher üblichen Begleitgebete entfallen im neuen Missale.

Der folgende *Ritus der Händewaschung* ist schon seit dem 4. Jahrhundert (für Jerusalem) bekannt. Allerdings stand er lange Zeit vor der Gabenbereitung und war ein zeichenhafter Anruf zur inneren Reinigung vor dem Beginn der eigentlichen Eucharistie. Erst im Hochmittelalter wandert er an die heutige Stelle. Das begleitende Gebet charakterisiert ihn als Symbol des Verlangens nach Reinheit.

Die Gabenbereitung wird abgeschlossen mit dem *Gabengebet.* Ihm geht eine Gebetseinladung an die Gemeinde voraus. Während das lateinische Missale hierfür nur das überkommene „Orate, fratres" („Betet, Brüder") mit dem „Suscipiat Dominus" („Der Herr nehme das Opfer an") vorsieht, kennt das MD darüber hinaus noch die Formen A und B ohne Antwort der Gemeinde. Auch enthält es die Rubrik „Oder eine andere Gebetseinladung" (MD II,346). Sowohl das lateinische Wechselgebet wie auch manche Formulierungen des abschließenden Gabengebetes (früher auch Sekret genannt) haben nicht selten das Mißverständnis begünstigt, als handele es sich bei der Darbringung der Gaben schon um das eigentliche Opfer Christi und der Kirche, das uns Vergebung und Heil vermittelt[29].

Das Hochgebet

Bei dem nun beginnenden Teil der Meßfeier, der einen ersten Höhepunkt bedeutet, handelt es sich um einen Block von Gebeten und Riten, den wir in der deutschen Sprache als Hochgebet oder eucharistisches Gebet („prex eucharistica") bezeichnen. Es beginnt mit der Präfation und schließt mit der großen Doxologie vor dem Vaterunser. In der römischen Liturgie heißt es auch Kanon, was „feststehender Teil" bedeutet und die Meinung begünstigte, als dürfe sich daran nicht das geringste ändern. Ein Blick auf die ältesten Überlieferungen, besonders in den Kirchen des Ostens, wo man von der „Anaphora" (Darbringung) spricht, zeigt jedoch, daß es vielfältige Möglichkeiten gibt, wie man das Gedächtnis Christi, die Vergegenwärtigung des Pascha-Mysteriums gestalten kann.

Die Hochschätzung des Hochgebetes führte in der westlichen Kirche des frühen Mittelalters zu der fragwürdigen Sitte, die dann auch zum Gesetz erhoben wurde, es mit Ausnahme der Präfation und des Sanctus leise zu beten. So war es gleichsam mit einem doppelten Schleier verhüllt: Die Gemeinden konnten es nicht hören, aber auch wegen des Lateins nicht verstehen. Erst seit 1965 darf das Hochgebet laut vorgetragen werden, seit 1967 auch in der Muttersprache.

Die Bemühungen, das einzige Hochgebet in der westlichen Kirche, den sogenannten römischen Kanon, zu reformieren, erwiesen sich wegen der vielfachen Einschübe von Aufopferungsgebeten, Heiligengedächtnissen und Fürbitten (auch vor den Einsetzungsworten) als nicht realisierbar. Darum gab der Papst die Weisung, der römische Kanon solle, von geringfügigen Änderungen abgesehen, in seiner traditionellen Gestalt erhalten bleiben. Jedoch sollten ihm drei neue Hochgebete zur freien Auswahl an die Seite gestellt werden. Diese Neuordnung trat 1968 in Kraft. Seitdem wird der römische Kanon auch als Hochgebet (H) I bezeichnet. H II ist ein überarbeitetes Hochgebet des römischen Priesters und Märtyrers *Hippolyt* aus dem Anfang des 3. Jahrhunderts. Man könnte deshalb auch vom Hochgebet der Märtyrerzeit sprechen. H III ist eine Neuschöpfung, bei der man bemüht war, die einzelnen Strukturelemente in klarer Übersichtlichkeit zu ordnen. H IV enthält wesentliche Teile der östlichen Basilius-Liturgie. Wegen seines ausführlichen Lobpreises aller Heilstaten Gottes wurde es auch das heilsgeschichtliche Hochgebet genannt. Einige

---

[29] Ausführlicher bei MS II, 3-125; *J. A. Jungmann*, Die Gebete zur Gabenbereitung, in: LJ 23 (1973) 186-203; *R. Berger*, Gabenbereitung und Gabengebet, in: Gemeinde im Herrenmahl 264-271.

Besonderheiten dieser vier Hochgebete kommen bei der Beschreibung der Einzelelemente zur Sprache. Hier sei lediglich noch erwähnt, daß die Hochgebete II und IV eine eigene Präfation haben[30].

Die Hochgebete werden eingeleitet durch ein dreigliedriges Wechselgebet, in dem uns älteste jüdische und christliche Überlieferung begegnet („Der Herr sei mit euch ...; Erhebet die Herzen ...; Lasset uns danken ...“). In diesem einleitenden Gebetsdialog wird deutlich, daß auch das Hochgebet nicht als eine ausschließliche Angelegenheit des Zelebranten, sondern als Gebet des ganzen Gottesvolkes zu verstehen ist. Dieser Dialog ist Aufruf und Aufbruch zum großen Danken (griechisch: *eucharistein*) und bezieht sich deshalb nicht nur auf die anschließende Präfation, sondern auf das gesamte Hochgebet.

Das Wort „*Präfation*“ darf nicht als „Vorrede“ übersetzt und verstanden werden. Denn die lateinische Vorsilbe prae (= vor) ist hier nicht zeitlich, sondern räumlich zu verstehen: Vor Gott und der Gemeinde „preist der Priester den Vater und dankt ihm für das gesamte Werk der Erlösung oder, entsprechend dem Tag, dem Fest oder der Zeit, für ein bestimmtes Geheimnis des Heilswerkes“ (AEM 55a). Die traditionellen römischen Präfationen, deren es im ausgehenden Altertum weit über 200 gab und die am Ende des 6. Jahrhunderts auf 14 beschränkt wurden, bringen meist nur einen bestimmten Aspekt des Erlösungswerkes zur Sprache. Unter den zahlreichen neuen Präfationen finden sich aber auch Lobpreis und Danksagung für die gesamte Heilstat Christi, ja für die gesamte Heilsgeschichte von der Schöpfung bis zur Wiederkunft Christi[30a].

Jede Präfation hat einen *dreigliedrigen Aufbau*: die Einleitung, die rühmende Darstellung der Heilstat und die Überleitung zum Gemeindegesang des Sanctus. Der mittlere Teil macht deutlich, daß die Präfationen auch echte Verkündigung sind.

Vom anschließenden dreimaligen *Sanctus* sagt die AEM, es sei Teil des Hochgebetes und müsse von Priester und Gemeinde gemeinsam gesungen bzw. gesprochen werden. Dem Sanctus liegen zwei Schriftstellen zugrunde: der Lobpreis der Engel im Visionsbericht des Jesaja (6,2 f) und die Lobrufe des Volkes beim Einzug Jesu in Jerusalem (Mt 21,9). Das Sanctus gehört zum ältesten Gut fast aller Liturgien, sein erster Teil wurde wahrscheinlich vom jüdischen Gebetsgottesdienst übernommen. Hosanna ist ein hebräisches Wort, das ursprünglich die Bedeutung „hilf doch“ hatte und später zum Jubelruf zu Ehren Gottes und des Königs wurde[31].

---

[30] Aus der umfangreichen Lit. seien erwähnt: *A.Hänggi – J.Pahl*, Prex Eucharistica (Fribourg 1968); *Th.Schnitzler*, Die drei neuen eucharistischen Hochgebete und die neuen Präfationen... (Freiburg i. Br. ¹1968); *B.Kleinheyer*, Erneuerung des Hochgebetes (Regensburg 1969); *O.Nußbaum* (Hg.), Die eucharistischen Hochgebete II-IV (Münster 1971); PLHL 204-209.

[30a] Wichtig die kritische Ausgabe von *E.Moeller*, Corpus praefationum, in: CCL 161, A-D (Tournholt 1980f).

[31] Vgl. *H.Eising*, Die Bedeutung des Sanctus, in: Gemeinde im Herrenmahl 297-302.

Im bisherigen Römischen Meßbuch war nach dem Sanctus eine deutliche Zäsur zu spüren, wie sich aus der graphischen Gestaltung ergibt. Es herrschte die verbreitete Meinung, daß erst jetzt der Kanon beginne. Die neuen Hochgebete haben demgegenüber eine organische Überleitung, das *Postsanctus*. Mit ihm verbindet sich im MD an bestimmten Tagen die Erwähnung des Festgeheimnisses.

An diese Überleitung schließt sich im H II und H III die *Epiklese* an, während sie im H IV erst nach einem längeren heilsgeschichtlichen Lobpreis folgt. Es handelt sich dabei um die Herabrufung des Heiligen Geistes mit dem Ziel der Verwandlung von Brot und Wein in Jesu Fleisch und Blut. Auch im H I kann man im Gebet unmittelbar vor den Einsetzungsworten eine Epiklese erkennen, wenn sie auch leider nicht den Heiligen Geist erwähnt. In den östlichen Liturgien findet sich diese Epiklese erst nach den Einsetzungsworten. Daraus entzündete sich seit dem frühen Mittelalter eine heftige Streitfrage. Während der Westen die Meinung vertrat, daß die Verwandlung der Gaben durch die Einsetzungsworte erfolge, schrieb sie der Osten der Epiklese zu. Indem man heute wieder – wie schon in den ersten vier Jahrhunderten – mehr die Einheit des Hochgebetes betont, scheint sich zum mindesten im Westen eine Entschärfung dieser Kontroverse anzubahnen. Die letzten Worte dieser Wandlungsepiklese werden durch zwei Segensriten unterstrichen, das Ausbreiten der Hände über die Gaben und das segnende Kreuzzeichen.

Die *Einsetzungsworte* des römischen Kanons sind in ihrem Wortlaut nicht identisch mit den vier biblischen Einsetzungsberichten. Man vermutet, daß sie auf eine liturgische Überlieferung zurückgehen, die schon vor Abfassung der neutestamentlichen Schriften fixiert war. Die neueste Reform hat die Jesusworte in allen Hochgebeten gleichgestaltet. Der bisherige Einschub „Geheimnis des Glaubens" wurde herausgelöst und als Einleitungswort für die neu eingeführte Akklamation der Gemeinde „Deinen Tod, o Herr, verkünden wir ..." eingefügt.

Im Mittelalter umgab man im Westen die Einsetzungsworte mit mancherlei feierlichen Zeichen, zu denen das anbetende Niederknien, die Inzensierung und Glocken- und Schellenzeichen gehören. Die Erhebung der konsekrierten Hostie geht auf das starke Schauverlangen des Mittelalters zurück (seit ca. 1200), die Erhebung des Kelches kam erst später hinzu[31a]. Die Verwandlung der Gaben wurde von der mittelalterlichen Theologie mit dem Ausdruck Transsubstantiation beschrieben. Heute spricht man zusätzlich von einer Transfinalisation und Transsignifikation im Sinn einer neuen Sinnfülle und Zeichenkraft der konsekrierten Gaben[32].

Um die *Übersetzung der Einsetzungsworte* im MD gab es in den letzten Jahren eine heftige Auseinandersetzung. Während es im MR heißt, daß das Blut Christi „für euch und für viele vergossen wird" (entsprechend Mt

---

[31a] Vgl. MS II, 255-264; *H.B.Meyer*, Die Elevation im deutschen Mittelalter und bei Luther, in: ZkTh 85 (1963) 162-217.
[32] Vgl. *H.Volk – F.Wetter*, Geheimnis des Glaubens ... (Mainz 1968) 10-29.

26,28 und Mk 14,24), übersetzt das MD „für euch und für alle". Manche sahen darin eine so schwerwiegende Veränderung des lateinischen Textes, daß sie die Gültigkeit einer solchen Meßfeier in Frage stellten. Demgegenüber ist zu sagen, daß der Heilswille Gottes in und durch Christus universal ist, es also auch in der Absicht Christi lag, sein Blut für alle zu vergießen, wie sich aus Röm 8,32; 2 Kor 5,14 f; 1 Tim 2,6 und 1 Joh 2,2 ergibt. Auch Joh 6,51 weist in diese Richtung. Insofern ist die Übersetzung „für alle" durchaus rechtgläubig. Wenn es andererseits im MR „für viele" heißt, so faßt dieses Wort mehr die tatsächlich eintretende Wirkung ins Auge. Denn nach katholischer Lehre gehen manche Menschen verloren. Insofern haben beide Aussagen ihr Recht. Hinzu kommt die Feststellung der Exegeten, daß das Hebräische und Aramäische kein Wort für „alle" haben und deshalb das Wort „viele" auch im Sinn von „alle" benutzen, wie es sich auch beim hl. Paulus nachweisen läßt (vgl. Röm 5,12-18; 1 Kor 15,22)[33].

Während bislang im römischen Kanon alle Texte nur vom Priester zu beten waren, spricht nun die Gemeinde nach den Einsetzungsworten die *Akklamation* „Deinen Tod, o Herr, verkünden wir …" Hiermit bekennt sich die Gemeinde im Anschluß an 1 Kor 11,26 dankbar zu ihrem Herrn und seinen Heilstaten. Die anschließende *„Anamnese"* (= Gedächtnis) gedenkt des gesamten Heilswerkes Christi, das in den einzelnen Hochgebeten in seinen wichtigsten Phasen genannt wird: H I: Leiden, Auferstehung und Himmelfahrt; H II: Tod und Auferstehung; H III: Leiden, Auferstehung, Himmelfahrt und Wiederkunft; H IV erwähnt zusätzlich noch das „Hinabsteigen zu den Vätern".

Eng mit der Anamnese verbunden ist in allen Hochgebeten ein *Darbringungs- und Opfergebet*. Es bezieht sich primär auf das einmalige Opfer Christi, bei dem er Opfergabe und Opferpriester zugleich ist und das in der eucharistischen Feier sakramental gegenwärtig wird (Aktualpräsenz). Die Kirche als Mystischer Leib Christi schließt sich innerlich dem Hingabewillen Christi an, indem sie ihre Selbsthingabe an Gott mit dem Opfer Christi verbindet. Bereits bei der Gabenbereitung ist das Thema des „Selbstopfers" der Kirche angeklungen, wird aber hier besonders aktuell. „Die Kirche möchte erreichen, daß die Gläubigen nicht nur diese makellose Gabe darbringen, sondern auch lernen, sich selbst hinzuschenken, und so durch Christus, den Mittler, zu einer immer innigeren Einheit mit Gott und untereinander gelangen, auf daß Gott alles in allem sei" (AEM 55 f)[34].

Der Weg zu diesem Ziel führt über den Empfang des Leibes und Blutes Christi. Darum findet sich hier auch die Bitte um den fruchtreichen Empfang der heiligen Speise, ein Gebet, das man auch *Kommunionepiklese*

---

[33] Ausführliche Belege bei *Schneider* 139f; *W. Stenger*, Das für alle vergossene Blut, in: Gd 4 (1970) 45ff.

[34] Zum Thema des Selbstopfers: *A. Adam*, Christlicher Gottesdienst und persönliches Opfer, in: Freude am Gottesdienst 361-370.

nennt. In ihm wird zugleich um die Einheit der Gläubigen gebetet, die als besonderes Werk des Heiligen Geistes erkannt wird.

An die Kommunionepiklese schließen sich *Fürbittgebete* („Interzessionen") für die gesamte Kirche, ihre Amtsträger, die versammelte Gemeinde, aber auch „für alle deine Söhne und Töchter, die noch fern sind von dir" (H III) an. Auch der Verstorbenen wird dabei gedacht, wobei in den Hochgebeten I-III die Nennung bestimmter Namen möglich ist. Diese Fürbitten gelten auch allen „Verstorbenen, um deren Glauben niemand weiß als du" (H IV). So kommt auch hier die universale Heilsbedeutung des Kreuzesopfers und seiner sakramentalen Vergegenwärtigung zum Ausdruck[35].

In allen vier Hochgebeten findet sich auch ein *Gedächtnis der Märtyrer und Heiligen*, insbesondere das der Gottesmutter und der Apostel. Besonders umfangreich ist es im H I, wo sowohl vor wie nach den Einsetzungsworten zahlreiche Heilige genannt werden. Das Heiligengedächtnis im H III sieht vor, daß bestimmte Heilige zusätzlich eingefügt werden können (Tagesheilige und Patrone). Es hat sicher Zeiten gegeben, in denen eine überbordende Heiligenverehrung den Blick auf die Heilsmysterien Christi etwas verstellt hat. Aber auch das andere Extrem, der völlige Verzicht auf Heiligenverehrung, wäre ein Verlust an christlicher Glaubensfülle und konkreter Anschaulichkeit des gelebten Glaubens[36].

Letztes Element aller vier Hochgebete ist die große *Doxologie* (= Lobspruch), die in der Form des H I auch in die anderen Hochgebete aufgenommen wurde. Dabei hebt der Priester die konsekrierten Gaben etwas empor und spricht (singt): „Durch ihn und mit ihm und in ihm wird dir, Gott, allmächtiger Vater, in der Einheit des Heiligen Geistes alle Herrlichkeit und Ehre jetzt und in Ewigkeit." In und durch die Gemeinschaft mit Christus gewinnt auch unser Leben Wert in Richtung auf die Ehre Gottes und erlangt so seinen tiefsten Sinn. Die Gemeinde bekräftigt diesen Lobspruch mit ihrem „Amen". *J. A. Jungmann* sieht in dieser Doxologie ein Stück frühester kirchlicher Überlieferung, eine Entfaltung von Eph 3,20 f[37].

Außer den genannten drei neuen Hochgebeten gibt es im deutschen Sprachgebiet noch *drei Hochgebete für Meßfeiern mit Kindern* und eines zum Thema *„Versöhnung"*. Die Schweiz hat seit 1974 ein Hochgebet aus Anlaß ihrer Synode mit vier Varianten (u. a. auch von Österreich, Luxemburg, Frankreich und Italien übernommen). Bereits 1970 erschien auch ein Hochgebet für Meßfeiern mit *Gehörlosen*[38].

---

[35] Vgl. *R. Kaczynski*, Die Interzessionen im Hochgebet, in: Gemeinde im Herrenmahl 303-313.

[36] Siehe unten S. 291 ff.

[37] So in seinem wohl letzten wissenschaftlichen Beitrag „Die Doxologie am Schluß der Hochgebete", in: Gemeinde im Herrenmahl 314-322, hier 321. *J. A. Jungmann* starb am 26. Januar 1975.

[38] Dieses und die vier erstgenannten zusätzlichen Hochgebete sind als Altar- und Volksausgabe erschienen (Freiburg i. Br. u. a. 1980).

Neben diesen offiziellen Hochgebeten erschienen seit 1967 zahlreiche *Hochgebete privater Herkunft*, die besonders von Holland ihren Ausgang nahmen und weite Verbreitung erlangten. Die Bischöfe sprachen einerseits mehrfach ein Verbot aus, andererseits baten sie aber auch die römischen Stellen um die Erlaubnis für neue Hochgebete. Ein Rundschreiben der Gottesdienstkongregation vom 27. April 1973 räumte jedoch den Bischofskonferenzen nur die Möglichkeit ein, neue Präfationen und Einschubtexte zu approbieren und konfirmieren zu lassen.

Sicher wird man jeder Zeit das Recht zugestehen müssen, das Lob Gottes in ihrer Sprache und in ihrem lebendigen Glauben zu verkünden. Andererseits ist die Billigung durch die Leitung der Kirche eine notwendige Hilfe, damit die „Mitte und der Höhepunkt" (AEM 54) christlichen Gottesdienstes nicht durch zeitbedingte Einseitigkeiten und Subjektivitäten verfälscht wird[39]

Die *Reformatoren* haben den römischen Kanon wegen des darin ausgesprochenen Opfergedankens radikal verworfen und damit das Hochgebet als ein Kernstück aus dem christlichen Gottesdienst herausgebrochen. Diese Erkenntnis und das Bedauern darüber ist heute im Wachsen begriffen, wenn auch die Rückgewinnung ein langwieriger Prozeß sein wird[40].

Die Kommunion

Dem Gedächtnis des Pascha-Mysteriums mit seiner sakramentalen Vergegenwärtigung und dem damit verbundenen Selbstopfer der Kirche folgt nun das von Christus gestiftete Gedächtnis- und Opfermahl seines Leibes und Blutes, die Kommunion. In ihr vollendet sich die Eucharistie und die tätige Teilnahme an ihr, sie ist Wesensteil der Gesamtfeier, ihr zweiter Höhepunkt. Kommunion bedeutet ursprünglich gemeinsame Sorge, gemeinsamer Besitz (vom lateinischen com-munire). Die alte Kirche gebrauchte es zunächst für die kirchliche Gemeinschaft, von der die Sünder ausgeschlossen = exkommuniziert werden konnten. Schließlich aber erlangt es seine Hauptbedeutung als Einheit und Gemeinschaft mit Christus durch das heilige Mahl im Sinn des überlieferten Christuswortes: „Wer mein Fleisch ißt und mein Blut trinkt, der bleibt in mir, und ich bleibe in ihm" (Joh 6, 56).

In den ältesten uns bekannten Eucharistiebeschreibungen schloß sich der Empfang der geheiligten Gaben unmittelbar an das Amen der Doxologie an[41]. Aber schon früh bildeten sich vor ihrem Empfang einige Riten der Vorbereitung heraus. Hierzu gehörte an erster Stelle das *Vaterunser*.

---

[39] Vgl. *H.Rennings*, Zur Diskussion über neue Hochgebete, in: LJ 23 (1973) 3-20; im gleichen Heft weitere Beiträge.
[40] *W.Averbeck*, Die Wiedergewinnung des eucharistischen Hochgebetes im evangelischen Raum, in: LJ 18 (1968) 19-43; vgl. auch die Diskussion um die sogenannte Lima-Liturgie in den Kirchen der Reformation (s. oben S. 99 f).
[41] Vgl. *Justin*, Apologie I, 65 und 67.

Seine theologische Funktion deutet man „sowohl als Vollendung des Op-
fermysteriums als auch als Vorbereitung auf die Kommunion" bzw. „als
Klammer zwischen der Opferhandlung und der durch sie ermöglichten
Mahlgemeinschaft mit Christus"[42]. Daß es in der römischen Meßfeier
nicht mehr unmittelbar vor dem Kommunionempfang, sondern schon
vor den Riten des Friedens, der Brotbrechung und Mischung steht, geht
auf *Gregor d. Gr.* zurück.

Eingeleitet wird das Gebet des Herrn mit einer Gebetseinladung, für
die das MD vier Formen bereithält und denen es hinzufügt: „Oder eine
andere geeignete Einladung. Diese kann auch der Zeit des Kirchenjahres
angepaßt werden"(II,512).

Schon um die Mitte des 3. Jahrhunderts, vielleicht noch früher, verstand man die Brotbitte auch vom eucharistischen Brot[43]. Auch in der folgenden Vergebungsbitte sah man im Sinn von Mt 5,23 f und 6,14 f eine
notwendige seelische Bereitung für das heilige Mahl. Seit der Liturgiereform wird das Vaterunser von Priester und Gemeinde gemeinsam gesprochen (gesungen), früher war der Gemeinde nur die letzte Bitte („sed libera
nos a malo") vorbehalten.

An das Vaterunser schließt sich ein Gebet an, das die letzte Bitte um Erlösung vom Bösen entfaltet. Der Priester betet darin um Frieden, um
Gottes helfendes Erbarmen und Bewahrung vor Verwirrung und Sünde,
„damit wir voll Zuversicht das Kommen unseres Herrn Jesus Christus erwarten". Der Text, der seit alters den Namen *Embolismus* (= Einlage)
trägt, ist durch die Reform gestrafft und so zu Ende geführt, daß die Gemeinde mit dem Gebetsruf antworten kann: „Denn dein ist das Reich und
die Kraft und die Herrlichkeit in Ewigkeit." Die Aufnahme dieses Lob-
spruchs aus der Wende vom 1. zum 2. christlichen Jahrhundert (Didache
9,4) in die römische Meßfeier ist zugleich ein kleiner Schritt in Richtung
ökumenischer Einheit. Denn die evangelischen Christen schließen dieses
Gebet immer an das Vaterunser an, seitdem es *Martin Luther* aufgrund
der von ihm benutzten griechischen Vorlage des NT in seine Bibelübersetzung aufgenommen hat. Auch die östlichen Kirchen haben es in ihrer
Eucharistiefeier, wenn auch in etwas abgewandelter Form. In diesem
„Urgebet" drückt sich die starke Zuversicht der Urgemeinden in den end-
gültigen Sieg des Gottesreiches aus, vergleichbar etwa den Huldigungs-
rufen in den Visionen der Geheimen Offenbarung.

Auch der anschließende *Ritus des Friedens* ist als unmittelbare Vorbereitung auf die Kommunion zu verstehen. Sagt doch Jesus in der Bergpre-
digt in aller Deutlichkeit, daß die Versöhnung mit den Brüdern dem Gottesdienst vorausgehen muß (Mt 5,23 f). Deshalb steht dieser Friedensritus
in der östlichen Liturgie noch vor dem eucharistischen Hochgebet, auch

---

[42] *W. Dürig,* Das Vaterunser in der Messe, in: Gemeinde im Herrenmahl 326; *ders.,* Die
Deutung der Brotbitte des Vaterunsers bei den lateinischen Vätern bis Hieronymus, in:
LJ 18 (1968) 72-86.
[43] Zum Beispiel *Cyprian,* De dominica oratione 18: CSEL 3,1,280 f.

im Westen war es ursprünglich so gewesen. Der Priester spricht zunächst ein Gebet, das sich an die Friedensverheißung Jesu (Joh 14,27) anlehnt. An seiner Stelle können nach dem MD (II, 517 f) aber auch andere Gebete treten, die der Zeit des Kirchenjahres oder einem besonderen Anlaß angepaßt sind. Nun singt (oder spricht) er mit ausgebreiteten Händen den Friedensgruß. Wo es tunlich erscheint, folgt die Aufforderung an die Gläubigen, sich gegenseitig den Frieden zu bezeigen. In welcher Geste dies geschieht (z. B. Kuß, Handreichung oder Verneigung), soll von den Bischofskonferenzen entsprechend der Eigenart und den Gebräuchen der Völker näher bestimmt werden.

Nun teilt der Priester die große Hostie in mehrere Teile und senkt ein Stückchen davon in den Kelch. Dabei spricht er leise: „Das Sakrament des Leibes und Blutes Christi schenke uns ewiges Leben". Dieser Ritus der *Brechung und Mischung* ist nur historisch erklärbar. Bevor die vorgeformten kleinen Hostien aufkamen (12. Jahrhundert), mußten die großen Brotscheiben in kleine Stücke gebrochen werden, wie es ja auch beim Abendmahl Jesu geschah und wovon der erste Name für die Eucharistiefeier herrührte: Feier des Brotbrechens. In dieser praktischen Notwendigkeit des Brotbrechens sah schon Paulus eine symbolische Bedeutung: Das eine Brot, welches Christus ist, wird den Vielen mitgeteilt, damit sie der eine Leib Christi werden (vgl. 1 Kor 10,16 f). Auch die AEM macht sich diese Deutung zu eigen (56c; 283). Diese Symbolik könnte dadurch neu belebt werden, daß statt der kleinen vorgeformten Hostien große Brotscheiben genommen werden. Allerdings begünstigt eine große Zahl von Kommunizierenden den seitherigen Brauch. Ausdrücklich wünscht die AEM (56 h), daß die Hostien für die Kommunion der Gläubigen in jeder Messe eigens konsekriert werden, eine Empfehlung, die schon *Pius XII.* unter Berufung auf *Benedikt XIV.* ausgesprochen hat[44].

Die Einsenkung einer Hostienpartikel in den Kelch (= Mischung) ist nicht leicht zu erklären. Die AEM verzichtet im Gegensatz zu anderen Riten auf jeden Erklärungsversuch. Nach manchen Forschern beruht sie auf dem römischen Brauch, daß der Papst an bestimmten Festtagen den Priestern benachbarter Kirchen ein Stückchen der konsekrierten Hostie übersandte, das man *fermentum* nannte. Diese legten es in ihrer nächsten Meßfeier in den Kelch zum Zeichen der brüderlichen Gemeinschaft zwischen Papst und Priester und zur Bekundung der Einheit des Opfers Christi[44a]. Andere sehen darin die Übernahme eines in Syrien entstandenen Ritus, dessen Sinn die Symbolisierung der Auferstehung Christi und seiner Gegenwart auf dem Altar sei.

Inzwischen wird vom Sängerchor oder Kantor abwechselnd mit der Gemeinde das *„Agnus Dei"* (Lamm Gottes) gesungen. Statt des wörtlichen Textes kann ein entsprechendes Lied gesungen werden. Während

---

[44] Enzyklika „Mediator Dei" (1947) Nr. 117 und 119. Zur Symbolik des Brotbrechens: *F. Nikolasch*, Vom geteilten Brot, in: Gott feiern 248-255.
[44a] Vgl. MS II, 385 ff; *Jungmann*, Erbe 379-389.

dieses Gesangs spricht der Priester zur persönlichen Vorbereitung auf den fruchtreichen Empfang der Kommunion ein *Vorbereitungsgebet*. Dann hebt er nach einer Kniebeuge die Hostie ein wenig empor und spricht die biblischen Sätze: „Seht das Lamm Gottes, das hinwegnimmt die Sünde der Welt" (Joh 1,29). „Selig, die zum Mahl des Lammes geladen sind" (Offb 19,9). Gemeinsam mit der Gemeinde betet er dann: „Herr, ich bin nicht würdig, daß du eingehst unter mein Dach, aber sprich nur ein Wort, so wird meine Seele gesund" (Mt 8,8). So im MR. Das MD sieht vor, daß der Zusatz „Selig, die …" erst nach dem „Herr, ich bin nicht würdig …" gesprochen wird. Auch andere Texte (Kommunionverse) können genommen werden. Zunächst empfängt der Priester Leib und Blut Christi mit einem kurzen Gebet. Dann reicht er den Gläubigen die Hostie mit den Worten „Der Leib Christi", worauf die Gläubigen mit „Amen" antworten. Es ist bei aller Kürze ein Gebet des Glaubens und der Anbetung.

Den Gläubigen im deutschen Sprachgebiet ist es seit 1969 freigestellt, zwischen der Kommunionspendung in die Hand (ursprünglicher Ritus) oder in den Mund (seit dem 9. Jahrhundert) zu wählen. Eine dritte Möglichkeit, die Hostie selbst aus der Schale zu nehmen, erscheint aus verschiedenen Gründen als weniger empfehlenswert[45].

Zur Frage der *Kelchkommunion* der Gläubigen ist zunächst festzustellen, daß sie auch in der westlichen Kirche bis ins hohe Mittelalter üblich war. Die Kommunion unter beiden Gestalten entspricht besser dem Auftrag Christi und dem Vorbild des Letzten Abendmahls. Wenn auch die Theologie seit dem Mittelalter zur Überzeugung kam, daß der ganze Christus mit Fleisch und Blut in jeder der eucharistischen Gestalten gegenwärtig ist, so bleibt doch bestehen, daß die eingestaltige Kommunion unter einer verkürzten Zeichenkraft leidet. Das langsame Verschwinden der Kelchkommunion seit dem 13. Jahrhundert dürfte vor allem der übergroßen Sorge erwachsen sein, es könne durch eine Verschüttung des heiligen Blutes dem Sakrament und damit Christus großes Unrecht zugefügt werden. Der Widerstand gegen die Hussiten und Reformatoren führte dann zu einem weitgehenden Verbot der Kelchkommunion. Eine erste vorsichtige Annäherung an den ursprünglichen Brauch erfolgte auf dem II. Vatikanum (LK 55). Die AEM sieht insgesamt 14 Personengruppen vor, denen die zweigestaltige Kommunion erlaubt ist (242). Im Anschluß an eine Instruktion der römischen Gottesdienstkongregation vom 29. Juni 1970 haben die deutschen Bischöfe im März 1971 diese Erlaubnis ausgedehnt auf „Meßfeiern kleiner Gemeinschaften" und „Meßfeiern an hervorgehobenen Festtagen, wenn die Zahl der Teilnehmer nicht zu groß ist". Im Einzelfall hat der zelebrierende Priester bzw. in Pfarrkirchen der Pfarrer unter pastoralen und praktischen Gesichtspunkten zu entscheiden, ob von diesen weitgehenden Möglichkeiten Gebrauch gemacht wird. Dabei sollte er vor Augen haben, daß die AEM die Kelchkommunion wegen der größeren Zeichenkraft wärmstens empfiehlt (56 h; 240).

---

[45] Vgl. *O. Nußbaum*, Die Handkommunion (Köln 1969); PLHL 192 mit weiterer Lit.

Was die *Art und Weise der Kelchkommunion* angeht, so kennt die AEM (243 ff) vier mögliche Formen: a) Trinken aus dem Kelch; b) Eintauchen der Hostie in den Kelch; c) Gebrauch eines Trinkröhrchens; d) Gebrauch eines kleinen Löffels, mit dem kleine im Kelch getränkte Partikel in den Mund gegeben werden. Nach den Weisungen der Instruktion und der deutschen Bischöfe ist dem direkten Trinken aus dem Kelch wegen der volleren Zeichenkraft der Vorzug zu geben. Der Spender spricht, bevor er den Kelch reicht, die Worte „Das Blut Christi", worauf der Empfänger mit „Amen" antwortet. In der Regel nimmt er den Kelch selbst in die Hand, trinkt daraus und reicht ihn dem Spender zurück, der den Kelchrand jeweils mit einem Tüchlein reinigt. Den einzelnen Gläubigen ist es in Meßfeiern mit zweigestaltiger Kommunionspendung freigestellt, ob sie aus dem Kelch trinken wollen.

Im ersten christlichen Jahrtausend war es in Ost und West üblich, die Kommunion stehend zu empfangen, was sich besonders für den Empfang des Kelches empfahl. Im Lauf des 12. Jahrhunderts begann der kniende Empfang. Nach dem letzten Konzil bildete sich weithin die Sitte heraus, wieder stehend zu kommunizieren. Die Instr. über „Feier und Verehrung ... der Eucharistie" stellt es den Gläubigen frei, kniend oder stehend zu kommunizieren (Nr. 34).

In Übereinstimmung mit römischen Weisungen ist es den Bischofskonferenzen anheimgegeben, aus pastoralen Gründen auch Laien mit der Austeilung der Kommunion zu beauftragen[46].

Die Austeilung der Kommunion wird vom *Kommuniongesang* begleitet. „Sein Sinn besteht darin, die geistliche Gemeinschaft der Kommunizierenden in gemeinsamem Singen zum Ausdruck zu bringen, die Herzensfreude zu zeigen und die brüderliche Verbundenheit ... zu vertiefen" (AEM 56 i). Hierfür kann die Antiphon zur Kommunion mit oder ohne Psalm oder ein passendes Lied genommen werden. Im übrigen gelten die Regeln wie für den Gesang des Introitus. Entfällt der Gesang, dann soll die Antiphon vor oder während der Kommunion der Gläubigen gesprochen werden.

Im Hinblick auf die Bedeutung des Kommunionempfangs ist eine *Danksagung* angemessen und sinnvoll. Sie kann sich im stillen Gebet oder einem gesungenen Hymnus, Psalm oder Lied ausdrücken. Der Zelebrant kann hierfür auf dem Vorstehersitz Platz nehmen. Auch das folgende *Schlußgebet* ist Danksagung, zugleich aber auch Bitte um die bleibende Frucht des Sakramentes.

d) Abschluß

Nach dem Schlußgebet besteht die Möglichkeit, kurze *Mitteilungen* an die Gemeinde zu machen, die für das pfarrliche Leben von Bedeutung sind. Es wäre psychologisch falsch, an dieser Stelle längere Ausführungen

---

[46] Belege und Lit. in PLHL 271-273.

zu machen, die unter Umständen den bleibenden Eindruck der Eucharistiefeier verwischen. Es spricht nichts dagegen, wenn der Priester diese Mitteilungen mit einem persönlichen Abschiedswort abschließt. Dann grüßt er die Gemeinde mit dem traditionellen *Segenswunsch* „Der Herr sei mit euch" und gibt den *Segen*[47]. Statt des einfachen Formulars kann auch ein „feierliches Segensgebet" (MD II, 532-565) oder ein „Segensgebet über das Volk" (MD II, 568-575) gewählt werden. Die AEM kennt beim Segen kein Knien der Gläubigen (21). Das MD sieht jedoch für „feierliche Schlußsegen" und die „Segensgebete über das Volk" das Knien vor, während das MR nur von einer Verneigung spricht. Das Kreuzzeichen der Gläubigen, das auch nicht erwähnt wird, sollte als sinnvolle Geste beibehalten werden.

Der abschließende Ruf „Ite, missa est" heißt eigentlich: „Geht, es ist *Entlassung*" (vom lateinischen dimissio). Schon in der Antike war es üblich, mit diesen Worten den Schluß einer Versammlung anzuzeigen. Die deutsche Wiedergabe „Gehet hin in Frieden" ist deshalb als weiterführende Ausdeutung zu verstehen. Übrigens stammt von diesem lateinischen Entlassungsruf die Bezeichnung Messe. Weil nämlich die Entlassung schon früh mit einem Segen verbunden war, verstand man missa als den Segen, den Gott den Teilnehmern der Eucharistie schenkt. Weil jede Gabe Gottes zur Aufgabe wird und zu einem Leben des Dankes und zur Weitergabe der göttlichen Botschaft und Gnade verpflichtet, hat man das „Ite, missa est" in Anlehnung an das lateinische Wort „missio" gelegentlich auch als Sendung verstanden, etwa in dem Sinn: „Geht, eure Sendung beginnt."

Wie zu Beginn küßt der Priester auch jetzt den Altar und begibt sich in die Sakristei (Rezeß).

3. Formen der Meßfeier

Wenn auch die Grundstruktur der Eucharistiefeier festliegt, so gibt es doch verschiedene Ausprägungen, die man Meßformen nennt.

a) Meßfeier mit der Gemeinde

Sie ist die Normalform. „Besonders an Sonn- und Feiertagen soll sie nach Möglichkeit mit Gesang und unter Beteiligung entsprechend zahlreicher Mitwirkender gefeiert werden" (AEM 77), wobei außer dem Priester in der Regel ein Akolyth, ein Lektor und ein Kantor mitwirken (78). Jede Meßfeier kann auch mit einem Diakon gefeiert werden, sofern diese Amtsstufe wirklich vertreten ist. Es ist also nicht gestattet, daß ein Priester die Tätigkeit eines Diakons um der größeren Feierlichkeit willen

---

[47] Zu Wesen und Wert des Segens: *J. G. Plöger*, Vom Segen des Herrn, in: Gott feiern 275-293.

übernimmt, wie dies früher beim sogenannten „Levitenamt" (Missa sollemnis) üblich war.

Unter den gemeindlichen Meßfeiern nimmt jene den ersten Rang ein, „die *der Bischof*, umgeben von Priestern der Ortskirche und anderen Mitwirkenden, leitet und an der das heilige Volk Gottes voll und tätig teilnimmt" (74). Schon die LK hatte die öffentlichen Eucharistiefeiern des Bischofs – traditionell auch Pontifikalamt genannt – hervorgehoben, weil hier die Kirche auf eine vorzügliche Weise sichtbar werde (41).

b) Die Meßfeier in Konzelebration

Sie gilt als besonders feierliche Messe, die von mehreren Priestern gleichzeitig gefeiert wird, wobei einer als Hauptzelebrant tätig ist. Geschichtlich gesehen, gab es im Abendland zunächst die „stillschweigende Konzelebration", bei der nur der ranghöchste Liturg das Hochgebet sprach. Im 13. Jahrhundert bildete sich in Rom die sogenannte „ausdrückliche Konzelebration" heraus, bei der jeder Konzelebrant gemeinsam mit dem Papst den ganzen Kanon sprach und dabei eine eigene Hostie in Händen hielt. Diese Form wird gegen Ende des Mittelalters auch auf die Meßfeiern bei Bischofs- und Priesterweihen ausgeweitet.

Das II. Vatikanum bejaht den Wert der Konzelebration, weil in ihr die Einheit des Priestertums und des Opfers in Erscheinung trete. Zugleich weitet es die Konzelebrationsmöglichkeiten aus und bestimmt, daß ein neuer Konzelebrationsritus geschaffen werde (LK 57 f). Dieser neue Ritus wurde am 7. März 1965 veröffentlicht[48] und von der Instruktion „Eucharisticum mysterium" vom 25. Mai 1967 näher begründet und empfohlen[49]. Das neue Missale von 1970 veröffentlicht einen überarbeiteten Ritus (AEM 153-208) und erweitert seine Möglichkeiten. In der Konzelebration komme „die Einheit des Priestertums und des Opfers wie auch des ganzen Gottesvolkes passend zum Ausdruck" (153)[50]

c) Die Konventsmesse

Als besondere Meßform erfreute sich die von geistlichen Gemeinschaften mit „Chorpflicht" täglich gefeierte Messe großer Hochschätzung, weil man in ihr „das Leitbild formgerechter Liturgiefeier zu finden" meinte[51]. „Das Vatikanum II und die ihm folgenden Reformen stellten demgegenüber sachgerecht die Pflicht der geistlichen Gemeinschaften zur (möglichst täglichen) (Mit-)Feier der Eucharistie heraus, entsprechend den jeweils gegebenen Möglichkeiten"[52].

---

[48] *Rennings* I, 194-202, Nr. 387-392q.   [49] Ebd. 488, Nr. 945.
[50] Zu den Konzelebrationsformen in östlichen Kirchen eine knappe Übersicht im PLHL 277f.
[51] *E. v. Severus*, Feiern geistlicher Gemeinschaften, in: HLW VIII, 174.
[52] Ebd.

d) Die Meßfeier mit Kindern

Schon das II. Vatikanum war zur Einsicht gelangt, daß die Uniformität der Liturgiefeier kein Ideal sein könne (LK 38). Entsprechend bestimmt die AEM: „Die Bischofskonferenzen können gemäß den Bestimmungen der Liturgiekonstitution für ihren Bereich Normen festlegen, die der Tradition und Eigenart der verschiedenen Völker, Gebiete und Gruppen entsprechen" (6). Eine solche Anpassung erschien besonders bei der Eucharistiefeier mit Kindern dringlich. Die Bischofskonferenzen bzw. Bischöfe des deutschen Sprachgebietes ließen deshalb Richtlinien und Anregungen für die Gestaltung von Kindermessen ausarbeiten, die 1972 unter dem Titel „Gottesdienst mit Kindern" vom Deutschen Katechetenverein und vom Liturgischen Institut in Trier herausgegeben wurden[53]. Am 1. November 1973 erschien das „Direktorium für Kindermessen" der Kongregation für den Gottesdienst[54]; 1974 wurden die früher schon erwähnten drei Hochgebete für Meßfeiern mit Kindern und 1981 der erste Band eines Lektionars für Gottesdienste mit Kindern „Kirchenjahr und Kirche" veröffentlicht, dem 1985 Bd. II folgte[54a].

Die genannten Dokumente sehen bei aller Wahrung der Grundstruktur eine gewisse Vereinfachung vor, um das kindliche Verstehen und Mitwirken zu ermöglichen. Dabei ist es wichtig, daß die Kinder „möglichst leibhaft am Gottesdienst beteiligt werden, durch Teilnahme an Prozessionen ..., anschauliche Darstellungen... Doch braucht auch gerade der Kindergottesdienst Räume der Stille ... In der Wahl der Lesungen gibt das Direktorium dem Priester gewisse Freiheiten"[55]. Die Ansprache kann gegebenenfalls auch ein dazu befähigter Laie (z.B. Lehrer, Katechetin) halten[56]. – Eine „Ordnung der Meßfeier mit gehörlosen Kindern" wurde 1970 für das deutsche Sprachgebiet von Rom konfirmiert[57]. Sie erschien, vermehrt um angepaßte Texte für Sakramente und Sakramentalien, als Studienausgabe für das deutsche Sprachgebiet 1980 unter dem Titel „Gottesdienst mit Gehörlosen" (Einsiedeln – Freiburg i. Br.). Außerdem gab die Pastoralkommission für Österreich Texte unter dem Titel „Behindertenpastoral in der Pfarre" heraus[58].

---

[53] Nähere Dokumentation bei *Meyer-Schermann* 243-247.
[54] *Rennings* I, S. 1305-1322. Ein Kommentar stammt von *B. Fischer,* Meßfeier mit Kindern, in: Gemeinde im Herrenmahl 97-106.
[54a] Vgl. *R. Sauer* (Hg.), Handbuch zum Lektionar für Gottesdienste mit Kindern (München u.a. Bd. I: 1981; Bd. II: 1985).
[55] PLHL 247.
[56] Beispiele für die Gestaltung von Kindermessen bei *B. Blasig* (Hg.), Sonntag für Kinder (9 Hefte) (Einsiedeln 1973 ff); *M. Schnegg,* Wir spielen und feiern (Freiburg i. Br. 1984); *ders.,* Damit es Freude macht (Freiburg i. Br. 1984).
[57] Erstmals veröffentlicht in Gd 4 (1970) 144. Das dazu gehörige Hochgebet in der Altarausgabe „Fünf Hochgebete" (s. oben S. 152).
[58] Wien 1980; vgl. Diak 11 (1980) 404-412.

e) Meßfeier mit Jugendlichen

Die Glaubenssituation vieler Jugendlicher ist heute Gegenstand großer Sorge. Viele sind dem christlichen Glauben und damit der sonntäglichen Eucharistiefeier entfremdet. Die Ursachen können hier nur stichwortartig zusammengefaßt werden und gelten nicht für alle im gleichen Maß: Wegfall christlicher Sozialisation und Tradition durch Entchristlichung vieler Familien; defiziente Formen des Religionsunterrichtes; Verbreitung „antiautoritärer" Einstellung und damit auch Distanz und Skepsis gegenüber der „Institution" Kirche; fehlendes Transzendenzbewußtsein und ausschließliche Fixiertheit auf Materielles (zweite Aufklärung). Als Folge fehlt vielen Jugendlichen die Motivation für den Besuch der Gottesdienste, die vielen lebensfremd und langweilig vorkommen. „Viele sagen: Wir finden im Gottesdienst die wirklichen Probleme der Welt und die Fragen der Menschen von heute nicht vor, zumal der Gottesdienst in seiner üblichen Form einen persönlichen Beitrag der Teilnehmer nicht möglich macht"[59].

Das alles erklärt die Bemühungen der Jugendseelsorge, bei der Gestaltung des Gottesdienstes der Glaubenssituation und psychologischen Verfaßtheit der Jugend möglichst entgegenzukommen[60]. Dieses Bemühen findet Rückendeckung und Ermutigung schon durch die LK, wenn es dort heißt, bei der liturgischen Bildung sei auf Alter, Verhältnisse, Art des Lebens, Grad der religiösen Entwicklung und Fassungskraft Rücksicht zu nehmen (19; 34) und „unter Wahrung der Einheit des römischen Ritus im Wesentlichen berechtigter Vielfalt und Anpassung an die verschiedenen Gemeinschaften ... Raum zu lassen" (38).

Neben vielfältigen Bemühungen auf regionaler Ebene kam es 1971 im deutschen Sprachgebiet zur Bildung einer Kommission für Jugendliturgie. Sie legte zwar im Januar 1973 „Leitsätze für den Jugendgottesdienst" vor[61], unterbrach aber ihre Arbeit mit Rücksicht auf die anstehenden Beschlüsse der nationalen Synoden des deutschen Sprachraums.

Ausführlich befaßt sich die Würzburger Synode mit den Gottesdiensten der Jugendlichen[62]. Weil sich viele Jugendliche in einer „katechumenalen Situation" befänden, hätten Wortgottesdienste eine besondere Aufgabe und Chance, einen neuen Zugang zur Eucharistie aufzuschließen (4. 2. 2). Für die Gestaltung von Jugendmessen seien die Richtlinien für Gruppenmessen (s. unten S. 162 f) und die Kriterien des Direktoriums für Kindermessen hilfreich. Die Bitte der Synode an die Bischofskonferenz, neue Hochgebete für Jugendmessen zu beantragen, fand in Rom bislang kein Gehör (4. 2. 3. 1). Eigene Kinder- und Jugendgottesdienste sollen

---

[59] Synode I,209.

[60] Instruktiv ist der Beitrag von *H. Janssen*, Meßfeier mit Jugendlichen, in: Gemeinde im Herrenmahl 107-114.

[61] Vgl. *R. Sauer*, Jugend und Liturgie, in: KBl 98 (1973) 397-409, mit Literaturangaben.

[62] Beschluß: Gottesdienst 4.2 (Synode I,209-212).

nicht zu einer Abkapselung von der Gemeinde führen, sondern als Wegbereitung zu echter Gemeindebildung dienen (4. 2. 3. 2 und 4. 3)[63]. Hierfür bietet ein Beitrag von *N. Weidinger* wertvolle Anregungen[64].

Parallel zu den Bemühungen um die Eucharistiefeier mit Jugendlichen bildeten sich auch nicht eucharistische Gottesdienste mit Jugendlichen in Form von Wortgottesdiensten und anderen Formen heraus, von denen „Früh- und Spätschicht", „Jugendkreuzweg" und „liturgische Nächte" besonders erwähnt seien[65].

f) Die Meßfeier kleiner Gemeinschaften (Gruppenmesse)

Bei der durchschnittlichen Größe heutiger Pfarrgemeinden und angesichts der starken Fluktuation der Bevölkerung (neue Wohnsiedlungen, Trabantenstädte) bleiben sich die Teilnehmer der Gemeindegottesdienste zumeist fremd. In dieser Anonymität liegt sicher ein Hindernis, den Gemeinschaftscharakter der Eucharistie bewußt zu erleben und so zu einem tieferen Verständnis zu gelangen. Darum haben die deutschen Bischöfe im September 1970 Richtlinien für die Meßfeier kleiner Gemeinschaften veröffentlicht. Sie stützen sich auf die oben erwähnten allgemeinen Bestimmungen des II. Vatikanums und der AEM, auf die Instruktion „Actio pastoralis" der Gottesdienstkongregation vom 15. Mai 1969 (Neubearbeitung Dezember 1970), aber auch auf die Arbeitsergebnisse verschiedener Kommissionen des deutschen Sprachgebietes[66].

Bei diesen kleinen Gemeinschaften kann es sich um verschiedenartige Gruppierungen handeln: Familien- und Nachbarschaftskreise, Apostolats- und Jugendgruppen, Teilnehmer und Gäste bei Tagungen, Hochzeiten, Jubiläen und Trauerfeiern, Schulklassen und schließlich auch kleine Gruppen, die sich um einen Kranken versammeln. Bei solchen Meßfeiern, die man auch als Gruppenmessen und Hausmessen bezeichnet hat, ist die Struktur der Gemeindemesse zu wahren. Auch ist Sorge zu tragen, daß sie nicht zur Abkapselung von der Gesamtgemeinde führen, sondern im Gegenteil den Zugang zu ihr erleichtern. „Da es in der Messe im kleinen Kreis möglich ist, die Grundstruktur der Eucharistiefeier unmittelbar zu erfahren, kann sich daraus ein vertieftes Verständnis der Meßfeier im größeren Rahmen, z.B. des sonntäglichen Gemeindegottesdienstes, ergeben. Die bei einer größeren Versammlung vielleicht vorhandene

---

[63] Zur Stellungnahme der Schweizer Synode 1972-1975 s. *Meyer-Schermann* 336-348; entsprechende Richtlinien auch bei dem „Österreichischen Synodalen Vorgang" (1973/1974) ebd. 230.

[64] Infektionsherd oder Sauerteig, in: Gd 7 (1973) 101-103.

[65] Literatur zum Thema Jugendgottesdienst: *M. Schnegg*, Lichtblicke (Freiburg i. Br. 1984); *G. Debbrecht*, Messe für mich (Freiburg i. Br. ⁵1984); *ders.*, Eine Brücke zu uns. Eucharistiefeiern mit Jugendlichen (Freiburg i. Br. 1984); *M. Frigger*, Frühschicht – Spätschicht (Freiburg i. Br. 1984).

[66] Veröffentlicht in den kirchlichen Amtsblättern und in: Nachkonziliare Dokumentation 31 (Trier 1970) 43-47; WGL, Bd VIII (Freiburg i. Br. u.a. 1978) 387-395.

Anonymität wird dann als weniger belastend empfunden. Die Feier der Messe im kleinen Kreis soll so auch eine Hilfe sein, daß der einzelne sich leichter in die große Gemeinschaft einfügt"[67].

Was den Raum für solche Meßfeiern betrifft, so empfiehlt sich entweder ein kleinerer liturgischer Raum (z.B. Kapelle, Werktagskirche u.a.m.) oder auch ein entsprechend hergerichteter Wohn- oder Versammlungsraum. Auch das Krankenzimmer oder die Wohnung älterer Menschen kann in Frage kommen. In nichtliturgischen Räumen genügt als Altar ein festlich bereiteter Tisch. Auf liturgische Gefäße wie Hostienschale und Kelch soll nicht verzichtet werden. Daß Kleidung und Haltung der Teilnehmer der Würde der Eucharistie entsprechen, sollte bei Gläubigen selbstverständlich sein. Der Priester muß als Repräsentant Christi und Vorsteher der eucharistischen Gemeinde erkennbar sein und soll deshalb nicht auf die liturgische Kleidung verzichten. „In außergewöhnlichen Fällen kann die Kennzeichnung des Priesters, wie sie bei der Spendung anderer Sakramente vorgeschrieben ist, noch als ausreichend angesehen werden, wobei selbstverständlich die Stola niemals fehlen darf"[68].

Was die Gestaltung der Eucharistiefeier angeht, so weisen die Richtlinien auf eine sorgfältige Auswahl der Lesungen, Orationen und Gesänge hin, die der jeweiligen Situation und Fassungskraft der Teilnehmer entsprechen (vgl. AEM 313). An die Stelle der Homilie kann ein geistliches Gespräch treten. Vor dem Ruf „Lasset uns danken..." am Anfang des Hochgebetes können von den Teilnehmern auch aktuelle Motive der Danksagung ausgesprochen werden, was in Gemeindemessen nur für den Priester vorgesehen ist[68a]. Die Kommunion unter beiden Gestalten ist gestattet und in solch kleinen Gemeinschaften auch leicht durchführbar.

Die vorstehenden Richtlinien wurden auch von den Bischofskonferenzen des deutschen Sprachraums übernommen, mit Ausnahme der Schweiz. Deren Bischöfe haben eigene Weisungen erlassen, die 1971 zusammen mit einer Handreichung der Liturgischen Kommission der Schweiz veröffentlicht wurden[69].

g) Die Meßfeier ohne Gemeinde

Es gehört zur Vollform der Meßfeier, daß sie mit einer Gemeinde („congregato populo", AEM 25) gefeiert wird. Dies wird in konziliaren und nachkonziliaren Texten des II. Vatikanums an zahlreichen Stellen nachdrücklich betont. Aus diesem Grund heißt die Messe zu manchen Zeiten und in manchen Riten „Versammlung" (z.B. „collecta"; synaxis). Sie ist

---

[67] Schlußabschnitt des I. Teils (WGL VIII, 390 f).
[68] Ebd. II,3 (WGL VIII, 392).   [68a] Vgl. *Rennings* I Nr. 3044.
[69] Zürich-Einsiedeln 1971; Lit.: *F. Nikolasch*, Die Feier der Messe im kleinen Kreis, in: LJ 20 (1970) 40-52; *K. Richter*, Meßfeiern im kleinen Kreis, in: Sein und Sendung 35 (= NF 2; 1970) 114-116.

ein Tun der Kirche (= Versammlung der Berufenen) und nicht ein „priesterlicher Privatritus" (*J. Ratzinger*).

In extremen Fällen gestattet jedoch die Kirche die Meßfeier mit nur einem Ministranten, der dann, wenn auch wenig zeichenkräftig, die Gemeinde vertritt und bei den vorgesehenen Dialogen die Antworten der Gemeinde gibt (AEM 210).

Während in der tridentinischen Messe das Fehlen eines Ministranten als „defectus missae" erklärt wurde (X, 1), der die Messe zwar nicht ungültig, aber unerlaubt machte, darf nach der neuen Meßordnung „aus schwerwiegenden Gründen" die Messe auch ohne Altardiener gefeiert werden, wobei dann Begrüßungen und Segen entfallen (AEM 211).

Die theologische Rechtfertigung dafür, daß diese „Messe ohne Gemeinde" trotzdem ihre „Heilskraft und Würde" behält, besteht darin, daß sie „das Tun Christi und der Kirche ist, bei welchem der Priester immer zum Heil des gesamten Volkes handelt"[70].

Was den Ritus dieser Messen angeht, so sei lediglich der am meisten in die Augen springende Unterschied zur Meßfeier mit Gemeinde genannt: Der Priester tritt nach dem Altarkuß „zum Meßbuch auf der linken Seite des Altars und bleibt dort bis zum Schluß der Fürbitten" (AEM 214)[71].

4. Formen eucharistischer Frömmigkeit außerhalb der Meßfeier

a) Geschichtlicher Rückblick

Die in der Eucharistiefeier bewirkte Realpräsenz des erhöhten Herrn in den konsekrierten Gaben von Brot und Wein führte dazu, daß man diesen auch außerhalb der Meßfeier besondere Beachtung und Verehrung schenkte. Schon im christlichen Altertum übersandte man Abwesenden (Kranken) von diesem eucharistischen Brot oder gab es auch den Gläubigen mit, damit sie es an eucharistiefreien Tagen nicht zu entbehren brauchten. Vor allem bewahrte man davon auf, um es den Sterbenden als Wegzehrung (viaticum) reichen zu können. Dies ist der erste und eigentliche Grund der Aufbewahrung, für die in den ersten Jahrhunderten die Wohnung der Priester, seit dem 8. Jahrhundert auch ein Nebenraum der Kirche (im Osten das Pastophorion oder Diakonikon, im Westen die Sakristei bzw. ihre Vorläufer sacrarium oder secretarium) dienten. Mit der Kommunionausteilung an aliturgischen Tagen, der sogenannten Präsanktifikatenliturgie, die sich im Osten seit dem 6. Jahrhundert herausbildete, die sich aber im Westen nur für den Karfreitag durchsetzen konnte, entstand ein weiterer Grund für die Aufbewahrung. Man war jedoch im

---

[70] AEM 4 unter Berufung auf das II. Vatikanum, Dekret über Leben und Dienst der Priester (13); vgl. LK 26 f.
[71] Literatur: *Lengeling*, Ordnung 342-349; *K. Richter*, Meßfeier ohne Gemeinde?, in: Gemeinde im Herrenmahl 136-142.

allgemeinen bemüht, nur so viel zu konsekrieren, wie für die jeweilige Eucharistiefeier benötigt wurde.

Die erstmals für Jerusalem im 11. Jahrhundert bezeugte Sitte, übriggebliebene Partikel bei der nächsten Meßfeier auszuteilen, stieß im Westen zunächst auf Widerstand, setzte sich aber bis Ende des 16. Jahrhunderts langsam durch. Schließlich wurde es allgemein üblich „auf Vorrat" zu konsekrieren, eine Unsitte, die trotz mehrfacher kirchlicher Mahnungen[72] noch nicht restlos überwunden werden konnte.

Seit dem 13. Jahrhundert nahm die Verehrung der konsekrierten Gaben auch außerhalb der Meßfeier einen starken Aufschwung, besonders gefördert von *Franz von Assisi* und seinem Orden. Ausdrucksformen dieser neuen Frömmigkeitshaltung waren u. a. die Erhebung der heiligen Hostie nach den Einsetzungsworten (erstmals für den Anfang des 13. Jahrhunderts für Paris bezeugt), die visitatio Sanctissimi (Besuchung des Allerheiligsten), die Einführung des Fronleichnamsfestes und seiner Prozession, der bald weitere theophorische Prozessionen folgten, die Aussetzung (Exposition) des Allerheiligsten außerhalb und bald auch innerhalb der Meßfeier (gegen den Widerstand Roms) und die Übung des „Vierzigstündigen (auch „Großen" oder „Ewigen") Gebetes"[73]. Auch in den zahlreichen Volks- und Bruderschaftsandachten erfährt die Anbetung des in der Hostie präsenten Herrn einen starken Auftrieb, der sich noch verstärkt durch die Aufnahme „sakramentaler Andachten und Gebete" in die Diözesan-Gesang- und -Gebetbücher.

Solche Formen eucharistischer Frömmigkeit und Anbetung sind zwar grundsätzlich möglich, bergen aber die Gefahr in sich, daß der Zusammenhang mit der Meßfeier verdunkelt, Wortgottesdienst, Hochgebet und Kommunionempfang nicht mehr als einheitliches Ganzes empfunden und der Kommunionempfang innerhalb der Messe nicht mehr als Norm und Hochform eucharistischer Frömmigkeit gesehen wird.

b) Die Neuordnung

Mit der liturgischen Erneuerungsarbeit wurde mancher (gutgemeinte) Wildwuchs beschnitten und der Vorrang der ganzheitlichen Eucharistiefeier wieder deutlich gemacht. An erster Stelle sind in diesem Zusammenhang zu nennen die römische Instruktion „Eucharisticum mysterium" (25. Mai 1967) und der Rituale-Faszikel der Gottesdienstkongregation vom 21. Juni 1973, der als Studienausgabe für das deutsche Sprachgebiet unter dem Titel „Kommunionspendung und Eucharistieverehrung außerhalb der Messe" 1976 erschienen ist. Weil dieses Rituale zum großen Teil die Weisungen der genannten Instruktion aufnimmt, sei es allein den folgenden Ausführungen zugrunde gelegt.

---

[72] Zum Beispiel *Pius XII.* in „Mediator Dei" (1947) Nr. 119 unter Berufung auf *Benedikt XIV.;* AEM 56 h; Rituale „Kommunionspendung . . ." Nr. 13.
[73] Ausführliche Belege bei *Nußbaum,* Aufbewahrung 102-174; *P. Browe,* Die Verehrung der Eucharistie im Mittelalter (München 1933).

In seiner allgemeinen Einführung wird zunächst festgestellt, daß die Eucharistiefeier Ursprung und Ziel auch jener Verehrung ist, die dem Altarsakrament außerhalb der Messe erwiesen wird (1). Deshalb dürfe niemand „die stets in der katholischen Kirche geübte Weise, mit der die Christgläubigen das Allerheiligste verehren und anbeten, als eine dem wahren Gott gebührende Verehrung in Frage stellen" (3). Erster und ursprünglicher Zweck der Aufbewahrung der Eucharistie sei die Spendung der Wegzehrung, in zweiter Linie diene sie der Kommunionspendung außerhalb der Messe und der Anbetung des gegenwärtigen Herrn (5). Weil die eucharistische Gegenwart Christi die Frucht der Konsekration sei, solle sie nicht schon zu Beginn der Messe auf dem Zelebrationsaltar gegeben sein (6). Um die Anbetung vor dem heiligen Sakrament auch tagsüber zu ermöglichen, sollen die Kirchen täglich wenigstens einige Stunden offengehalten werden (8).

Wenn die Gläubigen an der Meßfeier nicht teilnehmen können, haben sie das Recht, auch außerhalb der Messe die Kommunion zu empfangen, wobei die Seelsorger aber auf den inneren Zusammenhang mit dem Meßopfer hinweisen sollen (14 f). Am Gründonnerstag und Karfreitag gelte dies aber nur für Kranke. Am Karsamstag dürfe nur die Wegzehrung empfangen werden (16). Was die Art und Weise der Spendung betrifft, so sollte sie im Rahmen eines erweiterten oder kurzen Wortgottesdienst erfolgen (17-53). Ausführlich wird sodann der Ritus der Krankenkommunion durch einen „außerordentlichen" Spender beschrieben (54-78). Im Schlußkapitel (III) wird die „private und öffentliche Verehrung der heiligen Eucharistie" auch außerhalb der Messe im Rahmen der geltenden Normen eindringlich empfohlen (79). Dabei sollen sich die Gläubigen bewußt sein, daß die sakramentale Gegenwart des Herrn aus dem Opfer hervorgeht und auf die Kommunion hinzielt (80).

Bezüglich der *Aussetzung des Allerheiligsten* in Ziborium, Pyxis oder Monstranz soll alles vermieden werden, „was irgendwie die Tatsache verdunkeln könnte, daß es der vornehmliche Wunsch Christi bei der Einsetzung der heiligen Eucharistie war, sie uns als Speise, Heilmittel und Stärkung anzubieten" (82). Darum wird verboten, während der Aussetzung innerhalb des gleichen Kirchenraumes die Messe zu feiern. Als Grund wird zusätzlich zu dem oben unter 6 genannten geltend gemacht, „daß die Feier des eucharistischen Geheimnisses bereits in vollkommenerer Weise jene innere Vereinigung einschließt, zu der die Aussetzung die Gläubigen hinführen will" (83). Auch bei kurzer Aussetzung soll ein Wortgottesdienst vorausgehen. „Die Aussetzung, die keinen anderen Zweck hat, als den Segen zu erteilen, ist verboten" (89). Hiermit sind auch die in weiten Teilen des deutschen Sprachgebietes bislang üblichen sakramentalen Schlußsegen, z.B. bei „Rorate-Ämtern" und am Herz-Jesu-Freitag, nicht mehr Rechtens. Ordentlicher Zelebrant für die Aussetzung des Allerheiligsten ist der Priester oder Diakon (91), bei deren Verhinderung auch Akolythen, Kommunionhelfer und jede(r) Angehörige einer geistlichen Gemeinschaft, deren Aufgabe die eucharistische Anbetung ist (letztere mit bischöflicher Bestellung). Den außerordentlichen Zelebranten ist es aber nicht erlaubt, den Segen mit dem Allerheiligsten zu geben (91a).

Bei einer Andacht vor ausgesetztem Allerheiligsten sind Gebete, Gesänge und Lesungen so auszuwählen, daß die Gläubigen ihre volle Aufmerksamkeit auf Christus richten können (95). Eucharistischen Prozessionen „soll eine Meßfeier vorausgehen, in der die Hostie für die Prozession konsekriert wird" (103)[74].

c) *Zur Diskussion um die Kommunionspendung in priesterlosen Gottesdiensten an Sonn- und Feiertagen*

Der akute Priestermangel in weiten Teilen des deutschen Sprachgebietes führte in vielen Gemeinden zur Entstehung priesterloser Gottesdienste an Sonn- und Feiertagen. Zunächst waren es „nur" Wortgottesdienste, die schon das II. Vatikanum empfohlen (LK 35, 4) und für die die Instr. I nähere Weisungen gegeben hatte (37). Als 1965 der Berliner Ordinarienkonferenz von Rom gestattet wurde, Laien mit der Austeilung der Kommunion zu beauftragen, verband sich dieser Wortgottesdienst rasch mit der Kommunionspendung. Die bald erfolgende Ausweitung der Kommunionspendung durch Laien („Kommunionhelfer") führte auch in anderen Ländern zu dieser Form priesterloser Gottesdienste, für die das „Gotteslob" eine Modellfeier enthält (Nr. 370). Die meisten Bischöfe gaben in ihren Amtsblättern hierfür Empfehlung und konkrete Hinweise, z.T. in Anlehnung an die nationalen Synoden der siebziger Jahre[75].

Bald wurden aber Bedenken gegen die regelmäßige Kommunionspendung in solchen Wortgottesdiensten laut[76], weil die Kommunionspendung außerhalb der Eucharistiefeier nur als Notbehelf, nicht aber als lobenswerte Dauerregelung angesehen werden könne. Es bestehe sonst die Gefahr, daß ein statisches (isoliertes) Eucharistieverständnis gefördert werde, das sich nur auf die konsekrierten Hostien (Realpräsenz Christi) konzentriert und der Vergegenwärtigung des Pascha-Mysteriums (Aktualpräsenz) weniger Bedeutung beimißt. Auch wird die Gefahr gesehen, daß sich durch die ständige Kombination von Wortgottesdienst und Kommunionspendung eine Abwertung des Wortgottesdienstes im Bewußtsein der Gläubigen vollziehen könne.

In diese Diskussion hat die DBK mit einer Empfehlung vom 20. September 1983 eingegriffen, in der es heißt: „Daß mit dem Wortgottesdienst die Kommunionspendung verbunden wird, soll nicht der Regelfall eines sonntäglichen Gemeindegottesdienstes ohne Priester sein" (II, 3). Zur Begründung wird in den beigefügten „theologisch-pastoralen Erläuterungen" auf die ganzheitliche Gestalt der Eucharistie verwiesen: „Ihre

---

[74] Vgl. *J. Seuffert*, Kommt, wir beten ihn an … (Freiburg i. Br. 1985).
[75] Dokumentation bei *Meyer-Schermann* 517–523.
[76] Literatur u.a. im PLHL 426. Neuestens: *O. Nußbaum*, Sonntäglicher Gemeindegottesdienst ohne Priester (Würzburg 1985).

einzelnen Dimensionen können nicht beliebig voneinander abgekoppelt und gegeneinander verselbständigt werden". Dies verbiete auch die Rücksicht auf den in Gang gekommenen ökumenischen Dialog, der die Eucharistie als einheitliches Ganzes sehe und eine entsprechende Gestaltung erstrebe. Andererseits will man die grundsätzliche Möglichkeit eines Wortgottesdienstes mit Kommunionfeier nicht verneinen und sie deshalb nicht untersagen. Wo er in dieser Form gefeiert wird, soll aber der Zusammenhang mit der Meßfeier deutlich herausgestellt werden[77].

---

[77] Das Dokument findet sich als Anlage 7 im Protokoll der Vollversammlung der DBK vom 19.-22. September 1983 in Fulda. – Für die Gestaltung solcher Gottesdienste sind hilfreich u. a. *K. Schlemmer*, Gemeinde am Sonntag: Die Feier von Wortgottesdiensten ohne Priester (Freiburg i. Br., Bd. I:1983, II:1984, III:1985).

XII. KAPITEL

Das Sakrament der Wiederversöhnung

1. Biblische Grundlagen

Um dieses Sakrament, das wir auch Bußsakrament nennen, richtig zu verstehen, bedarf es der am Glauben orientierten Einschätzung dessen, was wir *Sünde* nennen. Sie ist das bewußte und freie Ausbrechen aus dem verpflichtenden Willen Gottes, das selbstherrliche und egozentrische Nein zum Schöpfer und seinen Weisungen. Das Wort „Sünde" leitet sich her von absondern, einen „Sund" aufreißen zwischen Geschöpf und Schöpfer. Für den Christen ist sie zugleich Verrat an der gottgeschenkten Berufung und der wahren Selbstverwirklichung in der Nachfolge Christi. Sünde hat aber auch eine soziale Dimension, da sie die innersten Grundlagen und Rechtsordnungen der menschlichen Gesellschaft durch Willkür zerstört und zum Unrecht am Mitmenschen führt. Besonders stark wird dieser soziale Aspekt im Hinblick auf die Gemeinschaft der Glaubenden, die wir Kirche nennen und die Christus zur Heiligkeit berufen und verpflichtet hat. Jede schwerwiegende Sünde ihrer Glieder bedeutet eine Belastung und Schädigung ihrer Lebenskraft und Glaubwürdigkeit und damit auch ihrer missionarischen Stoßkraft. Was die Heiligen mit der Gnade Gottes in oft heroischem Bemühen aufbauen, machen die Sünder teilweise zunichte. So steht die Sünde im Widerspruch zu jener Absicht Jesu, von der es in Eph 5, 25 heißt, daß er seine „Kirche geliebt und sich für sie hingegeben hat, um sie im Wasser und durch sein Wort rein und heilig zu machen". – So können wir von einem theologischen, anthropologischen, sozialen und ekklesialen Negativaspekt der Sünde sprechen.

Es ist leicht einzusehen, daß solche weittragenden Aussagen nur von jenem Fehlverhalten gelten, das wir im Sinn von 1 Joh 5, 16 als *„Todsünde"* bezeichnen, eine Tat der totalen und freien Abkehr von Gott und seiner Grundordnung. Die heutige Pastoraltheologie und -psychologie neigt dazu, die eigentliche Todsünde als ein seltenes Vorkommnis zu betrachten, weil psychologische Verfaßtheit und milieubedingte Verstrickung eine bewußte Grundentscheidung gegen Gott oft als fraglich erscheinen lassen. Aber auch dort, wo diese nicht gegeben ist, kann es schwerwiegende Inkonsequenzen und schuldhaftes Versagen geben, die man nicht jenen „läßlichen" Sünden zurechnen darf, deren wir uns alle schuldig machen (vgl. Jak 3, 2). Man hat deshalb vorgeschlagen, diese mittlere Kategorie als „schwere" Sünde zu bezeichnen[1].

---

[1] Vgl. *L. Bertsch,* Buße und Bußsakrament in der heutigen Kirche (Mainz ²1970) 26 ff.

Jesus von Nazaret, dessen Speise es war, den Willen dessen zu tun, der ihn gesandt hat (vgl. Joh 4, 34), hat nach Ausweis der Evangelien die Sünde sehr ernst genommen und harte Worte wider sie gefunden (z. B. Mt 18, 6-9; 23, 13ff). Aber er war nicht nur der entschiedene Bußprediger, sondern schenkte den Sündern seine Zuwendung, bereitete ihre Versöhnung vor und ließ selber Sünden nach (vgl. Mt 9, 2 parr). Höhepunkt seines Erbarmens mit der sündigen Menschheit ist sein sühnendes und versöhnendes Leiden und Sterben (vgl. z. B. Röm 5, 8). Dieser einmaligen Versöhnungstat hat er Dauer verliehen, indem er das Sakrament seines für uns dahingegebenen Leibes und seines „zur Vergebung der Sünden" vergossenen Blutes stiftete. Seinen Jüngern gab er Auftrag und Vollmacht, allen Völkern „die Bekehrung zu predigen, damit ihre Sünden vergeben werden" (Lk 24, 47), und die Taufe zur Vergebung der Sünden zu spenden (Mt 28, 19; Mk 16, 16). Darüber hinaus macht er die Kirche zum Zeichen und Werkzeug der Versöhnung, indem er ihr in der Kraft des Heiligen Geistes die Vollmacht zur Vergebung der Sünden verleiht (Joh 20, 22f; vgl. 2 Kor 5, 18).

2. Geschichtliche Entwicklung des Bußverfahrens

In der Sorge um die Umkehr des Sünders wandte die Kirche in den einzelnen Epochen und Regionen einen verschiedenen Grad von Strenge bzw. Milde an und entwickelte verschiedenartige Bußverfahren. Schon die Urgemeinde kannte die Praxis der *Ausschließung (= Exkommunikation)* des Sünders für eine bestimmte Zeit aus der Gemeinschaft des Gottesvolkes, um ihn zur Umkehr zu bewegen (vgl. 1 Kor 5, 1-13). Für die Vergebung der alltäglichen Fehler hielt man Gebet, Fasten, Almosen und andere gute Werke für ausreichend. In der Folgezeit wurden nur die sogenannten Kapitalsünden, zu denen vor allem Glaubensabfall, Mord und Ehebruch gehörten, einem öffentlichen Bußverfahren unterworfen. Es bestand, wenn man von gewissen Modalitäten der verschiedenen Zeiten und Regionen absieht, aus folgenden Phasen: geheimes Bekenntnis vor dem Bischof oder seinem Stellvertreter, Aufnahme in den Büßerstand mit Festsetzung der Bußverpflichtung, Ausschluß von der Eucharistiefeier bzw. dem Kommunionempfang. Diese Bußzeit konnte mehrere Jahre dauern, in manchen Gegenden bis zum Sterbebett. Die Wiederaufnahme in die Kirche (= Rekonziliation) erfolgte in Rom zumeist am Gründonnerstag durch Handauflegung und Gebet des Bischofs. Im allgemeinen galt der Grundsatz, daß das versöhnende Bußverfahren nur einmal im Leben möglich sei. In manchen Regionen der Kirche wurden dem Pönitenten lebenslange Bußwerke auferlegt, die ihn gesellschaftlich und wirtschaftlich oft untragbar belasteten. So kam es zum weitverbreiteten Aufschub des Bußverfahrens bis zur Sterbestunde („Krankenbuße").

In den Mönchsgemeinden des Ostens bildete sich ein abweichendes Bußverfahren aus, das man als *Laienbeichte* bezeichnen könnte. Man bekannte einem Mitbruder, der im allgemeinen kein Priester war, seine Schuld und bat um sein Gebet. Die für solche gebeichteten Sünden auferlegte Bußzeit war wesentlich geringer als das öffentlich-kirchliche Bußverfahren. Nach Ablauf der Bußzeit wurde der Betreffende wieder in die volle Gemeinschaft der Mönche aufgenommen, seine Schuld galt als vergeben.

Vom 6. Jahrhundert an kam es unter dem Einfluß der irisch-schottischen Wandermönche, die fast alle Priester waren, zu einer Kombination dieser beiden Bußverfahren. Man beichtete einem Priester seine Schuld und empfing die Lossprechung. Das Bußwerk, das ursprünglich der Lossprechung vorausgehen mußte, durfte schon bald nachher vollbracht werden. Es wurde nach den Verzeichnissen der Bußbücher *("Tarifbuße")* bemessen. Schon im 9. Jahrhundert wird die Forderung aufgestellt, einmal oder auch dreimal im Jahre zu beichten. Das IV. Laterankonzil 1215 schließt diese Entwicklung ab durch die Vorschrift, daß jeder Sünder wenigstens einmal im Jahre seine Sünden beichten müsse[2].

Die Neuzeit kennt die Entwicklung der sogenannten *Andachtsbeichte* mit dem Bekenntnis nur läßlicher Sünden, besonders als Vorbereitung auf den Empfang der Kommunion. Die auferlegten Bußwerke wurden immer stärker reduziert und bestanden oft nur noch aus einem kurzen Gebet. Das Bußverfahren verlor fast ganz seinen öffentlich-sozialen Bezug und Charakter. Dies verstärkte sich noch, als man seit dem 16. Jahrhundert die Beichte vom Altarraum weg in einen geschlossenen Beichtstuhl verlegte, wo der Beichtende durch ein Gitter vom Priester getrennt war. Darum mußte auch das ursprüngliche Zeichen der Vergebung, die Handauflegung, reduziert werden auf eine Handerhebung in Richtung des Pönitenten. Das Wort der Versöhnung, das dabei gesprochen wurde, hatte bis zum 13. Jahrhundert eine fürbittende Form (deprekativ), um dann einer indikativischen Platz zu machen („Ich spreche dich los…")[3].

Die letztgenannte Entwicklung führte auch zu der verbreiteten Bezeichnung *„Beichte"*, die als mangelhaft betrachtet werden muß, weil sie nur eine Teilhandlung des Pönitenten in den Vordergrund stellt, während andere Vorbedingungen persönlicher Art, wie Umkehr und Reue, guter Vorsatz und Wiedergutmachung des angerichteten Schadens, nicht genannt werden. Vor allem aber wird bei diesem Ausdruck nicht deutlich, daß es sich dabei um einen liturgischen Vorgang handelt, bei dem nicht nur der Mensch tätig wird, sondern auch Christus durch die Kirche in Richtung auf Menschenheil und Gottverherrlichung. Der reduzierte Ri-

---

[2] Cap. 21: DS 812.
[3] Neuere Darstellungen der geschichtlichen Entwicklung u. a. bei *S. Frank*, Geschichtliche Grundlagen unserer Buß- und Beichtpraxis, in: *F. Schlösser* (Hg.), Schuldbekenntnis – Vergebung – Umkehr (Limburg 1971) 39–64; *K. Rahner*, Frühe Bußgeschichte in Einzeluntersuchungen, in: Schr. z. Theol. XI (Zürich u. a. 1973); *F. Nikolasch*, Die Feier der Buße. Theologie und Liturgie (Würzburg 1974); *E. Feifel* (Hg.), Buße, Bußsakrament, Bußpraxis (Münster 1975).

tus begünstigte zudem den Eindruck, es handele sich beim Bußsakrament lediglich um einen privaten Vorgang. Der soziale und ekklesiale Charakter dieses Geschehens trat kaum in Erscheinung.

3. Die nachkonziliare Neuordnung

Die genannten Unzulänglichkeiten waren auch dem II. Vatikanum bewußt. Es gab deshalb den Auftrag: „Ritus und Formeln des Bußsakramentes sollen so revidiert werden, daß sie Natur und Wirkung des Sakramentes deutlicher ausdrücken" (LK 72).

Die neue „*Ordnung der Buße*" (Ordo paenitentialis) erschien am 2. Dezember 1973. Sie trägt bewußt nicht den Titel „Ordo sacramenti paenitentiae", weil es auch andere Formen wirksamer Buße gibt und der Christ auch außerhalb des Sakramentes zu Umkehr und Buße als einer bleibenden Haltung aufgerufen ist[4]. Eine deutsche Übersetzung für das deutsche Sprachgebiet erschien 1974 („Die Feier der Buße") und wurde nach ihrer Konfirmierung durch Rom am 1. Januar 1975 verpflichtend. Sie wurde als Studienausgabe veröffentlicht, „damit für die definitive Ausgabe und die darin vorzusehenden Anpassungen (vgl. u. a. Pastorale Einführung 32, 38 und 39) Erfahrungen gesammelt werden können"[5]. Die darin enthaltene Lossprechungsformel ist allerdings bereits definitiv.

Das neue Bußrituale enthält nach einer umfangreichen „Pastoralen Einführung" drei verschiedene Formen sakramentaler Lossprechung und Modelle nichtsakramentaler „Bußgottesdienste":
A. Die Feier der Versöhnung für einzelne.
B. Gemeinschaftliche Feier der Versöhnung mit Bekenntnis und Lossprechung für einzelne.
C. Gemeinschaftliche Feier der Versöhnung mit allgemeinem Bekenntnis und Generalabsolution.
D. Bußgottesdienste ohne sakramentale Lossprechung.

A. Die Feier der Versöhnung für einzelne

Was den Ort für die Spendung des Bußsakramentes angeht, so verweist die PE auf den „vom Recht vorgesehenen Ort" (12). Dies war in den letzten 400 Jahren der vergitterte Beichtstuhl (s. oben). Mittlerweile hat sich die rechtliche Möglichkeit eines „Beicht- oder Sprechzimmers" herausgebildet, das dem Wunsch vieler nach einem persönlicheren Beichtgespräch besser entgegenkommt[6]. Bezüglich der Spendezeit schließt das neue Rituale nur die Zeit der Meßfeier in der gleichen Kirche aus (13). Die Frage der liturgischen Kleidung wird dem zuständigen Ortsbischof anheimge-

---

[4] Vgl. *R. Kaczynski*, Erneuerte Bußliturgie, in: ThprQ 122 (1974) 209f.
[5] Vorwort S. 4.
[6] Näheres bei *Adam*, Kirchenbau 127-129.

stellt. Im deutschen Sprachraum war zuletzt fast überall nur die Stola erforderlich. Es wäre jedoch durchaus erwägenswert, ob eine liturgische
Kleidung, wie sie etwa bei der Taufe üblich ist (Talar, Chorrock, Stola),
mit ihrer größeren Zeichenkraft dem sakramentalen Vorgang nicht angemessener und dienlicher wäre[7].

Kurzbeschreibung des Ritus A:

Der Priester begrüßt den Pönitenten und ermuntert ihn nach dem Kreuzzeichen zum Vertrauen auf Gott. Es ist dem Priester freigestellt, einen
kurzen Schrifttext über die Barmherzigkeit Gottes und die Bekehrung des
Menschen vorzulesen oder auswendig zu sprechen. Damit soll deutlich
werden, daß Gottes Wort und Gnade allem menschlichen Bemühen vorausgeht. Nun folgt das persönliche Sündenbekenntnis, dem sich das klä-
rende, wegweisende und ermutigende Beichtgespräch und die Auferle-
gung eines angemessenen Bußwerkes anschließen. Dieses Bußwerk, das
selbstverständlich die Verpflichtung zur Wiedergutmachung des durch
die Sünden angerichteten Schadens nicht aufhebt, „kann in Gebet, in
Selbstverleugnung, vor allem aber im Dienst am Nächsten und in Werken
der Barmherzigkeit bestehen, damit der soziale Aspekt von Sünde und
Vergebung sichtbar werde" (18). Nach einem Reuegebet des Pönitenten
„streckt der Priester seine Hände – oder wenigstens die Rechte – über das
Haupt des Gläubigen aus und spricht die Absolution" (19). Diese Lossprechungsformel, die bereits ihre definitive Gestalt gefunden hat, hebt
sich in ihrem theologischen Kontext vorteilhaft von der seitherigen ab. Sie
lautet: „Gott, der barmherzige Vater, hat durch den Tod und die Auferstehung seines Sohnes die Welt mit sich versöhnt und den Heiligen Geist
gesandt zur Vergebung der Sünden. Durch den Dienst der Kirche
schenke er dir Verzeihung und Frieden. So spreche ich dich los von deinen Sünden im Namen des Vaters und des Sohnes und des Heiligen Geistes." Während des letzten Satzes, der in Todesgefahr genügt, macht der
Priester das Kreuzzeichen und zeigt so den Zusammenhang zwischen
dem Kreuzestod Christi und der Versöhnung auf. Nach dem „Amen" des
Gläubigen folgt die Entlassung, für die verschiedene Texte möglich sind.

Ritus B:

Die zweite Form der Versöhnung bettet das persönliche Sündenbekenntnis und die sakramentale Lossprechung des einzelnen in einen Wortgottesdienst ein, an dem eine Gemeinschaft von Gläubigen teilnimmt. Bei einer kleinen Gruppe dürften sich keine Schwierigkeiten ergeben, während
bei einer größeren Anzahl von Beichtenden die Anwesenheit mehrerer

---

[7] Der Verfasser trug während des II. Weltkrieges auf Empfehlung seines alten Pfarrers
bei der Spendung des Bußsakramentes die genannte Kleidung und gewann in vier Jahren den Eindruck, daß dies der Hochschätzung des Sakramentes nur förderlich war.
Vgl. auch die Empfehlung der schweizerischen Bischöfe in ihrem Pastoralschreiben
über Buße und Beichte 1970, 4.4.3 (als Broschüre ohne Ortsangabe erschienen).

Priester wünschenswert ist. Sicher trägt diese gemeinschaftliche Feier dazu bei, den liturgisch-ekklesialen Charakter des Versöhnungsvorganges zu verdeutlichen.

Ritus C:
Die dritte Form unterscheidet sich von der vorausgehenden dadurch, daß das persönliche Sündenbekenntnis durch ein allgemeines ersetzt und die Lossprechung allen gemeinsam gegeben wird. Persönliche Voraussetzung sind auch hier Reue, Vorsatz und die Bereitschaft zur Wiedergutmachung des angerichteten Schadens. Diese Form C ist nur gestattet in Todesgefahr oder bei einer „schwerwiegenden Notwendigkeit", „wenn angesichts der Zahl der Gläubigen nicht genügend Beichtväter zur Verfügung stehen, um innerhalb einer angemessenen Zeit das Bekenntnis der einzelnen in gebührender Weise zu hören, so daß sie – ohne ihre Schuld – lange die Gnade des Sakramentes oder die heilige Kommunion entbehren müßten" (31). Die Entscheidung darüber steht – von Notfällen abgesehen – den Bischöfen zu. Vor der Absolution „soll allen ein Bußwerk vorgeschlagen werden, dem die einzelnen nach eigenem Dafürhalten etwas hinzufügen können" (35a). Hat jemand diese Generalabsolution empfangen, so bleibt er verpflichtet, spätestens innerhalb eines Jahres die so vergebenen Todsünden einem Beichtvater zu bekennen. Zur Begründung beruft sich das neue Bußrituale (34) in erster Linie auf das Konzil von Trient und die „Normae pastorales" der Glaubenskongregation vom 16. Juni 1972 (7)[8]. Die Schweizer Bischöfe zeigen in ihren Weisungen noch weitere Argumente auf: „Weil es um die Wiederversöhnung eines Pönitenten geht, der sich durch sein Verhalten von der Kirche getrennt hat, ist von ihm, nach der apostolischen Praxis und der bisher ununterbrochenen Gewohnheit der Kirche, ein persönliches Bekenntnis vor dem Priester gefordert. Indem der Sünder sich dem bevollmächtigten Vertreter der Kirche stellt, verleiht er seiner Umkehrgesinnung einen besonders deutlichen Ausdruck. Andererseits verhilft ihm dieser Schritt dazu, sich von der Schuld entschiedener zu distanzieren und seine Bußbereitschaft zu vertiefen" (2.8.1.8). Sicher wird man dabei beachten und auch genügend deutlich machen müssen, daß es sich bei solchen bekenntnispflichtigen „schweren Sünden" um wirkliche Sünden zum Tod handeln muß, die auch subjektiv eine Grundentscheidung gegen Gott beinhalten[9].

Bei der Frage, wann die „schwerwiegende Notwendigkeit" für die Generalabsolution außerhalb von Todesgefahr gegeben ist, verneinten die DBK und die Österreichische Bischofskonferenz diesen Fall für ihr Gebiet. Im Gegensatz dazu stellten die Schweizer Bischöfe fest, „daß diese Situation in unserem Lande eintreten kann, z. B. in der Vorbereitungszeit auf Weihnachten und Ostern. Es ist Sache der Pfarrer bzw. der Rectores

---

[8] *Rennings* I, 1171, Nr. 2825.
[9] Wichtige Aspekte, auch psychologischer und sozialphilosophischer Art, bei *P. J. Cordes*, Einzelbeichte und Bußgottesdienst..., in: StdZ 99 (1974) 17–33.

ecclesiae, zu beurteilen, ob eine Notwendigkeit vorliegt. Ihrer Verantwortung bewußt, sollen die Priester mit Klugheit und Einverständnis mit
dem Ordinarius vorgehen. Eine ,schwerwiegende Notwendigkeit' selber
zu schaffen, widerspräche der Absicht der Kirche und ihrem Verständnis
der Generalabsolution. Es liegt im Interesse der Seelsorge, der Willkür zu
steuern und eine einheitliche Praxis zu erreichen" (Weisungen ... 2.8.1.2
und 2.8.1.3.). Hiermit haben die Schweizer Bischöfe, ähnlich wie die
französischen, eine Lösung gewählt, welche die vorgegebene römische
Rahmenordnung in weitherziger Weise ausschöpft und auf das Verant-
wortungsbewußtsein der Pfarrer baut[10].

D. *Bußgottesdienste ohne sakramentale Lossprechung*

Außer den drei beschriebenen Formen sakramentaler Versöhnung enthält
das neue Bußrituale auch Richtlinien und Modelle für sogenannte Bußgottesdienste, auch Bußfeiern oder Bußandachten genannt („celebratio-
nes paenitentiales"). Sie nahmen Mitte der sechziger Jahre ihren Ausgang
von Holland, verbreiteten sich rasch im deutschsprachigen Raum und er-
freuten sich einer beträchtlichen Beliebtheit in vielen Pfarreien.

Um diese Bußgottesdienste gab es jedoch insofern eine bedenkliche
Verwirrung, als viele darin eine gleichwertige Alternative zur Einzelbeichte sahen und manche Theologen ihnen sakramentale Wirkung in bezug auf Nachlassung aller Sünden zuschrieben, obwohl es darin nur ein
allgemeines Schuldbekenntnis gab. Nachdem schon die Richtlinien der
römischen Glaubenskongregation vom 16. Juni 1972 („Normae pastorales")[11] diese Vorstellungen und Erwartungen zurückgeschraubt hatten,
trug nun das neue Bußrituale wesentlich zur Klärung der Fragen bei. Außer den oben beschriebenen drei Formen sakramentaler Sündenvergebung enthält es auch Richtlinien und Modelle für Bußgottesdienste. Es
erklärt sie als „Feiern, bei denen sich das Volk Gottes versammelt, um das
Wort Gottes zu hören, das zur Umkehr und zur Erneuerung des Lebens
ruft und die Erlösung von der Sünde durch den Tod und die Auferstehung
Christi verkündet. Der Aufbau ist derselbe, wie er bei anderen Wortgottesdiensten und bei der gemeinschaftlichen Feier der Versöhnung üblich
ist" (36). Zweimal wird jedoch die Mahnung wiederholt, „darauf zu achten, daß die Bußgottesdienste von den Gläubigen nicht mit der Feier des
Bußsakramentes verwechselt werden" (37 und Anhang II, 1). Ihr großer
Nutzen bestehe vor allem darin, „den Geist der Buße in der christlichen
Gemeinde zu fördern, den Gläubigen bei der Vorbereitung des Bekennt-
nisses zu helfen, das dann jeder später zu gegebener Zeit ablegen kann; die

---

[10] Vgl. *J. Baumgartner*, Neuordnung der Bußpraxis in der Schweiz, in: Gd 8 (1974)
169-172.
[11] Veröffentlicht u.a. bei *Rennings* I, 1168-1173. Dazu *K. Rahner*, Bußandacht und
Einzelbeichte, in: StdZ 97 (1972) 363-372; *ders.*, Bußgottesdienst und Einzelbeichte,
in: Gd 7 (1973) 12f, 20f.

Kinder so zu erziehen, daß ihnen die Bedeutung der Sünde im menschlichen Leben und die Befreiung von der Sünde durch Christus schrittweise bewußt wird; den Katechumenen auf dem Weg der Bekehrung zu helfen. Außerdem sind die Bußgottesdienste von großem Nutzen, wo kein Priester zur Erteilung der sakramentalen Lossprechung zur Verfügung steht; denn sie helfen zur Erweckung vollkommener Reue, durch die die Gläubigen, welche die Absicht haben, später das Bußsakrament zu empfangen, Gnade bei Gott erlangen" (37).

Aus dem neuen Dokument ergibt sich klar, daß die Leitung der Kirche einen Trennungsstrich zwischen der oben beschriebenen „Gemeinschaftlichen Feier der Versöhnung mit allgemeinem Bekenntnis und Lossprechung" (Form C) und den Bußgottesdiensten zieht. Das schließt nicht aus, daß auch hier nicht nur „alltägliche = läßliche" Sünden vergeben werden, von denen schon das Trienter Konzil sagt, daß sie „durch viele andere Heilmittel" verziehen werden können[12], sondern auch die Vergebung schwerer Sünden da erfolgt, wo einer in und durch den Bußgottesdienst zu vollkommener Reue und vorbehaltloser Gottesliebe gelangt. Dies ist bekanntlich auch außerhalb von Bußgottesdiensten möglich, wie die Theologie schon seit Jahrhunderten lehrt. Nach den Weisungen der Kirche sind aber so vergebene Todsünden – wie auch bei der Generalabsolution – vor dem nächsten Empfang der Eucharistie (wenn möglich) in der Einzelbeichte zu bekennen.

Das neue Bußrituale enthält im Anhang II Modelle für Bußgottesdienste in der Fasten- und Adventszeit, für allgemeine Bußgottesdienste, für solche mit Kindern, Jugendlichen und Kranken. In den letzten Jahren ist eine fast unübersehbare Anzahl von Veröffentlichungen mit Vorlagen und Modellen erschienen, so daß für eine gute Gestaltung viele Anregungen gegeben sind[13].

Aus den vorstehend geschilderten Dokumenten ergibt sich klar, daß die Kirchenleitung strikt an dem vom Trienter Konzil ausgesprochenen Grundsatz festhält, daß Todsünden in jedem Fall vollständig dem Einzelbekenntnis unterworfen bleiben[14], obwohl sie doch durch die Generalabsolution oder durch vollkommene Reue vergeben sind. Hier setzen nun verbreitete Zweifel ein, die auch auf der VI. Vollversammlung der Römischen Bischofssynode vom 29. September bis 29. Oktober 1983 zum Ausdruck kamen. Ohne Zweifel steckt die Einzelbeichte zur Zeit in einer Krise, wie die leeren Beichtstühle und die oft überfüllten Bußgottesdienste deutlich machen. Einerseits zeigen viele Gläubige echte Bereitschaft zu Umkehr und Versöhnung, andererseits finden sie nicht, aus welchen Gründen auch immer, den Weg zum Beichtstuhl. Hier fragt es sich, ob die Kirche in ihrer Vergebungsvollmacht unabänderlich an der Bedin-

---

[12] Sess. XIV, can. 5: DS 1680.
[13] Vgl. u.a. *F. Nikolasch*, a.a.O. (Anm. 3) 91-94; *R. Berger*, Bußgottesdienste. Anleitungen und Modelle (München 1974); *J. Steiner – H.B. Meyer*, Einzelbeichte – Generalabsolution – Bußgottesdienst ... (Innsbruck 1975).
[14] Sess. XIV, can. 6-7: DS 1706f.

gung der detaillierten Einzelbeichte festhalten müsse und ob die entsprechende Aussage des Trienter Konzils wirklich auf „göttlichem Recht" beruht. „Einer der besten Kenner des Konzils von Trient, *Hubert Jedin*, kam zum Schluß, daß weder die Schriftargumente noch die Beweisführung aus der Tradition dazu berechtigte, hier eine unabänderliche Bestimmung göttlichen Rechtes zu erkennen (La Maison-Dieu Nr. 104, S. 88 bis 115)."[15] *F. Nikolasch*, einer der besten Kenner der Materie, ist der Überzeugung, daß sich auf längere Sicht eine offene Einstellung nicht umgehen lasse. „Eine Vielfalt an sakramentalen Bußformen kann den besonderen Wert und Rang der Einzelbeichte wieder deutlich zum Bewußtsein bringen, aber auch eindringlich darlegen, daß christliche Buße nicht an eine bestimmte Form gebunden ist, sondern letztlich immer eine radikale, innere Hinwendung des reuigen Christen zu Christus und zu Gott erfordert, die, entsprechend der Natur des Menschen, auch einer äußeren Form bedarf, die aber – wie die Geschichte der Kirche zeigt – nicht ein für allemal unveränderlich festliegt."[16]

4. Buße und Wiederversöhnung bei den getrennten Christen

Keine der christlichen Kirchen kann den Grundruf der Evangelien (z. B. Mk 1, 15) nach Umkehr und Buße ignorieren. Darum finden sich auch in allen Kirchen neben der Aufforderung zur Buße mehr oder weniger institutionelle Formen der Versöhnung.

In den Bußriten der einzelnen *Ostkirchen* herrscht heute eine große Unterschiedlichkeit. Es handelt sich um Überarbeitungen und Erweiterungen von Riten, die dem früheren Rekonziliationsverfahren entstammen. In manchen schismatischen Ostkirchen sind allerdings jegliche Bußriten im Sinn unseres Bußsakramentes außer Übung gekommen. „In den heutigen Kirchen des Byzantinismus spricht vielerorts nach altem Brauch die Gruppe der Beichtenden bestimmte Gebete gemeinsam, in jedem Fall tritt jeder einzeln vor den Priester und beichtet. Die Lossprechung erfolgt in der Regel erst nach Ableistung der auferlegten Bußwerke. Ähnlich ist es in der *westsyrischen* Kirche. Bei den *Kopten* scheint das Bußwesen längere Zeit in Vergessenheit geraten zu sein. In vielen ihrer Gemeinden kann man von einem ‚Beichten beim Rauchfaß' sprechen, d. h. von einem stillen Bekenntnis während des Eingangsinzenses, worauf eine feierliche Absolutionsformel gesprochen wird."[17]

Die reformatorischen Kirchen hielten zwar an der Notwendigkeit von Sinnesänderung und Buße fest, gaben aber die Sakramentalität des Ver-

---

[15] *F. Nikolasch*, Berechtigte Vielfalt. Plädoyer für eine erneuerte Bußliturgie, in: Gd 18 (1984) 35.
[16] Ebd.
[17] PLHL 88f; ausführlicher bei *I.-H. Dalmais*, Die Liturgie der Ostkirchen (Aschaffenburg 1960) 84-88; *S. Heitz*, Der orthodoxe Gottesdienst (Mainz 1965) 490-501.

söhnungsvorganges preis, weil hierfür das explizite Stiftungswort Christi (wie bei Taufe und Abendmahl) fehle. *Luther* selbst schätzte und praktizierte die geheime Beichte und war anfangs noch bereit, sie als Sakrament zu betrachten. Die Evangelisch-lutherische Kirche Deutschlands kennt in ihrer Agende[18] die „Einzelbeichte" mit verschiedenen Vorschlägen für ihre Gestaltung, aber auch die „gemeinsame Beichte" in zwei Modalitäten und den „öffentlichen Bußgottesdienst". Bei der gemeinsamen Beichte kann nach dem allgemeinen Sündenbekenntnis jedem einzelnen unter Handauflegung des „Beichtigers" die Absolution zugesagt werden oder aber auch allen Beichtenden zugleich ohne Handauflegung[19].

---

[18] Band III (Berlin ²1963) 94-114.
[19] Zur Buß- und Beichtlehre der reformatorischen Kirchen u. a.: *P. Brunner*, Zur Lehre vom Gottesdienst, in: Leiturgia I, 336ff; *G. L. Müller*, Bonhoeffers Theologie der Sakramente (Frankfurt a. M. 1979); TRE, Art. Beichte, mit Beiträgen von *J. Asmussen, I. Frank, E. Bezzel, H. Obst* und *M. Mezger* in Bd. V, 411-439.

XIII. KAPITEL

Das Sakrament der Krankensalbung

Die schwierige Situation des Krankseins, die Leib und Seele des Menschen niederbeugt, eine Urerfahrung der Menschheit, darf hier als bekannt vorausgesetzt werden. Krankheit macht den Menschen seiner Begrenztheit und Abhängigkeit bewußt und erinnert eindringlich an das oft aus dem Auge verlorene Gesetz des Sterbenmüssens. Zur zusätzlichen Belastung wird die in vielen Religionen verbreitete Sinngebung als Strafe für persönliche Schuld oder für die eines ganzen Stammes, ja auch der Vorfahren, eine Sinngebung, die auch zu einer Diffamierung in den Augen der Mitmenschen führte.

1. Biblische Grundlagen, Sinnverständnis und geschichtliche Entwicklung

Jesus von Nazaret hat diese Deutung zurückgewiesen (vgl. Joh 9, 1-3), indem er aufweist, daß Krankheit auch einen in die Zukunft weisenden Sinn haben kann. Darüber hinaus macht der christliche Glaube Jesu Passion und Auferstehung zur Grundlage eines neuen Sinnverständnisses von Leiden und Sterben des Christen (vgl. Röm 8, 17f). Krankheit kann und muß auch als Teilnahme am Pascha-Mysterium Christi gesehen werden, auch in dem Sinn, daß des Christen Leid fruchtbar wird für die Gemeinschaft der Glaubenden (Kol 1, 24).

Die Evangelien berichten an zahlreichen Stellen, daß Jesus den Kranken seine besondere Zuwendung schenkte und viele von ihnen an Leib und Seele heilte. Wie mit anderen Notleidenden hat er sich auch mit den Kranken solidarisiert, ja identifiziert, so daß er in der Gerichtsrede (Mt 25, 31-46) jeden helfenden Dienst oder auch dessen Verweigerung auf sich selbst bezieht. Darüber hinaus hat er seinen Jüngern Auftrag und Vollmacht gegeben, den Kranken die Hände aufzulegen (Mk 16,18), sie mit Öl zu salben (Mk 6, 13) und sie zu heilen (ebd. und Lk 9, 1ff). Die Apostelgeschichte berichtet, daß die Apostel auch nach Jesu Tod und Auferstehung Kranke im Namen und in der Vollmacht Jesu heilten (vgl. Apg 3, 1 u. 5, 15f).

Von besonderer Bedeutung für den Krankendienst der apostolischen Gemeinden ist die Weisung des Jakobusbriefes 5, 14f. Denn sie zeigt, daß dieser Heilsdienst bereits institutionalisiert war. „Ist einer von euch krank? Dann rufe er die Ältesten der Gemeinde zu sich: Sie sollen für ihn

179

beten und ihn im Namen des Herrn mit Öl salben. Das gläubige Gebet wird den Kranken retten, und der Herr wird ihn aufrichten; wenn er Sünden begangen hat, werden sie ihm vergeben".

Was die Gemeinde bzw. Kirche hier tun soll, ist nichts anderes als die sinngemäße Weiterführung des Auftrags Jesu an seine Jünger. Das Gebet des Glaubens, begleitet und veranschaulicht durch Ölsalbung (und Handauflegung, wie manche den griechischen Ausdruck *„ep' autón"* deuten), bewirkt leibliche und seelische Rettung und Aufrichtung und gebenenfalls auch Vergebung der Sünden. Dabei ist festzuhalten, daß es hier nicht um Sterbende, sondern allgemein um Kranke geht; ihnen soll ein Dienst am Leben und Heil geschenkt werden. Wichtig ist auch, daß sie an die „Ältesten" (griechisch: *presbýteroi*), also an die Amtsträger der Gemeinde, verwiesen werden, nicht an irgendwelche Charismatiker. Biblischer Krankendienst ist amtliches Tun der Kirche[1].

Aus dem biblischen Befund ergeben sich zwei wichtige Folgerungen: Wenn die Kirche im Namen und in der Kraft ihres erhöhten Herrn unter sichtbaren Zeichen auf das Heil der Gläubigen hin tätig wird, so sprechen wir von einem Sakrament. Weil aber der im Jakobusbrief geschilderte biblische Krankendienst eindeutig den Intentionen Christi entspricht und in Verbindung mit dem Gebet des Glaubens und sichtbaren Zeichen die Zusage übernatürlicher Heilswirkungen hat, ist er ein sakramentales Tun der Kirche, ist er *ein Sakrament*. Dies aber bedeutet, wie auch bei den anderen Sakramenten, daß die Krankensalbung im letzten ein Heilshandeln des erhöhten Christus am Kranken ist, der den menschlichen Priester gleichsam nur als Werkzeug in seiner Hand benutzt. Er ist es, der im Gebet und Zeichen der Krankensalbung seinen liebenden und helfenden Dienst, den er einst in Palästina begonnen hat, am kranken Menschen unserer Tage fortsetzt. Im Blick auf die unübersehbaren Scharen der Kranken spricht er auch heute das Wort hilfsbereiter Anteilnahme: „Die Leute tun mir leid" (Mt 15, 32; Mk 8, 2). Er neigt sich voll Erbarmen zu ihnen und richtet sie auf; er schenkt ihnen neue Kraft und Hoffnung und Vergebung der Schuld, wenn sie in Sünde sind; er wird zum barmherzigen Samariter, der sich des darniederliegenden Kranken annimmt. So hat die Krankensalbung nichts mit Magie und Aberglauben zu tun. Sie ist Heilshandeln des Herrn am heilsbedürftigen Menschen.

Eine weitere wichtige Feststellung bezieht sich auf das *Sinnverständnis* der Krankensalbung. Weil es sich bei ihr um die Fortsetzung des biblischen Krankendienstes Jesu und seiner Apostel handelt, darf sie nicht als „Sakrament der Todesweihe" und als eine Art amtlicher Besiegelung des bevorstehenden Todeseintritts gesehen werden. Sie ist vielmehr ein Sakrament der körperlichen und seelischen Aufrichtung des Kranken, ein Sakrament der Hilfe und Heilung.

So hat es das kirchliche Altertum in Ost und West verstanden; davon zeugen vor allem die Weihetexte des Krankenöls von der Frühzeit bis zur

---

[1] Vgl. *F. Mußner*, Der Jakobusbrief (Freiburg i. Br. 1964) 218ff.

Gegenwart[2]. Da heißt es beispielsweise im Euchologium (= Gebets-sammlung) des ägyptischen Bischofs *Serapion von Thmuis* (4. Jahrhundert): „Wir rufen dich an, der alle Macht und Kraft hat, den Retter aller Menschen ..., und bitten, daß du vom Himmel deines Eingeborenen Heilkraft auf dieses Öl sendest, damit es denjenigen, welche damit gesalbt werden ..., gereiche zur Abwehr jeder Krankheit und Entkräftung ..., zur guten Gnade und zur Nachlassung der Sünden, zum Heilmittel des Lebens und der Rettung, zur Gesundheit und Unversehrtheit von Seele, Leib und Geist, zur vollkommenen Gesundheit."[3] Diese Gedanken haben sich in den Segnungsgebeten des Krankenöls, das der Bischof am Gründonnerstag konsekriert, erhalten. Auch in den Gebeten, die die bisherige Krankensalbung begleiten und ihr nachfolgen, spielt die körperliche und geistige Aufrichtung und Heilung eine wesentliche Rolle.

Leider hatten sich seit dem frühen Mittelalter eine falsche Akzentuierung und eine bedenkliche Praxis herausgebildet. Weil man damals das Bußsakrament möglichst bis in die Todesstunde hinausschob, um den auferlegten harten Bußwerken zu entgehen („Krankenbuße"), geriet das Sakrament der Krankensalbung immer mehr in die Nähe des Todes, da man es erst im Anschluß an die Beichte spenden zu dürfen glaubte. Dabei wurde der Akzent weniger auf die heilende und aufrichtende Funktion dieses Sakramentes gelegt, sondern mehr auf die Zusage der Sündenvergebung, obwohl doch das eigentliche Sakrament der Versöhnung unmittelbar vorausging. Der im 12. Jahrhundert aufkommende Name „Letzte Ölung" tat ein übriges, um die Krankensalbung zu einem Sakrament der Sterbenden umzudeuten. Ursprünglich meinte dieser Ausdruck, daß die Salbung der Kranken in der zeitlichen Reihenfolge die letzte der Salbungen sei, nach denen der Taufe, Firmung und Priesterweihe. So wurde es mehr gefürchtet als geliebt.

Erst die liturgische und pastorale Erneuerungsbewegung der letzten Jahrzehnte führte zu einer Rückbesinnung. Entsprechend dem alten Grundsatz, daß das liturgische Gebet auch Kriterium für den Glauben und die Glaubenspraxis sei („lex orandi – lex credendi") erkannte man wieder neu, daß es sich mehr um eine Hilfe zum Leben als um eine Todesvorbereitung handelt. Dieser erfreuliche Wandel fand seinen Ausdruck in der Änderung des Namens. Die Bezeichnung „Letzte Ölung" wird ersetzt durch „Krankensalbung". Diese Bezeichnung fand durch die Aufnahme in den „Katechismus der Bistümer Deutschlands" (1955) und in die zahlreichen neuen Diözesangesangbücher rasche Verbreitung. Auch das II. Vatikanum begrüßt diese Änderung, indem es feststellt: „Die

---

[2] Eine ausführliche Dokumentation bei *A. Chavasse,* Étude sur l'onction des infirmes ... (Lyon 1942); vgl. *ders.* in: Martimort (1) II, 114-128; *E.J. Lengeling,* Todesweihe oder Krankensalbung, in: LJ 21 (1971) 193-213.

[3] Übersetzung nach BKV, Griechische Liturgien (Kempten – München 1912) 156. Die Salbungen mit dem gesegneten Öl wurden bis ins 9. Jahrhundert auch von Laien vorgenommen.

‚Letzte Ölung', die auch – und zwar besser –, ‚Krankensalbung' genannt werden kann, ist nicht nur das Sakrament derer, die sich in äußerster Lebensgefahr befinden" (LK 73).

Gewiß gehört es nicht zur Absicht und Funktion dieses Sakramentes, die medizinischen Bemühungen um den Kranken überflüssig zu machen und ihn sozusagen „gesundzubeten", wie dies von manchen Sekten berichtet wird. Sakramente setzen die Naturgesetze nicht außer Kraft und wirken nicht spektakuläre Wunder am laufenden Band, sie sind keine Heilungsautomaten.

Die Existenz eines Krankensakramentes will dem Kranken auch nicht suggerieren, sich widerstandslos mit der Krankheit abzufinden. Im Gegenteil, das neue Rituale sagt in seinen Vorbemerkungen ein klares Ja zur Gesundheit und Leistungskraft des Menschen als einer allgemeinen Intention göttlicher Vorsehung: „Es liegt durchaus im Plan der göttlichen Vorsehung, daß der Mensch gegen jede Art von Krankheit entschieden ankämpft und sich gewissenhaft mit aller Sorgfalt um das hohe Gut der Gesundheit bemüht" (3; vgl. auch 4 und 32).

Zusammenfassend kann zum Sinnverständnis der Krankensalbung festgestellt werden, daß sie nach dem biblischen Befund und den Zeugnissen der Tradition nicht ein Sakrament der „Todesweihe" ist, sondern der leiblichen und seelischen Aufrichtung dienen will. Sie stellte den Kranken, wie jedes Sakrament, in die Nähe des Herrn und versichert ihn seiner helfenden Liebe. So richtet sie ihn im Glauben und in der Hoffnung auf und gibt ihm die Kraft, seine Krankheit als die Fügung eines liebenden Vatergottes zu sehen und zu tragen. Sie bewahrt ihn vor Kleinmut und Verzweiflung und schenkt ihm Gelassenheit und Frieden. So wird zunächst die geistig-seelische Not des Kranken gelindert und geheilt. In nicht wenigen Fällen wird sich dies auch günstig auf den Gesamtverlauf der Krankheit auswirken. Ist doch der Mensch als „psychosomatisches Wesen" zu sehen, als Leib-Geist-Einheit. Leibliche Gebrechen belasten den Geist; seelische Not macht oft auch den Leib des Menschen krank, seelische Aufrichtung begünstigt die leibliche Gesundheit. Darüber hinaus hat uns Jesus wiederholt versichert, daß das beharrliche und glaubensstarke Gebet selbst „Berge zu versetzen" vermag (vgl. Mt 21,21 und Mk 11,23). Wer aber wollte dem sakramentalen Gebet der Kirche, in dem Christus unser Vor- und Mitbeter ist, Grenzen seiner Wirksamkeit vorschreiben und in Frage stellen, daß es auch die körperliche Heilung begünstigen und herbeiführen kann? So darf die Aussage des Jakobusbriefes in einem vollen und hoffnungsfrohen Sinn verstanden werden. Seelsorger und Krankenschwestern wissen von zahlreichen Fällen zu berichten, wo es mit dem Kranken nach dem gläubigen Empfang des Sakramentes seelisch wie körperlich auffällig aufwärtsging[4].

---

[4] Vgl. *H. Spaemann*, Das Sakrament der Krankensalbung, in: *Th. Bogler* (Hg.), Tod und Leben (Laacher Hefte 25) (Maria Laach 1959) 37. Für eine differenziertere sakra-

2. Die Neuordnung der Krankensalbung

Das II. Vatikanum hatte den Auftrag zu einer Neuordnung dieses Sakramentes gegeben (LK 74) und dabei namentlich die Zahl der Salbungen und die zum Ritus gehörenden Gebete ins Auge gefaßt. Der neue Rituale-Faszikel wurde am 7. Dezember 1972 von der Gottesdienstkongregation unter dem Titel „Ordo unctionis infirmorum eorumque pastoralis curae" („Ordnung der Krankensalbung und Krankenpastoral") veröffentlicht. Er enthält die approbierende Konst. *Pauls VI.* vom 30. November 1972. Die Ausgabe für das deutsche Sprachgebiet erschien 1975 unter dem Titel „Die Feier der Krankensakramente" und enthält außer der schon genannten Apostolischen Konst. ein Einführungswort der Bischöfe des deutschen Sprachgebietes, die umfangreiche „Pastorale Einführung", die Ordnung für Krankenbesuch und Krankenkommunion, den Ritus der Krankensalbung in der Grundform mit zusätzlichen Anweisungen für die Spendung innerhalb der Meßfeier und für die gemeinsame Feier im Zusammenhang mit der Salbung mehrerer Kranker, einen Abschnitt über die Spendung der Wegzehrung, den schon in der LK 74 geforderten Gesamtritus bei einem Kranken in unmittelbarer Lebensgefahr („Versehgang"), die Spendung der Firmung in Todesgefahr, die Sterbegebete und schließlich umfangreiche „Texte zur Auswahl für Gottesdienste mit Kranken". Im folgenden befassen wir uns im wesentlichen mit der Grundform und der auf sie bezogenen Ordnung. Der sogenannte Gesamtritus wird im Kapitel über die Sterbe- und Begräbnisliturgie beschrieben.

Das erneuerte Sinnverständnis der Krankensalbung tangiert vor allem die Frage nach dem *Empfänger*. Schon das II. Vatikanum hatte festgestellt, daß dieses Sakrament nicht nur in „äußerster Lebensgefahr gespendet werden darf, sondern schon dann, „wenn der Gläubige beginnt, wegen Krankheit oder Altersschwäche in Lebensgefahr zu geraten" (LK 73). Die PE spricht von denen, „die sich wegen Krankheit oder Altersschwäche in einem bedrohlich angegriffenen Gesundheitszustand befinden" (so die etwas aufwendige Übersetzung des lateinischen „periculose aegrotant = gefährlich erkranken" in Nr. 8). Bei der Einschätzung der Krankheit „soll jede kleinliche Ängstlichkeit ausgeschlossen und gegebenenfalls der Arzt zu Rate gezogen werden" (ebd.). Jedoch verbietet sich ein gewisser Übereifer, der schon bei leichteren Erkrankungen oder generell ab einem

---

mentale Theorie und Praxis setzt sich der Wiener Dogmatiker *G. Greshake* ein: Letzte Ölung oder Krankensalbung?, in: Geist und Leben 56 (1983) 119-136 (überarbeitete Fassung eines Beitrages in der FS für Kard. *F. König*, Wien, „Leiturgia – Koinonia – Diakonia" [Wien 1980]). Für ihn handelt es sich um ein „Sakrament der Tauferneuerung angesichts des Todes" (128), um „die ausdrückliche Darstellung, Feier und Heilspräsenz der eschatologischen Mitte des christlichen Glaubens", dessen spezifische Wirkung „die Vermittlung der christlichen Hoffnung" sei (134). Nicht alle Glieder seiner Argumentationskette sind überzeugend. Darum fällt die Zustimmung zu diesem aufgezeigten Sinnverständnis schwer.

bestimmten Alter zur Spendung schreiten möchte. So wendet sich auch die DBK in einer „Erklärung zur Krankenpastoral" vom 20. November 1978 gegen eine undifferenzierte Spendung ab etwa dem 70. Lebensjahr in sogenannten „Altengottesdiensten"[5].

Eine *Wiederholung* ist möglich, „wenn der Kranke nach empfangener Krankensalbung wieder zu Kräften gekommen war oder wenn, bei Fortdauer derselben Krankheit, eine weitere Verschlechterung eintritt" (9). Auch vor einem chirurgischen Eingriff kann das Sakrament empfangen werden, „wenn eine gefahrbringende Erkrankung der Grund für die Operation ist" (10). Die Spendung an kranke Kinder wird dann als möglich erklärt, wenn sie so weit zum Vernunftgebrauch gekommen sind, „daß sie durch dieses Sakrament Stärkung erfahren können" (12). Diese Bestimmung ist vor dem Hintergrund der früheren Vorschrift und Praxis zu sehen, wonach Kinder dieses Sakrament erst dann empfangen können, wenn sie zur Sünde fähig sind. Gegen den Ausschluß unmündiger Kinder „spricht jedoch die alte Praxis der Westkirche, die im Osten fortbesteht, welche die – mögliche – körperliche Wirkung, von der Jakobus spricht und an der die Gebete wie auch die Vorbemerkungen festhalten, ernst nimmt"[6].

„Kranken, die das Bewußtsein oder auch den Vernunftgebrauch verloren haben, kann das Sakrament gespendet werden, wenn sie im Besitz ihrer geistigen Kräfte mit Wahrscheinlichkeit als gläubige Menschen nach dem Sakrament verlangt hätten"(14). *Toten* soll es nicht gespendet werden, es sei denn, daß am wirklichen Eintritt des Todes noch Zweifel bestehen. In diesem Fall ist eine bedingungsweise Spendung vorgesehen (15 und 135).

Ausdrücklich verurteilt das neue Rituale die *Unsitte, das Sakrament aufzuschieben* (13), weil sonst die Gefahr besteht, daß der Kranke seinen eigenen Glauben und seine Gebete nicht mehr mit dem Gebet der Kirche vereinigen kann, was ja zur Vollform des Empfangs gehört. „Bei einer sich verschlimmernden Krankheit ist es Pflicht der Angehörigen und Pfleger, den Pfarrer frühzeitig darauf hinzuweisen und auch den Kranken selbst in menschlich taktvoller Weise für den rechtzeitigen Empfang der Sakramente zu disponieren"(34).

Wie alle liturgischen Handlungen hat auch die Krankensalbung *Gemeinschaftscharakter*, der besonders dann zum Ausdruck kommt, wenn sie im Rahmen einer Eucharistiefeier gespendet wird (nach dem Evangelium), was sowohl als „Hausmesse" im Krankenzimmer wie auch bei der Salbung mehrerer Kranker (Krankentage der Pfarrei, Krankenwallfahrten, Krankenhaus, Altenheim) in einer Kirche oder Kapelle geschehen kann[7]. Aber auch die Spendung außerhalb der Meßfeier sollte nach Mög-

---

[5] Veröffentlicht in: Hirtenbriefe der deutschen Bischöfe Nr. 17 (hg. vom Sekretariat der DBK).

[6] *E.J. Lengeling*, Die Erneuerung der Krankensalbung, in: *M. Probst – K. Richter* (Hg.), Heilssorge für die Kranken … (Freiburg i. Br. ¹1975) 57.

[7] Einführungswort der Bischöfe im Rituale S. 23 und Rituale 80–85.

lichkeit eine wenn auch kleine Gemeinschaft zusammenführen, die durch ihren Glauben und ihr Gebet das heilige Geschehen nicht nur begleitet, sondern mitträgt. Denn das „Gebet des Glaubens" ist ein wesentliches Element dieses Sakramentes[8] und sollte von möglichst vielen Gläubigen mitvollzogen werden. Hierbei ist außer an die Angehörigen auch an Verwandte, Freunde und Nachbarn zu denken. Sie könnten unter Umständen in der liturgischen Feier auch dadurch aktiv werden, daß sie etwa die Lesung vortragen oder sich an den Fürbitten beteiligen.

Was den *Spender der Krankensalbung* angeht, so nennt die PE unter Berufung auf das Trienter Konzil als „eigentlichen" Spender allein den Priester, wobei „die Bischöfe, die Pfarrer mit ihren Kooperatoren, die Seelsorger der Krankenhäuser und Altenheime und die Oberen der Klerikergemeinschaften" als „ordentliche Träger" dieser Vollmacht bezeichnet werden (16). Die übrigen Priester können das Sakrament mit wenigstens präsumierter Erlaubnis der Genannten spenden, sollen aber dem zuständigen Priester dies nachträglich melden (18). Im Hinblick darauf, „daß in der Praxis jedenfalls des Westens bis ins 9. Jahrhundert hinein zwar die Weihe des Öls – und damit auch das ‚Gebet des Glaubens' (Jak 5,15) – dem Bischof und Presbyter vorbehalten war, nicht jedoch – ähnlich wie bei der Eucharistie – die Spendung des Sakraments an den einzelnen Kranken durch Salbung", hält *E.J. Lengeling* es „dogmatisch für möglich, daß Diakone oder sogar vom Bischof oder Presbyter bestimmte Laien (etwa Kommunionhelfer) Kranke mit dem von ihnen geweihten Öl salben könnten"[9], ähnlich der Überbringung der Eucharistie durch Kommunionhelfer. Dies bedürfte selbstredend einer besonderen Ermächtigung durch die Kirche.

Das Öl für die Salbung muß Olivenöl oder ein anderes pflanzliches Öl sein (20), das eigens vom Bischof geweiht werden muß, in der Regel in der „Missa chrismatis" am Gründonnerstag. Im Notfall kann es aber auch jeder Priester weihen (21).

Der neue Ritus der Krankensalbung

Was die *Struktur der „Grundform"* betrifft, so läßt sich unschwer ein ähnlicher Aufbau wie bei der Meßfeier und anderen Sakramenten erkennen: Eröffnungs- und Schlußriten, Schriftlesung mit Fürbitten als Wortgottesdienst und den eigentlichen Wesenskern des Sakramentes mit Handauflegung, Ölweihe (bzw. dankender Rückverweis) und die Salbung mit der entsprechenden Salbungsformel.

Zum Beginn *begrüßt* der Priester den Kranken und alle Anwesenden,

---

[8] Auf diesen wichtigen Gesichtspunkt hat nachdrücklich hingewiesen *A. Knauber*, Gebet des Glaubens. Der personale Grundakt der Krankensalbung, in: Cd 9 (1975) 81 ff.
[9] Anm. 6, S. 60. Dazu kritisch: *A. Ziegenaus*, Ausdehnung der Spendevollmacht der Krankensalbung?, in: MthZ 26 (1975) 345-363.

wobei er eine der vier angegebenen Grußformeln oder eine freie persönliche Form gebrauchen kann. Überhaupt soll der Spender bei der gesamten Handlung „die konkreten Umstände und sonstigen Erfordernisse wie insbesondere die Wünsche der Kranken und anderer Gläubigen vor Augen haben und im Hinblick darauf von den verschiedenen Gestaltungsmöglichkeiten, die im Ritus vorgeschlagen sind, bereitwillig Gebrauch machen"(40).

Die anschließende *Besprengung* des Kranken (und des Zimmers) mit Weihwasser („wo es tunlich ist") gehört zu den urtümlichsten Symbolhandlungen vieler Religionen. Wasser ist nicht nur ein reinigendes, sondern auch erfrischendes und belebendes Element. Für den Christen ist es zugleich Erinnerung an seine Taufe. So erfolgt hier eine Rückbindung der Krankheitssituation an die Christwerdung der Taufe und an die in ihr grundgelegte eschatologische Hoffnung. Daran erinnert auch das begleitende Gebet (fakultativ).

Die einführende *Ansprache* hat Modellcharakter (Anlehnung an Mt 18,20; Jak 5,14 f). An ihrer Stelle kann auch ein entsprechendes Gebet gesprochen werden, zumal nach der Schriftlesung eine weitere Ansprache möglich ist. Ein solches Gebet findet sich in den Auswahltexten (239 = „Jakobus-Oration").

Bei allen Sakramenten kommt es auf die rechte Disposition des Empfängers an. Darum folgt jetzt, soweit erforderlich, die *sakramentale Beichte*, sofern sie nicht schon (lobenswerterweise) zu einem früheren Zeitpunkt stattgefunden hat, oder ein *Bußakt* in Gestalt des „Confiteor" oder anderer Schuldbekenntnisse (Auswahltexte 232 f) mit der Vergebungsbitte des Priesters. Hiermit enden die Eröffnungsriten.

Mit einer *Schriftlesung* beginnt der Wortgottesdienst. Während das alte römische Rituale sie nicht kannte, findet sie sich bereits im deutschen Rituale „Collectio rituum" von 1950, und zwar ebenfalls nach dem Bußakt, allerdings fakultativ. Im neuen Rituale ist sie verpflichtend. Ausgedruckt ist die Perikope Mt 8,5-10.13. Darüber hinaus finden sich in den Auswahltexten weitere 30 Lesungen und 26 Evangeliumsperikopen, von denen einige als für Sterbende besonders geeignet gekennzeichnet sind. Hiermit kommt das neue Rituale einer Forderung des II. Vatikanums nach, bei den heiligen Feiern die Schriftlesung „reicher, mannigfaltiger und passender" auszugestalten (LK 35). „Je nach Situation kann eine kurze Erklärung des Textes folgen" (72).

Die nachfolgenden *Fürbitten* sind als Modell zu verstehen und sollen den Umständen angepaßt werden. Sie können auch erst nach der Salbung gesprochen werden oder an beiden Stellen. Sie gelten in erster Linie dem Kranken, beziehen aber auch jene ein, „die sich in dienender Sorge der Kranken annehmen"(73). Weitere Fürbitten finden sich in den Auswahltexten (240 f).

Nach dem Abschluß des Wortgottesdienstes beginnen die eigentlichen *Kernriten*, die in PE 5 ausdrücklich als solche aufgezählt werden. An erster Stelle steht die *Handauflegung*, die der Priester schweigend vollzieht.

Diese in der Heiligen Schrift oftmals bezeugte Geste symbolisiert u. a. das Überströmen von Kraft, Vollmacht, Gnade, Geist, Hilfe, Heilung und Vergebung. Die Handauflegung bei der Krankensalbung hat ihr Vorbild bei Jesus und den Aposteln, die sie schon als Heilungsgeste im jüdischen Volk vorgefunden haben. Ihre psychologische Zeichenkraft besteht darin, daß sie unmittelbar Ausdruck der Zusammengehörigkeit, des Angenommen- und Geborgenseins ist, eine Tröstung ohne Worte, eine „Urgebärde kirchlichen Heilungsdienstes" *(B. Fischer)*, ein Zeichen, das von den Kranken leicht verstanden und angenommen wird. Weil eine solche Geste im Namen und nach dem Vorbild Jesu geschieht und der handauflegende Priester die Person Christi vertritt und Christus durch ihn handelt, vermag sie im Kranken zuversichtliches Vertrauen zu Jesus zu wecken. – Zu bedauern ist, daß im Druckbild der deutschen Ausgabe des Rituale diese Handauflegung leicht übersehen wird, so daß selbst ein angesehener Liturgiker schreiben konnte: „Die Handauflegung vor der Salbung entfällt nunmehr."[10]

Es folgt nun die *Weihe des Öles,* sofern der Priester kein vom Bischof geweihtes vorrätig hat. Dabei kann jedes aus Pflanzen oder Früchten gewonnene Öl verwendet werden, also nicht mehr nur Olivenöl[11]. Öl spielt in der antiken Welt eine wichtige Rolle als Lebensmittel, Heilmittel, Kosmetikum (auch vor und nach dem Bad), für die Salbung der Ringkämpfer und als Brennmaterial für die Lampen. Als „gespeicherte Sonnenkraft" *(R. Berger)* wird es zum Zeichen der Segensfülle und Fruchtbarkeit. In der Zeichenwelt der christlichen Sakramente wird es zum Symbol des Lebens, der Erleuchtung (vgl. Photismos = Erleuchtung als östlicher Name für die Taufe), der Geistesgaben und geistlichen Vollmachten, der Heilung, Hoffnung und Freude[12]. Wenn der Priester das vom Bischof konsekrierte Öl benutzt, spricht er vor der Salbung ein *Dankgebet* in der Art der jüdischen Beraka. Nach dem Lobpreis der drei göttlichen Personen wird die Bitte ausgesprochen, der Kranke möge durch die Salbung mit diesem Öl Linderung seiner Schmerzen und Stärkung in seiner Schwäche erfahren.

Die *Salbung* erfolgt nach dem neuen Ritus an Stirn und Händen. Sie stehen als „zentrale Ausdrucksfelder"[13], stellvertretend für den ganzen Menschen, für seinen Geist und seinen Leib, für seine Gedanken und Werke, für „den Menschen in seiner Ganzheit als denkende und handelnde Person"[14]. Im bisherigen Ritus war seit dem Mittelalter die Sal-

---

[10] *Th. Schnitzler,* Was die Sakramente bedeuten … (Freiburg i. Br. [1]1982) 155.
[11] So in der Apostolischen Konst. *Pauls VI.* und im Ordo der Ölweihen vom 3. Dezember 1970.
[12] Vgl. *Ph. Holzmeister,* Die heiligen Öle in der morgen- und abendländischen Kirche (Würzburg 1948).
[13] *J. Mayer-Scheu – A. Reiner,* Heilszeichen für Kranke. Krankensalbung heute (Kevelaer [2]1975) 20.
[14] Einführungswort der Bischöfe im Rituale S. 24.

bung der fünf Sinnesorgane üblich (Augen, Ohren, Nase, Mund, Hände, evtl. auch Füße). Dabei wurde in der begleitenden Spendeformel eine nicht ganz glückliche Beziehung hergestellt zu den Sünden, die durch die betreffenden Sinnesorgane begangen wurden. In früheren Zeiten salbte man zusätzlich auch jene Körperstelle, an der der Kranke die meisten Schmerzen verspürte. Auch künftig können, wenn es Denkungsart und Überlieferung der einzelnen Völker nahelegen, die Zahl der Salbungen vermehrt und andere Salbstellen gewählt werden (24). In Notfällen genügt aber auch eine einzige Salbung, etwa an der Stirn oder an einer anderen Stelle (wenn z. B. die Stirn wegen etwaiger Verbände nicht zugänglich ist).

Während der Salbung von Stirn und Händen spricht der Priester die *Spendeformel,* deren beide Glieder jeweils den beiden Salbungen zugeordnet sind. Sie lautet in der deutschen Übersetzung: „Durch diese heilige Salbung helfe dir der Herr in seinem reichen Erbarmen, er stehe dir bei mit der Kraft des Heiligen Geistes." A.: „Amen." „Der Herr, der dich von Sünden befreit, rette dich, in seiner Gnade richte er dich auf." A.: „Amen." Neu an dieser Formel ist die Hervorhebung des Heiligen Geistes, wie sie auch im Weihetext des Krankenöls vorkommt. Er gilt ja, vor allem in der östlichen Theologie, als der „Finger Gottes", der die Werke Christi vollbringt, die eigentliche Wirkursache aller Heiltaten. Die in der Spendeformel genannten Wirkungen des Sakramentes schließen sich deutlich an die Aussagen des Jakobusbriefes 5, 14 f an: Rettung, Heil und Aufrichtung des Kranken, gegebenenfalls auch Nachlassung der Sünden. So ist jene etwas einseitige Hervorkehrung der Sündenvergebung in der früheren Formel überwunden, wo es hieß: „Durch diese heilige Salbung und seine mildreiche Barmherzigkeit verzeihe dir der Herr, was du gesündigt hast durch Sehen usw."

Das zweimalige Amen macht deutlich, daß auch der Kranke und die Anwesenden sich am „Gebet des Glaubens" beteiligen und auch dieses Sakrament Sache des ganzen Gottesvolkes ist.

Die der Salbung unmittelbar folgende *Oration,* die noch nicht zu den Schlußriten gehört, faßt noch einmal die erbetenen Wirkungen im Sinn der leiblich-seelischen Aufrichtung und der Gesundung an Leib und Seele durch die Kraft des Heiligen Geistes zusammen und unterstreicht so den Grundtenor dieses Sakramentes. Im Hinblick auf die möglichen verschiedenen Situationen kennt der Ritus in den Auswahltexten mehrere Austauschorationen für Altersschwäche, große Lebensgefahr, Todeskampf (Agonie) und für die gleichzeitige Spendung der Krankensalbung mit der Wegzehrung.

Die Schlußriten der „Grundform" bestehen aus dem Gebet des Herrn und einer sechsgliedrigen Segenslitanei.

Bei einer Krankensalbung innerhalb einer Meßfeier wird das Meßformular „Für Kranke" genommen, wobei der in der Grundform vorgesehene Eröffnungsritus und der Wortgottesdienst entfallen. Die Spendung selbst erfolgt nach dem Evangelium.

Bei einer gemeinsamen Feier für eine größere Anzahl von Kranken, die der Zustimmung des Ortsordinarius bedarf, ist darauf zu achten, daß „die Handauflegung und die mit der sakramentalen Formel verbundene Salbung an jedem einzelnen vollzogen" werden. „Alle anderen Texte werden nur einmal in der Pluralform gesprochen" (67)[15].

3. Die Krankensalbung in den nichtkatholischen Kirchen

Wenn man von der ostsyrischen Kirche absieht, finden (oder fanden) sich in allen östlichen Kirchen Riten der Krankensalbung, die allerdings bei den Äthiopiern und georgischen Armeniern in Vergessenheit geraten sind. Besonders ausgeprägt sind diese Riten bei den *Orthodoxen*, wo man vom „Mysterium des heiligen Öles" oder vom „Gottesdienst (Ritus) der Lampe" spricht, weil die Salbungen mit dem Öl kleiner Lämpchen vorgenommen werden. Die Salbungsfeier wird, sofern der Kranke transportfähig ist, in der Kirche begangen, andernfalls in der Wohnung, im Normalfall von sieben Priestern. Nach der „Tröstung der Kranken", einer Art Votiv-Offizium, wird das Öl gesegnet. Anschließend werden sieben Salbungen (von jedem Priester eine) vorgenommen, denen jeweils eine Lesung (Apostolos) und ein Evangelium mit Ektenie und einem längeren Gebet vorausgehen. Die Salbungen werden mit Hilfe eines ins Öl getauchten Zweiges in Kreuzesform auf Stirn, Nasenflügel, Wangen, Mund, Brust und beiden Seiten der Hände ausgeführt, gefolgt von einem bei allen Salbungen gleichbleibenden Gebet. Dann wird das geöffnete Evangeliar auf das Haupt des Kranken gelegt und mehrere Gebete gesprochen. Bei Todesgefahr ist ein verkürzter Ritus vorgesehen.

Die Länge dieses Ritus hat sich nachteilig auf die Häufigkeit seiner Spendung ausgewirkt. Es bildete sich der Brauch heraus, dieses Formular als Bußgottesdienst zu verwenden, besonders in der Karwoche[16].

In den *reformatorischen Kirchen* wurden und werden Krankensalbungen nur von einigen Theologen befürwortet. In manchen Teilkirchen der *Anglikaner* wurde im 20. Jahrhundert eine wiederholbare Heilungssalbung fakultativ wieder eingeführt.

---

[15] Außer der bereits erwähnten Literatur sei auf folgende neuere Arbeiten hingewiesen: *A. Knauber*, Pastoraltheologie der Krankensalbung, in: HPTh IV, 145-178; *ders.*, Sakrament der Kranken, in: LJ 23 (1973) 217-237; *W. v. Arx*, Das Sakrament der Krankensalbung (Freiburg i. Br. 1976). – Nach einer Mitteilung des Liturgischen Instituts in Trier vom Herbst 1984 wurde für die „Feier der Krankensakramente" eine Studiengruppe eingesetzt mit dem Ziel einer Revision unter Einbeziehung der „Variationes". Hierzu gehört auch die Weisung des CIC 1983 can. 1007, wonach die Krankensalbung jenen nicht gespendet werden darf, die in einer offenkundigen schweren Sünde hartnäckig verharren.

[16] Übersetzung dieses Ritus bei *S. Heitz*, Der Orthodoxe Gottesdienst, Bd. I (Mainz 1965) 505-534; ergänzend siehe *I.-H. Dalmais*, Die Liturgie der Ostkirchen (Mainz 1960) 88-91.

XIV. KAPITEL

Das Sakrament der Weihe (Ordo)

In der Reihenfolge der sieben Sakramente, wie sie seit dem Hochmittelalter üblich ist, heißt das sechste „sacramentum ordinis", was in einer verkürzten und darum unzulässigen Weise meist als „Sakrament der Priesterweihe" wiedergegeben wird. Die katholische Kirche versteht darunter das dreigestufte Dienstamt, dessen Träger wir Bischöfe, Priester und Diakone nennen und das wir mit guten Gründen, die später noch dargelegt werden, als Weihesakrament bezeichnen wollen. Inwieweit diese Ämter den Intentionen Jesu Christi entsprechen und wie sie in den apostolischen Gemeinden gesehen und praktiziert wurden, muß eine Rückfrage bei den neutestamentlichen Schriften klären.

1. Die neutestamentlichen Grundlagen und die geschichtliche Entfaltung des Weihesakramentes

Das NT kennt zahlreiche Hoheitstitel für Jesus, in denen die Bedeutung seiner Person und seines Wirkens für die Menschen zum Ausdruck kommt. „Jesus ist für die frühe Kirche der Geistträger und Geistspender, der Gesendete und Sendende, der Dienende und zum Dienst Rufende. Daher werden ihm auch viele traditionelle Namen und Titel beigelegt, die alle die einzigartige und ganz neuartige Mittlerschaft Jesu, des Gekreuzigten und Auferstandenen, des zugleich bei Gott und in seiner Kirche Fortlebenden, betonen sollen: er ist der Heilige Gottes, der Liturge, der Bundesmittler, der Priester, zugleich Opfernder und Opfer, der einzige und letzte Hohepriester; er ist der mit Vollmacht Ausgerüstete, dem alle Gewalt gegeben ist im Himmel und auf Erden. Er ist der Sohn Davids, der Prophet, der Menschensohn, der gute Hirt, der König Israels, der Sohn Gottes. Jesus ist der treue Zeuge, er ist der Anführer des Heils für alle Menschen."[1]

Unter diesen Hoheitstiteln bringen die des Propheten, des Hirten und des Priesters sein Wirken für die Menschheit besonders konzentriert zum Ausdruck, wir sprechen vom Propheten- (Lehr-), Hirten- und Priesteramt Jesu. Als Prophet ist er der Künder einer neuen und frohen Botschaft

---

[1] W. Pesch, Kirchlicher Dienst und Neues Testament, in: ders. u. a., Zum Thema: Priesteramt (Stuttgart 1970) 10; vgl. F. Hahn, Christologische Hoheitstitel. Ihre Geschichte im frühen Christentum (Göttingen ⁴1974).

Gottes, als Hirt dient er selbstlos, einsatz- und opferbereit den Menschen, die „wie Schafe ohne Hirten" (Mt 9,36; Mk 6,34) waren, und gibt sein Leben für sie hin (vgl. Joh 10, 1-18). Seinen Tod am Kreuz sieht er als Todesgehorsam gegenüber dem Willen seines Vaters und nimmt ihn willig auf sich als Opfer für das Heil der Welt, wie die entscheidenden Worte der Abendmahlsberichte klar erkennen lassen. Wer sich aber in solcher Weise selbst opfert für das Heil der Welt, ist in der Tat ein Priester, ein Hoherpriester zu nennen. Das Hirtenamt Jesu vollendet sich in seinem Priesteramt. „Mir ist es nicht zweifelhaft, daß ‚Hirte' die Sendung Jesu umfassend beschreibt, daß aber das Priestertum die Intensitätsspitze seines Hirtenamtes ist, weil Christus durch Selbsthingabe bis in den Tod sein Hirtenamt vollendet."[2] Er ist Opferpriester und Opfergabe zugleich.

Weil aber Jesus das Werkzeug des univeralen Heilswillens Gottes ist, verleiht er als der erhöhte Herr diesen Heilsdiensten durch seinen Geist Fortbestand durch alle Zeiten, indem er den Menschen gegenwärtig bleibt als Lehrer, Hirte und Priester. Diese Präsenz verwirklicht er durch die Sendung seiner Jünger, die in der Kraft des Heiligen Geistes sein Wort verkünden (vgl. z. B. Mt 28,18; Apg 1,8), seine Hirtendienste weiterführen und sein einmaliges hohepriesterliches Opfer präsent werden lassen, indem sie es als Gedächtnisfeier begehen.

Die Sendung seiner Apostel und Jünger zu einer solchen Fortführung seines dreifachen Amtes verbindet Christus mit der Versicherung, daß er voll hinter ihnen steht, sich mit ihnen solidarisiert, ja sogar identifiziert. So sagt er bei der Aussendung der 70 Jünger: „Wer euch hört, der hört mich, und wer euch ablehnt, der lehnt mich ab; wer aber mich ablehnt, der lehnt den ab, der mich gesandt hat" (Lk 10,16). In ähnlicher Weise versichert er nach der Fußwaschung seinen Jüngern: „Amen, amen, ich sage euch: Wer einen aufnimmt, den ich sende, nimmt mich auf; wer aber mich aufnimmt, nimmt den auf, der mich gesandt hat" (Joh 13,20).

Eine solche Sendung und Bevollmächtigung mit einem so hohen Grad von Selbstidentifikation Christi mit den Gesendeten bedeutet für diese eine schier übermenschliche Verantwortung. Ihre erste Sorge müßte es sein, daß sie den Menschen immer so begegnen, wie Christus ihnen begegnen würde, daß sie sich transparent machen für die Person und die Heilsabsichten Christi. Um sie hierfür zu befähigen, verheißt er ihnen den Heiligen Geist und betet für sie: „Heilige sie in der Wahrheit; dein Wort ist Wahrheit. Wie du mich in die Welt gesandt hast, so habe auch ich sie in die Welt gesandt. Und ich heilige mich für sie, damit auch sie in der Wahrheit geheiligt sind" (Joh 17,17 f). Hier wird deutlich, daß die Sendung der Jünger nicht nur ein Auftrag (= Ordination) ist, sondern auch ein heiligendes, ein konsekratorisches Element enthält, das uns durchaus berechtigt, von einer Weihe zu sprechen. Wer die Propheten-, Hirten- und Priesteraufgabe übertragen bekommt, empfängt damit die entspre-

---

[2] *H. Volk*, Priestertum heute (Rodenkirchen 1972) 61; wertvoll ist auch das Schreiben der deutschen Bischöfe über das priesterliche Amt … (Trier 1969).

chende Weihe im Sinn einer gnadenhaften Befähigung zum heiligen Tun, nicht als privaten Heiligenschein.

Die Fortsetzung des dreifachen Amtes Christi in den Gesendeten bezieht sich zunächst auf den engeren Jüngerkreis, dessen Mitglieder von den Evangelisten bald Apostel, bald Jünger genannt werden. Darüber hinaus kennt aber das NT in der apostolischen Gemeinde *eine Fülle von Geistesgaben oder Charismen*, die der Auferbauung des Leibes Christi dienen sollen (vgl. 1 Kor 12,28). Ausdrücklich stellt Paulus im gleichen Kapitel fest, daß diese Geistesgaben in erster Linie nicht zur persönlichen Heiligung geschenkt werden, sondern damit sie anderen nützen. Auch auf diese Weise soll das Heilswirken Christi in der Kraft des Geistes den Menschen präsent gemacht werden.

Neben den Ämtern und Charismen darf nicht übersehen werden, daß *alle Gläubigen* aufgrund ihrer Berufung und Heiligung verpflichtet sind, am Aufbau des Volkes Gottes mitzuarbeiten. In Taufe und Firmung ist ihnen dieses „gemeinsame Priestertum der Gläubigen" (vgl. 1 Petr 2,9) übertragen, auch sie stehen im Dienste Christi.

Die geschichtliche Entwicklung führte dazu, daß um die erste Jahrhundertwende in manchen Gemeinden die Vielfalt der Geistesgaben in den Hintergrund trat, die Dienstämter reduziert und in den Leitungsämtern der Gemeinden konzentriert wurden[3]. Diese Gemeindevorsteher werden (zunächst unterschiedslos) als Hirten, Episkopen und Presbyter bezeichnet und erst später in ihren Funktionen und Zuständigkeiten voneinander abgegrenzt. Die Briefe des Märtyrerbischofs *Ignatius von Antiochien* (nach 110) kennen bereits die hierarchischen Stufen des Bischofs, Priesters und Diakons mit ganz bestimmten Vollmachten und gegenseitigen Zuordnungen. Diese Ämterstruktur hat sich verhältnismäßig rasch in der ganzen Kirche durchgesetzt und bis zur Stunde behauptet. Wenn die Geschichte aus mehreren Entfaltungsmöglichkeiten der neutestamentlichen Grundgedanken und Ansätze eine bestimmte fixiert und institutionalisiert hat, so ist dies sicher legitim und durchaus nicht unbiblisch. Denn es gehört zum Wesen geschichtlicher Entwicklung, daß nicht alle Möglichkeiten zu gleicher Zeit realisiert werden, sondern immer nur einige, und diese oft noch nicht in Vollendung, so daß der künftigen Entwicklung neue Tore offenstehen. Allerdings sollte nicht übersehen werden, daß hinter der tatsächlichen kirchlichen Entwicklung nicht nur zeitbedingte

---

[3] Auf die differenzierte Entwicklung wird kurz bei den drei Weihestufen eingegangen. Ansonsten sei auf die umfangreiche Lit. verwiesen, u.a.: *A. Deissler* u.a., Der priesterliche Dienst. I. Ursprung und Frühgeschichte (Freiburg i. Br. 1970); *B. Kötting*, Amt und Verfassung in der alten Kirche, in: *W. Pesch* u.a., a.a.O. (Anm. 1) 25-53; *K. Kertelge*, Gemeinde und Amt im Neuen Testament (München 1972); *J. Martin*, Die Genese des Amtspriestertums in der frühen Kirche: Der priesterliche Dienst III (Freiburg i. Br. 1972); *H. Schütte*, Amt, Ordination und Sukzession ... (Düsseldorf 1974); *J. Hainz* (Hg.), Kirche im Werden. Studien zum Thema Amt und Gemeinde im NT (Paderborn 1976); *G. Greshake*, Priestersein. Zur Theologie und Spiritualität des priesterlichen Amtes (Freiburg i. Br. u.a. 1982).

Faktoren, sondern auch das Wirken des Geistes in Anschlag zu bringen ist, den Christus seiner Kirche als Motor und Beistand verheißen hat. Diese faktische Entwicklung bedeutet also nicht notwendig, daß die Kirche auf diese konkrete Form kirchlicher Dienstämter für alle Zeiten exklusiv festgelegt ist. Gerade in unserer Zeit erleben wir, wie sich aus pastoralen Notwendigkeiten und auch aus einer neu akzentuierten Sicht des Laientums neue Aktivitäten regen und auch zu neuen Dienstämtern führen, die den Aufgabenbereichen neutestamentlicher Charismen in 1 Kor 12 vergleichbar sind.

Die Anerkennung geschichtlicher Wandlungen und noch nicht ausgeschöpfter Möglichkeiten entbindet uns jedoch nicht von der Verpflichtung, in der gegenwärtigen Ordnung des dreigestuften sakramentalen Dienstamtes eine legitime Entwicklung zu sehen und zu bejahen, die letztlich im Heilswillen Christi ihre Wurzeln hat. Sakramentales Dienstamt bedeutet, daß Bischöfe, Priester und Diakone Zeichen und Werkzeuge, tätige Repräsentanten des in und durch seine Kirche wirkenden Propheten, Hirten und Priesters Jesus Christus sind. Wo immer sie Gottes Wort verkünden, Sakramente spenden und den Menschen die vielfältigen Werke dienender Liebe und helfender Führung schenken, ist er zugegen und mit am Werk (vgl. LK 7).

Leider hat dieses Amt zu manchen Zeiten der Kirchengeschichte und bei nicht wenigen seiner Vertreter eine geschichtliche Ausprägung gefunden, die seinem Sinngehalt wenig entsprach und die von ihm zu verlangende Transparenz für den Hohenpriester und Hirten Christus verdunkelte. Denn amtliches Wirken im Auftrag Christi darf niemals mit Machtbewußtsein verknüpft und mit Herrschaftsgelüsten vermengt werden. Davor hat er selbst seine Jünger eindringlich gewarnt (vgl. Lk 22,25 f). Mehr als viele Worte vermag das markante Zeichen der Fußwaschung an den Jüngern die vom Amt geforderte Haltung deutlich zu machen. Wenn die geschichtliche Entwicklung, vor allem seit Konstantin, teilweise anders gelaufen ist, so leidet niemand schwerer darunter als jene, die den Herrn und seine Kirche lieben. Andererseits wird man anerkennen müssen, daß die Kirche besonders seit dem II. Vatikanum ehrlich bemüht ist, manches unglückliche Erbe der Vergangenheit abzubauen.

2. Die Weihe (Ordination) des Bischofs

Während, wie bereits erwähnt, in den neutestamentlichen Schriften die Worte *„epískopos"* (daher unser deutsches Wort Bischof, wörtlich: Aufseher) und *„présbyter"* (daher unser Wort Priester, wörtlich: Ältester) weithin noch unterschiedslos gebraucht werden, bildet sich zum Beginn des 2. Jahrhunderts in Syrien und Kleinasien der *monarchische Episkopat* mit Überordnung über Presbyter und Diakone heraus. Früheste Zeugnisse bieten die Briefe des Märtyrerbischofs *Ignatius von Antiochien.* Die Autorität des Bischofsamtes wird dadurch gefördert, daß dessen Inhaber seit der Mitte des 2. Jahrhunderts öfters zu Synoden zusammenkommen, um über die Abwehr der bedrohlich anwachsenden Irrlehren zu beraten. Die gottesdienstliche Amtsübertragung durch Handauflegung und Gebet, von der ja schon im NT gesprochen wird (Apg 6,6; 1 Tim 4,14; 2 Tim 1,6), wird erstmals in der Apostolischen Überlieferung *Hippolyts von Rom* um 215 beschrieben. Dabei wird ausdrücklich auch auf das epikletische Gebet der Gemeinde hingewiesen. Der Bischofsweihe ging die Wahl durch die Gemeinde voraus[4].

Dieser schlichte Ritus hat in den folgenden Jahrhunderten einen starken Wachstums- und Wucherungsprozeß durchgemacht, zu dem ein anerkannter Liturgiewissenschaftler bemerkt: „... das sakramentale Zeichen hat sich zu einer Vielfalt von Symbolen entfaltet, welche die Liturgie bis nahe an die Schwelle des heiligen Spiels führt. Die Gefahr, daß die Zutat das Wesentliche in den Hintergrund treten läßt, war so groß, daß man ihr erlegen ist."[5]

Von säkularer Bedeutung war, daß bereits *Pius XII.* mit der Apostolischen Konst. „Sacramentum ordinis" vom 30. November 1947 lehramtlich entschieden hatte, daß der wesentliche Ritus bei allen drei Weihestufen in Handauflegung und Weihegebet bestehe[6]. Das II. Vatikanum wußte um die Schwächen nicht nur des Weiheritus, sondern auch der Theologie des Bischofsamtes. Während die LK als erstes Konzilsdokument in deutlicher Zurückhaltung lediglich eine Überarbeitung des Weiheritus verlangt und dabei die Handauflegung aller anwesenden Bischöfe (statt wie bisher nur drei) gestattet, legen LG und CD die theologischen Fundamente tiefer. Von der Bischofsweihe wird gelehrt, daß durch sie „die Fülle des Weihesakramentes" übertragen wird und „die Bischöfe in hervorragender und sichtbarer Weise die Aufgabe Christi selbst, des Lehrers, Hirten und Priesters, innehaben und in seiner Person handeln" (LG 21). Übrigens werden in den vatikanischen Dokumenten die lateinischen Ausdrücke „ordinatio" und „consecratio" unterschiedslos gebraucht, wie schon in LK 76 deutlich wird. Im Gegensatz zur unbefriedigenden scholastischen Weihetheologie wird nicht mehr „die einbahnige, aufsteigende Stufenleiter der Weihen und die Auffassung der Bischofsweihe als eines würde-, aber nicht wesensmäßigen Zusatzes zur Priesterweihe" gesehen[7]. Vielmehr haben die Bischöfe kraft der empfangenen „Fülle des Weihesakramentes" die „Aufgabe ihres Dienstamtes in mehrfacher Abstufung verschiedenen Trägern in der Kirche weitergegeben" (LG 28), so daß sich das eine Dienstamt in absteigender Richtung verzweigt. Darum

---

[4] Näheres bei *B. Kleinheyer* in: HLW VIII, 25-29; *K. Richter*, Die Ordination des Bischofs von Rom (LQF 60) (Münster 1976).

[5] *P. Jounel*, Die Ordinationen, in: *Martimort (1)* II, 35. Zur Entwicklung im einzelnen s. *B. Kleinheyer*, a.a.O. (Anm. 4) 29-46.

[6] Die wissenschaftliche Vorarbeit leistete vor allem *A. van Rossum*, De essentia sacramenti ordinis (Freiburg i. Br. 1914, Rom ²1932).

[7] *K. Rahner – H. Vorgrimler*, Kleines Konzilskompendium (Freiburg i. Br. 1968) 111.

wird übrigens bei der zweiten editio typica, die in Vorbereitung ist, die Reihenfolge der Ordinationen mit der Bischofsweihe beginnen.

Die von der LK in Auftrag gegebene Neuordnung der Weiheriten wurde 1968 als Faszikel des Pontificale Romanum, approbiert durch die Apostolische Konst. „Pontificalis Romani" *Pauls VI.* vom 18. Juni 1968, veröffentlicht; die (spärlich) adaptierte Ausgabe für das deutsche Sprachgebiet erschien 1971[8]. Alle Weihen finden im Rahmen einer Eucharistiefeier nach dem Evangelium statt, und zwar möglichst an einem Sonn- oder Feiertag, um eine große Beteiligung der Gläubigen zu ermöglichen. Aus pastoralen Gründen kann aber auch ein anderer Tag, bei der Bischofsweihe z. B. ein Apostelfest, gewählt werden.

Die *Ordnung der Bischofsweihe* sieht vor, daß der Hauptkonsekrator mindestens zwei weitere Bischöfe als Mitkonsekratoren hinzunimmt. Aber auch alle anderen anwesenden Bischöfe sollten nach Möglichkeit („decet") durch Handauflegung zu Mitkonsekratoren werden. Dem Weihekandidaten, der in den offiziellen Texten als „electus" (= Erwählter) bezeichnet wird, assistieren zwei Priester. Alle Genannten feiern die Eucharistie in Konzelebration. Die Weihe beginnt nach dem Evangelium und hat folgende *Gliederung:*

a) Hymnus, Vorstellung, Verlesung des päpstlichen Auftrages;
b) Ansprache des Hauptkonsekrators;
c) Befragung und Gelöbnis des Electus;
d) Gebet der Gemeinde (Allerheiligenlitanei);
e) Handauflegung und Weihegebet mit Auflegung des Evangeliars;
f) ausdeutende Riten: Salbung des Hauptes mit Chrisam, Übergabe des Evangeliars, des Ringes, der Mitra und des Hirtenstabes, Geleit zur bischöflichen Kathedra;
g) Friedenskuß;
h) Schlußritus am Ende der Eucharistiefeier.

a) Als Hymnus ist „Veni, creator Spiritus" oder ein entsprechender anderer Hymnus vorgesehen. Der Electus begibt sich zum Hauptkonsekrator. Einer seiner assistierenden Priester erbittet die Bischofsweihe für den Erwählten. Anschließend wird der päpstliche Auftrag verlesen, der von allen mit „Deo gratias" beantwortet wird.

b) In der *Ansprache* geht der Hauptkonsekrator von der Sendung Christi durch den Vater aus, die ihre Fortsetzung in der Sendung der zwölf Apostel findet, die sie ihrerseits an ihre Nachfolger durch Handauflegung weitergeben. Durch diese „wird das Weihesakrament in seiner höchsten Stufe verliehen und die ununterbrochene Nachfolge der Bischöfe gewahrt" und damit die Fortdauer des Erlösungswerkes. Im Bischof verwirkliche Christus selbst sein dreifaches Amt. Darum die Mahnung an die Gläubigen, sie möchten den Bischof als „Diener Christi und Ausspender des Geheimnisses Gottes" aufnehmen und ehren. Der Wei-

---

[8] Hiervon auch die Volksausgabe „Die Feier der Diakonenweihe und der Priesterweihe ..." (Freiburg i. Br. u. a. 1971).

hekandidat selbst wird nachdrücklich an den Dienstcharakter seines neuen Amtes erinnert: „Das Bischofsamt ist nicht Würde, sondern Last, und der Bischof ist nicht da, zu herrschen, sondern zu dienen…" In der Teilhabe am dreifachen Amt Christi stehe ihm „immer das Bild des Guten Hirten vor Augen". Er soll die ihm Anvertrauten lieben wie ein Vater und Bruder, „besonders die Presbyter und Diakone, deine Mitarbeiter im Dienste Christi", und vor allem die Armen und Kranken, Heimatlosen und Fremden nicht vergessen. Auch den der Kirche noch Fernstehenden soll er seine Liebe zuwenden, weil er auch für sie verantwortlich sei. Die Gläubigen soll er zur Mitarbeit im apostolischen Dienst ermuntern und bereitwillig auf ihren Rat hören. Darüber hinaus soll er die Sorge für alle Kirchen mittragen und den notleidenden Kirchen beistehen.

c) Die *Befragung* durch den Hauptkonsekrator greift diese hohen Verpflichtungen noch einmal auf und erweitert sie durch die Fragen nach der Bereitschaft, das überlieferte Glaubensgut rein und unverkürzt zu bewahren und dem Papst in Gehorsam und Treue verbunden zu bleiben. Vor der ganzen Gemeinde bekennt sich der Electus dazu mit den Worten: „Ich bin bereit."

d) Die anschließende Allerheiligenlitanei als Gebet der Gemeinde beschließt der Hauptkonsekrator mit dem Gebet: „Erhöre unsere Bitten, o Gott, schenke deinem Diener die Fülle des Priestertums und die Kraft deines Segens."

e) Nun legt der Hauptkonsekrator – nach ihm auch alle anwesenden Bischöfe – dem Electus schweigend die Hände aufs Haupt. Dann wird ihm das aufgeschlagene Evangeliar aufs Haupt gelegt und von zwei Diakonen bis zum Ende des anschließenden Weihegebetes gehalten. Diese Zeremonie, die schon im 4. Jahrhundert im Osten (Westsyrien) bekannt ist, sollte im ursprünglichen Verständnis die Herabkunft des Geistes „als Gabe des im Zeichen des Evangeliars gegenwärtigen Herrn Jesus Christus"[9] symbolisieren. An die Stelle des bisherigen Weihegebetes setzte man das leicht überarbeitete Weihegebet *Hippolyts,* das auch in den ostkirchlichen Patriarchaten von Antiochien und Alexandrien benutzt wird. Mit dieser Lösung hatte man zwar der Verbundenheit mit der ältesten Tradition und zugleich einem ökumenischen Aspekt Rechnung getragen; eine Neuschöpfung hätte jedoch die Möglichkeit geboten, die Weihetheologie des II. Vatikanums mit ihren reichen biblisch-christologischen Aussagen einzubringen. Die Apostolische Konst. „Pontificalis Romani" betrachtet als wesentlichen Text die Worte: „Sende herab auf diesen Auserwählten die Kraft, die von dir ausgeht, den Geist der Führung, welchen du deinem geliebten Sohn Jesus Christus gegeben hast. Er hat den Heiligen Geist den Aposteln verliehen, und sie haben dein Heiligtum, die Kirche, überall auf Erden gegründet, deinem Namen zum Lobpreis und Ruhm ohne Ende."

f) Weil mit Handauflegung und Weihegebet die eigentliche Weihe

---

[9] *B. Kleinheyer*, a. a. O. (Anm. 4) 29.

vollzogen ist, müssen *die folgenden Riten als Verdeutlichung* des Weihe-geschehens betrachtet werden. Das gilt auch für die *Salbung des Hauptes* mit Chrisam, die früher in das Weihegebet eingebaut war und als Wesens-teil betrachtet wurde. Sie war im fränkisch-gallischen Raum des 8. Jahr-hunderts in den Weiheritus aufgenommen worden, offenbar in Anleh-nung an die Salbung des alttestamentlichen Hohenpriesters (Lev 8,12). Jetzt ist sie Ausdruck für die Teilhabe des Neugeweihten am Hohenprie-stertum Christi, was durch die begleitenden Worte verdeutlicht wird.

Die folgende Übergabe des Evangelienbuches bezieht sich auf die Teil-habe am Lehramt Christi.

Die Übergabe des *Bischofsringes*, der zusammen mit Mitra und Hirten-stab nicht mehr innerhalb der Weihemesse, sondern zu einem früheren Zeitpunkt die kirchliche Segnung erfährt, symbolisiert die Treuever-pflichtung des Bischofs gegenüber der Kirche, insbesondere der Ortskir-che, die in den Begleitworten als Braut Gottes bezeichnet wird.

Die *Mitra* wird ohne jeden Begleittext aufgesetzt. Der Übergabetext des früheren Ritus, der sie als Helm der Wehr und des Heiles bezeichnete und in symbolischen Zusammenhang mit den Hörnern auf dem strahlen-den Haupt des Mose brachte, erschien für das heutige Empfinden nicht mehr angebracht.

Ein sprechendes Symbol für das Hirtenamt des Bischofs ist der *Hirten-stab*, den auch die Ostkirche kennt. Der Hauptkonsekrator überreicht ihn mit den Worten, die sich an Paulus' Abschiedsrede in Milet anlehnen (Apg 20,28): „Nimm hin den Stab, das Zeichen des Hirtenamtes. Trag Sorge für die ganze Herde Christi; denn der Heilige Geist hat dich zum Bischof bestellt, die Kirche Gottes zu leiten."[10]

g) Zum Schluß des Weiheritus wird der neue Bischof, sofern die Weihe in seiner Kathedrale stattfand, zur *Kathedra* (Bischofssitz) geleitet, und er empfängt dort von allen anwesenden Bischöfen den Friedenskuß.

h) Nach dem Schlußgebet der Messe wird der Neugeweihte unter dem Gesang des Tedeums durch die Kirche geleitet, wobei er den Gläubigen seinen ersten Bischofssegen erteilt. Nach einer kurzen Ansprache spendet er den feierlichen Schlußsegen.

Ein Rückblick auf den neuen, wesentlich gestrafften und dadurch auch verkürzten Ritus und ein Vergleich mit dem bisherigen läßt erkennen, daß es zu einer echten Verbesserung gekommen ist, auch wenn nicht alle Erwartungen restlos erfüllt worden sind.

---

[10] Vgl. *Th. Klauser*, Der Ursprung der bischöflichen Insignien und Ehrenrechte (Kre-feld o. J.).

3. Amt und Weihe der Priester

Aus dem im ersten Abschnitt dieses Kapitels Gesagten wurde schon deutlich, daß auch das Dienstamt der Priester nur als Teilhabe an den drei Ämtern Christi und damit als Entfaltung des einen Dienstamtes, das Christus seiner Kirche anvertraut hat, gesehen werden muß. Jede Ableitung oder Parallele zu den Opferpriestern Israels oder heidnischer Religionen ist verfehlt. Deshalb war es auch höchst bedenklich, daß sich in die Weiheriten seit dem ausgehenden Altertum und dann verstärkt im Mittelalter textliche Elemente einschlichen, die das alttestamentliche Priester- und Levitentum wie Vor- und Leitbilder des christlichen Priestertums herausstellten.

Grundsätzliches zu Inhalt und Bedeutung des priesterlichen Dienstamtes enthalten vor allem einige lehramtliche Dokumente des II. Vatikanums, vor allem LG, CD und das „Dekret über Dienst und Leben der Priester" („Presbyterium ordinis" = PO) vom 7. Januar 1965. „Die Priester haben zwar nicht die höchste Stufe der priesterlichen Weihe und hängen in der Ausübung ihrer Gewalt (besser: Vollmacht!) von den Bischöfen ab; dennoch sind sie mit ihnen in der priesterlichen Würde verbunden und kraft des Weihesakramentes nach dem Bilde Christi ... zur Verkündigung der Frohbotschaft, zum Hirtendienst an den Gläubigen und zur Feier des Gottesdienstes geweiht und so wirkliche Priester des Neuen Bundes. Auf der Stufe ihres Dienstamtes haben sie Anteil am Amt des einzigen Mittlers Christus (1 Tim 2,5) und verkünden allen das Wort Gottes. Am meisten üben sie ihr heiliges Amt in der eucharistischen Feier oder Versammlung aus, wobei sie in der Person Christi handeln und sein Mysterium verkünden ..." (LG 28). Anschließend ist von ihrem Dienst der Versöhnung an den Sündern und der Wiederaufrichtung an den Kranken die Rede. In der Teilnahme am Hirtenamt Christi führen sie ihre Gemeinden durch Christus im Geist zum Vater. „Als sorgsame Mitarbeiter, als Hilfe und Organ der Ordnung der Bischöfe bilden die Priester ... in Einheit mit ihrem Bischof ein einziges Presbyterium, das freilich mit unterschiedlichen Aufgaben betraut ist" (ebd.). In ihren Gemeinden machen sie gleichsam ihren Bischof gegenwärtig und gleichzeitig die Gesamtkirche sichtbar.

Solche und ähnliche lehramtlichen Aussagen wirkten sich vorteilhaft bei der Neugestaltung der Priesterweihe aus. Ihr Ritus war ja, ähnlich wie der der Bischofsweihe, besonders unter dem Einfluß der gallisch-fränkischen Kirche zu einem Ritenkomplex geworden, der jahrhundertelang den Blick für das Wesentliche verdunkelte. So gab es durch lange Zeit hindurch Verwirrung in der Frage, was zum wesentlichen Zeichen („Materie und Form" im Sinn der Scholastik) der Priesterweihe gehöre. Selbst ein *Thomas von Aquin* († 1274) und das von seinen Schriften (besonders „Summa contra gentiles") geprägte „Decretum pro Armenis" (1439) vertraten die Meinung, wesentliches Zeichen der Priesterweihe sei die Überreichung der Patene mit den Hostien und des Kelches mit dem Wein, zusammen mit den dabei gesprochenen Worten. Wir hörten schon im vorstehenden Abschnitt, daß *Pius XII.* 1947 diesen und andere Irrtümer korrigierte und Handauflegung und Weihegebet als den eigentlichen Kern bei der Übertragung aller Weihestufen herausstellte. Hervorragende liturgiehistorische Forschungen[11] haben schließlich den Weg für eine grundlegende Reform nach dem II. Vatikanum freigemacht.

Der neue Ritus der Priesterweihe ist dem der Bischofs- und Diakonenweihe seiner Struktur nach sehr ähnlich[12]. Auch die Priesterweihe wird nach dem Evangelium einer sonn- oder festtäglichen Eucharistiefeier gespendet und hat folgende *Gliederung:*

a) Vorstellung der Kandidaten und Erwählung durch den Bischof;
b) Ansprache des Bischofs;
c) Gelöbnis der Kandidaten mit Handlegung;
d) Gebet der Gemeinde (Allerheiligenlitanei);
e) Handauflegung und Weihegebet;
f) ausdeutende Riten: Anlegen der priesterlichen Gewänder, Salbung der Hände, Überreichung von Brot und Wein;
g) Friedenskuß.

a) Die Kandidaten, die Schultertuch, Albe, Zingulum und diakonale Stola angelegt haben, werden namentlich aufgerufen. Jeder antwortet mit „adsum" = „ich bin bereit" und tritt vor den Bischof. Auf eine entsprechende Frage des Bischofs bekundet der für die Ausbildung verantwortliche Priester, daß „das Volk und die Verantwortlichen" befragt wurden und diese die Kandidaten für würdig halten. Hier schimmert noch durch, daß im kirchlichen Altertum die Erteilung der Weihen von der vorausgehenden Wahl bzw. Zustimmung der Gemeinde abhängig gemacht wurde. Auf die Bezeugung der Würdigkeit antwortet der Bischof: „Mit dem Beistand Gottes und unseres Erlösers Jesus Christus erwählen wir diese unsere Mitbrüder in den Stand der Priester", worauf die Gemeinde mit „Deo gratias" antwortet.

b) Die anschließende Modellansprache des Bischofs lehnt sich stark an die Aussagen von LG 28 (s. o.) an.

c) Das Gelöbnis der Kandidaten bekundet auf entsprechende Fragen des Bischofs die Bereitschaft, die Pflichten des Hirten-, Priester- und Verkündigungsamtes zu übernehmen und sich selbst in einer immer enger werdenden Verbindung mit dem Hohenpriester Christus zum Heil der Menschen Gott zu weihen. Darauf kniet jeder einzelne vor dem Bischof nieder, legt seine gefalteten Hände in die des Bischofs und verspricht ihm und seinen Nachfolgern „Ehrfurcht und Gehorsam". Diese Geste geht auf die altgermanische Sitte zurück, daß bei einer Lehensübertragung der Vasall seine gefalteten Hände in die des Königs legte und so Ergebenheit und Gefolgschaftstreue gelobte.

---

[11] So u. a. *B. Kleinheyer,* Die Priesterweihe im römischen Ritus (Trier 1962).
[12] Dies wird besonders deutlich in der Synopse, die *B. Kleinheyer* im HLW VIII, 48 veröffentlicht hat.

d) Nach einer entsprechenden Gebetsaufforderung des Bischofs singt nun die Gemeinde die stark gekürzte Allerheiligenlitanei, wobei bestimmte Heiligenanrufungen (Orts-, Kirchen-, Namenspatrone) und aktuelle Bittrufe eingefügt werden können. Dieses Beten der Gemeinde für die Weihekandidaten muß nach neugewonnenen Erkenntnissen als ein wichtiges Element der Weihe im Zusammenhang mit dem Weihegebet des Bischofs gesehen werden. „Denn geweiht wird man durch Handauflegung und Gebet der um den weihenden Bischof versammelten Ekklesia."[13]

e) Nun legt der Bischof jedem Kandidaten schweigend die Hände aufs Haupt. Auch die anwesenden Priester tun dies und bleiben bis zum Ende des anschließenden Weihegebetes um den Bischof geschart. So wird deutlich, daß die Neugeweihten als Brüder in das Presbyterium aufgenommen werden. Das Weihegebet ist leider noch stark den alttestamentlichen Parallelen der früheren Weihegebete verhaftet geblieben. Dem Vernehmen nach soll auch hier eine Revision bei der geplanten Neuauflage bevorstehen. Auch sonst bleibt dieses Gebet hinter der Tiefe und dem Reichtum der neueren Weihe- und Ämtertheologie zurück. Als wesentlichen Text in diesem Gebet betrachtet die Apostolische Konst. „Pontificalis Romani" die Sätze: „Gib deinen Knechten die priesterliche Würde. Erneuere in ihnen den Geist der Heiligkeit. Gib, o Gott, daß sie festhalten an dem Amt, das sie aus deiner Hand empfingen; ihr Leben sei für alle Ansporn und Richtschnur."

f) Zum Zeichen des empfangenen priesterlichen Dienstamtes werden die Neugeweihten nun von einigen Priestern mit Priesterstola (durch Umlegen der Diakonsstola) und Kasel bekleidet. Dann salbt der Bischof die Innenseiten der Hände mit Chrisam, wobei er betet, Christus, den der Vater mit dem Heiligen Geist und mit Kraft gesalbt habe, möge die Neugeweihten in ihrer priesterlichen Aufgabe behüten und stärken. Während dieser ausdeutenden Riten kann der Hymnus „Veni, creator Spiritus" oder ein Psalm oder ein Lied gesungen werden. Nun übergibt der Bischof jedem Geweihten die Opfergaben Brot und Wein (Patene und Kelch) für die anschließende Eucharistiefeier und spricht dabei: „Nimm hin die Gaben des Volkes für die Feier des Opfers. Bedenke, was du tust, ahme nach, was du vollziehst, und stelle dein Leben unter das Geheimnis des Kreuzes." So hat sich, was früher als wesentliches Zeichen angesehen wurde, als ausdeutendes Symbol erhalten.

g) Der Friedenskuß des Bischofs, den auch die anwesenden Priester mit den Neugeweihten austauschen können, beschließt die Weihehandlung.

In der Eucharistiefeier konzelebrieren die Neugeweihten mit dem Bischof. Während des Hochgebetes ist eine besondere Fürbitte möglich.

---

[13] *B. Fischer*, Das Gebet der Kirche als Wesenselement des Weihesakramentes, in: LJ 20 (1970) 176.

Vergleicht man den neuen Ritus mit dem seitherigen, so ist eine wertvolle Verbesserung nicht zu verkennen, man darf aber die Hoffnung haben, daß die Neuauflage noch vorhandene Mängel beseitigen wird[14].

4. Amt und Weihe der Diakone

Schon in den Schriften des NT wird das Amt der Diakone (vom griechischen *diakonein* = dienen) erwähnt (Phil 1, 2; 1 Tim 3, 8 ff). Als eine Art Vorläufer können jene sieben Männer betrachtet werden, die nach dem Bericht in Apg 6, 1-6 von der Urgemeinde in Jerusalem ausgewählt und von den Aposteln unter Gebet und Handauflegung zu ihren Helfern bestellt wurden. Wenn auch ihre erste Aufgabe der „Dienst an den Tischen" war, also eine sozial-caritative Aufgabe, so sehen wir diese sieben schon bald auch im Dienst der Verkündigung und Bekehrung einschließlich der Taufspendung (Stephanus, Philippus). 1 Tim 3, 8-12 stellt bereits bestimmte sittliche Forderungen für die Diakone auf. Zu Beginn des 2. Jahrhunderts erscheinen sie in den Briefen des Märtyrerbischofs Ignatius von Antiochien als festumrissene Amtsstufe innerhalb der hierarchischen Leitung der Kirche. Während die Ostkirchen den Diakonat bis zur Gegenwart als beständiges lebenslanges Dienstamt kennen, praktizierte man ihn im Westen seit dem Frühmittelalter nur noch als Durchgangsstufe auf dem Weg zum Priesteramt. Man wurde Diakon, nicht um es zu bleiben, sondern um Priester werden zu können.

Das Konzil von Trient hatte zwar einen Anlauf zur Wiedereinführung des ständigen Diakonats unternommen, aber der Beschluß kam nicht zur Ausführung[15]. Noch vor dem II. Weltkrieg gab es entsprechende Bestrebungen, die sich nach dem Krieg beträchtlich verstärkten und schon vor dem II. Vatikanum zur Bildung von „Diakonatskreisen" führten. Der Durchbruch erfolgte erst auf dem II. Vatikanum. LG 29 umreißt zunächst die Aufgaben der Diakone: „Sache des Diakons ist es, je nach Weisung der zuständigen Autorität, feierlich die Taufe zu spenden, die Eucharistie zu verwahren und auszuteilen, der Eheschließung im Namen der Kirche zu assistieren und sie zu segnen, die Wegzehrung den Sterbenden zu überbringen, vor den Gläubigen die Heilige Schrift zu lesen, das Volk zu lehren und zu ermahnen, dem Gottesdienst und dem Gebet der Gläubigen vorzustehen, Sakramentalien zu spenden und den Beerdigungsritus zu leiten. Den Pflichten der Liebestätigkeit und der Verwaltung hingegeben …"

Dann aber fährt das Dokument mit dem entscheidenden Satz fort:

---

[14] Außer der bereits erwähnten Lit.: *E.J.Lengeling*, Die Theologie des Weihesakramentes nach dem Zeugnis des neuen Ritus, in: LJ 19 (1969) 142-166; ferner *P.Jounel*, Les ordinations, in: Martimort (2) III, 188-196; *F.Schulz*, Dokumentation der Ordinationsliturgien, in: Das geistliche Amt in der Kirche (s. unten Anm. 34) 57-101.
[15] Vgl. *J. Lécuyer*, Der Diakonat nach den kirchlichen Lehräußerungen, in: *K. Rahner – H. Vorgrimler* (Hg.), Diaconia in Christo (Freiburg i. Br. u. a. 1962) 207-213.

„Weil diese für die Kirche in höchstem Maße lebensnotwendigen Ämter bei der gegenwärtig geltenden Disziplin der lateinischen Kirche in zahlreichen Gebieten nur schwer ausgeübt werden können, kann in Zukunft der Diakonat als eigene und beständige Stufe wiederhergestellt werden. Den zuständigen verschiedenartigen territorialen Bischofskonferenzen kommt mit Billigung des Papstes die Entscheidung zu, ob und wo es für die Seelsorge angebracht ist, derartige Diakone zu bestellen. Mit Zustimmung des Bischofs von Rom wird dieser Diakonat auch verheirateten Männern reiferen Alters erteilt werden können, ferner geeigneten jungen Männern, für die jedoch das Gesetz des Zölibates in Kraft bleiben muß" (29). Das Dekret über die Missionstätigkeit der Kirche („Ad gentes" vom 7. Dezember 1965) bestätigt diesen Beschluß und begründet ihn mit der Angemessenheit, „daß Männer, die tatsächlich einen diakonalen Dienst ausüben, sei es als Katechisten in der Verkündigung des Wortes Gottes, sei es in der Leitung abgelegener christlicher Gemeinden im Namen des Pfarrers und des Bischofs, sei es in der Ausübung sozialer oder caritativer Werke, durch die von den Aposteln her überlieferte Handauflegung gestärkt und dem Altare enger verbunden werden, damit sie ihren Dienst mit Hilfe der sakramentalen Diakonatsgnade wirksamer erfüllen können" (16).

Diesen Absichtserklärungen folgte nach weiteren intensiven Beratungen die offizielle Wiedereinführung des ständigen Diakonates durch das Motuproprio „Sacrum diaconatus" *Pauls VI.* vom 18. Juni 1967. In der Folge bildeten sich in vielen christlichen Ländern „Diakonatskreise", die der Vorbereitung auf die Weihe unter Leitung eines bischöflichen Beauftragten dienen.

Die Apostolischen Schreiben vom 18. Juni 1967 („Sacrum diaconatus ordinem") und 15. August 1972 („Ad pascendum")[16] gaben hierzu noch nähere Bestimmungen, so u. a. die, daß sowohl bei Priesteramtskandidaten wie bei unverheirateten Kandidaten des ständigen Diakonates der Weihe ein Ritus zur Übernahme des Zölibates vorausgehen muß. „Die verheirateten Diakone können nach dem Tod ihrer Frau gemäß der überlieferten kirchlichen Rechtsordnung keine neue Ehe eingehen."[17] Priesteramtskandidaten übernehmen mit der Diakonatsweihe auch die Verpflichtung zum Stundengebet, während es für die ständigen Diakone als höchst angemessen bezeichnet wird, „täglich wenigstens einen Teil des Stundengebetes zu beten, der von der Bischofskonferenz anzugeben ist"[18].

Der Weiheritus nach dem Evangelium einer Eucharistiefeier gleicht in seiner *Gliederung* im wesentlichen dem der Priesterweihe:

a) Vorstellung der Kandidaten und Erwählung durch den Bischof;

b) Ansprache des Bischofs;

---

[16] Text bei *Rennings* I, 499-502 („Sacrum diaconatus ordinem") und 1192-1198 („Ad pascendum").
[17] Ad pascendum VI.   [18] Ebd. VIII.

c) Gelöbnis der Kandidaten und Handlegung;
d) Allerheiligenlitanei;
e) Handauflegung und Weihegebet;
f) ausdeutende Riten: Anlegen der Diakonsstola und Dalmatik, Überreichung des Evangeliars;
g) Friedenskuß.

a) Vorstellung und Erwählung der Kandidaten, die Schultertuch, Albe
und Zingulum angelegt haben, vollziehen sich in ähnlicher Weise wie bei
der Priesterweihe.

b) Die Modellansprache des Bischofs umreißt zunächst Stellung und
Aufgaben der Diakone in allgemeiner Form: „Der Diakon empfängt die
Gabe des Heiligen Geistes, und in dessen Kraft steht er als Helfer dem Bischof und seinem Presbyterium zur Seite: im Dienst des Wortes, des Altares und der Liebe ist er für alle da." Anschließend werden die Funktionen im einzelnen aufgezählt (s. oben LG 29).

c) Auch das Gelöbnis der Kandidaten (auf entsprechende Fragen des
Bischofs) und die Handlegung gleichen sich denen der Priesterweihe an.

d) Das gleiche gilt für die Allerheiligenlitanei.

e) Die Auflegung beider Hände und das Weihegebet bilden auch hier
den Kern der sakramentalen Handlung. Das Weihegebet enthält Elemente der Preisung und Fürbitte, vor allem aber die Epiklese um die Herabkunft des Heiligen Geistes, die von der Apostolischen Konst. „Pontificalis Romani" als wesentlicher Text herausgestellt wird: „Sende herab auf
sie, o Herr, den Heiligen Geist; seine siebenfältige Gnade möge sie stärken, ihren Dienst getreu zu erfüllen." Die Gemeinde bekräftigt das Weihegebet mit ihrem „Amen".

f) Das Anlegen der diakonalen Gewandstücke geschieht durch einige
Diakone oder Priester. Dann gibt der Bischof jedem Neugeweihten das
Evangeliar in die Hände und spricht dabei: „Nimm hin das Evangelium
Christi, zu dessen Verkündigung du bestellt bist. Was du liest, ergreife im
Glauben, was du glaubst, das verkünde, und was du verkündest, erfülle
mit Leben."

g) Zum Abschluß der Weihe gibt der Bischof jedem den Friedenskuß,
was auch die anwesenden Diakone tun. Sie nehmen auf diese Weise die
Neugeweihten in ihr Kollegium auf[19].

---

[19] Literatur zum Ritus: *B. Kleinheyer*, Weiheliturgie in neuer Gestalt, in: LJ 18 (1968)
210-229; *ders.* in: HLW VIII, 57-59; *O. Nußbaum*, Theologie und Ritus der Diakonenweihe, in: *J. G. Plöger – H. J. Weber* (Hg.), Der Diakon ... (Freiburg i. Br. 1980) 122 bis
146; *Die deutschen Bischöfe – Liturgiekommission –*, Der liturgische Dienst des Diakons (Bonn 1984). Weitere Lit. zum Diakonat: *G. Langgärtner* u. a., Der Diakon heute
(Würzburg 1969); *A. Fischer* u. a., Der Diakon (Freiburg i. Br. 1970).

5. Vorstufen zum Weihesakrament

Auf dem Weg zum Weihesakrament kam es in einer längeren geschichtlichen Entwicklung zu mehreren Vorstufen, die nicht übersprungen werden durften. Um die nachkonziliare Neuordnung besser würdigen zu können, sei die frühere Ordnung in der römisch-katholischen Kirche kurz beschrieben.

a) Die frühere Ordnung

Die Tonsur

Die Aufnahme in den geistlichen Stand (auch Mönchsstand) war schon Ende des christlichen Altertums mit einem Scheren des Haupthaares verbunden und entwickelte sich zum Ritus der Tonsur (vom lateinischen tondere = scheren). Dies sollte ein Zeichen dafür sein, daß der Kandidat sich (wie ein Sklave) dem Dienst Gottes übereignet. Bei diesem Aufnahmeritus, der nicht als niedere Weihe galt, wurde ein Chorrock als Zeichen der geistlichen Kleidung überreicht.

Die vier niederen Weihen

Zu ihnen zählt man in der lateinischen Kirche die Weihe der Ostiarier, Lektoren, Exorzisten und Akolythen, in den östlichen Kirchen nur die Lektoren und Subdiakone. Im Altertum handelte es sich dabei um bestimmte Dienste innerhalb der Gemeinden, später wurden sie nur noch Durchgangsstufen ohne konkrete Funktionen. Der Subdiakonat galt auch im Westen bis ca. 1200 als niedere Weihe, bis er unter Papst *Innozenz III.* den höheren Weihen zugerechnet wurde.

Die *Ostiarier* (vom lateinischen ostium = Eingang, Türe) hatten die Aufgabe, Unbefugte vom Gotteshaus fernzuhalten und über seine Sicherheit zu wachen. Bei der seitherigen Weihe bekamen sie zeichenhaft einen Kirchenschlüssel überreicht und mußten die Türe öffnen und schließen und eine Glocke läuten. Ihr Amt wird heute von den Küstern (Mesnern) wahrgenommen.

Die *Lektoren* hatten die Aufgabe, die Schriftlesungen bei den liturgischen Feiern vorzutragen. Darum wurde ihnen bei der Weihe das Perikopenbuch überreicht. Heute ist jedoch jedes Gemeindemitglied zu diesem Dienst berechtigt. Nur das Evangelium ist dem Diakon bzw. Priester vorbehalten.

Den *Exorzisten* fiel im Altertum die Aufgabe zu, die sogenannten Exorzismen, vor allem bei der Taufe, vorzunehmen. Man versteht darunter das Bemühen, durch besondere Gebete Menschen von der Beherrschung durch gottfeindliche Mächte zu befreien. Das Amt der Exorzisten erlosch noch im Altertum und erhielt sich nur als funktionslose niedere Weihe. Das äußere Zeichen im bisherigen Weiheritus war die Überreichung eines Buches mit Exorzismusgebeten, meist des Rituale.

Die *Akolythen* (wörtlich: Gefolgsleute) hatten die Aufgabe, bestimmte Hilfsdienste bei den liturgischen Feiern zu verrichten. Sie können deshalb mit den heutigen Ministranten verglichen werden, die ihre Aufgaben weitgehend übernommen haben. Im Weiheritus wurden ihnen als äußere Zeichen die Leuchter und Meßkännchen überreicht.

Die Weihe zum Subdiakon
Ursprünglich galt der Subdiakon als Helfer des Diakons, vor allem bei der Eucharistiefeier, wo ihm u.a. die Lesung der Epistel zufiel. Eine Aufwertung erfuhr diese Weihestufe, als man damit die Verpflichtung zu Zölibat und Stundengebet verband (Anfang des 13. Jahrhunderts) und sie zu den höheren Weihen zählte. Der Weiheritus sah jedoch niemals eine Handauflegung vor, eine Bestätigung dafür, daß er nicht als höhere Weihe bzw. Teil des Weihesakramentes zu bewerten ist. Vielmehr überreichte der Bischof Kelch und Patene (ohne Inhalt), Meßkännchen, Epistelbuch und die liturgischen Kleidungsstücke Schultertuch, Albe, Manipel und Tunizella.

b) Die nachkonziliare Neuordnung

Die Neuordnung, die von vielen Seiten schon vor und während des II. Vatikanums gewünscht worden war, setzte mit den beiden Apostolischen Schreiben Papst Pauls VI. „Ministeria quaedam" und „Ad pascendum" vom 15. August 1972 ein. Im ersten Schreiben wurde bestimmt, daß an die Stelle der seitherigen vier niederen Weihen die beiden Dienste des Lektors und des Akolythen treten. Sie übernehmen zugleich die Aufgaben des seitherigen Subdiakonats, der fortan entfällt. Die Aufnahme in den geistlichen Stand (Klerus) erfolgt erst durch den Diakonat. Die beiden Dienste sind nicht den Kandidaten für das Weihesakrament vorbehalten, d.h., sie können auch Laien verliehen werden, allerdings gemäß der kirchlichen Tradition nur Männern.

Im zweiten Schreiben „Ad pascendum" wird bestimmt, daß die Tonsur als Aufnahmeritus in den geistlichen Stand entfällt. An ihre Stelle tritt ein Ritus zur Aufnahme unter die Kandidaten des Diakonates und Presbyterates („Admissio"). Sie müssen nach gegebener Zeit die Beauftragungen zum Lektor und Akolythen erhalten, um sich durch diese Dienste auf Diakonat und Presbyterat vorzubereiten.

Die Gottesdienstkongregation erstellte für die genannten Beauftragungen, die Aufnahme unter die Weihekandidaten und die öffentliche Übernahme des Zölibats eigene Riten (3. Dezember 1972)[20]. Eine deutsche Ausgabe, die zusätzlich einen Ritus für die Beauftragung von außerordentlichen Kommunionspendern enthält, erschien im Auftrag der zuständigen Bischofskonferenzen und Bischöfe im Jahre 1974[21].

---

[20] Pontificale Romanum ..., De institutione Lectorum et Acolythorum; de admissione inter candidatos ad Diaconatum et Presbyteratum; de sacro caelibatu amplectando.
[21] Die Beauftragung von Lektoren, Akolythen und Kommunionhelfern; die Auf-

6. *Die liturgischen Dienste der Frauen*

Im Apostolischen Schreiben „Ministeria quaedam" wird von den Beauftragungen zu den Diensten des Lektors und Akolythen, zu denen nach Gutdünken der Bischofskonferenzen noch weitere Dienste treten können, gesagt, daß sie nicht mehr als „niedere Weihen" gelten, sondern daß die damit Beauftragten Laien bleiben. Zugleich wird festgestellt, daß diese Dienste auf dem gemeinsamen Priestertum der Gläubigen basieren, was ja Teilhabe am Priestertum Christi bedeutet, wenn auch abgehoben vom sakramentalen Amtspriestertum[22].

Um so überraschender wirkt deshalb die Bestimmung VII: „Gemäß der ehrwürdigen Tradition der Kirche können nur Männer zu Lektoren und Akolythen bestellt werden."[23] Diese Bestimmung, die von vielen als schmerzliche Diskriminierung der Frauen empfunden wurde, die doch kraft ihrer Taufe und Firmung auch am gemeinsamen Priestertum teilhaben, scheint mit anderen Festlegungen römischer Behörden schwer vereinbar. So wird in der 3. Instr. „zur ordnungsgemäßen Durchführung der Konstitution über die heilige Liturgie" vom 5. September 1970 den Frauen erlaubt, die Lesungen mit Ausnahme des Evangeliums vorzutragen, wobei die Bischofskonferenzen den geeigneten Platz dafür festlegen sollen[24]. Eine ähnliche Bestimmung findet sich im 2. „editio typica" des MR (1975) in der AEM 70[25]. In der Instr. „Immensae caritatis" der Sakramentenkongregation vom 29. Januar 1973 werden auch Frauen als außerordentliche Kommunionspender in und außerhalb der Messe zugelassen[26]. Der CIC von 1983 wiederholt zunächst, daß männliche Laien durch den vorgeschriebenen Ritus zu den Diensten des Lektors und Akolythen dauerhaft (stabiliter) bestimmt werden können (can. 230, § 1), alle Laien aber durch zeitlich begrenzte Beauftragung bei liturgischen Handlungen das „munus lectoris" übernehmen können; „ebenso können alle Laien die Dienste des Kommentators, des Kantors und andere im Rahmen des Rechts ausüben" (230, § 2). Im Notfall und beim Fehlen geistlicher Amtsträger können auch Laien, auch wenn sie nicht Lektoren und Akolythen sind, deren Aufgaben übernehmen, nämlich Wortgottesdienste feiern, das liturgische Gebet leiten, die Taufe spenden und die heilige Kommunion austeilen (ebd. § 3).

Können aber Frauen in bestimmten Fällen die Dienste der Lektoren und Akolythen übernehmen, so fragt man sich, warum ihre Beauftragung durch einen liturgischen Ritus nicht gestattet sein soll. „Allerdings hat diese Diskriminierung in der Kirche eine ,altehrwürdige Tradition' – das einzige Argument, das zur Begründung angeführt wird –, wobei dennoch nicht vergessen werden darf, daß die frühe Kirche sehr wohl offizielle Be-

---

nahme von Kandidaten für Diakonat und Presbyterat; das Zölibatsversprechen in den katholischen Bistümern des deutschen Sprachgebietes.
[22] *Rennings* I, Nr. 2880. [23] Ebd. 2887. [24] Ebd. 2180.
[25] Ebd. 1465. [26] Ebd. 2970 und 2973.

auftragungen von Frauen zu kirchlichen Diensten gekannt hat."[27] In einem Votum bat die Würzburger Synode den Papst, „die Einsetzung zu Lektoren und Akolythen nicht nur Männern vorzubehalten"[28].

Eine noch heftigere Diskussion gab und gibt es in manchen Ländern um die Frage, ob Mädchen und Frauen das Ministrantenamt bei der Meßfeier erlaubt sei *(„Meßdienerinnen")*. Die Instr. „Inaestimabile donum" vom 3. April 1980 (Kongregation für die Sakramente und den Gottesdienst) hatte in Nr. 18 festgestellt: „Frauen ist es nicht erlaubt, die Dienste eines Akolythen oder eines Altardieners zu übernehmen." Andererseits hatte die Instr. „Immensae caritatis" der Sakramentenkongregation vom 29. Januar 1973 den doch wesentlich weitergehenden Dienst einer Kommunionhelferin den Frauen zugestanden. Man war deshalb gespannt, welche Position der *CIC 1983* in dieser Frage einnehmen werde. In can. 906 verzichtet er ersatzlos auf die Bestimmung von CIC 1917 can. 813, § 2, wonach der Meßdiener keine Frau sein darf. Statt can. 813, § 1, der die Meßfeier „sine ministro", also ohne einen männlichen Diener, verbietet, lautet die Bestimmung im neuen CIC can. 906: „Außerhalb eines gerechten und vernünftigen Grundes möge der Priester das eucharistische Opfer nicht zelebrieren ohne Teilnahme wenigstens eines Gläubigen" („fidelis", was unabhängig vom Geschlecht gebraucht wird). Um jeden Zweifel auszuschließen, erklärte der (Pro-)Präsident der Codex-Kommission, Erzbischof *R. J. Castillo Lara,* am 14. Februar 1983 in einer öffentlichen Vorlesung: „Was die Unterscheidung von Mann und Frau im kirchlichen Bereich betrifft, gibt es über den Ausschluß vom Ordo und von den instituierten Diensten hinaus keinen Unterschied zwischen dem Mann und dem anderen Geschlecht"[29].

Schwieriger scheint die Frage nach der Möglichkeit einer *Ordination von Frauen* zum sakramentalen Diakonat und Presbyterat zu klären zu sein. Ausführlich hatte sich die Würzburger Synode mit dem Diakonat der Frauen befaßt. Im Beschluß „Dienste und Ämter" wurde darauf hingewiesen, daß die Frauen im Jüngerkreis Jesu und in den neutestamentlichen Gemeinden wichtige Aufgaben übernommen hatten und nach neueren Forschungsergebnissen „in den Ostkirchen und während der ersten christlichen Jahrhunderte vereinzelt auch in den Kirchen des lateinischen Ritus Frauen zu Diakoninnen geweiht" wurden[30]. Außerdem wurde darauf hingewiesen, daß viele Frauen eine Fülle von Tätigkeiten ausüben, die an sich dem Diakonat zukommen. Ihre heutige Stellung in Kirche und Gesellschaft verbiete, sie von „theologisch möglichen und pastoral wünschenswerten amtlichen Funktionen in der Kirche auszuschließen"[31]. Gleichzeitig wird betont, daß die Frage der Zulassung der Frau zum sakramentalen Diakonat verschieden sei von der Frage des Priestertums der

---

[27] *F. Nikolasch*, Die Neuordnung der kirchlichen Dienste, in: LJ 22 (1972) 176.
[28] Beschluß: Dienste und Ämter 7, 1a (Synode I, 633).
[29] Osservatore Romano vom 16. Februar 1983, S. 4.
[30] 4. 2. 1 (Synode 610).   [31] 4. 2. 2 (Synode 611).

Frau. Als Konkretisierung dieser Stellungnahme verfaßte die Synode ein Votum an den Papst, „die Frage des Diakonats der Frau entsprechend den heutigen theologischen Erkenntnissen zu prüfen und angesichts der gegenwärtigen pastoralen Situation womöglich Frauen zur Diakonatsweihe zuzulassen"[32].

In Rom selbst verabschiedete die Päpstliche Bibelkommission die einmütige Erklärung, die Schrift allein könne nicht klar und ein für allemal begründen, ob Frauen geweiht werden können oder nicht[33]. Dem entgegen veröffentlichte die Kongregation für die Glaubenslehre eine „Erklärung zur Frage der Zulassung der Frauen zum Priesteramt" (15. Oktober 1976), deren Kernsatz lautet: „Die Kirche hält sich aus Treue zum Vorbild ihres Herrn nicht für berechtigt, die Frauen zur Priesterweihe zuzulassen"[34].

Hiermit ist jedoch noch kein Nein zur Diakonatsweihe der Frauen ausgesprochen. Diese Frage scheint in Rom weiterhin Gegenstand der Prüfung zu sein. Eine neuere historische Untersuchung eines anerkannten Forschers läßt die Aussichten für eine bejahende Entscheidung allerdings gering erscheinen[35].

---

[32] 7. 1. 3 (Synode 634).

[33] Vgl. HK 31 (1977) 152.

[34] Ebd. 153; der gesamte Wortlaut ebd. 152-157 (lateinischer Text: AAS 69 [1977] 98 bis 116); vgl. auch den Kommentar von *P. Hünermann*, HK, a. a. O. 206-209; vgl. auch *H. van der Meer*, Priestertum der Frau (Quaest. disput. 42) (Freiburg i. Br. 1969); ferner *H. Legrand – J. Vikström*, Die Zulassung der Frau zum Amt, in: Gemeinsame röm.-kath. und ev.-luth. Kommission, Das geistliche Amt in der Kirche (Paderborn – Frankfurt a. M. 1981) 102-126.

[35] *A.-G. Martimort*, Les diaconesses. Essai historique (Rom 1982). Vgl. die Rezensionen durch *E. J. Lengeling* in: Theol. Revue 80 (1984) 227-230; *B. Kleinheyer*, Zur Geschichte der Diakonissen, in: LJ 34 (1984) 58-64.

XV. KAPITEL

Die Liturgie der Eheschließung

Die Überschrift dieses Kapitels deutet schon an, daß hier nicht ausführlich die anthropologischen, soziologischen, dogmatischen, moraltheologischen und kirchenrechtlichen Fragen behandelt werden, wenn auch der eine oder andere derartige Aspekt in unsere Darstellung einfließt. Schwerpunkt ist die auf der Sakramentalität christlicher Ehe basierende gottesdienstliche Feier der Eheschließung, die wir auch Trauung nennen.

1. Christliche Ehe als Schöpfungsinstitution und Sakrament

Ehe ist zuerst und zunächst ein Stück Schöpfungswirklichkeit und wird als solche von der Heiligen Schrift beider Testamente anerkannt und hochgeschätzt. In der frei verfügten Gemeinschaft zweier Menschen und ihrer gegenseitigen Liebe und Treue realisiert sich der Schöpferwille, wie er im zweiten Schöpfungsbericht Gen 2,24 ausgedrückt wird. In diesem Für- und Miteinander sieht schon der Verfasser des Epheserbriefes ein Gleichnis und Zeichen für das Für- und Miteinander von Christus und seiner Kirche. Christus, der „die Kirche geliebt und sich für sie hingegeben hat, um sie im Wasser und durch das Wort rein und heilig zu machen" (5,25 f), und die Kirche als sein Leib, die sich ihm zuwendet in Ehrfurcht, Dienstbereitschaft und Liebe, sind in ihrer Gemeinschaft und Einheit die große Heilswirklichkeit des Neuen Bundes. Jeder Getaufte steht in ihr und lebt aus ihr. Das gilt – in noch höherem Maß – auch von der Gemeinschaft zweier christlicher Ehepartner, die in der Einheit und liebenden Gemeinschaft von Christus und Kirche nicht nur ein Vorbild ihres gegenseitigen Verhältnisses (Liebe, Treue, Dienst, Opfer, Verzeihung) haben, sondern auch aus dieser Heilsgnade heraus leben. In dem Maß, wie sie in ihrem eigenen Ehebund den Heilsbund Christus – Kirche und die ihn durchwaltende Liebe transparent machen, realisiert sich in diesem Stück Schöpfung der Heilsbund Christus – Kirche. Christliche Ehe wird so zur kleinsten Teilkirche oder „Hauskirche", wie das II. Vatikanum die christliche Ehe einmal nennt (LG 11). So bleibt sie einerseits weltliche Realität und ist doch zugleich die anschauliche und erfahrbare Konkretisierung der entscheidenden Heilsrealität des Neuen Bundes. Das Urbild „kommt in seinem Abbild zur Erscheinung. Die Ehe ist gewissermaßen Epiphanie des Bundes zwischen Christus und der Kirche. Die Gemeinschaft Christi mit der Kirche wirkt sich aus in der Gemeinschaft zwischen Mann und

Frau. Diese ist erfüllt von dem Leben, das zwischen Christus und der Kirche ausgetauscht wird, von der Gnade und Wahrheit, welche Christus seiner Braut, der Kirche, geschenkt hat, von der Liebeskraft, welche Christus und die Kirche verbindet."[1] Auch die protestantische Theologie nähert sich dieser Sicht, wie der evangelische Theologe *H. Baltensweiler* erkennen läßt: „Demnach ist das Schema Vorbild – Abbild, wie es auf protestantischer Seite meistens zur Beschreibung des in Epheser 5 eigentlich Gemeinten verwendet wird, zu dürftig. Man müßte eher mit dem Begriff der Repräsentation oder der Vergegenwärtigung operieren. Wie die Gemeinde als solche den Christus auf dieser Erde repräsentiert, so vergegenwärtigt die Ehe der Christen das Christusgeschehen unter den Menschen. Darum kann der ungläubige Ehepartner durch den gläubigen geheiligt werden (1 Kor 7,14)."[2]

Aus dem Gesagten ergibt sich, daß Ehe nicht dadurch ein Sakrament wird, daß durch einen äußeren Ritus diesem Bund die Gnade Gottes zugesprochen und er so von außen überhöht wird. „Die Sakramentalität der Ehe ist mehr als ein Segen, den die Kirche ihren Kindern an einer entscheidenden Wende ihres Weges gibt, mehr als eine die Eheschließung begleitende und aus dem Alltäglichen heraushebende Feier. Sie ist die Erfüllung des ehelichen Bundes mit der Herrlichkeit Christi."[3]

Mit der Konstituierung christlicher Ehe als „Bild und Teilhabe an dem Liebesbund Christi und der Kirche"[4] ist zugleich ein Imperativ, eine Sendung miterteilt. Christliche Ehe soll – wie das Volk Gottes als Ganzes – in einem spezifischen Sinn zum Zeichen und damit zur gelebten Verkündigung der Liebe Christi zu den Menschen werden. In der Liebe der Eheleute zueinander, in ihrem Dienen und Opfern füreinander, in ihrem Ertragen und Verzeihen, in ihrer Treue bis zum Tod soll deutlich werden, was Christus auch in der Gegenwart für die Menschheit, insbesondere für seine Kirche, ist und wirkt. So kann und soll jede christliche Ehe zum Zeichen und Zeugnis für Christus werden.

Weil Ehe als Schöpfungswirklichkeit in erster Linie durch den Ehewillen der Partner konstituiert wird und diese Ehe realidentisch ist mit dem, was wir Sakrament nennen, so ist der *Ehewille* auch das konstituierende Element für das Ehesakrament, das heißt, daß nicht die Kirche oder der trauende Priester es spenden, sondern die Ehepartner sich selbst, wann immer sie ihr Jawort in einer kirchlich anerkannten Form sprechen. Nach dem geltenden kirchlichen Recht besteht diese verpflichtende Form, auch kanonische Form oder Formpflicht genannt, seit dem Trienter Konzil (1545-1563) darin, daß alle Ehen, bei denen wenigstens ein Teil katholisch ist, vor dem zuständigen katholischen Geistlichen und zwei Zeugen ge-

---

[1] *M. Schmaus*, Katholische Dogmatik, Bd. IV, 1 (München ³⁻⁴1952) 622.
[2] Die Ehe als Glaubensgemeinschaft (in protestantischer Sicht), in: Handbuch der Elternbildung, Bd. I (Einsiedeln 1966) 400; vgl. *ders.*, Die Ehe im Neuen Testament (Zürich 1967) 232-235.
[3] *M. Schmaus*, a. a. O. (Anm. 1) 623.   [4] GS 48.

schlossen werden müssen. Mit dieser bindenden Vorschrift soll den Ehepartnern stärker zum Bewußtsein gebracht werden, daß ihr Jawort auch eine Entscheidung vor Gott und der Öffentlichkeit des Gottesvolkes ist und ihr Liebes- und Lebensbund vom Glauben der Kirche geprägt sein muß und ihn bezeugen soll. Diese Formpflicht bindet nicht bei Lebensgefahr, wenn der zuständige Geistliche nicht erreicht werden kann, und auch außerhalb von Lebensgefahr, wenn der trauungsberechtigte Geistliche für längere Zeit (einen Monat) nicht aufgesucht werden kann. Außerdem hat Papst *Paul VI.* in dem Motuproprio „Matrimonia mixta" vom 31. März 1970 bestimmt, daß der zuständige Bischof bei bekenntnisverschiedenen Ehen von der Formpflicht dispensieren kann, „wenn der Einhaltung der kanonischen Form erhebliche Schwierigkeiten entgegenstehen"[5].

Bei aller Anerkennung des Konsenses als des konstituierenden Elementes kommt doch auch der *liturgischen Feier* der Eheschließung eine nicht geringe Bedeutung zu. Die Trauungsriten verdeutlichen das Wesen der christlichen Ehe; sie stellen die beiden Partner und ihren Bund unter das verpflichtende und wegweisende Wort Gottes und stärken ihren Glauben. Die Brautleute selbst bezeugen vor der Öffentlichkeit der Kirche, deren Glieder sie sind, ihren Glauben, in dem allein der Anspruch christlicher Ehe erkannt und verwirklicht werden kann. Die Kirche selbst nimmt in ihrem offiziellen Repräsentanten (Priester, Diakon) den Ehekonsens entgegen und zur Kenntnis, begleitet ihn mit ihrer Fürbitte und beschenkt ihn mit ihrem Segen. In Wort und Symbol vertieft sie das Bewußtsein und die Bereitschaft der Brautleute, durch ihre Liebe und Treue Zeugnis für den umfassenden Heilsbund Christi mit seiner Kirche zu geben. So will die liturgische Feier der Trauung nicht nur eine das Gemüt erhebende und beglückende Rahmenhandlung sein, sondern sie besitzt einen hohen funktionalen Stellenwert. Es kann deshalb nicht gleichgültig sein, in welchen Formen sich der Trauungsritus vollzieht.

2. Entwicklungslinien des abendländischen Trauungsritus

Die liturgische Gestaltung christlicher Eheschließung hat sich nur allmählich und verhältnismäßig spät zu jenem Formenreichtum entwickelt, wie wir ihn heute kennen. Sie „erhielt seit jeher durch die Bräuche, die in den verschiedenen Ländern mit der Hochzeitsfeier verbunden sind, ihr Gepräge. Sowohl im Osten wie im Westen haben bei der Gestaltung des liturgischen Eheritus, die mit dem 4. Jahrhundert beginnt, mannigfaltige gesellschaftliche Überlieferungen und eine vorchristliche Symbolik mitgewirkt, die bis zum Frieden unter Konstantin allein den Rahmen der Eheschließung bildeten"[6]. Einig war man sich im christlichen Altertum in

---

[5] Nr. 9: *Rennings* I, 904, Nr. 2067.
[6] *P. Jounel,* Die Ehe, in: *Martimort* (1) II, 130.

der Grundauffassung, daß Christen ihre Ehe im Einverständnis und mit dem Segen der Kirche schließen, wobei man den beiderseitigen Ehewillen als das ehebegründende Element betrachtete. Von den überkommenen Hochzeitsbräuchen schied man nur das eigentlich Heidnische wie Opfer für die Hausgötter und Orakelbefragungen aus und wehrte sich gegen manche Auswüchse bei der Festfeier. Schon früh (um 400 bezeugt) war die Trauung mit der Meßfeier verbunden, wobei die „Verschleierung" der Braut im Westen und die „Krönung" der Brautleute im Osten, zusammen mit einem entsprechenden Segensgebet, die herausragenden Zeremonien waren. Das Segensgebet über die Braut hatte sich im Römischen Meßbuch als Einschub nach dem Paternoster bis zur Reform von 1970 erhalten. Während die römische Antike eine eigene Verlobungsfeier mit Versprechen und Übergabe des Ringes und der Geschenke an die Braut kannte, verschmolzen im Raum der Kirche diese Bräuche mit dem Trauungsritus. Aus diesem Grund kannte man in der römischen Liturgie keinen eigenen Verlobungsritus. Bis tief ins Mittelalter hinein wurde die eigentliche Konsenserklärung im Hause der Braut vor den engsten Familienangehörigen vollzogen. „Erst beim Zusammenbruch der karolingischen Herrschaft im 9. und 10. Jahrhundert sah sich die Kirche veranlaßt, sich um die rechtlichen Akte der Eheschließung zu kümmern, freilich auch jetzt noch, ohne die häuslichen Riten zu liturgischen Akten zu erheben. Mehr noch als der Staat war die Familie Opfer einer Verfallsperiode, der gesellschaftlichen Unordnung und der Bruderkriege, in denen die Entführung von Frauen an der Tagesordnung war. Die Kirche trat diesen Mißständen zuerst dadurch entgegen, daß sie die Öffentlichkeit der Trauung forderte, um dadurch der Frau die Freiheit der Zustimmung zu sichern. In der Normandie erhielt der Konsensaustausch erstmals eine liturgische Weihe. Um dem Akt größtmögliche Öffentlichkeit zu verleihen, ließ man ihn nicht mehr im Haus der Braut, sondern vor der Kirchentür, angesichts des Gotteshauses, stattfinden. Man muß also den Ausdruck ‚in facie ecclesiae' zunächst in räumlichem Sinne verstehen."[7]

Nach einem Missale der nordfranzösischen Stadt Rennes aus dem Anfang des 12. Jahrhunderts hatte ein solcher Eheschließungsritus folgende Form: Der mit Albe und Stola bekleidete Priester begab sich vor das Kirchenportal, besprengte die Brautleute mit Weihwasser, befragte sie nach ihrem Ehewillen und nach der Freiheit vom etwaigen Ehehindernis der Verwandtschaft und gab ihnen eine Unterweisung über ihr Leben nach dem Gesetz des Herrn. Dann forderte er die Eltern der Braut auf, ihre Tochter dem Bräutigam zu übergeben. Anschließend mußte dieser der Braut die Mitgift übergeben, worüber eine Urkunde zu verlesen war, ihr einen geweihten Ring an ihre rechte Hand stecken und sie je nach Vermögen mit Gold oder Silber ehren. Nach dem Segen des Priesters zog man dann in die Kirche, wobei die Brautleute brennende Kerzen tragen mußten, die sie bei der Meßfeier als Opfergabe überreichten. Nach dem Paternoster und Embolismus bedeckte der Priester die Brautleute mit einem

---

[7] Ebd. 138.

Schleier oder Velum, segnete sie und gab dem Bräutigam den Friedenskuß, den dieser seiner Braut weitergab[8].

In ähnlicher Weise bildete sich auch in anderen Ländern und Regionen
eine bunte Vielfalt von Trauungsriten heraus, die oft von Diözese zu Diözese verschieden waren. Das Trienter Konzil[9] billigte nicht nur diesen
mannigfaltigen Reichtum, sondern empfahl seine Erhaltung. Demgegenüber erscheint der Trauungsritus des Rituale Romanum von 1614 als äu-
ßerst dürftig. Er besteht aus der Frage nach dem Konsens, der Handreichung der Brautleute mit dem theologisch mißverständlichen Satz des
Priesters: „Ich verbinde euch zur Ehe", der Segnung des Ringes, den der
Bräutigam der Braut ansteckt, und einem abschließenden Gebet.

Ein gelungener Versuch, die Vielfalt der deutschen Trauungsriten zu
straffen und zu vereinheitlichen, ist der gemeinsame Trauungsritus der
deutschen Diözesen, der 1950 in dem deutschen Teilrituale „Collectio rituum" erschien. Es war „ein ‚Neubau', freilich aus überliefertem Material, das geprüft, ausgewählt, gesäubert, neu behauen und neu zusam-
mengefügt wurde"[10], wobei auf die Herausstellung des ehebegründenden
Konsenses und der freien Partnerschaft von Mann und Frau besonderer
Wert gelegt war. Dieser Trauungsritus hat den nachkonziliaren römischen Modellritus nachhaltig beeinflußt.

Das II. Vatikanum gab den Auftrag zur Überarbeitung des Trauungsritus im Römischen Rituale mit dem Ziel, die Gnade des Sakramentes deutlicher zum Ausdruck zu bringen und die Aufgaben der Eheleute eindring-
licher herauszustellen. Es erneuerte den Wunsch des Trienter Konzils
und des alten Rituale Romanum, lobenswerte Gewohnheiten und Bräuche einzelner Gebiete unbedingt zu erhalten. Darüber hinaus wird den
Bischofskonferenzen die Vollmacht zugesprochen, „einen eigenen Ritus
auszuarbeiten, der den Gebräuchen des Landes und Volkes entspricht"
(LK 77). „Die Trauung möge in der Regel innerhalb der Messe ... gefeiert
werden. Der Brautsegen soll in geeigneter Weise überarbeitet werden, so
daß er die gleiche gegenseitige Treuepflicht beider Brautleute betont".
Trauungen außerhalb der Messe sollen in einen Wortgottesdienst einbezogen sein (LK 78).

Der erneuerte Ritus erschien als Faszikel des Rituale Romanum unter
dem Titel „Ordo celebrandi matrimonium" am 19. März 1969. Die Bischofskonferenzen und Bischöfe des deutschen Sprachgebietes haben im
Rahmen des geltenden Rechtes „in Fortsetzung, Weiterentwicklung und
Vereinheitlichung eigener Traditionen und deren harmonischer Verbindung mit dem ... erneuerten Rituale Romanum am 23. September 1974 in
Salzburg einen eigenen Trauungsritus für ihre Diözesen beschlossen und

---

[8] Der lateinische Text bei *K. Ritzer*, Formen, Riten und religiöses Brauchtum der Eheschließung in den christlichen Kirchen des ersten Jahrtausends (LQF 38) (Münster
¹1962) 314.

[9] Sess. XXIV (11. November 1563), De matrimonio cap. 1: De reformatione, in: *J. Alberigo* u.a., Conciliorum oecumenicorum decreta (Freiburg i. Br. 1962) 732.

[10] *J. Wagner*, Zum neuen deutschen Trauungsritus, in: LJ 11 (1961) 165.

approbiert" (PE 2). Er erschien 1975 (nach der Konfirmierung durch Rom) unter dem Titel „Die Feier der Trauung in den katholischen Bistümern des deutschen Sprachgebietes".

3. Die Feier der Trauung im deutschen Sprachgebiet

In der PE werden zunächst die wichtigsten theologischen Aussagen über das Ehesakrament in Erinnerung gebracht und pastorale Hinweise für die Vorbereitung der Brautleute gegeben. „Die Trauung soll nach Möglichkeit festlichen Charakter haben. Dazu tragen auch der gemeinsame Gesang und eine der Liturgie entsprechende musikalische Gestaltung bei" (10). Die Eheschließung katholischer Brautleute innerhalb der Messe wird wegen der Verbindung aller Sakramente mit dem Pascha-Mysterium Christi besonders empfohlen (11). „Wenn die Brautleute dem Leben der Kirche fernstehen oder nicht kommunizieren wollen, ist zu überlegen, ob eine Eucharistiefeier überhaupt angebracht ist" (25). Handelt es sich um die Trauung eines katholischen und eines getauften nichtkatholischen Partners, „so ist die Trauung im Regelfall ohne Eucharistiefeier zu halten. Ausnahmen sind mit Zustimmung des Bischofs möglich" (26). „Die Trauung eines katholischen Partners mit einem Nichtgetauften erfolgt ohne Meßfeier" (28). Als Trauungsmesse kann eines der drei Meßformulare für die Trauung im neuen Meßbuch gewählt werden („missae rituales"), sofern es sich nicht um eine Gemeindemesse an Sonntagen und Hochfesten handelt. Die Tagesmesse muß jedoch immer genommen werden an den drei österlichen Tagen, den Sonntagen der Advents-, Fasten- und Osterzeit sowie an den Hochfesten Weihnachten, Erscheinung, Christi Himmelfahrt, Pfingsten, Fronleichnam und den gebotenen Feiertagen (31).

Die Feier der Trauung innerhalb der Meßfeier („Brautamt") hat folgenden *Aufbau:*
a) Eröffnungsriten mit Empfang und Geleit der Brautleute;
b) Wortgottesdienst mit Homilie;
c) Trauung:
Fragen nach der Bereitschaft zu einer christlichen Ehe, Segnung der Ringe,
Eheerklärung (Vermählung) in drei möglichen Formen,
Bestätigung durch den Priester (Diakon),
Segnung der Neuvermählten („Brautsegen"),
Fürbitten;
d) Eucharistiefeier;
e) Schlußriten.

a) In der Regel begrüßt der Priester (Diakon) das Brautpaar (und seine Begleitung) am Kirchenportal, besprengt es mit Weihwasser (Reinigung und Tauferinnerung) und geleitet es an die Plätze in der Nähe des Altares. Es folgen die üblichen *Riten der Eröffnung* einer Meßfeier.

b) Die *Lesungen* können aus den für Brautmessen vorgesehenen Perikopen des Lektionars gewählt werden, mit der Einschränkung, daß in den Tagesmessen der Sonntage und Hochfeste nur *eine* derartige Perikope genommen werden darf. Man will auf diese Weise sicherstellen, daß die Gemeinde wenigstens einen Teil der tagesspezifischen Verkündigung hört. Die Homilie soll sich vor allem mit Sinn, Zielsetzung und Würde der christlichen Ehe befassen und auf die Aufgaben der Ehegatten hinweisen (PE 7).

c) Die *Fragen nach der Bereitschaft* zu einer christlichen Ehe sind als unmittelbare Vorbereitungen auf die die Ehe konstituierende Konsenserklärung zu verstehen. Die drei ersten, die wegen ihres persönlichen Charakters an jeden Partner einzeln gerichtet werden, beziehen sich auf die Freiheit der Eheschließung, die eheliche Treue bis zum Tod und die Bereitschaft, „die Kinder, die Gott Ihnen schenken will, anzunehmen und sie im Geiste Christi und seiner Kirche zu erziehen". Diese drei Fragen finden sich fast wörtlich bereits im Trauungsritus von 1950. Neu ist die vierte Frage, die sich auf die Bereitschaft bezieht, die „Aufgaben in Ehe und Familie, in Kirche und Welt zu erfüllen".

Auf die Bereitschaft zur ausschließlichen Liebe und Treue bis zum Tod wird auch in der *Segnung der Ringe* hingewiesen. Diese kann auch schon zu einem früheren Zeitpunkt erfolgen, z.B. bei der Verlobung oder dem Brautunterricht. Die drei Segensgebete (wahlweise) interpretieren die Ringe als „Zeichen der ehelichen Bindung", als Pfand der Treue und Zeichen der Liebe. Die römisch-antike Sitte, wonach bei der Verlobung nur der Bräutigam der Braut einen Ring ansteckt, behauptete sich auch bei den christlichen Trauungszeremonien und hatte sich über das Römische Rituale von 1614 bis in die jüngste Vergangenheit erhalten, auch in einigen deutschen Diözesen bis 1950. In dieser „einseitigen" Beringung fand die beiderseitige Treueverpflichtung keine symbolische Darstellung, weil so, entsprechend der antik-heidnischen Vorstellung, der Bräutigam zwar die Braut an sich bindet und zur Treue verpflichtet, nicht aber umgekehrt. Während sich im byzantinischen Verlobungsritus und im mozarabischen Trauungsritus die beiderseitige Ringgabe schon im 11. Jahrhundert durchsetzt, gelang es dem ständigen Bemühen der Kirche erst im 13. Jahrhundert, daß es „auch im weltlichen Recht in Deutschland zu einer Anerkennung gegenseitiger Treue und damit zur Verdoppelung des Sinnbildes der Treue kam"[11]. Im neuen Trauungsritual des deutschen Sprachgebietes erfolgt die wechselseitige Übergabe der Ringe nicht sofort nach ihrer Segnung, sondern erst im Anschluß an die Konsenserklärung.

Für die nun folgende *Konsenserklärung* gibt es drei mögliche Formen, die in sich gleichwertig sind und auf verschiedenen Traditionen beruhen. Der *„kleine Vermählungsspruch"* (A) war als weitverbreitete Tradition in das deutsche Rituale von 1950 aufgenommen worden. Er kann entweder

---

[11] *R. Köster*, Ringwechsel und Trauung, in: Zeitschrift der Savigny-Stiftung für Rechtsgeschichte, Kanon. Abt. 22 (1933) 11.

vom Priester vorgesprochen und von den Ehepartnern einzeln wiederholt oder von den Ehepartnern auswendig gesprochen oder abgelesen werden. Er lautet für den Bräutigam: „N., vor Gottes Angesicht nehme ich dich als meine Frau." Er steckt ihr den Ring an und fährt fort: „Trag diesen Ring als Zeichen der Liebe und Treue. Im Namen des Vaters und des Sohnes und des Heiligen Geistes." Gleiches wiederholt entsprechend die Braut. Der Text bei der Ringübergabe umgeht die Kontroverse, ob der Ring ein Zeichen der Treue des Gebers oder des Empfängers sein soll. Besser ist die Formulierung des französischen Rituales, das vom „Zeichen unserer Liebe und Treue" spricht[12].

Der *„große Vermählungsspruch"* (B) geht auf angelsächsische Tradition zurück und hat als einziger Aufnahme in den römischen Modellritus gefunden. Er entfaltet den „kleinen Vermählungsspruch" und konkretisiert ihn stärker, indem es heißt: „N., ich nehme dich an als meine Frau (meinen Mann) und verspreche dir die Treue in guten und in bösen Tagen, in Gesundheit und Krankheit. Ich will dich lieben, achten und ehren, solange ich lebe." Im Anschluß erfolgt die jeweilige Ringübergabe, wobei die gleichen Worte gesprochen werden wie bei der ersten Form.

Die dritte Form der Konsenserklärung (C) ist die *Vermählung durch das Jawort* der beiden Partner, dem jeweils die Frage des Priesters (Diakons) vorausgeht: „N., nehmen Sie Ihre Braut N. als Ihre Frau an und versprechen Sie, ihr die Treue zu halten in guten und in bösen Tagen, in Gesundheit und Krankheit, und sie zu lieben, zu achten und zu ehren, bis der Tod Sie scheidet?" (Bei der Frage an die Braut die entsprechenden Änderungen.) Dann fährt der Priester (Diakon) fort: „Stecken Sie Ihrer Braut (Ihrem Bräutigam) den Ring der Treue an, und sprechen Sie: Im Namen des Vaters ..."

Auch der römische Modellritus sieht die Möglichkeit vor, den „großen Vermählungsspruch" zur Frage umzugestalten, die mit „volo" (= ich will) beantwortet wird. Für eine Neuauflage wäre es empfehlenswert, den Text „Ring der Treue" zu erweitern durch „Ring der Liebe und Treue", wie es bereits in A und B heißt.

Weil mit dieser Konsenserklärung die Ehe geschlossen ist, hat der folgende Ritus nur den Charakter einer *Bestätigung* und Proklamation der erfolgten Vermählung. Der Priester (Diakon) fordert die Brautleute auf, einander die rechte Hand zu reichen, umwindet beide mit der Stola, legt darüber seine rechte Hand und spricht: „Der Herr, unser Gott, festige den Ehebund, den Sie vor ihm und seiner Kirche geschlossen haben." Statt dieses Textes stehen zwei weitere wahlweise zur Verfügung. Jeder der Bestätigungstexte wird mit einem Wort an die Anwesenden abgeschlossen, durch das diese zu Zeugen des geschlossenen Ehebundes genommen werden.

Das anschließende *Segensgebet,* für das drei Formen zur Verfügung

---

[12] Zur Problematik vgl. *F. Nikolasch*, Erneuerung der Trauungsliturgie, in: Gd 7 (1973) 145-149, hier 147; *K. Richter* u. a., Die kirchliche Trauung (Freiburg i. Br. 1979) 59f.

stehen, führt die Tradition des früheren „Brautsegens" nach dem Paternoster fort. Man hat es auch wegen seines teilweise epikletischen Charakters als „Weihegebet" bezeichnet[13], für das der Gestus der ausgebreiteten
Hände sehr angemessen ist. Im Sinn des II. Vatikanums (LK 78) ist es Gebet für beide Ehepartner, nicht nur für die Braut. Während sich die erste
Form noch stark an den seitherigen „Brautsegen" anlehnt, sind die beiden
anderen Neuschöpfungen, wobei sich die letzte Form durch ihre Kürze
und konkrete Sachlichkeit abhebt.

Dem Segensgebet folgen die *Fürbitten* der Gemeinde. Sie sollen sich „in
der Regel nicht auf die Neuvermählten beschränken, sondern Eltern,
Kinder, Verwandte und Freunde sowie alle, die in einer Ehe oder Familie
leben, einschließen", wie es in der vorangestellten Rubrik heißt. Dabei
können die dem Brautpaar nahestehenden Anwesenden die Bitten vortragen, wobei sie eigene Formulierungen gebrauchen oder aus den bereitgestellten vier Modellen auswählen können. Nach allgemeiner Regel spricht
der Zelebrant Einleitung und Schlußgebet.

d) Bei der nun folgenden *Eucharistiefeier* können sich die Brautleute
bei der Gabenbereitung aktiv beteiligen. Jede der drei Trauungsmessen
des neuen Meßbuches hat eine eigene Präfation („Die Würde der Ehe";
„Die Ehe als Zeichen des Neuen Bundes"; „Die eheliche Liebe als Zeichen der Liebe Gottes"). In den Hochgebeten I-III sind besondere Einschubtexte vorgesehen. Die Neuvermählten, aber auch alle Mitfeiernden
dürfen unter beiden Gestalten kommunizieren.

e) Vor dem üblichen Schlußritus der Meßfeier werden die vorgeschriebenen *Trauungsdokumente* unterzeichnet, am besten auf einem Tisch im
Altarraum, wodurch auch der Funktion der Trauzeugen ein besserer
Ausdruck im Rahmen der liturgischen Feier verliehen wird. „Verschiedene Segnungen nach örtlichem Brauch (Brot, Salz, Wein) haben hier ihren Platz. Die Feier der Trauung schließt mit dem feierlichen Schlußsegen, für den das Meßbuch mehrere Texte bereithält" (PE 22).

Die Trauung außerhalb einer Meßfeier
Wenn der Idealfall einer Trauung innerhalb der Messe (vgl. PE 11) nicht
möglich oder erwünscht ist, finden die beschriebenen Trauungsriten im
Rahmen eines Wortgottesdienstes statt. Während das II. Vatikanum gewünscht hatte, daß in diesem Fall „Epistel und Evangelium der Braut-
messe vorgetragen werden" (LK 78), heißt es in der PE 13 und 23, daß
Eröffnung und Wortgottesdienst freier gestaltet werden dürfen und man
sich mit einer biblischen Lesung begnügen darf. Nach den Fürbitten wird
das Vaterunser gesungen (gesprochen) und durch die Doxologie abgeschlossen. Wenn das Brautpaar zu kommunizieren wünscht und eine
Meßfeier nicht möglich ist (z. B. wegen Priestermangels), kann an deren
Stelle nach dem Vaterunser eine Kommunionfeier treten (PE 24).

---

[13] *K. Richter* u. a., a. a. O. (Anm. 12) 63.

4. Zur Frage ökumenischer Trauungen

Die Zahl der bekenntnisverschiedenen Ehen nahm in der zweiten Hälfte unseres Jahrhunderts immer stärker zu. Nicht immer steht hinter einer solchen Verbindung religiöser Indifferentismus. Um so mehr leiden viele bekenntnisverschiedene Partner darunter, daß die kirchenrechtliche Gesetzgebung bei der Trauung in der Kirche des einen Partners das Gewissen des anderen belastet und es dabei zu häufigen Differenzen mit den Familienangehörigen kommt. Dieser vielfachen Not suchte das Motuproprio „Matrimonia mixta" Pauls VI. vom 31. März 1970[14] abzuhelfen, indem es die Möglichkeit einräumte, bei „erheblichen Schwierigkeiten" Dispens von der kanonischen Eheschließungsform einzuholen. Sie wird auf Antrag der Brautleute unter Vermittlung des zuständigen katholischen Pfarrers vom Bischof erteilt und hat zur Folge, daß schon die öffentlich-rechtliche Eheerklärung vor dem Standesamt eine gültige Ehe konstituiert. „Sie wird vor Gott begonnen und ist ein Sakrament. Dabei sollte bedacht werden, daß eine religiöse Form der Würde des Sakramentes mehr entspricht als die nur standesamtliche Trauung ... An der kirchlichen Feier, sei es in der katholischen Kirche oder – nach Dispens von der Formpflicht – in einer nichtkatholischen Kirche, kann sich der Seelsorger der jeweils anderen Konfession beteiligen. Für viele wird dies eine tröstliche Bestätigung sein, daß sie in der Gemeinschaft ihrer Kirche beheimatet bleiben, auch wenn die Trauung in der Kirche ihres Partners stattfindet. Die Kirchenleitungen werden sich gemeinsam bemühen, Texte für eine solche Feier zu erarbeiten."[15]

In der Folge haben die DBK und der Rat der EKD ein Doppelritual erarbeiten lassen. Es erschien 1971 mit dem Titel „Gemeinsame kirchliche Trauung. Ordnung der kirchlichen Trauung für konfessionsverschiedene Paare unter Beteiligung der Pfarrer beider Kirchen"[16]. Dabei handelt es sich um eine katholische Trauung in der katholischen Kirche unter Mitwirkung des evangelischen Seelsorgers und eine evangelische Trauung in der evangelischen Kirche unter Mitwirkung des katholischen Seelsorgers. Für den katholischen Ritus hat man das Rituale von 1950 zugrunde gelegt und dazu einige Elemente des 1969 erschienenen römischen Modellritus übernommen. Für den Trauritus in der evangelischen Kirche wurde aus den neun verschiedenen Trauliturgien evangelischer Gliedkirchen die am meisten verbreitete Ordnung der Evangelischen Kirche der Union (EKU) und der Vereinigten Evangelisch-Lutherischen Kirche Deutschlands (VELKD) zugrunde gelegt.

---

[14] Text u. a. bei *Rennings* I, 902-905; besonders wichtig Nr. 9.
[15] Bischöfliches Faltblatt „Die neue Ordnung für die konfessionsverschiedene Ehe" (20. November 1970) Nr. 5; vgl. auch die Ausführungsbestimmungen der DBK vom 23. September 1970, veröffentlicht in den kirchlichen Amtsblättern (z. B. Mainz 112 [1970] 71 ff).
[16] Regensburg (Pustet) und Kassel (Stauda) 1971.

Es wäre sicher ungenau und verfrüht, eine solche Trauung schon als ökumenisch zu bezeichnen, da ein solcher Begriff Gemeinsamkeit in der theologischen Bewertung der kirchlichen Trauung voraussetzt, die leider noch nicht gegeben ist. Denn die vorausgehende obligatorische Ziviltrauung ist nach protestantischem Verständnis der eigentliche Eheabschluß, die kirchliche Trauung aber nur eine nachfolgende Segnung, während die katholische Kirche in der kirchlichen Trauung die eigentliche Eheschließung sieht, von der unterschiedlichen Auffassung in bezug auf die Sakramentalität ganz abgesehen[17]. Darum vermeidet das genannte Doppelritual geflissentlich den Ausdruck „ökumenische Trauung".

Anders eine Veröffentlichung, die unter dem Titel „Ökumenische Trauung" von der evangelisch-katholischen Arbeitsgemeinschaft für Mischehenseelsorge der deutschen Schweiz herausgegeben wurde[18]. Es handelt sich dabei um ein inoffizielles Dokument. Zur Rechtfertigung des Titels wird gesagt, daß dieser Ausdruck zwar „an sich noch nicht eindeutig ist", aber deshalb verwendet wurde, „weil er in der deutschen Schweiz allgemein üblich ist". Aus der Einführung über „Grundsätzliches zur ökumenischen Trauung" ergibt sich, daß die Verfasser diesen Begriff im weiteren Sinn verstehen: „ein evangelischer oder katholischer Trauungsgottesdienst ..., bei dem der Pfarrer der andern Konfession beteiligt ist oder dem nur ein Seelsorger – sei er evangelisch oder katholisch – vorsteht, der jedoch so gestaltet ist, daß er von den Teilnehmern beider Konfessionen ohne weiteres verstanden und voll bejaht und mitvollzogen werden kann" (11). Dabei wird vorausgesetzt, daß bei der Trauung durch den protestantischen Pfarrer „vorläufig noch für den katholischen Partner die Dispens von der katholischen Formpflicht erforderlich" ist (13).

Das Buch bringt insgesamt drei Trauungsformulare mit Modellcharakter, die also die Freiheit eigener Gestaltung nicht ausschließen wollen. Das zweite Formular berücksichtigt mehr die katholische, das dritte mehr die evangelische Tradition. Alle drei Formulare beanspruchen, ökumenisch gestaltet zu sein und eine partnerschaftliche Mitwirkung beider Seelsorger zu ermöglichen[19].

Ein Versuch, das Doppelritual der DBK und des Rates der EKD durch ein Formular C zu erweitern, wurde im Auftrag der Erzdiözese Freiburg und der Evangelischen Landeskirche in Baden gemacht. Diese neue Ordnung wird auch von der Evangelischen Brüderunität in Baden, der Evangelisch-Methodistischen Kirche in Baden und dem Katholischen Bistum der Altkatholiken in Deutschland empfohlen. Sie ist unter dem Titel „Gemeinsame kirchliche Trauung – Formular C – Ordnung der Trauung für

---

[17] Vgl. *H. Hammer*, Ökumenische Trauung, in: Gd 4 (1970) 97ff.
[18] Zürich 1973 (Benziger und Theologischer Verlag, Zürich).
[19] Vgl. *W. v. Arx*, Angebot für die Trauung bekenntnisverschiedener Paare, in: Gd 7 (1973) 129ff.

konfessionsverschiedene Paare unter Beteiligung der Pfarrer beider Kirchen" erschienen[20].

Im Gegensatz zum deutschen Doppelritual liegt hier eine Ordnung vor, die nicht an ein bestimmtes Kirchengebäude gebunden ist und ein möglichst gleichberechtigtes Zusammenwirken der beteiligten Pfarrer ermöglicht, wobei die einzelnen Teile der Trauungsriten weitgehend auswechselbar sind und deshalb eine vorherige Absprache erforderlich ist. Eine Dispens von der Formpflicht ist für den katholischen Partner deshalb nicht notwendig, weil die Konsenserfragung in jedem Falle durch den trauungsberechtigten katholischen Geistlichen erfolgt.

Auch in der *DDR* erschien ein „Gemeinsamer Trauungsritus", herausgegeben von der Berliner Ordinarienkonferenz und der Konferenz der evangelischen Kirchenleitungen in der DDR (Leipzig 1975), bereichert mit einem Kommentar von *W. Becker.*

Für *Österreich* wurden von der „Gemischten katholisch-evangelischen Kommission Österreichs" Richtlinien für die gemeinsame Trauung erarbeitet und 1974 von der Österreichischen Bischofskonferenz und vom Evangelischen Kirchenrat approbiert. Im Anschluß daran wurde die „Ordnung der kirchlichen Trauung konfessionsverschiedener Paare unter Mitwirkung der Pfarrer beider Kirchen" erarbeitet und von der Liturgischen Kommission für Österreich in Übereinstimmung mit der „Gemischten katholisch-evangelischen Kommission Österreichs" und der österreichischen Bischofskonferenz veröffentlicht (Salzburg 1979).

Außer den genannten, mehr oder weniger offiziellen Ordnungen gab es bereits 1968 das sogenannte *„Kieler Modell",* das vom katholischen Ökumenereferenten für das Dekanat Kiel, *Wilm Sanders,* und dem evangelisch-lutherischen Propsteibeauftragten für Ökumene, *H. C. Schmidt-Lauber,* erarbeitet und u. a. im LJ 1973 mit erklärenden Anmerkungen vorgestellt wurde[21].

Auf eine nähere Beschreibung und Wertung der einzelnen Ordnungen kann hier nicht näher eingegangen werden. Eine ausführliche kritische Untersuchung hat 1977 *B. Kleinheyer* vorgenommen[22]. Nach einer Mitteilung des Liturgischen Instituts in Trier vom August 1984 steht sowohl eine Revision des römischen „Ordo celebrandi matrimonium" wie auch (im Anschluß daran) der deutschsprachigen „Feier der Trauung" bevor. Ohne Zweifel dürfte es dann auch zu der schon lange gewünschten Überarbeitung der „Gemeinsamen kirchlichen Trauung" von 1971 kommen. Dabei wäre es u. a. wünschenswert, „daß mehr die innerliturgische Struk-

---

[20] Karlsruhe-Durlach 1974. Ein Abdruck mit Kommentar von *S. Kraft* in: LJ 24 (1974) 193-208.

[21] Weiterentwicklung der gemeinsamen Trauung, in: LJ 23 (1973) 256-265. Vgl. auch *H.-Ch. Schmidt-Lauber,* Gemeinsame christliche Trauung, in: Ev. Theol. 39 (1979) 160-180.

[22] Noch deutlichere Gemeinsamkeit, in: LJ 27 (1977) 107-123; etwas gestraffter in HLW VIII, 141-145.

tur der Feier den Rollenwechsel bestimmt als die Frage nach gleichgewichtiger Aufgabenverteilung zwischen den Konfessionen. Unabdingbar sollte sein, daß die Praxis der jeweils in einer Kirche feiernden Gemeinde die Grundnorm ist für die Feier unter Beteiligung des Pfarrers einer anderen Konfession. Wünschenswert wäre überdies, daß möglichst auf keine der Zeichenhandlungen (Handreichung, Handlegung mit Stolaritus, Ringübergabe) im Rahmen einer gemeinsamen kirchlichen Trauung verzichtet werden muß."[23]

5. Die Feier der Verlobung und der Ehejubiläen

a) Die Verlobung

Die Verlobung „als Ausdruck des festen Willens zweier Menschen, miteinander die Ehe einzugehen"[24], hat ihre Wurzeln im altorientalischen, griechischen und altrömischen Eherecht und dem sich daraus bildenden Arrhalverlöbnis, das aus der Sitte des Brautkaufes erwachsen ist. Dabei wurde dem Vater der Braut vom Bräutigam ein Angeld (arrha) als Pfand für die Erfüllung des Vertrages über die künftige Übergabe der Braut gezahlt. Aus diesem Angeld wurde später ein Ring für die Braut, die nun als dem Bräutigam fest verbunden und auch vor dem Recht als zur Treue gegenüber ihrem Verlobten verpflichtet galt („sponsalia de futuro"). Der eigentliche Eheabschluß („sponsalia de praesenti") erfolgte später durch Übergabe und Heimholung der Braut durch den Bräutigam.

Mit der Christianisierung änderte sich an diesen häuslichen Familienbräuchen zunächst nichts. Seit dem 11. Jahrhundert verschmolzen im Westen die Riten der Verlobung mit denen der Brauttorvermählung (s. oben 212). Trotzdem erhielt sich in einigen Diözesanritualien des Mittelalters und der Neuzeit ein Verlobungsbrauch unter kirchlicher Mitwirkung, während das Rituale Romanum von 1614 davon keine Notiz nahm[25]. Der CIC 1917 behandelt nur die rechtliche Seite eines Verlöbnisses (can. 1017), der CIC 1983 sieht darin eine Sache des partikulären Rechtes, das von den Bischofskonferenzen unter Beachtung der Gewohnheiten und der weltlichen Gesetze festzulegen sei (can. 1062, § 1). Von einer gottesdienstlichen Feier ist nicht die Rede. Nachdem jedoch schon der neue Trauungsritus auf die Möglichkeit einer Verlobung mit vorgezogener Segnung der Ringe hingewiesen hatte (PE 8), brachte das deutsche Benediktionale von 1978 eine Verlobungsfeier in Form eines Wortgottesdienstes, der von einem Priester oder auch von einem Elternteil geleitet werden kann[26].

---

[23] *B. Kleinheyer* in: HLW VIII, 145.
[24] Deutsches Benediktionale S. 245.
[25] Vgl. *B. Kleinheyer*, in: HLW VIII, 146-148.
[26] S. 245-249. Anregungen für die Gestaltung auch bei *K. Richter* u. a., a. a. O. (Anm.

Auch das im Herbst 1984 erschienene römische Benediktionale (als Teil des Rituale Romanum) enthält eine Verlobungsfeier[27]. Sie kann sowohl von einem Elternteil oder einem anderen Laien wie auch von einem Priester oder Diakon geleitet werden, wobei im letzten Fall darauf zu achten sei, daß die Feier von den Anwesenden nicht mit einer solchen der Eheschließung verwechselt wird (196). Wohl aus dieser Sorge heraus wird verboten, sie mit einer Meßfeier zu verbinden (198). Der Ritus kann unter Wahrung seiner Struktur und seiner wichtigen Elemente den Umständen angepaßt werden. Er besteht aus den Eingangsriten, dem Wortgottesdienst, der stark vom deutschen Benediktionale beeinflußt ist, der Segnung der Ringe oder anderer Verlobungsgaben und dem Segnungsgebet mit einer abschließenden Segensformel.

b) Die liturgische Feier der Ehejubiläen

Schon im frühen Mittelalter begegnen uns liturgische Texte für den 30. Tag nach der Eheschließung und für die Jahrtage. Aber erst mit der beginnenden Aufklärung finden sich in vielen Diözesanritualien Riten für das goldene und später auch für das silberne Ehejubiläum. Das Rituale Romanum öffnet sich erst 1952 einem solchen Ritus[28].

Das neue Meßbuch empfiehlt für die Jahrtage der Trauung, sofern nach den Rubriken möglich, die „Messe zur Danksagung" (MD 1079) mit den Präsidialorationen zum Jahrestag, zur Silberhochzeit und zur goldenen Hochzeit (992-995). Das deutsche Benediktionale bereichert diese „Jubiläumsmessen" mit einem besonderen Segensritus (nach der Homilie) für die silberne und goldene Hochzeit (S. 120-128): Der Zelebrant lädt die Eheleute ein, einander die rechte Hand zu reichen, umwindet die verschlungenen Hände mit der Stola, legt seine Rechte darauf und spricht ein Dank- und Segensgebet, dem sich entsprechende Fürbitten anschließen. Zur Entlassung wird der feierliche Schlußsegen erteilt, für den mehrere Formeln angeboten werden[29].

12) 22-32 und bei *F.Kohlschein*, Wieder gefragt?, in: Gd 17 (1983) 84. Weitere Lit.: *G.v.Hülsen*, Das liturgische Verlöbnis als Seelsorgemittel, in: Anima 13 (1958) 312 bis 317; *P.Hofmeister*, Das kirchliche Verlöbnis, in: Österreichisches Archiv für Kirchenrecht 20 (1969) 21-39.
[27] Ordo benedictionis desponsatorum S. 79-84, Nr. 195-214.
[28] Belege bei *B.Kleinheyer*, in: HLW VIII, 148f.
[29] Weitere Gestaltungsvorschläge bei *Th.Maas-Ewerd*, Pastoralliturgische Handreichung zur Silberhochzeit, in: BiLi 46 (1973) 61-63.

XVI. KAPITEL

Besondere Feiern geistlicher Gemeinschaften

Schon in der Frühzeit der Kirche wußten sich manche Christen zu einer besonders intensiven Nachfolge Christi berufen. Sie äußerte sich besonders in der Befolgung der „evangelischen Räte" der gottgeweihten Jungfräulichkeit, der Armut und des Gehorsams. Hat doch Christus selbst „jungfräulich und arm gelebt (vgl. Mt 8, 20; Lk 9, 58) und durch seinen Gehorsam bis zum Tod am Kreuz (vgl. Phil 2, 8) die Menschen erlöst und geheiligt"[1]. So sind „wie an einem Baum, der aus einem von Gott gegebenen Keim wunderbar und vielfältig auf dem Ackerboden des Herrn Zweige treibt, verschiedene Formen des eremitischen und gemeinschaftlichen Lebens und verschiedene Gemeinschaften gewachsen"[2]. Ziel dieser geistlichen Gemeinschaften ist sowohl die persönliche Vollkommenheit und Heiligung wie auch der Dienst am Reich Gottes und damit am Heil der Mitmenschen[3]. Darum „darf keiner meinen, die Ordensleute würden durch ihre Weihe den Menschen fremd oder für die irdische Gesellschaft nutzlos ... darum bestätigt und lobt die Heilige Synode die Männer und Frauen, Brüder und Schwestern, die in den Klöstern oder in Schulen und Krankenhäusern oder in den Missionen in standhafter und demütiger Treue zu der genannten Weihe die Braut Christi zieren und allen Menschen die verschiedensten großmütigen Dienste leisten"[4]. Das II. Vatikanum betrachtet das Leben in den Orden oder ordensähnlichen Gemeinschaften als Zeichen und Zeugnis für das neue Leben in Christus und die künftige Auferstehung. Man kann von einer christologischen, ekklesialen und eschatologischen Prägung der geistlichen Gemeinschaften sprechen[5].

Der Entschluß zum Ordensleben und sein Beginn wurden schon früh in einen liturgischen Ritus gefaßt, wie uns z. B. die Regel *Benedikts von Nursia* († 547) erkennen läßt. Seit dem 7. Jahrhundert werden solche Riten mit der Meßfeier verbunden und im Mittelalter üppig und zum Teil recht fragwürdig entfaltet. Darum war es ein Anliegen des II. Vatika-

---

[1] *II. Vatikanum,* Dekret über die zeitgemäße Erneuerung des Ordenslebens („Perfectae caritatis") vom 28. Oktober 1965, Nr. 1.
[2] LG 43.
[3] Ebd. 43 f.
[4] Ebd. 46.
[5] Ausführliche Überlegungen finden sich in Einführung und Kommentar zu „Perfectae caritatis" (Anm. 1) durch *F. Wulf* (LThK. Das II. Vatikanische Konzil, Bd. II, 249 bis 307) und im Kommentar des gleichen Verfassers zum Kap. VI von LG (ebd. I, 303 bis 313).

nums, derartige Riten zu „größerer Einheit, Schlichtheit und Würde" zurückzuführen (LK 80).

Dieser Weisung entsprechend veröffentlichte die Gottesdienstkongregation am 2. Februar 1970 einen neuen Profeßritus, dessen deutsche Ausgabe 1974 erschien[6]. Wenig später folgte auch der erneuerte Ritus der Jungfrauenweihe. Diese und weitere monastische Riten seien im folgenden kurz beschrieben.

1. Die Riten der Ordensprofeß

Die Mitgliedschaft in einem Orden verwirklicht sich über mehrere Stufen, für die jeweils ein eigener Ritus vorgesehen ist.

a) Die Aufnahme ins Noviziat

Am Anfang des Ordenslebens steht, wie schon zu Benedikts Zeiten, die Probezeit des Noviziates. Hiermit soll dem Novizen die Möglichkeit gegeben werden, den Orden besser kennenzulernen und sich zu prüfen, ob er sich seinen Anforderungen gewachsen fühlt. Die Aufnahme besteht in einem schlichten Ritus innerhalb der klösterlichen Gemeinschaft, ohne Verwandte und Gäste, außerhalb der Meßfeier. Er hat die Form eines Wortgottesdienstes, der vom Ordensoberen geleitet wird. Der Befragung des Postulanten folgt seine Willenserklärung, ein Gebet des Oberen mit Bestätigung der Gemeinschaft, Schriftlesung mit Homilie, Fürbittgebet, Vaterunser und Oration. Anschließend wird der Novize von den Ordensangehörigen begrüßt.

b) Die erste („zeitliche") Profeß

Nach bestandenem Noviziat, dessen Dauer bei den einzelnen Gemeinschaften unterschiedlich ist, weihen sich die Kandidaten für eine begrenzte Zeit (meist drei Jahre) dem besonderen Dienst Gottes und der Kirche und versprechen ein Leben nach den evangelischen Räten. Diese erste Profeß geschieht meist im Rahmen einer Meßfeier, für die es ein besonderes Meßformular gibt (MD II, 1001f). Die Gläubigen nehmen nach Möglichkeit daran teil. Die Feier beginnt nach dem Evangelium und enthält folgende Elemente: Aufruf der Kandidaten, Ansprache, Befragung (Skrutinium), fürbittendes Gebet, Ablegung der Gelübde, Übergabe der Profeßzeichen (Ordenskleid, Ordensregel) und Fürbitten.

Einige geistliche Gemeinschaften kennen neuerdings zwischen Noviziat und zeitlicher Profeß eine Art vorläufiger Bindung in Form eines *Versprechens,* für das es einen eigenen Ritus gibt[7]. Er hat seinen Platz in

---

[6] Rituale Romanum, „Ordo professionis religiosae"; „Die Feier der Ordensprofeß".
[7] Vgl. „Die Feier der Ordensprofeß" PE 5 und S. 89-102.

einem Wortgottesdienst oder im Zusammenhang mit einer Hore des Stundengebetes. Der Kandidat erklärt seine Bereitschaft, für einige Zeit der Gemeinschaft angehören zu wollen; nach einem fürbittenden Gebet des Oberen folgen Lesungen und Homilie und schließlich das eigentliche Versprechen. Die Feier schließt mit Fürbitten und dem Vaterunser, dem noch eine Oration für den Kandidaten angefügt werden kann. – Durch die „Variationes" wurde der gesamte „Ritus des Versprechens" gestrichen.

c) Die „ewige" Profeß

Hiermit binden sich die Kandidaten endgültig und für immer an den Orden. Die Feier soll an einem Sonn- oder Festtag begangen werden, damit zahlreiche Gläubige daran teilnehmen können, ist sie doch ein außergewöhnliches Zeugnis für Christus und seine Nachfolge, das auch für die anderen Christen bedeutsam ist. Auch hier beginnt der Ritus nach dem Evangelium der Meßfeier, für die es zwei Formulare gibt. Er hat folgende *Gliederung:* Aufruf der Kandidaten, die um bleibende Zugehörigkeit zum Orden bitten; Ansprache des Zelebranten; Befragung der Kandidaten; Litanei; Ablegung der ewigen Gelübde und Niederlegung der (unterschriebenen) Profeßurkunde auf dem Altar; Bezeugung der Selbsthingabe durch Gesang der Profitenten; feierliches Segensgebet des Zelebranten; Übergabe der Ordensinsignien (z. B. Ring, Chorgewand, Stundenbuch); Friedensgruß.

In der anschließenden Eucharistiefeier eigene Präfation, Einschubtexte in den Hochgebeten, feierlicher Schlußsegen.

d) Erneuerung der Gelübde

Bei manchen Ordensfamilien werden zu bestimmten Zeiten entsprechend den Ordensstatuten die Gelübde erneuert. Dies kann während der Eucharistiefeier geschehen, jedoch ohne besondere Feierlichkeit, besonders wenn es sich um einen jährlich wiederkehrenden Brauch handelt. Ein besonderer liturgischer Ritus ist nur vorgesehen, wenn der Erneuerung in der betreffenden Gemeinschaft rechtliche Bedeutung zukommt. Doch darf er auch bei Erneuerungen an besonderen Jubiläen der Ordenszugehörigkeit genommen werden. Die Erneuerung der Gelübde geschieht nach Evangelium und Homilie und einem Gebet des Zelebranten um Gottes Hilfe für die Ordensmitglieder, und zwar in ähnlicher Weise wie die eigentliche Profeß. Mit den Fürbitten ist der Ritus beendet[8].

---

[8] Zum Ganzen vgl. *E. von Severus,* Feiern geistlicher Gemeinschaften, in: HLW VIII, 176-181; hier weitere Literatur.

2. Die Jungfrauenweihe

Schon seit den apostolischen Zeiten gab es in der Kirche Menschen, die sich in der Ehelosigkeit „um des Himmelreiches willen" (Mt 19, 12) zu einem Leben der ungeteilten Liebe zu Gott und den Menschen bekannten. Jungfräulichkeit im biblischen Sinn meint also nicht nur das Faktum der Ehelosigkeit und geschlechtlichen Enthaltsamkeit, sondern darüber hinaus die ungeteilte innere Verfügbarkeit für Gott und den Dienst am Mitmenschen. Sie gilt als ein sichtbares Zeichen dafür, daß das Reich Gottes angebrochen ist und seiner endzeitlichen Vollendung entgegengeht. Jungfrauen in diesem Sinn gab es nicht nur in klösterlichen Gemeinschaften, sondern auch inmitten der Welt. Um aber ihre Berufung zu diesem Lebensstand und das darin liegende Zeugnis für Christus deutlicher zu machen, übergab ihnen im Altertum der Bischof den Brautschleier als Zeichen der bräutlichen Verbundenheit mit Christus. Schon das Römisch-Germanische Pontifikale des 10. Jahrhunderts entfaltet diesen Ritus durch Aufnahme zusätzlicher Elemente, u. a. aus den Trauungsriten. Es sieht einen verschiedenen Ritus für Jungfrauen in und außerhalb des Klosters vor. Später kommen noch Elemente aus der Weiheliturgie des Klerus hinzu.

Entsprechend dem Auftrag des II. Vatikanums, die Jungfrauenweihe des Römischen Pontifikale zu überarbeiten, veröffentlichte die Gottesdienstkongregation am 31. Mai 1970 einen neuen Ritus[9]. Sowohl in seinen Vorbemerkungen wie in der liturgischen Handlung betont er die doppelte Zielrichtung der Jungfräulichkeit: Christus glühender zu lieben und den Menschen bereiter und hingebender zu dienen. Neu ist, daß nach jahrhundertelanger Unterbrechung auch Jungfrauen, die in der Welt leben, wieder zu dieser Weihe zugelassen werden können. Bei Ordensfrauen kann die Jungfrauenweihe mit der ewigen Profeß verbunden werden. Der Ritus, dessen Zelebrant der Ortsbischof ist, beginnt nach dem Evangelium der Messe und hat folgende Gliederung: gesangliche Einladung der Jungfrauen, die mit brennenden Kerzen das Presbyterium betreten; Homilie des Bischofs, für die ein (etwas lang geratener) Modelltext bereitgestellt ist; Befragung der Kandidatinnen nach ihrer Bereitschaft; Litanei; Gelöbnis der Jungfräulichkeit in der Nachfolge Christi; Weihegebet des Bischofs mit ausgebreiteten Händen; Übergabe der Weiheinsignien (Schleier, Ring, Stundenbuch).

Nach dem Schlußgebet der Messe treten die neugeweihten Jungfrauen vor den Altar und empfangen den feierlichen Segen.

Als *Weihetage* werden empfohlen: die Osteroktav, Hochfeste, insbesondere solche, die eine Beziehung zur Menschwerdung Christi haben, Sonntage, Feste Marias oder heiliger Jungfrauen oder solcher Heiliger,

---

[9] Als Faszikel des Pontificale Romanum mit dem Titel „Ordo consecrationis virginum". Die deutsche Ausgabe erschien 1975 in dem Buch „Die Feier der Abts-, Äbtissinnen- und Jungfrauenweihe".

die für das Ordensleben besonders bedeutsam sind. Nach Möglichkeit soll die Eigenmesse „Am Tag der Jungfrauenweihe" genommen werden. Die Tagesmesse muß an Hochfesten und an den Sonntagen des Advents, der Fasten- und Osterzeit gefeiert werden, allerdings mit den Eigentexten beim Hochgebet und feierlichem Schlußsegen[10].

3. Die Abtsweihe

Während Benedikt von Nursia in seiner Ordensregel zwar ausführlich von der schwierigen Aufgabe eines Abtes spricht, fehlt doch jeder eindeutige Hinweis auf einen besonderen liturgischen Ritus seiner Amtseinführung. Die erste Spur besteht in einer Oration, die sich in der „Magisterregel" findet (93, 6). Im Lauf des Mittelalters verfeierlicht sich der Ritus und gleicht sich immer stärker der Bischofsweihe an, entsprechend der starken Angleichung von Bischöfen und Äbten hinsichtlich ihrer gesellschaftlichen Stellung. Die Gottesdienstkongregation veröffentlichte am 9. November 1970 einen neuen Ritus als Faszikel des Pontifikale („Ordo benedictionis abbatis et abbatissae"). Die adaptierte deutsche Ausgabe erschien 1975 unter dem Titel „Die Feier der Abts-, Äbtissinnen- und Jungfrauenweihe".

Im vorangestellten Veröffentlichungsdekret der Gottesdienstkongregation wird diese Weihe als liturgischer Brauch bezeichnet, wodurch zum Ausdruck kommen soll, daß „die ganze Klosterfamilie die Gnade Gottes auf jenen Menschen herabruft, den sie sich als Führer auf dem Weg zur Vollkommenheit gewählt hat". Dabei ist es das Bestreben des neuen Ritus, das geistliche Führungsamt des Abtes klarer herauszustellen und Angleichungen an die Bischofsweihe möglichst zu vermeiden. Handelt es sich doch um eine Benediktion im Sinn eines Sakramentales und nicht um einen Teilbereich des sakramentalen Ordo.

Die *Weihe* soll möglichst an einem Sonn- oder Festtag stattfinden. Spender ist in der Regel der Ortsbischof, der einen anderen Bischof oder einen Abt beauftragen kann. Die Eigenmesse soll als Konzelebration begangen werden, wobei zwei Mönche des Klosters dem Gewählten assistieren. Der Ritus beginnt nach dem Evangelium (bzw. der Homilie) und hat *folgende Gestalt:* Vorstellung des Kandidaten und bei Äbten mit eigenem Jurisdiktionsbezirk Verlesung des päpstlichen Auftrags; Ansprache des Zelebranten und Befragung des Kandidaten; Litanei und Weihegebet mit ausgebreiteten Händen (vier Formulare zur Auswahl); Übergabe der Ordensregel, des Ringes und Stabes und gegebenenfalls auch der Mitra; Friedenskuß und am Schluß feierlicher Segen und Tedeum. Handelt es

---

[10] Neuere Lit. außer HLW VIII (Anm. 8) 182-184: *M. Prager,* Der neue Ritus der Jungfrauenweihe, in: Hl. Dienst 28 (1974) 129-134; *B. Albrecht,* Jungfrauenweihe für Frauen, die in der Welt leben, in: Ordenskorrespondenz 25 (1984) 298-305; auch als Sonderdruck (PWB).

sich aber um einen Abt mit eigenem Jurisdiktionsbezirk, so schreitet er nach dem Schlußgebet während des Tedeum segnend durch die Reihen der Gläubigen, hält eine kurze Ansprache und gibt den Segen[11].

4. Die Weihe einer Äbtissin

Sie geschieht durch einen Bischof oder Abt in ähnlicher Weise wie die Abtsweihe. Bei der Übergabe der Weiheinsignien sind Ordensregel, Ring und – im Gegensatz zum lateinischen Ordo – auch der Stab vorgesehen. Die Ringübergabe entfällt, wenn sie schon früher bei der Profeß oder Jungfrauenweihe stattfand. Statt des Friedenskusses ist eine Ehrenbezeigung der neuen Äbtissin gegenüber dem Weihespender vorgesehen[12].

---

[11] *E. v. Severus*, a.a.O. (Anm. 8) 185-187; *U. Bomm*, Der neue Ritus der Abts- und Äbtissinnenweihe, in: Hl. Dienst 27 (1973) 148-152; *R. Reinhardt*, Die Abtsweihe – eine „kleine Bischofsweihe"?, in: ZKG 91 (1980) 83-88.
[12] Vgl. Lit. in Anm. 11; *A. Nocent*, La bénédiction d'un abbé et d'une abbesse depuis Vatican II, in: *Martimort (2)* III, 326-328.

XVII. KAPITEL

Die Sterbe- und Begräbnisliturgie

Im Rahmen der nachkonziliaren Liturgiereform wurde auch die Sterbe-
und Begräbnisliturgie neu geordnet, nachdem das II. Vatikanum die Weisung gegeben hatte, die „Totenliturgie" solle „deutlicher den österlichen
Sinn des christlichen Todes ausdrücken" (LK 81). Die neue Ordnung für
die Sterbeliturgie findet sich vor allem im Ritualefaszikel „Die Feier der
Krankensakramente" von 1975 in den Kapiteln 3-6; die Ordnung für die
Begräbnisliturgie erschien als deutsche adaptierte Ausgabe 1973 unter
dem Titel „Die kirchliche Begräbnisfeier in den katholischen Bistümern
des deutschen Sprachgebietes"[1]. Die folgende Darstellung stützt sich in
erster Linie auf diese deutschsprachigen Ausgaben.

1. Die Sterbeliturgie

a) Die Wegzehrung

Im Licht des Glaubens ist das Sterben eines Getauften österlicher Übergang durch den Tod ins ewige Leben bei Gott, intensivste Konkretisierung des Pascha-Mysteriums im Leben des einzelnen. Die Sorge für die
Schwerkranken und Sterbenden war von jeher eine vorrangige pastorale
Aufgabe der Kirche. Ihren liturgischen Ausdruck hat sie in der Spendung
des eigentlichen Sterbesakramentes, der Eucharistie als „Wegzehrung",
gefunden. Ist diese doch nach dem Wort des Herrn Unterpfand der Auferstehung (vgl. Joh 6, 54). Schon das erste allgemeine Konzil von Nizäa
im Jahre 325 hatte die Spendung des „letzten und notwendigsten Viati-
cums" an die Sterbenden als „altes und feststehendes Gesetz" einge-
schärft[2]. Ordentliche *Spender* der Wegzehrung sind die Seelsorger der
Pfarreien und Krankenhäuser und die Oberen geistlicher Gemeinschaften, im Notfall jeder andere Priester, ein Diakon, Akolyth oder Kommunionhelfer. Für die beiden letzten gibt es einen eigenen Ritus[3].
   Der rechte *Zeitpunkt* für die Wegzehrung ist – im Gegensatz zur Krankensalbung – die unmittelbare Todesgefahr. Sie kann, ja soll nach Möglichkeit im Rahmen einer Meßfeier empfangen werden. In diesem Fall

---

[1] Die zugrunde liegende editio typica des Römischen Rituale erschien 1969 unter dem
Titel „Ordo exsequiarum".
[2] Can. 13: DS 129.
[3] Er findet sich im Ritualefaszikel „Kommunionspendung ..." Nr. 68-78.

„kann das Meßformular ‚Bei der Wegzehrung'" (MD II, 975) oder „das
von der ‚Heiligen Eucharistie' (MD II, 1093f) genommen werden" (97),
ausgenommen bestimmte Tage, an denen die Tagesmesse verpflichtend
ist (ebd.). Sollte der Empfang des Bußsakramentes erforderlich sein, so
geschieht er vor der Messe (98). Die begleitenden Riten der eigentlichen
Wegzehrung finden nach dem Evangelium bzw. der Homilie statt, die
Wegzehrung unter beiden Gestalten beim Kommunionteil.

Weil die Spendung der *Wegzehrung außerhalb der Messe* der häufigere
Fall ist, soll dieser Ritus kurz beschrieben werden: Nach der Begrüßung
besprengt der Priester den Kranken und das Zimmer mit Weihwasser (fakultativ), lädt die Anwesenden zum Gebet ein und nimmt, wenn erforderlich, die sakramentale Beichte des Kranken entgegen; andernfalls folgt
das allgemeine Schuldbekenntnis. Bußsakrament bzw. Bußakt können
mit dem vollkommenen Ablaß in der Sterbestunde abgeschlossen werden. Wenn die Zeit und der Zustand des Kranken es erlauben, wird eine
kurze Lesung aus der Heiligen Schrift gehalten und das Taufbekenntnis
erneuert (108). Nach den sich anschließenden Fürbitten kann ein Unge-
firmter die „Notfirmung" durch den Priester empfangen (124). Nach dem
gemeinsamen Vaterunser zeigt der Priester die heilige Hostie in der üblichen Form, wobei er die Worte anfügt: „Christus bewahre dich und führe
dich zum ewigen Leben." Den Abschluß bildet eine Oration und der Segen. „Danach können der Priester und die Anwesenden dem Kranken ein
Zeichen der brüderlichen Liebe und des Friedens geben" (114).

Das Rituale sieht auch den nicht seltenen Fall vor, daß jemand uner-
wartet in Todesgefahr gerät, ohne daß er vorher, wie es sonst erwünscht
ist, Bußsakrament, Krankensalbung und gegebenenfalls die Notfirmung
empfangen könnte. Hierfür hält das Rituale einen zusammengefaßten Ritus bereit, den man als *„Versehgang"* bezeichnet. Dabei werden die einzelnen Sakramente in folgender Reihenfolge gespendet: Bußsakrament,
Krankensalbung, Notfirmung und Wegzehrung (115-135).

b) Die Sterbegebete

Nach der Sakramentenspendung sollen nach Möglichkeit die Sterbegebete gesprochen werden, notfalls auch von den Angehörigen oder anderen Laien. Darunter befinden sich „klassische" Gebete, die zum Teil ins
8. Jahrhundert zurückreichen, etwa das „Paradigmengebet" und das
„Proficiscere" („Mache dich auf den Weg...")[4]. Ein solcher Gebetsdienst
der „Commendatio animae" hatte auch im Römischen Rituale von 1614
und in zahlreichen Diözesanritualien Aufnahme gefunden, in bereicher-
ter Form auch in der „Collectio rituum" von 1950. Das neue Rituale (138
bis 151) sieht darüber hinaus eine größere Anzahl von Kurzgebeten und
Lesungen vor. Die teilweise Aufnahme in das „Gotteslob" (Nr. 79) ermöglicht auch den Laien die Übernahme dieses Gebetsdienstes.

---

[4] Geschichtliche Belege bei *R. Kaczynski*, Sterbe- und Begräbnisliturgie, in: HLW
VIII, 204-217.

2. Die Begräbnisliturgie

a) Geschichtliche Bemerkungen

Die altchristliche Begräbnisfeier lehnte sich weitgehend an die Bräuche der heidnischen Antike an. Dies gilt bei der römischen Liturgie vor allem hinsichtlich des Totenmahles, bei dem man sich an bestimmten Tagen (3., 7., 30. Tag nach dem Tod und an seinem Jahrestag) am Grab bzw. im Grabhaus versammelte, um in einem Familienmahl des Toten zu gedenken. Seit dem 2. Jahrhundert bereits verbanden die römischen Christen mit diesem Mahl die eucharistische Feier, bei der man sich den Verstorbenen in der gemeinsamen Vereinigung mit Christus besonders verbunden und nahe wußte. Die Christen trauern nicht wie jene, die keine Hoffnung haben (vgl. 1 Thess 4, 13), sondern sind von der Hoffnung auf die Auferstehung erfüllt. Dies zeigt sich auch in ihrer weißen Kleidung gegenüber der schwarzen Trauerfarbe der Heiden. Statt der monotonen Totenklage der Klageweiber singen sie Psalmen und Hymnen, im Osten sogar das Halleluja[5]. Ein bedeutsames Zeugnis für diesen Auferstehungsglauben der Christen im Angesicht des Todes gibt uns *Johannes Chrysostomus* († 407): „Früher gab es für die Toten Kundgebungen des Schmerzes und Wehgeschrei. Heute sind es Psalmen und Hymnen ... Damals war der Tod eben das Ende. Jetzt ist es nicht mehr so: man singt Lieder, Gebete und Psalmen, und all das zum Zeichen dafür, daß es ein freudiges Ereignis ist ..."[6]

Im Mittelalter nahm die Begräbnisliturgie Trauerelemente in einem Ausmaß an, daß die christliche Auferstehungshoffnung stark verdunkelt wurde. Angst und Schrecken vor dem „dies irae" des Gerichtes bestimmten weitgehend die Einstellung der Gläubigen und auch manche liturgischen Texte. Die Fürbitte für die Toten erhielt eine dominierende Stellung. In der Neuzeit führten Aufwand und Pomp bei den Begräbnisfeiern zu einem Klassensystem bei Beerdigungen. Das II. Vatikanum verbot diese Fehlentwicklung mit der generellen Bestimmung, daß es „weder im Ritus noch im äußeren Aufwand ein Ansehen von Person oder Rang" geben dürfe (LK 32). Zugleich traf es folgende Bestimmung: „Die Totenliturgie soll deutlicher den österlichen Sinn des christlichen Todes ausdrükken und besser den Voraussetzungen und Überlieferungen der einzelnen Gebiete entsprechen, auch was die liturgische Farbe betrifft" (LK 81).

In Befolgung dieses Auftrages veröffentlichte die Gottesdienstkongregation am 15. August 1969 den Ritualefaszikel „Ordo exsequiarum" (vom lateinischen exsequi = geleiten). Auf seiner Grundlage sollten die Bischofskonferenzen Eigenrituale erarbeiten lassen, die den Erfordernis-

---

[5] Zur Geschichte der christlichen Begräbnisliturgie: *L. Koep – E. Stommel*, Bestattung, in: RAC II (1954) 194-219; *D. Sicard*, La mort du chrétien, in: *Martimort (2)* III, 238 bis 245.

[6] Sermo de S. Bernice et Prosdoce: MPG 50, 634.

sen der einzelnen Gebiete Rechnung tragen. Die adaptierte Ausgabe für das deutsche Sprachgebiet erschien 1973 unter dem Titel „Die kirchliche Begräbnisfeier". Sie enthält statt der kurzen „Vorbemerkungen" der lateinischen Ausgabe eine ausführlichere „Pastorale Einführung" (Nr. 1 bis 38) und zahlreiche Auswahlmöglichkeiten, um den verschiedenen Traditionen der einzelnen Regionen besser gerecht werden zu können. Diese Ausgabe liegt den folgenden Ausführungen zugrunde.

b) Die Neugestaltung der Begräbnisliturgie

Das Sterben eines Christen betrifft wegen seiner Gliedschaft am Leibe Christi nicht nur die Angehörigen und Verwandten, sondern die gesamte Gemeinde als Kirche am Ort. Sie gedenkt seiner in den Tagen zwischen Tod und Begräbnis in der Eucharistiefeier, im Stundengebet und in der Totenwache. Beim Begräbnis selbst „erweist die Gemeinde dem Verstorbenen einen Dienst brüderlicher Liebe und ehrt den Leib, der in der Taufe Tempel des Heiligen Geistes geworden ist. Sie gedenkt dabei des Todes und der Auferstehung des Herrn, sie erwartet in gläubiger Hoffnung die Wiederkunft Christi und die Auferstehung der Toten. So ist die Begräbnisfeier Verkündigung der Osterbotschaft" (6). Zugleich legt die Gemeinde Fürbitte für den Verstorbenen ein und versucht, die Angehörigen durch die christliche Hoffnung aufzurichten.

Die Totenwache

In vielen Gegenden kommen an den Abenden zwischen Tod und Begräbnis die Verwandten und Nachbarn des Verstorbenen im Trauerhaus oder in der Kirche zusammen, um besondere Gebete zu verrichten. Die Leitung hat in der Regel ein Laie. Die Gebete können in der Form eines Wortgottesdienstes gestaltet werden, wofür zahlreiche Lesungen und Fürbittgebete zur Auswahl bereitstehen. Wird aber der Rosenkranz gebetet, so wird empfohlen, dem schmerzhaften Rosenkranz wenigstens das erste Geheimnis des glorreichen (Auferstehung) anzufügen und mit einem geeigneten Gebet zu schließen. Den einzelnen Geheimnissen kann eine passende Schriftlesung, z.B. aus der Passion, oder eine kurze Meditation vorausgehen. Auch der örtliche Brauch, vor Überführung des Toten zur Aufbahrung eine „Verabschiedung" zu halten, wird gutgeheißen und ein Modell hierfür angeführt. Auch diesen Ritus kann ein Laie leiten[7].

Die Eucharistiefeier („Totenmesse")

Der Totenmesse kommt eine besondere Bedeutung zu, einerlei, welchen Platz sie im Rahmen der Begräbnisliturgie einnimmt. In vielen ländlichen Gegenden besteht noch der Brauch, sie unmittelbar vor der Beisetzung in Gegenwart des Leichnams zu feiern, anderwärts setzt sich immer mehr

---

[7] Kap. I, 23-27.

die Sitte durch, daß sich die Trauergemeinde im Anschluß an die Beisetzung zur Eucharistiefeier in die Kirche begibt. In jedem Fall soll die brennende Osterkerze dabei an einem gut sichtbaren Platz stehen, gegebenenfalls zu Häupten des Leichnams, um die Hoffnung auf die Auferstehung
in Christus zu versinnbilden und zu stärken. Aus dem gleichen Grund
empfiehlt sich auch ein österliches Lied am Schluß der Messe.

Der Eröffnungsritus kann entfallen, wenn ein entsprechender Ritus bei
der Überführung vom Trauerhaus in die Kirche vorausging. Schließt sich
die Meßfeier unmittelbar an das Begräbnis an, kann der gesamte Wortgottesdienst entfallen, weil ein solcher ja schon auf dem Friedhof stattgefunden hat. Auf diese Weise wird der Einheit der Begräbnisliturgie und zugleich dem Grundsatz Rechnung getragen, daß bei der gleichen Liturgiefeier Doppelungen zu vermeiden sind (vgl. LK 34). Wo bei der Begräb-
nismesse ein Opfergang üblich ist, kann er auch weiterhin während der
Gabenbereitung gehalten werden[8].

Grundtypen der Begräbnisgestaltung

Weil sinnvolle örtliche Gebräuche erhalten bleiben sollen, gibt es im
neuen Rituale keinen Einheitsritus, sondern vielfältige Möglichkeiten.
Der *erste* Grundtyp sieht drei Stationen vor, die in verschiedener Weise
aufeinander folgen können: Trauerhaus (Trauerhalle) mit dem Eröffnungsritus, Kirche mit Eucharistiefeier und Grab mit Beisetzung; der
zweite Grundtyp kennt nur zwei Stationen: Trauerhalle (Friedhofskapelle) mit Eröffnung und Grab mit Beisetzung, wobei der Wortgottesdienst dabei der einen oder anderen Station zugewiesen werden kann; der
dritte Grundtyp besteht aus einer *einzigen* Station: Die Gemeinde versammelt sich am Grab oder in der Friedhofskapelle oder im Kremato-
rium, wo dann Eröffnung, Wortgottesdienst und Beisetzung bzw. Verabschiedung stattfinden[9].

Ohne auf die verschiedenen Formen im einzelnen einzugehen, seien lediglich die *Riten am Grab* beschrieben und einige allgemeine Bemerkun-
gen angeschlossen.

Sobald die Trauergemeinde am Grab versammelt ist, spricht der Zelebrant ein Gebet (u. a. zur Segnung des Grabes) oder ein persönliches
Wort. Unmittelbar vor oder während der Einsenkung des Sarges wird ein
kurzes Schriftwort gesprochen (Joh 11, 25 oder Jes 31, 1 oder 1 Kor 15,
43.57) und hinzugefügt: „Wir übergeben den Leib der Erde. Christus,
der von den Toten auferstanden ist, wird auch unsern Bruder (unsere
Schwester) N. zum Leben erwecken." Der Zelebrant besprengt den Sarg
mit Weihwasser, ehrt ihn durch Inzens (fakultativ) und wirft etwas Erde
darauf, indem er spricht: „Von der Erde bist du genommen, und zur Erde
kehrst du zurück. Der Herr aber wird dich auferwecken." Nun steckt er
ein Kreuz in die Erde oder macht das Kreuzzeichen über das Grab und
spricht: „Im Kreuz unseres Herrn Jesus Christus ist Auferstehung und

---

[8] Kap. II, 31.   [9] Kap. III–V.

Heil. Der Friede sei mit dir". Die Trauergemeinde singt ein entsprechendes Lied. Es folgen Fürbitten für die Verstorbenen, die trauernden Angehörigen und alle Anwesenden, das Gebet des Herrn, eine Schlußoration, ein Mariengebet und ein abschließendes Segenswort.

Alle Riten zeichnen sich aus durch Situationsnähe, Anpassungsfähigkeit, teilnehmende Freundlichkeit, reiche Verwendung der Heiligen Schrift, neutestamentliche Theologie und Einbaumöglichkeit wertvoller örtlicher Bräuche. Die neue Begräbnisliturgie ist geeignet, nicht nur den Verstorbenen in würdiger Form den letzten Dienst der Beisetzung und der brüderlichen Fürbitte zu schenken, sondern auch die Trauernden zu trösten, die anwesenden Gläubigen in der österlichen Haltung zu bestärken und auch die Fernstehenden in einer menschlich gewinnenden Form anzusprechen.

In der Regel leitet ein Priester oder Diakon das Begräbnis. In besonderen Fällen können aber auch Laien damit beauftragt werden. Bei der Begräbnisliturgie darf es im Ritus keine Bevorzugung bestimmter Personen geben (PE 33). Damit dürfte das bis vor kurzem in manchen Gegenden noch übliche Klassensystem bei Beerdigungen endgültig zu Grabe getragen sein, ganz im Sinn des II. Vatikanums (LK 32). Der Gebrauch von Weihwasser und Weihrauch soll dem örtlichen Brauch und Empfinden angepaßt werden, er kann gegebenenfalls auch einmal unterbleiben. Die Gläubigen sollen ermuntert werden, von äußerem Aufwand bei Begräbnisfeierlichkeiten und Grabgestaltung Abstand zu nehmen und statt dessen caritative Werke zu unterstützen (37)[10].

Die Begräbnisfeier für unmündige Kinder

Im römischen Ritus gab es seit dem 15. Jahrhundert ein eigenes Ritual für die Beerdigung getaufter Kinder, die vor Erlangung des Vernunftgebrauchs gestorben sind. Es enthielt keine Fürbitte für das Kind, weil es noch nicht sündigen konnte und sich deshalb der Anschauung Gottes erfreut. Aus dem gleichen Grund gab es keine Meßfeier für ein solches Kind. Das II. Vatikanum gab die Weisung, dies zu ändern (LK 82). Die neue „kirchliche Begräbnisfeier" sieht vor, daß ihr Begräbnis nach einer der Formen gehalten wird, die für das Begräbnis Erwachsener vorgesehen sind, jedoch mit eigenen Texten. Das neue Rituale enthält u. a. eine Modellansprache und besondere Gebete für die Eltern des Kindes[11]. Die gleiche Regelung gilt auch für ein Kind, das vor der von den Eltern beabsichtigten Taufe gestorben ist, jedoch mit einigen Anpassungen. Das neue Missale enthält zwei Meßformulare für verstorbene unmündige Kinder, die getauft, und eines für solche, die nicht getauft sind[12]. Die liturgische Farbe ist weiß.

---

[10] Neuere Lit.: *H. Hollerweger*, Die erneuerte Begräbnisfeier, in: LJ 24 (1974) 13-30; *K. Richter* u. a., Zeichen der Hoffnung in Tod und Trauer (Einsiedeln – Freiburg i. Br. 1975); *R. Kaczynski* in: HLW VIII 218-224; *D. Sicard*, a. a. O. (Anm. 5) 254-258.
[11] Kap. VI, 109-117.   [12] MD II, 1164-1167.

Zur Liturgie bei der Feuerbestattung
Weil beim Aufkommen der Feuerbestattung in der zweiten Hälfte des 19.
Jahrhunderts für die Einäscherung der Toten oft mit antikirchlichen Ar-
gumenten geworben wurde, verbot die Kirche für ihre Glieder die Feuerbestattung und lehnte jede liturgische Mitwirkung, auch bei der Beisetzung der Urnen, ab. Durch einen Erlaß des Heiligen Offiziums vom 8.
Mai 1963[13] wurde diese Einstellung noch während des Konzils revidiert
und die kirchliche „Einsegnung" der Leiche und die Beisetzung der Urne
unter Mitwirkung eines Geistlichen gestattet, sofern mit dem Entschluß
zur Einäscherung keine kirchenfeindliche Tendenz verbunden war. Das
neue Begräbnisritual sieht vor, daß eine kirchliche Feier entweder bei der
Einäscherung oder bei der Urnenbeisetzung stattfinden kann. Findet zur
Einäscherung ein kirchlicher Gottesdienst statt, der sich nach dem
Grundtyp 3 (nur eine Station) zu richten hat, wird die Urne später in einer
einfachen Feier beigesetzt. Findet aber nur bei der Beisetzung der Urne
eine kirchliche Feier statt, so richtet sie sich entweder nach Grundtyp 2
oder 3[14].

---

[13] Vgl. AAS 56 (1964) 822f.
[14] Kap. VII, 121-123.

XVIII. KAPITEL

Die Sakramentalien (Benediktionen)

1. Grundsätzliche Überlegungen

Weil die Kirche eine sakramentale (inkarnatorische) Grundstruktur hat und in ihr Christus als der Hohepriester des Neuen Bundes tätig ist, wird auch ihr gesamtes Heilshandeln sakramental, d. h., es hat eine sinnlich erfaßbare und eine unsichtbar-göttliche Komponente. Die von ihr vollzogenen „sichtbaren Zeichen einer unsichtbaren Gnade" bestehen aber nicht nur aus den sieben Sakramenten, von denen wir im Kapitel VIII hörten, daß sie Grundvollzüge der Kirche an den Knotenpunkten des menschlichen Lebens sind. Als man in der westlichen Kirche des 12. Jahrhunderts begann, die sieben Sakramente aus dem Kosmos der sichtbaren gottesdienstlichen Zeichen und Handlungen auszugrenzen, nannte man sie „sacramenta maiora" (größere Sakramente), die übrigen aber „sacramenta minora" (kleinere Sakramente)[1]. Noch im gleichen Jahrhundert gab man ihnen den Namen „Sakramentalien" *(Petrus Lombardus)*.

Auch Sakramentalien sind also zeichenhafte gottesdienstliche Handlungen, „durch die in einer gewissen Nachahmung der Sakramente Wirkungen, besonders geistlicher Art, bezeichnet und kraft der Fürbitte der Kirche erlangt werden" (LK 60). Solche zeichenhaften Gottesdienste begegnen uns in großer Zahl innerhalb der Sakramentenspendung (z. B. bei der Taufe als Signierung der Stirn, als Taufwasserweihe u. a. m.), um das Mysterium zu verdeutlichen und die Menschen zum fruchtbaren Empfang zu disponieren. Auch das Kirchenjahr ist davon begleitet (z. B. Lichter- und Palmweihe sowie Lichter- und Palmprozession, Aschenkreuz, Fußwaschung und Kreuzverehrung) und gewinnt so eine Fülle von anschaulichen Aussagen und vielfältiger Heilsvermittlung zu den Zeiten und Festen des Herrn und der Heiligen. Ebenso gibt es im Leben der Pfarrgemeinde und im privaten Leben der Christen und ihrer Familien mannigfache Segnungen. Immer steht dahinter das Gebet der mit Christus verbundenen und darum wirkmächtigen Kirche. Die Theologie hat diesen Sachverhalt in dem Satz niedergelegt, daß die Sakramentalien wirksam sind „ex opere operantis (= orantis) ecclesiae" (= kraft des Handelns der wirkenden (= betenden) Kirche).

So ist allen Sakramentalien das Gebet im Namen der Kirche gemein-

---

[1] Diese Unterscheidung gebraucht man auch innerhalb der sieben Sakramente, indem man Taufe und Eucharistie als sacramenta maiora, die übrigen als sacramenta minora einstuft. Vgl. *Y. Congar*, Die Idee der sacramenta maiora, in: Conc 4 (1968) 9-15.

sam, durch das Gottes Herrschaft über Personen und Dinge anerkannt, seine Weisheit und Güte gerühmt und seine vielseitige Hilfe erbeten wird. Wenn materielle Dinge in diese Segnungen einbezogen werden, dann nicht deshalb, um diese Dinge in sich zu verändern oder sie mit einer göttlichen Kraft aufzuladen, sondern sie gewinnen eine neue Ausrichtung und Transparenz auf den Schöpfer aller Dinge und den Erlöser der Menschen hin. Sie werden zu Zeichen der Präsenz Gottes in dieser Welt. Der den Dingen innewohnende Zeichencharakter, das deutende Wort und das Gebet der Kirche schaffen die Möglichkeit, den Glauben nicht nur sichtbar darzustellen, sondern ihn auch zu stärken. „Als Handlungen gläubiger Existenz drücken sie die Hingabe des Menschen an Gott aus"[2].

Eine solche Sicht der Sakramentalien, insbesondere der Segnungen materieller Dinge, verbietet jede magische Vorstellung und Praxis, als ob die gesegnete Sache so kraftgeladen sei, „daß allein durch die Begegnung, die Berührung oder den Gebrauch diese Kraft frei und dem Menschen zum Nutzen werde. Hier wird also die gesegnete Sache nicht in ihrer Beziehung zu Gott gesehen, der den Segen schenkt … Zudem wird das fürbittende Gebet der Kirche und des einzelnen dahin mißdeutet, als ob es unfehlbar wirke und Gott nötige. Es wird auch nicht hinreichend beachtet, daß der Mensch für die Aufnahme des göttlichen Segens bereit sein muß und sich immer wieder neu bereiten muß"[3].

Sieht man von den zeichenhaften Handlungen im Lauf des Kirchenjahres, von Prozessionen und den vorstehend beschriebenen monastischen Feiern und der Sterbe- und Begräbnisliturgie ab, so „bilden die Benediktionen den Kernbereich der Sakramentalien"[4]. Bislang pflegte man ihre Vielzahl meist in zwei Gruppen zusammenzufassen, in *Weihungen und Segnungen*. Bei den *Weihungen* wird zum Ausdruck gebracht, daß eine Person oder Sache auf den besonderen Dienst Gottes oder der Kirche hingeordnet ist, wie z. B. die Mönchs- oder Abtsweihe oder die Weihe eines Altars, einer Glocke oder des ganzen Kirchengebäudes. Nach alter Tradition maß man den Weihungen, die mit Chrisamsalbungen verbunden sind, besondere Bedeutung zu und nannte sie Konsekrationen. Als *Segnung* galt die Anrufung Gottes, die mit dem Gebet um die Hilfe Gottes für Personen und Sachen verbunden war. Neuere Autoren, und die neuen Ausgaben des Benediktionale (s. unten), aber auch die neuen Liturgiebücher bevorzugen sowohl für Weihungen wie Segnungen den Ausdruck Benediktion. Auch die lateinische Unterscheidung von benedictiones constitutivae (Weihungen) und benedictiones invocativae (Segnungen), die sich im CIC 1917 can. 1148, § 2 findet, wurde vom neuen CIC 1983 nicht mehr übernommen (vgl. can. 1166-1172).

Für die Bevorzugung des Fremdwortes *Benediktion* verweist man u. a.

---

[2] *J. Baumgartner*, Pastorale Schwerpunkte in der Segnungspraxis, in: *ders.* (Hg.), Gläubiger Umgang mit der Welt (Einsiedeln – Freiburg u. a. 1976) 110.
[3] *G. Langgärtner*, Die Sakramentalien (Würzburg 1974) 10.
[4] *R. Kaczynski*, Die Benediktionen, in: HLW VIII, 239.

darauf, daß Segnung (vom lateinischen signare = bezeichnen, vor allem mit dem Kreuzzeichen) nur die gesegneten Personen und Sachen in den Blick nimmt, hingegen das Verbum benedicere (entsprechend dem hebräischen berek und dem griechischen *eulogeín*) in der Bedeutung von „benedeien", preisen, loben auch auf den eigentlichen Spender des Segens ausgerichtet ist. „In Aussagen, in denen sie verwendet werden, kann das Objekt auch Gott sein, an den sich der Lobpreis ... der Kreatur richtet und der durch diesen Lobpreis als Herr und Quelle allen Segens anerkannt wird. Der Begriff Benediktionen kann also beide Komponenten des einen gottesdienstlichen Geschehens zum Ausdruck bringen: Gottes Segen und den Lobpreis Gottes"[5].

Diese beiden Aspekte begegnen uns regelmäßig in der jüdischen Beraka (Plural: Berakot); sie sind auch in der ostkirchlichen Tradition immer lebendig geblieben. So ist Benediktion ihrem Wesen nach Anamnese, d. h. Gedächtnis der guten Taten Gottes, und Epiklese, also Herabrufung seiner Güte und Hilfe für die Menschen. In der westlichen Kirche war im Lauf der Geschichte das doxologisch-anamnetische Element immer mehr zugunsten der Bitte zurückgetreten[6].

2. Die nachkonziliare Neuordnung

Im Wissen um manche Unzulänglichkeit im Bereich der Sakramentalien drängte das II. Vatikanum auf eine Reform. „Die Sakramentalien sollen überarbeitet werden, und zwar im Sinn des obersten Grundsatzes von der bewußten, tätigen und leicht zu vollziehenden Teilnahme der Gläubigen und im Hinblick auf die Erfordernisse unserer Zeit" (LK 79). Dabei können nach Bedarf auch neue Sakramentalien zugefügt werden. Nur wenige sollen reserviert sein. Auch Laien soll die Spendung gewisser Sakramentalien ermöglicht werden (ebd.).

Weil das neue römische Benediktionale länger auf sich warten ließ, eine Neuausgabe aber für dringend nötig empfunden wurde[7], bemühten sich die Bischöfe des deutschen Sprachgebietes um die Herausgabe eines eigenen *Benediktionale* für ihr Gebiet. Rom gab dafür seine Zustimmung, verband damit aber die Einhaltung folgender Leitlinien: a) Die Segnungen müssen als gemeinschaftliche Feiern strukturiert sein; b) dem Wort Gottes soll ein gebührender Platz eingeräumt werden; c) bei Segnungen von

---

[5] Ebd. 240.
[6] Zur Geschichte der Benediktionen: *A. Franz*, Die kirchlichen Benediktionen im Mittelalter, 2 Bde. (Graz 1960; Nachdruck); *E. Bartsch*, Die Sachbeschwörungen der römischen Liturgie ... (LQF 46) (Münster 1967); *J. Baumgartner*, a.a.O. (Anm. 2), besonders Kap. 1 und 3; *R. Kaczynski*, a.a.O. (Anm. 4) 247-258; *P. Jounel*, Les bénédictions, in: *Martimort (2)* III, 282-305.
[7] Allein im Jahre 1974 erschienen im deutschen Sprachraum fünf Bücher, die sich mit den Sakramentalien befassen: vgl. *K. Becker*, Heilige Zeichen. Kritische Anmerkungen zu fünf neuen Segnungsbüchern, in: Gd 9 (1975) 23f.

Gegenständen soll sich das Gebet auf die Menschen beziehen, die diesen Gegenstand gebrauchen[8]. Als Ergebnis dieser Arbeit erschien 1978 das „Benediktionale. Studienausgabe für die katholischen Bistümer des deutschen Sprachgebietes". Von hoher Qualität ist die vorangestellte „Pastorale Einführung" über Sinn und Bedeutung der Segnungen, Aufgabe der Gemeinde und des Spenders und über die Struktur und Einzelelemente der Segnungen.

Was die Frage des *Spenders* betrifft, so wird festgestellt, daß auch getaufte und gefirmte Laien aufgrund des gemeinsamen Priestertums und eines besonderen Auftrags bestimmte Segenshandlungen vornehmen können. Entscheidend für die Frage nach dem Spender ist der Bezug der einzelnen Segnungen zu Diözese, Pfarrgemeinde und Familie: „Daher sind dem Bischof Segnungen vorbehalten, in denen eine besondere Beziehung zur Diözese sichtbar wird; Priester, Diakon oder beauftragte Laien segnen im Leben der Pfarrgemeinde oder im örtlichen öffentlichen Leben; Eltern segnen in der Familie" (PE 18).

Was die *Gestaltung* der Segensfeiern angeht, so nennt die PE für die Vollform zehn Elemente, aus denen sich Eröffnung, Verkündigung, Segnung, Fürbitten und Abschluß bilden (21). „Die Vollform kann dazu durch Erweiterung oder Kürzung an die Situation angepaßt werden. Dabei ist jedoch zu beachten, daß die Struktur gewahrt bleibt" (22). Hinzu kommen als begleitende Handlungen Kreuzzeichen, Weihwasser, Weihrauch, Handauflegung, Fürbitten, Abschluß (Segen und Entlassung) und Gesang (28-34).

Die insgesamt 99 Einzelsegnungen gruppieren sich zu Segnungen im Leben der Pfarrgemeinde, der Familie und der Öffentlichkeit. Den Abschluß bildet eine „Segnung jeglicher Dinge". Ein Anhang mit allgemeinen Lesungen und Schriftworten, Begrüßungsformeln, Singweisen, Allerheiligenlitanei, Schlußsegen und Entlassung sowie Hinweise auf das „Gotteslob" und das Kirchengesangbuch der Schweiz runden das Buch ab. Die PE sieht auch die Möglichkeit vor, daß eine Benediktion erbeten wird, die im Benediktionale nicht enthalten ist. In diesem Falle kann man entweder eine ähnliche Benediktion mit entsprechenden Anpassungen nehmen oder „entsprechend den dargelegten Grundsätzen eine Segnungsfeier zusammenstellen. Dabei achte man besonders darauf, daß das lobpreisende Element nicht fehlt"[9]. Einige Segnungen des Benediktionale fanden auch, zusammen mit einer knappen Einführung, Aufnahme im „Kleinen Rituale" für das deutsche Sprachgebiet[10].

Sechs Jahre nach dem deutschsprachigen Benediktionale erschien auch das lange erwartete *römische Segensbuch* als Teil des Rituale Romanum

---

[8] Es handelt sich um zwei Schreiben der römischen Kongregation für die Sakramente und den Gottesdienst vom 27. Februar 1976 und vom 21. Februar 1977. Vgl. *Kaczynski*, a.a.O. (Anm. 4) 260.

[9] Zum Werdegang des Benediktionale vgl. *H. Hollerweger, Das neue deutsche Benediktionale*, in: LJ 30 (1980) 69-89. Vgl. auch: *A. Heinz-H. Rennings* (Hg.), Heute segnen. Werkbuch zum B. (Freiburg 1987). [10] Freiburg i. Br. u. a. 1980, 155-193.

unter dem Titel „*De benedictionibus*". Im vorangestellten Veröffentlichungsdekret der Kongregation für den Gottesdienst vom 31. Mai 1984 wird von den darin enthaltenen Segensfeiern gesagt, daß sie „als liturgische Handlungen die Christgläubigen zum Lob Gottes führen und sie disponieren, die Hauptwirkung der Sakramente zu erlangen und die verschiedenen Lebensumstände in rechter Weise zu heiligen". Der ansehnliche Band (540 Seiten) beginnt mit den „Allgemeinen Vorbemerkungen" und gliedert sich in fünf Teile, die ihrerseits wieder zahlreiche Vorbemerkungen am Anfang und bei den einzelnen Segensfeiern enthalten[11].

Man wird feststellen dürfen, daß das deutschsprachige Benediktionale an diesem römischen Buch eine echte Pilotfunktion geleistet hat. Welche Auswirkungen dieses auf die definitive deutsche Ausgabe haben wird, läßt sich zur Zeit noch nicht absehen. Wichtig ist jedoch, daß örtliche Überlieferungen und Bräuche darin in ihrem Wert anerkannt werden und in künftigen volkssprachlichen Ausgaben Berücksichtigung erfahren sollen (39).

3. Der Exorzismus

Offenbarung und Erfahrung zeigen, daß sich der Mensch zu allen Zeiten von der Macht des Bösen bedroht und in seinem zeitlichen und ewigen Heil gefährdet weiß. Jesus selbst lehrt uns beten: „Erlöse uns von dem Bösen". Dabei ging das christliche Glaubensverständnis in der Vergangenheit von der unwidersprochenen Vorstellung aus, daß es sich bei diesem „Bösen" um ein geistig-personales Wesen handelt, das von der Bibel Satan (= Widersacher) oder Teufel (Lehnwort vom griechischen *diábolos* = Verleumder) genannt wird. In neuerer Zeit gibt es auch in der katholischen Theologie Versuche, im „Bösen" das Böse zu sehen und den Teufel nur als ein anderes Wort für Sünde zu betrachten[12]. Dagegen wendet sich u.a. die von der römischen Glaubenskongregation gedeckte und empfohlene Studie „Christlicher Glaube und Dämonenlehre"[13].

Wir können hier auf die schwierigen Fragen um Existenz, Wesen und Wirkmöglichkeiten dämonischer Mächte nicht näher eingehen. Ohne Zweifel – die Exegeten aller Schattierungen stimmen hier überein – sind manche Aussagen des NT zeit- und kulturbedingt und bedürfen einer sorgsamen Entflechtung. Uns geht es hier um jene kirchlichen Gebete

---

[11] Benediktionen von Personen (I), von Gebäuden und den vielfältigen Aktivitäten der Christen (II), von Gegenständen innerhalb der Kirchengebäude (III), von Andachtsgegenständen (IV) und zur Danksagung und für Verschiedenes (V).

[12] Vgl. z.B. *H. Haag*, Abschied vom Teufel (Einsiedeln ⁴1973); *ders.*, Teufelsglaube (Tübingen 1974).

[13] Die nicht gezeichnete Studie erschien am 4. Juli 1975 im Osservatore Romano. Veröffentlicht auch in Nachkonz. Dok. Nr. 52 (Trier 1977). Weitere Arbeiten: *W. Kasper – K. Lehmann* (Hg.), Teufel – Dämonen – Besessenheit. Zur Wirklichkeit des Bösen (Mainz 1978); *R. Schnackenburg* (Hg.), Die Macht des Bösen und der Glaube der Kirche (Düsseldorf 1979).

und Handlungen, die sich als eine *Sonderform der Sakramentalien* in der Liturgie der Kirche vorfinden.

Die in der christlichen Frühzeit weitverbreitete Meinung, alle Heiden seien vom Satan beherrscht, führte zur Aufnahme zahlreicher Exorzismen (vom griechischen *exorkízein* = beschwören, böse Mächte austreiben) in die Feier des Katechumenates und in verkürzter Form auch in den Ritus der Kindertaufe[14]. Daneben gab es viele Sachbeschwörungen[15]. Man unterscheidet imprekatorische Exorzismen, bei denen es sich unter Anrufung Gottes um einen Befehl an die widergöttlichen Mächte handelt, und deprekatorische Exorzismen, Gebete um Befreiung vom Bösen.

Das *Rituale Romanum von 1614* kennt außer bestimmten Sachbeschwörungen einen imprekatorischen Exorzismus für solche, die man als in der Gewalt böser Mächte befindlich betrachtet (Besessene)[16]. Er durfte schon bislang nur mit bischöflicher Bevollmächtigung vorgenommen werden. Wegen der Gefahr von Fehleinschätzungen und Mißgriffen[17] ist dieser Exorzismus höchst umstritten und bedarf einer grundsätzlichen Überprüfung. „Man kann nur wünschen, daß das Rituale Romanum mit diesen Kriterien und Praktiken möglichst rasch aus dem Verkehr gezogen wird und bis zu einer gründlichen Reform nicht mehr zur Anwendung kommt"[18]. Die editio typica des Rituale Romanum von 1925 enthält außerdem einen kleineren „Exorzismus gegen Satan und die abgefallenen Engel", der 1890 unter *Leo XIII.* veröffentlicht wurde.

Die in den neuen Taufritualien noch vorhandenen Exorzismen haben nichts mehr mit solchen imprekatorischen Formen gemeinsam. Sie werden Gebete um Befreiung genannt, bei denen der Begriff Besessenheit weder genannt noch nahegelegt wird. Auch auf Sachbeschwörungen hat man bei den erneuerten liturgischen Büchern verzichtet.

Der neue CIC stellt in can. 1172 fest, daß niemand Exorzismen bei Besessenen vornehmen darf, wenn er nicht vom Ortsordinarius die spezielle und ausdrückliche Erlaubnis erhalten hat[19]. Ob das in Vorbereitung befindliche „Gebet um Befreiung eines von der Macht des Bösen Überwältigten" Aufnahme in das Rituale Romanum finden wird, erscheint ungewiß. Mit Sicherheit wird es keine imprekatorischen Exorzismen mehr geben[20]. Alle Gebete um Befreiung aber sind vorgebildet in der letzten Vaterunserbitte: „Erlöse uns von dem Bösen."

---

[14] Vgl. *A. Stenzel*, Die Taufe (Innsbruck 1958).

[15] Vgl. *E. Bartsch*, a. a. O. (Anm. 6).

[16] Nähere Beschreibung bei *R. Kaczynski*, Der Exorzismus, in: HLW VIII 286–288.

[17] Vgl. den „Fall Klingenberg". Hierzu die Dokumentation von *M. Adler* u. a., Tod und Teufel in Klingenberg (Aschaffenburg 1977).

[18] *W. Kasper*, Die Lehre der Kirche vom Bösen, in: *R. Schnackenburg* a. a. O. (Anm. 13) 68–84, hier: 82.

[19] Vgl. auch die vorsichtige Stellungnahme im KEK 328 f, die mit dem Satz schließt: „In keinem Fall ist der Exorzismus ein Ersatz für ärztliche Bemühungen."

[20] Vgl. *R. Kaczynski*, a. a. O. (Anm. 16) 290.

XIX. KAPITEL

Die Feier des Stundengebetes

Liturgie als Aktionsgemeinschaft von Christus und Kirche realisiert sich auch im täglichen Gebetsgottesdienst der Kirche, dem Stundengebet. Denn auch hier ist Christus als der Hohepriester des Neuen Bundes gegenwärtig und wirksam, wenn in den Schriftlesungen das Wort Gottes verkündet wird und er sich mit der betenden Kirche und ihren Gliedern verbindet zur Heiligung der Menschen und zur Verherrlichung des himmlischen Vaters. Die Feier des Stundengebetes muß als ein wichtiger Teilbereich der Gesamtliturgie gewertet werden. Dem Charakter des vorliegenden Grundrisses entsprechend soll zunächst in knappen Strichen vom Ursprung und der geschichtlichen Entfaltung des Stundengebetes gesprochen werden. Es folgt ein Abschnitt über das theologische Sinnverständnis und damit die Bedeutung des Stundengebetes und schließlich eine Beschreibung der neuen Gestalt, die es in der nachkonziliaren Reform gefunden hat. In allen Ausführungen steht das Stundengebet des römischen Ritus im Mittelpunkt, während das Stundengebet der östlichen und reformatorischen Kirchen nur mit einigen Hinweisen und Literaturangaben zum Weiterstudium berücksichtigt werden kann.

1. Ursprung und geschichtliche Entfaltung

Der stärkste Impuls zum täglichen Gebet der Urgemeinde ging sicher *von Jesus aus*. Die Evangelien berichten an zahlreichen Stellen, daß er selbst ein großer Beter war, daß er seine Jünger zu beten lehrte (Mt 6, 9-13; Lk 11, 2-4) und sie ermahnte, „daß sie allzeit beten und darin nicht nachlassen sollen" (Lk 18, 1). Mehrmals begegnet uns seine Mahnung zur Wachsamkeit: „Seid also wachsam! Denn ihr wißt nicht, wann der Hausherr kommt, ob am Abend oder um Mitternacht, ob beim Hahnenschrei oder erst am Morgen"[1].

Die *Jüngergemeinde* hat Beispiel und Mahnung ihres Herrn treu befolgt, wie Apostelgeschichte und Apostelbriefe vielfach bestätigen[2]. Jesus wie seine Jünger standen ja in der jüdischen Gebets- und Gottesdiensttradition, die das Gebet im Tempel und in den Synagogen für ganz bestimmte Stunden im Tagesablauf vorsah. So überrascht es nicht, daß sich

---

[1] Mk 13, 35; 14, 38 parr; vgl. Mt 24, 42; 25, 6; Lk 11, 5-13; 12, 35-40.
[2] Vgl. Apg 1, 14; 2, 42; Röm 12, 12; Eph 5, 19f; 6, 18; Kol 3, 16f; 4, 2; 1 Thess 5, 17; Hebr 13, 15.

schon früh bestimmte Gebetsstunden herausbildeten. Hierzu gehören vor allem das Gebet am Morgen und Abend, aber auch zur 3., 6. und 9. Stunde, gerechnet nach den zwölf „Lichtstunden", die nach griechisch-römischer Tageseinteilung morgens um 6 Uhr begannen. Das Beten der Urgemeinde war nicht nur ein familiäres oder gar nur individuelles Gebet. Zahlreiche Schriftstellen lassen vielmehr deutlich werden, daß es auch ein Gebet in Gemeinschaft war und als solches einer gewissen Ordnung bedurfte (vgl. z.B. Apg 2,46 f; 1 Kor 14).

Dies wird zu Beginn des 2. Jahrhunderts auch deutlich im Brief des Märtyrerbischofs *Ignatius* an die Magnesier (7,1). Rund hundert Jahre später schreibt *Tertullian* von den „orationes legitimae", womit er die durch Gesetz und Brauch vorgeschriebenen Gebetsstunden am Morgen und Abend meint[3]. Nach *Hippolyt von Rom* sollen sich die Diakone und Priester jeden Morgen an einem vom Bischof bestimmten Ort versammeln und zusammen mit den Gläubigen einen aus Belehrung und Gebet bestehenden Wortgottesdienst halten[4]. Für das Abendgebet hatte vor allem das „lucernarium", ein religiöser Ritus beim Anzünden des Lichtes, der sich in unterschiedlicher Gestalt bei Juden, Griechen und Römern findet, einen gewissen Vorbildcharakter. Die *„Apostolischen Konstitutionen"* Ende des 4. Jahrhunderts lassen bereits einen Aufbau erkennen, der dem unserer heutigen Vesper ähnlich ist[5].

Besonderen Einfluß auf die weitere Gestaltung des Stundengebetes nehmen die *Mönchsgemeinden,* bei denen sich neben den bereits genannten Gebetsstunden auch die mitternächtliche Gebetswache, die bislang meist nur in den Nächten vor Ostern und weniger anderer Feste üblich war, für jeden Tag institutionalisiert[6]. Zugleich bildet sich hier als Gebet unmittelbar vor dem Beginn der Tagesarbeit die Prim und unmittelbar vor dem Schlafengehen die Komplet heraus.

Die Gebetspraxis der morgenländischen Mönche gelangte auf vielerlei Wegen auch ins Abendland. Seine abschließende Gestaltung erfuhr das Stundengebet durch *Benedikt von Nursia* († 547), der den in Rom vorgefundenen „Mönchskurs" in abgeänderter Form übernahm[7]. Seine Ordnung, die zunehmend auch das außermönchische Stundengebet (Kathedral- und Titelkirchen) bestimmte, besteht aus Matutin (hora matutina = nächtliche Gebetsstunde), Laudes (früher laudes matutinae genannt), Prim, Terz, Sext, Non, Vesper und Komplet. In dieser Struktur hat es die Jahrhunderte bis zur Neuordnung von 1970 überdauert.

Für die Gesamtheit dieser Gebetsstunden gibt es *mehrere Namen.* Die

---

[3] De oratione 25, 5: CCL 1, 172f.
[4] Trad. Apost. 39 und 41: *Botte* 86ff.
[5] VIII, 35,2 - 37,7: *Funk* I, 544-546; vgl. *Martimort (1)* II, 330f.
[6] Vgl. *A. Baumstark,* Nocturna laus (LQF 32) (Münster 1957).
[7] Vgl. *P. Nowack,* Die Strukturelemente des Stundengebetes der Regula Benedicti, in: ALW 26 (1984) 253-304. Über das Verhältnis des sogenannten Kathedraloffiziums zum monastischen Offizium vgl. *J. A. Jungmann,* Gebetsliturgie, in: Frühzeit 265-273.

Bezeichnungen *Stundengebet* und *kirchliche Tagzeiten* (horae canonicae) weisen darauf hin, daß das Gebet bestimmten Tagesstunden zugeordnet ist und den ganzen Tag heiligen will. Das Wort *Brevier* geht auf das Mittelalter zurück und leitet sich vom lateinischen Wort breviaria ab. Es waren dies kurze Verzeichnisse, auf denen in Stichworten und knappen Hinweisen erkennbar war, welche Texte man den verschiedenen Büchern entnahm, die für die gemeinsame Feier im Chor benutzt wurden. Erst seit dem 11. Jahrhundert begann man, alle Texte in einem einzigen Buch auszuschreiben, auf das man den Namen der seitherigen Textverzeichnisse (auch tabellaria genannt) übertrug. Es war für die Einzelrezitation und besonders auf Reisen wesentlich bequemer. Andere erklären es „von der Verkürzung her, die durch die Zusammenfassung der Bücher der verschiedenen Rollenträger (Psalterium, Antiphonale, Kollektar, Lektionar) in ein für die Einzelrezitation bestimmtes Buch entstand... und den Umfang der Lesungen betraf"[8]. Eine andere, häufig gebrauchte Bezeichnung lautet *Offizium*, oft auch mit den Adjektiven göttlich oder kirchlich verbunden. Sie hat ursprünglich die Bedeutung Pflicht und Amt und meint zunächst den Gottesdienst überhaupt. Allmählich wird sie aber auf das Stundengebet eingeengt. Im Bewußtsein, daß es sich hier um Liturgie handelt, spricht man in neuester Zeit auch von *„liturgia horarum"* (= Liturgie der Stunden)[9].

Mit der Verbreitung der römischen Liturgie in den meisten Ländern des Westens wurde auch das römische Stundengebet übernommen. Im Mittelalter wuchs die Tendenz, Zahl und Umfang der Gebete so zu vermehren, daß es bald zu großem Unbehagen und auch zur Vernachlässigung des Stundengebets kam. Besonders mit dem Beginn des 16. Jahrhunderts wird der Ruf nach grundlegenden Reformen immer lauter. Das wesentlich kürzere Reformbrevier des Kardinals *Quiñones* von 1535, auch „Kreuzbrevier" genannt, das für Einzelbeter verfaßt war, mit Begeisterung aufgenommen wurde und in wenigen Jahren etwa 100 Auflagen erlebte, wurde verboten und durch das Einheitsbrevier *Pius' V.* 1568 abgelöst[10]. Aber auch dieses war Gegenstand zahlreicher autorisierter und nicht autorisierter Reformversuche[11]. Besondere Erwähnung verdienen die Bemühungen unter *Pius X.*, die u. a. zu einer Kürzung der Matutin-

---

[8] *E.J. Lengeling*, Liturgia horarum. Zur Neuordnung des kirchlichen Stundengebetes, in: LJ 20 (1970) 146, Anm. 22; *S. Bäumer*, Geschichte des Breviers ... (Freiburg i. Br. 1895) 599-602, läßt beide Deutungen gelten.

[9] Während sich in der LK nur der Ausdruck „officium divinum" findet, sprechen die dem neuen lateinischen Stundenbuch vorangestellten Dokumente bevorzugt von „liturgia horarum". Die Verdeutschung „Horenliturgie" (vgl. *E.J. Lengeling*, a. a. O. [Anm. 8] 147) hat sich in der offiziellen Übersetzung erfreulicherweise nicht durchgesetzt. Nach *F. Kohlschein* ist „Tagzeitenliturgie" der passendste Ausdruck für den Bereich der Ortsgemeinde: LJ 34 (1984) 209, Anm. 44.

[10] Näheres bei *J.A. Jungmann*, Warum ist das Reformbrevier des Kardinals Quiñónez gescheitert?, in: ZkTh 78 (1956) 98-107; desgleichen in: Erbe 265-282.

[11] Näheres bei *S. Bäumer*, a. a. O. (Anm. 8) 529-595.

psalmen von 18 bzw. 12 auf 9 führten[12]. *Pius XII.* griff die noch nicht realisierten Reformpläne *Pius' X.* wieder auf und setzte 1948 eine Kommission zur Vorbereitung einer grundlegenden Liturgiereform ein, deren Studien in fünf Bänden zwischen 1950 und 1957 erschienen und deren erste Auswirkungen sich in den Rubrikenreformen von 1955 und 1960 zeigten[13].

Das *II. Vatikanum* befaßte sich intensiv mit der Brevierreform und widmet ihr in der LK ein eigenes Kapitel (IV) mit 19 Artikeln (83-101)[14]. Darin macht es wichtige Aussagen zur Theologie und Spiritualität des Stundengebetes, betont seinen Charakter als gemeinschaftliches Gebet und legt großen Nachdruck auf die „veritas temporis", d.h. den zeitgerechten Ansatz der einzelnen Horen (88). Für die konkrete Reform stellt es einige Richtlinien von entscheidender Bedeutung auf:

„a) Die Laudes als Morgengebet und die Vesper als Abendgebet, nach der ehrwürdigen Überlieferung der Gesamtkirche die beiden Angelpunkte des täglichen Stundengebetes, sollen als die vornehmsten Gebetsstunden angesehen und als solche gefeiert werden.

b) Die Komplet soll so eingerichtet werden, daß sie dem Tagesabschluß voll entspricht.

c) Die sogenannte Matutin soll zwar im Chor den Charakter als nächtliches Gotteslob beibehalten, aber so eingerichtet werden, daß sie sinnvoll zu jeder Tageszeit gebetet werden kann. Sie soll aus weniger Psalmen und längeren Lesungen bestehen.

d) Die Prim soll wegfallen.

e) Im Chor sollen die kleinen Horen, Terz, Sext und Non, beibehalten werden. Außerhalb des Chores darf man eine davon auswählen, die der betreffenden Tageszeit am besten entspricht" (89).

Diese und weitere Weisungen stellten die Weichen für eine intensive Arbeit am neuen Brevier. Eine Arbeitsgruppe des „Römischen Liturgierates" mit mehreren Untergruppen arbeitete sieben Jahre lang, bis das neue Werk an Allerheiligen 1970 von *Paul VI.* mit der Apostolischen Konst. „Laudis canticum" approbiert und von der Gottesdienstkongregation an Ostern 1971 mit dem ersten Band veröffentlicht werden konnte. Diesem Band ist die „Allgemeine Einführung in das Stundengebet" (AES) vorangestellt, in der – ähnlich wie beim neuen Missale – auf nicht weniger als 74 Seiten mit 284 Nummern nicht nur rubrikale, sondern vor allem sinnerhellende, inhaltliche Aussagen gemacht werden. In den folgenden Jahren erschienen drei weitere Bände.

Um die Zeit bis zum Erscheinen des authentischen deutschsprachigen Stundenbuchs zu überbrücken, veröffentlichten die Liturgischen Institute Deutschlands, Österreichs und der Schweiz nach dem Vorbild Frankreichs[15] das „Neue Stundenbuch. Ausgewählte Studientexte für ein

---

[12] *Righetti* II, 552.   [13] Belege bei *E. J. Lengeling*, a. a. O. (Anm. 8) 142 f.
[14] Eine gute Orientierung über die umfassenden Vorarbeiten ebd. 143 f.
[15] Dort erschien im Sommer 1969 eine Vorausgabe des neuen Stundenbuches unter

künftiges Brevier"[16], das neben dem seitherigen Brevier von der Gottesdienstkongregation fakultativ als anerkanntes Stundengebet zugelassen wurde. Im Gegensatz zur lateinischen Ausgabe hat Band 2 zwei Jahresreihen für die Schriftlesung und entsprechend auch zwei Jahresreihen für die Väterlesungen, die in 16 Ergänzungsfaszikeln zur Erprobung veröffentlicht wurden.

Die *authentische Ausgabe* für das deutsche Sprachgebiet erschien Ende 1978 und Anfang 1979 in drei Bänden (I. Advent und Weihnachtszeit; II. Fastenzeit und Osterzeit; III. Im Jahreskreis), begleitet von 16 Lektionarsfaszikeln für die beiden Jahresreihen. Sie konnte bereits die Einheitsübersetzung der Heiligen Schrift übernehmen.

2. Zum Sinnverständnis des Stundengebetes

Die Fülle dessen, was vor allem die LK und die AES zum Sinnverständnis des Stundengebetes sagen, soll der besseren Übersichtlichkeit wegen in Thesenform dargestellt werden.

a) Stundengebet ist Beten durch, mit und in Christus

„Das Gebet zu Gott muß in Verbindung mit Christus geschehen, dem Herrn über alle Menschen und einzigen Mittler, durch den allein wir Zutritt zu Gott haben … Denn in Christus und in ihm allein erreicht die ganze menschliche Gottesverehrung ihre heilbringende Kraft und ihren höchsten Sinn" (AES 6). Diese Verbindung des Beters mit Christus wird aufgrund der Zugehörigkeit zum Mystischen Leib zutiefst ermöglicht, sie wird kraft der Taufe und Firmung zur Teilhabe an seinem Priestertum und damit auch an seinem fortdauernden Gebet. In geistvoller Prägnanz spricht *Augustinus* diesen Gedanken aus und beweist damit zugleich, daß es sich hier um altchristliche Überzeugung handelt: „Unser Herr Jesus Christus … soll der eine Heiland seines Leibes sein, der für uns betet, in uns betet und zu dem wir beten: Für uns betet er als unser Priester, in uns betet er als unser Haupt; zu ihm beten wir als unserem Gott. Erkennen wir also unsere Stimmen in ihm, aber auch seine Stimme in uns!"[17] So wird Christus nicht nur bei der Feier der Eucharistie gegenwärtig und heilwirkend, sondern auch in der Feier des Stundengebetes.

Diese Gegenwart begünstigt zugleich unsere betende Hinwendung zu unserem Herrn: „Zu ihm beten wir als unserem Gott" (*Augustinus*). Das Gebet zu Christus hat im Stundengebet vielerlei Ausdrucksformen gefunden, wie die Kommentierung der einzelnen Horen noch offenlegen

---

dem Titel „Prière du temps présent …" (Paris). Vgl. *J.-M.Brault*, Die Entstehung des französischen Breviers, in: LJ 20 (1970) 161-165.

[16] Bd. I: Tagzeiten (Einsiedeln u. a. 1970); Bd. II: Geistliche Lesung (ebd. 1971).

[17] Enarr. in ps. 81, 1: CCL 39, 1176; zit. in AES 7.

wird. So wird das Stundengebet zur intensiven Christusbegegnung, so daß schon *Hippolyt* Sinn und Frucht dieses Betens auf die Formel bringt: „Semper Christum in memoria habere" (= Immer Christus vor Augen haben)[18].

b) Stundengebet ist Gebet der Kirche

Die Zuwendung Gottes zur Menschheit in Christus hat die Glaubenden und Erlösten zu einer vom Heiligen Geist geprägten Gemeinschaft werden lassen, die man als Volk Gottes und, im Sinn des hl. Paulus, als Mystischen Leib Christi bezeichnen kann. Leider gelangt diese geistliche Wirklichkeit beim Wort Kirche bei vielen nur blaß ins Bewußtsein, weil diese oft nur als historische Institution und äußere Organisation erfaßt wird. Und doch meint Kirche schon vom Wort her die Gemeinschaft der Berufenen, deren enge Verbindung mit Christus wir kaum ausloten können.

Diese so verstandene Kirche hat seit den Tagen der Apostel nicht nur in der Feier der Eucharistie im dankenden Lobpreis Antwort auf Gottes Zuwendung zu geben versucht, sondern sie hat auch im Sinn des universalen Heilswillens Gottes nie aufgehört, Fürbitten für alle Menschen zu verrichten. So begegnet sie uns von Anfang an als „ecclesia orans", als betende Kirche. Einen wesentlichen Ausdruck hat diese Haltung in ihrem Stundengebet gefunden. „Indem die Kirche sich mit Jesus Christus im Gebet verbindet, vollbringt sie ihr Wesen, vollbringt sie das, was sie schon ist – und schöpft so die Kraft, damit sie werden kann, was sie sein soll und noch nicht ist"[19]. Wer sich nun als Glied dieser Kirche, sei er beauftragt oder nicht, an diesem Gebet beteiligt, hilft bei dieser Selbstverwirklichung der Kirche in Richtung auf die Verherrlichung Gottes und das Heil der Menschen mit. „Alle, die das vollbringen, erfüllen eine der Kirche obliegende Pflicht und haben zugleich Anteil an der höchsten Ehre der Braut Christi; denn indem sie Gott das Lob darbringen, stehen sie im Namen der Mutter Kirche vor dem Throne Gottes"[20]. Dies gilt sowohl vom feierlichen Chorgebet geistlicher Gemeinschaften wie vom schlichten Beten kleinster Gemeinschaften oder auch des einzelnen Beters.

c) Das Stundengebet hat dialogischen Charakter

Wie jedes liturgische Geschehen hat auch das Stundengebet dialogischen Charakter: „Die Heiligung des Menschen und die Verherrlichung Gottes vollziehen sich im Stundengebet gleichsam als Austausch oder Zwiege-

---

[18] Trad. Apost. 41: *Botte* 96.
[19] *K. Hemmerle*, Das Beten der Kirche, in: *Sekretariat der DBK* (Hg.), Beten mit der Kirche. Hilfen zum neuen Stundengebet (Regensburg 1978) 24.
[20] LK 85; vgl. AES 15.

spräch („commercium seu dialogus") zwischen Gott und den Menschen" (AES 14). Gott kommt in seinem Sohn auf die Menschen zu und heiligt sie; die betende Kirche aber antwortet im Lobpreis, in der Hingabe und auch im fürbittenden Gebet. Denn auch dieses wird ja, weil Dienst am Mitmenschen, Verherrlichung Gottes.

d) Das Stundengebet ist primär Gemeinschaftsgebet

LK wie AES legen besonderen Wert auf den Gemeinschaftscharakter des Stundengebetes. Weil es nicht privater Natur ist, sondern offizielles Gebet der Kirche, verdient seine Feier in Gemeinschaft den Vorzug vor der Einzelrezitation, wie dies auch für andere liturgische Handlungen gilt (vgl. LK 26f, 99). Die AES richtet einen diesbezüglichen Appell nicht nur an jene Priester und Ordensleute, die an und für sich nicht zum gemeinsamen Stundengebet verpflichtet sind, sondern lädt auch Laienkreise und Pfarreien ein, „womöglich die Haupttagzeiten gemeinsam in der Kirche (zu) feiern" (21). „Wenn also die Gläubigen zur Feier des Stundengebetes gerufen werden und in ihrer Versammlung Herz und Stimme vereinen, wird in ihnen Kirche sichtbar, die das Mysterium Christi feiert" (22). Auch die Familien als „Hauskirchen" werden ermuntert, nicht nur gemeinsam zu beten, sondern im Rahmen ihrer Möglichkeiten auch Teile des Stundengebetes zu verrichten und sich so inniger der Kirche einzugliedern (27). Über Versuche und Chancen einer „Tagzeitenliturgie in den Pfarrkirchen" berichtet ausführlich *F. Kohlschein*[21].

e) Das Stundengebet verlangt nach dem zeitgerechten Vollzug

Hier begegnet uns ein wichtiges Anliegen der AES, das bereits von der LK eindringlich angemahnt wurde (88, 94). „Das Stundengebet soll den Tag und alle menschliche Tätigkeit heiligen. Sein Verlauf wurde darum so neu geordnet, daß die Tagzeiten soweit wie möglich ihren zeitgerechten Ansatz wiedererhalten und zugleich den heutigen Lebensverhältnissen Rechnung getragen wird" (AES 11). Darum wäre es sinnwidrig, beispielsweise die Morgenhore (Laudes) am Nachmittag und die Abendhore (Vesper) schon am Morgen zu beten. Es war tatsächlich noch vor wenigen Jahrzehnten bei vielen Priestern Gewohnheit gewesen, Matutin und Laudes bereits am Nachmittag des vorausgehenden Tages zu „antizipieren", Vesper und Komplet aber schon am frühen Morgen zu beten, weil man fürchtete, am Abend wegen seelsorglicher Verpflichtungen nicht genügend Zeit zu haben[22].

---

[21] Den täglichen Gottesdienst der Gemeinden retten, in: LJ 34 (1984) 193-234; vgl. auch *J. Baumgartner*, Das Stundengebet – ein Angebot der Kirche, in: Diak 11 (1980) 99ff.

[22] Schon der Codex rubricarum von 1960 hatte es als besser bezeichnet, „die wahre Zeit einer jeden kanonischen Hore möglichst einzuhalten" (Nr. 142). An der Möglichkeit, die Matutin zu antizipieren, hielt er fest, verbot sie jedoch für die Laudes.

f) Bestimmte Personen und Gemeinschaften sind zum Stundengebet verpflichtet

Damit dieses wesentliche Gebet der Kirche in keinem Land und zu keiner Zeit verstummt, hat die Kirche die Inhaber des sakramentalen Ordo und die geistlichen Gemeinschaften mit diesem Gebetsgottesdienst beauftragt (AES 17, 28f). Für die ständigen Diakone soll wenigstens ein Teil des täglichen Stundengebetes, entsprechend der Weisung der Bischofskonferenzen, verpflichtend sein (AES 30). Was den Verpflichtungsgrad dieses Dienstes des Lobes und der Bitte angeht, so läßt sich aus den Texten der AES eine gewisse Milderung der gesetzlichen Strenge und auch eine Differenzierung bei einzelnen Horen erkennen. Früher erklärten es Moraltheologen für eine schwere Sünde, eine kleine Hore oder einen entsprechend großen Teil anderer Horen auch nur einmal auszulassen[23]. Hingegen hatte schon das II. Vatikanum Austauschmöglichkeiten mit anderen liturgischen Handlungen vorgesehen und den Bischöfen und höheren Ordensoberen die Vollmacht erteilt, „in besonderen Fällen und aus gerechtem Grunde" von der Verpflichtung ganz oder teilweise zu dispensieren oder eine Umwandlung vorzunehmen (LK 97). Ausdrücklich hatten es die Konzilsväter abgelehnt, schwerwiegende Gründe für eine solche Dispens zu verlangen. Die AES gebraucht eine Ausdrucksweise, die als Mahnung der Kirche zur treuen Erfüllung des Auftrages zu verstehen ist. Nur bei den Haupthoren Laudes und Vesper wird diese Mahnung verstärkt durch den Zusatz, daß die Beauftragten „diese Gebetsstunden nur aus schwerwiegenden Gründen unterlassen" dürfen (29). Diese Milderung des Verpflichtungsgrades scheint von den „Variationes" unter Bezugnahme auf can. 276, § 2, 3 und 1174, § 1 des neuen CIC zurückgenommen. Denn in Nr. 29 der AES wird die Wendung „sollen es täglich ganz verrichten" ersetzt durch „Sie sind verpflichtet, es täglich ganz zu verrichten".

g) Das recht vollzogene Stundengebet fördert die persönliche Frömmigkeit

Der Dienst des Lobes und der Bitte, auch wenn er im Auftrag geschieht, darf nicht äußerlich und gedankenlos geleistet werden. Schon die LK richtet an alle Beter „die beschwörende Mahnung, daß dabei das Herz mit der Stimme zusammenklinge" (90). „Dann erst kann das Gebet von den Teilnehmern persönlich vollzogen werden, kann es Quelle der Frömmigkeit und der vielfältigen Gnade Gottes, Nährboden des persönlichen Betens und des apostolischen Wirkens sein" (AES 19). Die Teilnehmer „sollen Christus suchen und im Gebet immer tiefer in sein Geheimnis eindringen; sie sollen in der gleichen Gesinnung Gott loben und ihm ihre Bitten vortragen, in der unser göttlicher Erlöser selber schon gebetet hat" (ebd.). Um dies besser verwirklichen zu können, empfiehlt die LK „eine

---

[23] Zum Beispiel *H. Noldin*, Summa theologiae moralis, Bd. II (Innsbruck [9]1911) 792f.

reichere liturgische und biblische Bildung", besonders was die Psalmen betrifft (90). Hilfreich kann auch das gelegentliche besinnliche Schweigen sein, das die LK auch bei anderen liturgischen Handlungen empfohlen hatte (30). Die AES greift diesen Hinweis speziell für das Stundengebet auf: „Nach klugem Ermessen kann also eine Weile Schweigen gehalten werden, um der Stimme des Heiligen Geistes im Herzen vollen Widerhall zu gewähren und das persönliche Gebet enger mit dem Wort Gottes und dem Gebetswort der Kirche zu verbinden …" (202). Insbesondere besteht beim Stundengebet eines einzelnen Beters eine „größere Freiheit, in der Meditation bei einem Wort zu verweilen und so das Gebet geistlich zu vertiefen. Das Stundengebet verliert dadurch nichts von seinem öffentlichen Charakter" (203)[24].

3. Die nachkonziliare Neugestaltung des Stundengebetes

a) Das Psalterium

Nach wie vor sind die Psalmen der wesentlichste Bestandteil des Stundengebetes. Die AES widmet ihnen einen umfangreichen Abschnitt im 3. Kapitel (100-135). Sie rühmt diese „Gedichte und Lieder" des Alten Bundes, weiß aber auch um die Schwierigkeiten, sie im christlichen Gebet sich zu eigen zu machen. Darum gibt sie einige Hinweise zum rechten Beten der Psalmen:

Weil ihr Beten im Namen der Kirche erfolgt, können Gegensätze zwischen dem Psalmentext und der jeweiligen Gemütslage des Beters insofern ausgeglichen werden, als es im Blick auf die Kirche immer Gründe zur Freude und zur Trauer gibt, im Sinn von Röm 12, 15: „Freut euch mit den Fröhlichen und weint mit den Weinenden!" (108).

Das Psalmenbeten der Kirche muß auf deren messianischen Sinn achten, um dessentwillen sie ja das ganze Psalmenbuch als ihr Gebetbuch übernommen hat (109). In dieser christologischen Sicht hörten die Väter – Entsprechendes gilt für die Liturgie – „in den Psalmen Christus zum Vater rufen oder den Vater zum Sohn sprehen. Darüber hinaus erkannten sie in ihnen die Stimme der Kirche, der Apostel und Märtyrer … Die christologische Deutung beschränkt sich nicht auf jene Psalmen, die als messianisch gelten. Sie erstreckt sich auch auf viele andere, bei denen christliche Interpretation zwar reine Akkommodation ist, aber doch guter kirchlicher Überlieferung entspricht" (ebd.)[25]. Das gilt besonders für die Fest-

---

[24] Hinweise für die Umsetzung in die Praxis u. a. bei *R. Kaczynski*, Schwerpunkte der allgemeinen Einführung in das Stundengebet, in: LJ 27 (1977) 65-91, hier: 89f.

[25] Hier muß auf die verdienstlichen Forschungen von *B. Fischer* über das christliche Psalmenbeten hingewiesen werden, neuerdings zusammengefaßt in seinen gesammelten Studien „Die Psalmen als Stimme der Kirche", hg. von *A. Heinz* (Trier 1982); *ders.*, Dich will ich suchen von Tag zu Tag… (Freiburg i. Br. 1985). Vgl. auch *A. G. Marti-*

tage, wobei die (meist) dem Psalm entnommenen Antiphonen diesen christlichen Aspekt hervorheben und ihm ein eigenes Kolorit geben. Eine weitere Hilfe für das christologische Psalmenverständnis ist im neuen Stundenbuch die Überschrift, die stichwortartig den Literalsinn anzeigt, und ein ihr beigegebener Satz aus dem NT oder den Schriften der Kirchenväter, die die christliche Dimension aufscheinen lassen.

Was die *Vortragsweise* der Psalmen angeht, so eignet ihnen, die ja ursprünglich Loblieder zur Harfe sind, eine Musikalität, die nach Gesang verlangt, um ihren lyrischen Reichtum voll zu erschließen. Diesen liedhaften Charakter sollte man auch beim Rezitieren, ja auch beim stillen Beten nicht aus dem Auge verlieren (vgl. AES 103).

Im Gegensatz zu früheren Stundenbüchern, in denen alle 150 Psalmen in einer Woche gebetet wurden, kennt das neue Stundenbuch eine Aufteilung auf vier Wochen. „Dabei sind einige wenige ausgelassen, und andere, die in der Tradition einen besonderen Rang haben, kehren öfters wieder. Laudes, Vesper und Komplet sind mit besonders geeigneten Psalmen ausgestattet" (AES 126). Zu den ausgelassenen gehören die sogenannten Fluchpsalmen (58, 83, 109) und einzelne ähnliche Verse anderer Psalmen, weil sie mit christlichem Gebet nur schwer vereinbar sind (131). Die nähere Regelung der Aufteilung des Psalteriums auf das Kirchenjahr wird in AES 132-135 beschrieben.

b) Die Hymnen

Besondere Aufmerksamkeit gebührt auch den *Hymnen*, die jede Hore einleiten und ihre Eigenart oder die des jeweiligen Festes besonders deutlich werden lassen. Von der Entstehung der Hymnen und ihrer zeitweisen Verdrängung im christlichen Altertum war schon im Kapitel über die Musik im Gottesdienst die Rede (s. oben S. 83 f). Die LK bestimmt, daß die Hymnen des Stundengebetes, „soweit es angezeigt erscheint, in ihrer alten Gestalt wiederhergestellt werden; dabei soll beseitigt oder geändert werden, was mythologische Züge an sich trägt oder der christlichen Frömmigkeit weniger entspricht. Wenn es sich empfiehlt, sollen auch andere Hymnen aufgenommen werden, die sich im Schatz der Überlieferung finden" (93). Die AES geht insofern einen Schritt weiter, als sie den Bischofskonferenzen die Vollmacht erteilt, die lateinischen Hymnen der Eigenart der Muttersprache anzupassen oder auch Neuschöpfungen zu verwenden, sofern sie dem Geist der jeweiligen Hore, des Kirchenjahres oder des Festes entsprechen (178).

---

mort, Vom Beten der Psalmen im Stundengebet, in: Gott feiern 384-394; *A. Mertens,* Heute christlich Psalmen beten, in: *H. Becker – R. Kaczynski* (Hg.), Liturgie und Dichtung, Bd. II (St. Ottilien 1983) 497-508; hier weitere themabezogene Arbeiten.

c) *Die Tagzeiten des neuen Stundengebetes*

Das neugestaltete Stundengebet hat folgende *Gliederung:*
Gebetseinladung (Invitatorium);
Lesehore (officium lectionis);
Laudes (Morgenlob);
Terz, Sext, Non (mittlere oder kleine Horen);
Vesper (Abendlob);
Komplet (Nachtgebet).

Das *Invitatorium* wird als Eröffnung immer vor der erstgefeierten Hore (Lesehore oder Laudes) gebetet. Es besteht aus dem Versikel „Herr, öffne meine Lippen. Damit mein Mund dein Lob verkünde" und dem Psalm 95. Dieser enthält den Aufruf, das Lob Gottes zu singen, seine Stimme zu hören und nach der „Ruhe des Herrn" (vgl. Hebr 3, 11; 4, 1) auszuschauen. An seiner Stelle können auch wahlweise die Psalmen 100, 67 oder 24 genommen werden. Die dem Psalm beigegebene Antiphon wechselt je nach Zeiten und Festen. Die AES empfiehlt das responsorische Beten bzw. Singen des Psalmes mit seiner Antiphon (34).

Die *Lesehore* als Nachfolgerin der seitherigen Matutin soll zwar im Chor als nächtliches Gotteslob beibehalten werden, ist aber so eingerichtet, daß sie in sinnvoller Weise zu jeder Tageszeit gebetet werden kann (AES 57), „auch am Abend des vorangegangenen Tages nach der Vesper" (59). Sie soll helfen, die Schätze der Heiligen Schrift und der kirchlichen Schriftsteller, vor allem der Kirchenväter, zu erschließen. Sie gliedert sich in Einleitungsvers, Hymnus, drei Psalmen (oder Psalmteile), Versikel, je eine Lesung aus der Heiligen Schrift und den kirchlichen Schriftstellern bzw. eine Lesung, die den jeweiligen Heiligen betrifft (hagiographische Lesung), mit je einem Responsorium und der Tagesoration. Dem Responsorium der zweiten Lesung folgt an bestimmten Tagen das Tedeum. Während das neue lateinische Brevier bei den Lesungen nur je eine Jahresreihe aufgenommen hat[26] und eine zweite Jahresreihe für einen eigenen Zusatzband in Aussicht stellt (vgl. AES 145, 161), enthält das Lektionar für das deutsche Stundenbuch je zwei Jahresreihen für Schrift- und Väterlesung. Erwähnenswert ist, daß auch neuere kirchliche Schriftsteller zu Wort kommen. Die Lesehore kann an Sonntagen, Hochfesten und Festen auch zu einer Vigil erweitert werden, wofür in der Allgemeinen Einführung nähere Anweisungen gegeben werden (70-73)[27].

Die *Laudes* bilden zusammen mit der Vesper „die beiden Angelpunkte des Stundengebetes" und sollen als die „vornehmsten Gebetsstunden ... gefeiert werden" (LK 89a; AES 37). Ihr früherer Name „laudes matuti-

---

[26] Entgegen der ursprünglichen Absicht, für die Schriftlesung zwei Jahresreihen vorzusehen. Vgl. *E.J.Lengeling*, a. a. O. (Anm. 8) 238-240.

[27] Zu Geschichte und Bedeutung der Lesung vgl. *R.Zerfaß*, Die Rolle der Lesung im Stundengebet, in: LJ 13 (1963) 159-167; *O.Knoch*,, Liturgia Verbi ..., in: Gd 13 (1979) 129-131.

nae" läßt sie als das eigentliche Morgenlob erkennen. Um eine Doppelung des Morgengebetes zu vermeiden, hat man die seitherige Prim, die in klösterlichen Kreisen entstanden war, aufgegeben. Die Laudes bestehen aus Einleitungsvers, Hymnus, Psalmodie mit einem Morgenpsalm, einem alttestamentlichen Canticum und einem Lobpsalm, Kurzlesung mit Responsorium, dem Lobgesang des Zacharias (Lk 1, 68-79) mit Antiphon, Bitten zur Heiligung des Tages und seiner Arbeit (Anliegen der früheren Prim), Gebet des Herrn, Schlußoration und Segen. Nach alter Überlieferung dienen die Laudes zugleich dem Gedächtnis der Auferstehung Christi (vgl. AES 38).

Terz, Sext und Non, die mittleren oder kleinen Horen, mit denen schon die Christen des Altertums im Anschluß an jüdische Gebetszeiten ihre Arbeit unterbrachen, sind dem „Gedenken an bestimmte Ereignisse in der Leidensgeschichte des Herrn und an die erste Ausbreitung des Glaubens" gewidmet (AES 75). Nach *Hippolyt von Rom* gedenkt das Gebet zur dritten Stunde (9.00 Uhr) der beginnenden Kreuzigung (vgl. Mk 15, 25), das zur sechsten Stunde der im Zusammenhang mit der Kreuzigung hereinbrechenden Finsternis (Mt 27, 45 parr) und das der neunten Stunde des Todes Jesu[28]. Dieser Bezug wird besonders verdeutlicht in den mittleren Horen des Freitags. Was den Bezug zur „ersten Ausbreitung des Evangeliums" betrifft, so ist bei der Terz an die Herabkunft des Heiligen Geistes am Pfingstfest zu denken (Apg 2, 15); die Sext erinnert an das Gebet des Petrus in Joppe (Apg 10, 9), dem die Aufnahme der ersten Heiden in die Kirche folgt; die Non läßt an die Heilung des Lahmgeborenen durch Petrus denken, als er zusammen mit Johannes „um die neunte Stunde zum Gebet in den Tempel" ging (Apg 3, 1ff). – Außerhalb des Chorgebetes braucht nur eine mittlere Hore gebetet zu werden, und zwar diejenige, die der jeweiligen Tageszeit am besten entspricht. Der Aufbau ist bei allen gleich: Einleitungsvers, Hymnus, der von der betreffenden Tageszeit geprägt ist, Psalmodie mit drei Psalmen und ihren Antiphonen, Kurzlesung mit Responsorium und Schlußoration.

Die *Vesper* (vom lateinischen vesper bzw. vespera = Abend) gehört mit den Laudes zu den Eckpfeilern oder nach den Worten der Liturgiekonstitution zu den Angelpunkten des gesamten Stundengebetes. Sie will danken für den sich neigenden Tag, aber auch für die Heilstaten Christi am Gründonnerstagabend und das Kreuzesopfer am Karfreitagnachmittag (AES 39). Besonders empfohlen wird die gemeinsame Vesper mit den Gemeinden, vor allem an Sonn- und Feiertagen (LK 100; AES 21, 40). Ihr Aufbau gleicht dem der Laudes: Einleitungsvers, Hymnus, Psalmodie mit zwei Psalmen bzw. längeren Psalmteilen und einem Canticum aus den Apostelbriefen oder der Geheimen Offenbarung. Die anschließende Kurzlesung kann bei einer Gemeindevesper durch eine längere Lesung ersetzt und mit einer Homilie bereichert werden. Statt des folgenden Responsoriums kann auch ein entsprechendes Lied gesungen werden.

---

[28] Trad. Apost. 41: *Botte* 90-92.

Daran schließt sich das Magnificat mit Antiphon an. Es folgen Fürbitten[29], Vaterunser, Schlußgebet und bei der Gemeindevesper der Schlußritus, wie er von der Messe bekannt ist. Die Einfügung des Vaterunsers am Schluß von Laudes und Vesper wird von Papst *Paul VI.* in seiner Apostolischen Konstitution „Laudis canticum" als Rückkehr zur altchristlichen Sitte, das Gebet des Herrn dreimal täglich zu beten, besonders gewürdigt, wobei mit dem dritten Vaterunser das der Messe gemeint ist[30].

Die *Komplet* (vom lateinischen completorium = Erfüllung, Vollendung) ist das Gebet vor der Nachtruhe und kann gegebenenfalls auch noch nach Mitternacht gebetet werden (AES 84). Nach ihrem Einleitungsvers wird eine Gewissenserforschung empfohlen. „Beim Gebet in Gemeinschaft kann das in Stille geschehen oder im Rahmen eines ‚Allgemeinen Schuldbekenntnisses' nach den Formen des Meßbuches" (86). Für den anschließenden Hymnus gibt es für jeden Tag einen alternativen Text. Die folgende Psalmodie besteht samstags und mittwochs aus zwei, sonst aus einem Psalm; sie sind unter dem Gesichtspunkt des Gottvertrauens ausgewählt (88), was allerdings weniger vom Freitagspsalm gilt (Klage in höchster Not: Ps 88). Wer die Komplet auswendig beten will, darf immer die Psalmen des Samstags oder Sonntags nehmen (ebd.). Nach der Kurzlesung und dem Responsorium folgen das Canticum Simeons (Lk 2, 29-32) mit gleichbleibender Antiphon, das Schlußgebet und der Segen. Den Abschluß bildet eine der marianischen Antiphonen, die mit Ausnahme des „Regina caeli" für die Osterzeit nicht mehr bestimmten Zeiten verpflichtend zugeordnet sind. Die Bischofskonferenzen können darüber hinaus andere Antiphonen zulassen (92). Als Ganzes gesehen, ist die Komplet, um mit *Pius Parsch* zu sprechen, „in ihrer Komposition ein Meisterwerk, vom hl. Benedikt geschaffen, und kann das Ideal eines Nachtgebetes genannt werden"[31].

4. Weitere Formen des Stundengebetes innerhalb und außerhalb des römischen Ritus

Außer dem vorstehend beschriebenen römischen Stundengebet gibt es besondere *monastische Ausformungen,* bei denen die vom II. Vatikanum ausgegangenen Erneuerungsbestrebungen nicht ohne Wirkung geblieben sind. Sie „bieten gegenwärtig ein pluralistisches Bild"[32]. Maßgebend für

---

[29] Vgl. *B.Fischer*, Die Schlußbitten in Laudes und Vesper des neuen Stundengebetes, in: LJ 29 (1979) 14-23.
[30] So in der Didache 8, 3: *Bihlmeyer* 5. Vgl. *A.A.Häußling*, Vom Gebet des Herrn, in: Gott feiern 444-458.
[31] Volksliturgie. Ihr Sinn und Umfang (Klosterneuburg – Wien 1940) 241f; vgl. *H.Becker*, Poesie – Theologie – Spiritualität. Die benediktinische Komplet als Komposition, in: *ders. – R.Kaczynski* (Hg.), a.a.O., Bd. II (Anm. 25) 857-901.
[32] *E. v. Severus*, Feiern geistlicher Gemeinschaften, in: HLW VIII, 170.

die Kongregationen und Klöster der *Benediktiner* ist der „Thesaurus Liturgiae Horarum Monasticae" von 1977; für den *Zisterzienserorden* erschien 1978 die „Liturgia Horarum Ordinis Cisterciensis". Mehr oder weniger intensiv sind sie alle vom römischen Stundengebet beeinflußt[33].

Für die *Schwesterngemeinschaften* des deutschen Sprachgebietes erschien 1976, zunächst als Studienausgabe, ein Kleinoffizium unter dem Titel „Christuslob. Das Stundengebet in der Gemeinschaft" Es ist zum Singen eingerichtet und wurde 1980 offiziell von Rom bestätigt. „Es enthält im Zwei-Wochen-Rhythmus Laudes und Vesper aller Tage, die Mittagshore und die Komplet sowie Kirchenjahr und Heiligenfeste"[34].

Um das Stundengebet im Sinn der AES wieder stärker in den Pfarrgemeinden und Laienkreisen (auch Familien) heimisch zu machen, veröffentlichten die Liturgischen Institute des deutschen Sprachgebietes 1981 bis 1984 das *„Kleine Stundenbuch"* in vier handlichen Bändchen. Es handelt sich um eine Teilausgabe des „großen" Stundenbuches mit Laudes, Vesper und Komplet einschließlich der wechselnden Antiphonen und Orationen des ganzen Kirchenjahres[35].

Über das Stundengebet der *Ostkirchen* bietet *I.-H.Dalmais* einen kurzen Überblick[36].

Das Stundengebet innerhalb der *reformatorischen Kirchen* schildert ausführlich *H.Goltzen* im 3. Band von Leiturgia[37].

Eine knappe Information zum *anglikanischen Stundengebet* gibt *H.Reifenberg*[38]. Eine ausführliche Darstellung in französischer Sprache bietet *D.Webb*[39].

Nachtrag: Wertvolle Hilfen zum Verständnis und Vollzug des Stundengebetes: *M. Klöckener – H. Rennings* (Hgg.), Lebendiges Stundengebet. Vertiefung und Hilfe (Freiburg 1989).

---

[33] Ebd.; ferner *O.Lang*, Das „monastische Stundenbuch" …, in: SMGB 94 (1983) 542 bis 573.

[34] Vgl. *G.Duffrer*, Erstes Kleinoffizium, in: Gd 14 (1980) 143.

[35] Zum Erscheinen des ersten Bandes vgl. *R.Berger*, Kleines Stundenbuch, in: Gd 15 (1981) 171.

[36] Die Liturgie der Ostkirchen (Aschaffenburg 1960) 112-126.

[37] Der tägliche Gottesdienst, in: Leiturgia III, 99-296.

[38] Anglikanische Liturgie – Anregung und Modell, in: BiLi 52 (1979) 239-251; eine Kurzbeschreibung bei *L.Fendt*, Einführung in die Liturgiewissenschaft (Berlin, 1958) 253f.

[39] Les offices du matin et du soir dans l'Eglise anglicane, in: *E.Cassien – B.Botte* (Hg.), La prière des heures (Paris 1963) 317-381.

XX. KAPITEL

Die liturgische Zeit (Kirchenjahr)

1. Sinn und Struktur des Kirchenjahres

Was wir Kirchenjahr oder – nach lateinischem Sprachgebrauch – liturgisches Jahr nennen, ist das feiernde Gedächtnis der Heilstaten Gottes in Jesus Christus im Ablauf eines Jahreskreises. Ein kirchliches Dokument beschreibt es mit den Worten: „Die Kirche feiert im Jahreskreis das ganze Mysterium Christi: Von der Menschwerdung bis Pfingsten und bis zur Erwartung der Wiederkunft des Herrn".[1] Das deutsche Wort Kirchenjahr, das sich zum ersten Male in der Postille des lutherischen Pfarrers *Johannes Pomarius* (Wittenberg 1589) zu finden scheint, darf nicht als kirchliche Konkurrenz zum „bürgerlichen" Jahr mißverstanden werden. Auch die „weltliche Zeit" eines Jahreskreises ist Gabe des Schöpfers, die der Christ bejahen, bestehen und gestalten muß. Darüber hinaus ragt Gott in vielfältiger Weise mit seinem Heilswillen in diese geschichtliche Zeit hinein, er hat sich in Christus in besonders deutlicher und dichter Weise in sie hineingestiftet, so daß alle Zeit Heilszeit und Gotteszeit ist, weil sein Heilsangebot alle Epochen und Menschen umgreift, also universal ist. Aufgabe der Kirche ist es, das in Christus grundgelegte Heilswerk allen Menschen aller Zeiten zu verkünden und zugänglich zu machen. Sie tut es durch die Proklamation des Wortes Gottes, durch die sakramentale Feier und die vielfältigen pastoralen Dienste, die dem Glauben, der Hoffnung und der Liebe die Wege bereiten und ihr Wachstum in Gnade fördern sollen.

Christliche Festfeier als dankendes Gedenken der Heilstaten Jesu Christi muß sich immer wiederholen, um ihrer Funktion als Verkündigung und Vergegenwärtigung des Heiles gerecht zu werden. Hier bot sich nun, um der Beliebigkeit zu entgehen, das kosmisch bedingte Zeitmaß des Jahres an, um den einzelnen Gedächtnisfeiern einen festen Platz zuzuweisen und so eine zyklische Wiederholung sicherzustellen. Die terminliche Fixierung war zum Teil von der Schrift nahegelegt, zum Teil beruht sie auf geschichtlich gewachsener Konvention. Sie ist jedoch nicht so verpflichtend, daß sie notwendig erscheinende Korrekturen und Reformen ausschlösse.

Aus dem bereits Gesagten ergibt sich, daß die Feier des liturgischen Jahres nicht als exklusives Rückwärtsschauen auf ergangenes Heil verstanden werden darf. Vielmehr muß sich der bereits Glaubende und in der

---

[1] GOK 17; vgl. LK 102.

Taufe Erlöste um die Festigung seines immer gefährdeten Heiles bemühen wie sich auch in und durch die liturgische Feier in solidarischer Verantwortung als Zeuge und Helfer des allen Menschen zugedachten Heiles verstehen. Unter beiden Aspekten schauen die liturgischen Feiern des Kirchenjahres nicht nur in die Vergangenheit, sondern in die Zukunft. Sie haben eine eschatologische Komponente, indem sie die Wiederkunft des Herrn mit ihrer allseitigen Vollendung des Heiles erwarten und dieser die Wege zu bereiten suchen.

So bedeutet Kirchenjahr die Summe aller liturgischen Feiern, die im Jahreszyklus einen festen Platz gefunden haben. Wo aber Liturgie gefeiert wird, verbindet sich Jesus Christus als der Hohepriester des Neuen Bundes mit der feiernden Gemeinde zu einer Aktionsgemeinschaft, die das Heil der Gläubigen und die Verherrlichung des himmlischen Vaters zum Ziel hat (vgl. LK 7). So realisiert und konkretisiert sich christlicher Glaube im liturgischen Jahr, es wird zu einer umfassenden Selbstdarstellung der Kirche und zur Grundlegung und Nahrung christlicher Existenz.

a) Das Pascha-Mysterium als Herzmitte des Kirchenjahres

Herzmitte des Kirchenjahres ist die Passion und Auferstehung Christi. Diese zentrale Heilstat wird vom II. Vatikanum oft als *Pascha-Mysterium* bezeichnet[2]. Die offizielle deutsche Übersetzung hat das lateinische „Paschale mysterium" nicht in die Volkssprache übertragen, weil man anscheinend der Meinung war, die inhaltliche Fülle könne dabei verlorengehen. Mysterium im liturgischen Sinn meint die unauslotbare Heilstat Gottes durch Christus am Menschen. Das griechisch-lateinische Wort „Pascha" geht auf das hebräische pesach zurück. Es meint ursprünglich den schonenden Vorübergang des Strafengels an den Häusern der in ägyptischer Knechtschaft lebenden Israeliten. Später verbindet man damit auch den rettenden Hindurchgang durch das Schilfmeer und die gefahrvolle Wüste bis hin ins Gelobte Land. Pesach steht dann auch für das daran erinnernde rituelle Gedächtnismahl am 14. Nisan, bei dem das „Pesach-Lamm" als Opfermahl gegessen wurde. Für die christliche Urgemeinde lag der Bezug dieser damaligen Heilstat Gottes zum rettenden Christusereignis nahe, zumal die Kreuzigung Christi mit dem Rüsttag des jüdischen Pesachfestes zusammenfiel (vgl. Joh 19, 14 parr). Es war die Stunde, da im Tempel die Pesachlämmer geschlachtet wurden. So kann Paulus in deutlicher Abhebung vom jüdischen Festinhalt schreiben: „Denn als *unser* Pascha-Lamm ist Christus geopfert worden" (1 Kor 5, 7; vgl. Joh 19, 36; 1 Petr 1, 19; Offb 5, 6.9). Er hat durch seinen Hindurchgang durch Selbstentäußerung, Leiden und Tod zur Auferstehung und Verherrlichung das neubundliche Gottesvolk in die rettende Gnaden-

---

[2] Sprich: Pas-cha! Allein die LK gebraucht diesen Ausdruck siebenmal. Er findet sich auch in anderen Konzilsdokumenten.

und Lebensgemeinschaft mit dem Vatergott geführt (vgl. Kol 1, 12 u.a.m.).

Will man das doppelte Fremdwort Pascha-Mysterium ins Deutsche übertragen, so bietet sich noch am besten der Ausdruck *„österliche Heilstat"* an, wobei wir aber nicht nur an die Auferstehung am Ostermorgen denken dürfen, sondern das gesamte „heiligste Triduum des gekreuzigten, begrabenen und auferweckten Herrn"[3] vom Gründonnerstagabend bis zum Ostersonntag einschließlich einbeziehen müssen. Weil auch die anderen Stationen des gottmenschlichen Lebens Jesu von der Inkarnation bis zur Himmelfahrt und Geistsendung heilsbedeutsam sind und in weiterem Sinn ebenfalls zum Pascha-Mysterium gehören, könnten wir es auch schlicht mit „Christusereignis" oder „Christusgeschehen" wiedergeben.

Diese Herzmitte des Kirchenjahres gehört als historisches Ereignis zwar der Vergangenheit an, aber sein innerster Kern, die Selbsthingabe und der Todesgehorsam, leben und wirken im erhöhten Gottmenschen fort. Weil sein Heilswille universal ist, läßt er als Hoherpriester des Neuen Bundes die Menschen aller Zeiten daran teilhaben, sooft sie sich zu den liturgischen Feiern versammeln[4]. Diese Ausstrahlung ins Kirchenjahr darf allerdings nicht als automatisch wirkende Gnadenverleihung mißverstanden werden. Handelt es sich doch um ein Gnadenangebot Gottes an freie Menschen, um eine partnerschaftliche Begegnung, in die der Mensch den Glauben in seiner Vollform einbringen muß. Dies bedeutet im Sinn des NT sowohl Bekenntnis wie Vertrauen und Hingabebereitschaft an den Willen des Vaters. Es ist der Glaube, der durch die Liebe geprägt und wirksam ist (vgl. Gal 5, 6). Wo sich der Mensch auf solche Weise dem Heilsangebot Gottes öffnet, wird das Pascha-Mysterium wirksam und fruchtbar.

b) Arten und Ordnungen christlicher Feste

Feste sind Begehungen denk- und dankwürdiger Ereignisse[5]. Dies gilt sowohl für die periodisch wiederkehrenden Naturfeste wie für bedeutungsvolle Geschehnisse im Leben der Einzelmenschen und Familien („rites de

---

[3] *Augustinus*, Epist. 55,24: CSEL 34/2, 195.

[4] Siehe oben Kap. 1,2. Vgl. *J. Pascher*, Mysterium paschale – Das Ostergeheimnis im liturgischen Jahr, in: *A. Hänggi* (Hg.), Gottesdienst nach dem Konzil ... (Mainz 1964) 80-94.

[5] „Ein Fest feiern heißt: die immer schon und alle Tage vollzogene Gutheißung der Welt aus besonderem Anlaß auf unalltägliche Weise begehen", so *J. Pieper*, Zustimmung zur Welt. Eine Theorie des Festes (München 1963) 52. Aus der umfangreichen Lit. zur Theorie des Festes seien erwähnt: *J. A. Jungmann*, Das kirchliche Fest nach Idee und Grenze, in: *ders.*, Erbe 502-526; *H. Fortman*, Vom bleibenden Sinn christlicher Feste (Wien 1969); *G. M. Martin*, Fest und Alltag. Bausteine zu einer Theorie des Festes (Stuttgart 1973); *W. Dürig*, Das christliche Fest und seine Feier (St. Ottilien ²1978).

passage"), der Gemeinden und größeren Gemeinschaften. Im jüdischen Festkalender[6] wurden die ursprünglichen Naturfeste immer stärker überlagert von dem Gedenken israelitischer Heilsereignisse, in denen der Bundesgott Jahwe seinem Volk rettend begegnete. Die Urgemeinde von Jerusalem kannte diese Heilsfeste ihrer Stammesgenossen sehr genau. Aber nach der Erfahrung des Christusereignisses lag es für sie nahe, daß sein Pascha-Mysterium selbst zum zentralen Fest- und Feiergegenstand der Christen wurde, zumal seine regelmäßige Begehung auf Christus selbst zurückgeführt wurde (1 Kor 11, 24; Lk 22, 19). Es wird später noch genauer zu zeigen sein, wie es zunächst am Sonntag als Wochen-Pascha gefeiert wurde, dem man, spätestens um die Wende zum 2. Jahrhundert, das Osterfest als Jahres-Pascha hinzufügte. Ihm folgte in geschichtlicher Entfaltung eine Reihe weiterer Herrengedächtnisse. Auch Stationen im Leben seiner Mutter und Gedächtnistage von Märtyrern und Heiligen schlossen sich an.

Eine besondere Gruppe begegnet uns seit dem Mittelalter in den sogenannten *Ideenfesten,* die bestimmte Wahrheiten und Aspekte christlicher Lehre und Frömmigkeit oder auch bestimmte Ehrentitel des Herrn, seiner Mutter oder eines Heiligen zum Gegenstand haben. Man nennt sie Devotions- oder Andachtsfeste oder spricht von dogmatischen, thematischen und – im Gegensatz zu den dynamischen Festen der Heilstaten Christi – von statischen Festen. Hierzu rechnen zum Beispiel das Dreifaltigkeits-, Fronleichnams-, Herz-Jesu- und Christkönigsfest, das Fest vom Kostbaren Blut, vom Namen Jesu und von der Heiligen Familie sowie zahlreiche Marienfeste. Solche Feste lassen sich leicht ins ungemessene vermehren, manche sind eine unnötige Verdoppelung. Die oberste Leitung der Kirche hat sich manchen Versuchen zur Neueinführung solcher Feste entgegengestellt. Der offizielle römische Kommentar zur neuen GOK betrachtet es als Ziel der Reform, derartige Feste zu vermindern oder sie den Eigenkalendern zu überlassen[7].

Eine noch größere Zurückhaltung ist dort angebracht, wo es sich um Ereignisse der Kirchengeschichte handelt, deren Bedeutung man durch ein Fest herauszustellen wünschte.

Weil ein christliches Fest in der Feier der Liturgie, insbesondere der Eucharistie, gipfelt, ist es nicht nur Erinnerungsfeier, sondern Vergegenwärtigung des Pascha-Mysteriums Christi, in das der einzelne wie die Gemeinde hineingenommen wird. Dadurch wird ihr Leben zunehmend von der Gleichförmigkeit mit Christus geprägt (vgl. Röm 8, 29). Weil das Kirchenjahr so für den Mitfeiernden eine innere Dynamik enthält, läßt es sich besser, statt mit einem Kreis, mit einem nach oben führenden Schraubengewinde oder einer Spirale vergleichen, die nach einer Umdrehung ein Stück höher über den Ausgangspunkt hinausführen, „Christus entgegen"[8].

---

[6] Kurze Zusammenfassung bei *Adam,* Kirchenjahr 14-23 mit weiterer Lit.

[7] Kap. II, I, 1 S. 112 f.

[8] Vgl. *Th. Kampmann,* Das Kirchenjahr. Mysterium, Gestalt, Katechese (Paderborn [3]1964) 2 und 55; *G. Kunze,* Die gottesdienstliche Zeit, in: Leiturgia I, 532.

Je zahlreicher und differenzierter im Lauf der Kirchengeschichte die liturgischen Festfeiern wurden, um so mehr wuchs die Gefahr, daß die Grundstruktur des Kirchenjahres verdunkelt und Wichtiges durch periphere Sonderfrömmigkeit überlagert wurde. Dem versuchte die liturgische Gesetzgebung durch mancherlei Bestimmungen zu begegnen. Dies führte allerdings in den letzten Jahrhunderten zu einer *komplizierten Festordnung*, die nicht weniger als sechs verschiedene Rangstufen mit weiteren Klassifizierungen hervorbrachte. So kannte man seit *Pius V.*, der im Auftrag des Trienter Konzils das Brevier (1568) und das Missale (1570) herausgab, die Rangstufen „Duplex I. Klasse", „Duplex II. Klasse", „Duplex maius", „Duplex", „Semiduplex" und „Simplex"[9]. Zahlreiche Duplex-Feste hatten Oktaven (Festwochen), die selber wieder nach ihrem Rang unterschieden wurden in privilegierte, gewöhnliche und einfache. Zusätzlich wurden die privilegierten Oktaven nochmals unterteilt in 1., 2. und 3. Ordnung. So lautete beispielsweise die Rangordnung für Ostern als das höchste Fest: Duplex I. Klasse mit privilegierter Oktav 1. Ordnung, während Weihnachten es nur zu einer privilegierten Oktav 3. Ordnung brachte. Schon seit *Benedikt XIV.* gab es immer wieder Versuche zu einer Vereinfachung, so noch 1955 und 1960 („Codex rubricarum" vom 25. Juli). Aber erst die durch das II. Vatikanum in Auftrag gegebene Neuordnung (LK 107) führte im Jahre 1969 zu einer wesentlichen Vereinfachung, die in der „Grundordnung des Kirchenjahres und des neuen römischen Generalkalenders" niedergelegt ist. Hier werden die Feste nach ihrer Bedeutung eingeteilt in Hochfeste (sollemnitas), Feste (festum) und Gedenktage (memoria), wobei nochmals zwischen gebotenen und nicht-gebotenen Memorien zu unterscheiden ist. Nur die beiden Hochfeste Ostern und Weihnachten haben eine Oktav.

c) Strukturskizze des Kirchenjahres

Als *Beginn des Kirchenjahres* betrachten wir heute den 1. Adventssonntag. Dies war nicht immer der Fall. Selbst der Beginn des bürgerlichen Jahres war in den christlichen Ländern des Mittelalters nicht einheitlich. Der Julianische Kalender des Gaius Julius Cäsar (ab 45 v. Chr.) hatte schon den alten römischen Jahresanfang vom 1. März vorverlegt auf den 1. Januar. Obwohl sich dieser Kalender im Westen überall durchsetzte und behauptete, gab es trotzdem zeitweise abweichende Jahresanfänge: so den *1. März*, den man im Fränkischen Reich bis ins 8. Jahrhundert, in Venedig sogar bis zum Jahre 1797 als Jahresbeginn betrachtete; *Ostern* vor allem in Frankreich bis ins 15. Jahrhundert; *Weihnachten* hauptsächlich in Skandinavien und Deutschland (bis ins 16. Jahrhundert); den *25. März* (Fest der Verkündigung des Herrn als eigentlicher Tag der Mensch-

---

[9] Das Wort duplex (= doppelt) bezog sich ursprünglich auf ein doppeltes Stundengebet, das man beten mußte, wenn ein hohes Fest auf einen Wochentag (= feria) fiel. Man mußte dann sowohl das Ferial- wie das Festoffizium verrichten.

werdung Christi) vor allem in Italien, aber auch in der Trierer Kirchenprovinz; den *1. September* seit dem 7. Jahrhundert im byzantinischen
Reich und in den unter seinem Einfluß stehenden Gebieten[10].

Neben diesem so verschieden abgegrenzten bürgerlichen Jahr gab es
zunächst nicht den Begriff eines liturgischen oder kirchlichen Jahres. Als
man jedoch seit dem 10./11. Jahrhundert an den Anfang der liturgischen
Bücher (Sakramentarien) immer mehr die Texte des 1. Adventssonntags
zu stellen pflegte, konnte sich allmählich die Anschauung entwickeln,
daß mit dem 1. Adventssonntag der Jahreskreis der kirchlichen Feste beginne.

Die *Vielzahl festlicher Tage* kann gewiß auf eine Grenze menschlicher
Belastbarkeit stoßen. Das hat man zuweilen vergessen, aber gerade die römische Kirchenleitung hat beim Andrängen neuer Feste aus den verschiedenen Teilkirchen und Ordensgemeinschaften nicht selten die Bremse gezogen und nein gesagt. Andererseits ermöglicht die Vielzahl kirchlicher
Fest- und Gedenktage leichter, das eine Christus-Mysterium unter besonderen Aspekten und mit mannigfachen Akzenten aufzuzeigen und so
die Gläubigen der „Vielgestalt Christi" (*A. A. Häußling*) und der allseitigen Fülle des Heiles begegnen zu lassen. Dabei ist selbstredend der Gefahr vorzubeugen, daß man „vor lauter Bäumen den Wald nicht mehr
sieht", d. h. vor lauter Teilaspekten den Blick für das Ganze verliert.

Es war schon mehrfach davon die Rede, daß das Pascha-Mysterium
Christi Quelle und Mitte des liturgischen Jahres ist. Als Wochen-Pascha
an jedem Sonntag gefeiert, zieht es schon in apostolischer Zeit durch den
gesamten Jahreskreis. Bald folgt ihm das Jahres-Pascha, das sich allmählich zum Osterfestkreis mit Vorbereitungszeit und festlichem Ausklang
entwickelt. Er beginnt laut GOK mit dem Aschermittwoch und schließt
bei einer Gesamtdauer von 13^1/$_2$ Wochen mit dem Pfingstsonntag. In
ähnlicher Weise hat sich auch das Jahresgedächtnis der Geburt Christi zu
einem Festkreis mit Vorbereitung und festlichem Ausklang entfaltet (1.
Adventssonntag bis Sonntag nach Erscheinung des Herrn = Fest der
Taufe Christi). Diese *beiden Festkreise* sind die tragenden Pfeiler des Kirchenjahres. Die dazwischenliegenden 33 bzw. 34 Wochen, in denen „das
Christusgeheimnis eher als Ganzes gefeiert" wird, heißen „die Zeit im
Jahreskreis" oder *„allgemeine Kirchenjahrzeit"* (GOK 43). Sie beginnt
mit dem Montag nach dem Fest der Taufe Jesu und schließt mit dem
Samstag vor dem 1. Adventssonntag. Die beiden Festkreise, die allgemeine Kirchenjahrzeit und die sonstigen dem Erlösungsgeheimnis gewid-
meten Hochfeste und Feste werden auch als *„Temporale"* oder „Proprium de tempore" (vom lateinischen tempus = die Zeit) bezeichnet
(GOK 50). Die offizielle deutsche Übersetzung spricht vom *„Herrenjahr"*. Es soll immer in seiner Gesamtheit erhalten werden und „den gebührenden Vorrang vor Eigenfeiern erhalten" (ebd.). Den Festkalender
der Heiligen bezeichnet man als *„Sanctorale"* (von sancti = die Heiligen).

---

[10] Vgl. *E. Meyer*, Christliche Zeitrechnung, in: RGG I (1957) 1815 f.

Dabei wird später noch zu differenzieren sein zwischen dem römischen Generalkalender und den von Rom zu bestätigenden „Eigenkalendern", d.h. den Regionalkalendern bestimmter Sprachgebiete, den Diözesan- und Ordenskalendern.

2. Der Sonntag als Urfeier des Pascha-Mysteriums

a) Biblische Grundlegung und geschichtliche Entwicklung

Schon in den Schriften des NT erlangt der erste Tag der jüdischen Woche, den wir Sonntag nennen, eine herausragende Bedeutung. Er ist der Auferstehungstag des Herrn wie alle Evangelisten übereinstimmend berichten, der bevorzugte Tag seiner Erscheinungen (Mt 28,9; Lk 24,13 ff.36; Joh 20,19 ff) und der Tag, an dem der erhöhte Herr die Gabe des verheißenen Geistes schenkt (Joh 20,22; Apg 2,1 ff). Im Bewußtsein der Jünger wird er so zum „Tag, den der Herr gemacht hat" (Ps 118,24). So wird er zum bevorzugten Tag der Gemeindeversammlungen (Apg 20,7). An ihm sollen die Christen in Korinth und Galatien etwas für einen Hilfsfonds zugunsten der notleidenden Christen in Jerusalem zurücklegen (1 Kor 16,1 f).

Zwar kannte die sonntägliche Gemeindefeier kein Einheitsritual[11], aber es fällt auf, daß Paulus das Herrenmahl als Mittelpunkt der Versammlungen betrachtet (1 Kor 11,17-34; vgl. Apg 20,7). Eine Bestätigung bieten älteste nichtbiblische Zeugnisse wie die *Didache*[12], der Brief des *Plinius* an Kaiser Trajan[13] und *Justin der Märtyrer*[14]. Nach *Ignatius von Antiochien* wird die Feier des Sonntags geradezu zum Unterscheidungszeichen der Christen gegenüber denen, die nach alter Ordnung noch den Sabbat feiern. Christen aber seien zu neuer Hoffnung berufen und „leben in der Beobachtung des Herrentages, an dem auch unser Leben aufgegangen ist durch ihn und seinen Tod"[15].

Weil der Sonntag damals ein gewöhnlicher Arbeitstag war, mußten die Christen ihre Zusammenkünfte auf den späten Abend bzw. nach dem Verbot abendlicher Versammlungen durch Kaiser *Trajan* auf den frühen Morgen legen. Dies schloß sicher manche Unbequemlichkeit mit ein und verlangte ein hohes Maß an Opferbereitschaft. Deshalb ist es auch nicht verwunderlich, daß schon der *Hebräerbrief* zum regelmäßigen Besuch ermahnen mußte (10,25). Noch nachdrücklicher tut dies die *„Didaskalie der Apostel"* Mitte des 3. Jahrhunderts[16]. Kurz nach 300 bestimmt das *Konzil von Elvira* (Spanien): „Wenn jemand, der in der Stadt wohnt, an

---

[11] Vgl. 1 Kor 14 im Zusammenhang mit 1 Kor 12. Vgl. *W. Thüsing*, Eucharistiefeier und Sonntagspflicht im Neuen Testament, in: Gd 5 (1971) 11.
[12] 14,1: *Bihlmeyer* 8.
[13] Text und Antwort Trajans bei *Kirch* 22-24.
[14] Apologie 67,3-6: *E. J. Goodspeed* (Göttingen 1914) 75 f.
[15] Ad Magnes. 9,1 f: *Bihlmeyer* 91.   [16] II 59,2 f: *Funk* I, 170-172.

drei Sonntagen nicht zur Kirche kommt, dann soll er für kurze Zeit ausgeschlossen werden, damit er als Gemaßregelter erscheint."[17]

Die Bedeutung des altchristlichen Sonntags spiegelt sich auch in seinen *Benennungen*. Die früheste Bezeichnung „*erster Tag*" wollte nicht nur den Wochenbeginn signalisieren, sondern enthielt auch eine Anspielung auf den ersten Tag der Schöpfungswoche, der der Tag des Lichtes war. Mit dem Sonntag beginnt die „neue Schöpfung" (vgl. 2 Kor 5,17). Ein später sehr häufiger Name begegnet uns schon in Offb 1,10 mit „*Herrentag*", was sich als „dies dominica" nicht nur in der offiziellen Sprache der Kirche, sondern auch in den romanischen Sprachen erhalten hat. Die Bezeichnung „*achter Tag*" bedeutet, daß nach den sieben Tagen der Schöpfungswoche mit ihrem Sabbat der Auferstehungstag die neue Schöpfung einleitet, die in die ewige Sabbatruhe der Vollendung einmündet. Bei *Tertullian* und zahlreichen griechischen Autoren findet sich der Name *Auferstehungstag*, der in manchen slawischen Sprachen weiterlebt. Nach anfänglichem Zögern übernehmen die Christen auch den Namen *Sonntag (dies solis)*, der aus der griechisch-römischen Planetenwoche stammt. Sie tun es im Sinn des hl. *Hieronymus*, der schreibt: „Wenn er (= der Herrentag) von den Heiden Tag der Sonne genannt wird, so stimmen auch wir bereitwillig zu: Denn heute ist das Licht der Welt, heute ist die Sonne der Gerechtigkeit aufgegangen, in ihren Flügeln birgt sich das Heil."[18]

Für die weitere Entwicklung des Sonntags wurde das Gesetz Kaiser *Konstantins* vom 3. März 321 von großer Bedeutung. Es erklärt „den verehrungswürdigen Tag der Sonne" zum Ruhetag für alle Richter, die Stadtbevölkerung und alle Gewerbetreibenden. Die Landbevölkerung darf ihrer Arbeit nachgehen, um nicht die Stunden günstiger Witterung zu versäumen[19]. Wenige Wochen später verfügt ein weiteres Gesetz, daß die wünschenswerte Freilassung von Sklaven nicht unter das Ruhegebot fällt[20]. Mit diesen Verordnungen war die gottesdienstliche Feier des Sonntags wesentlich erleichtert. Allmählich rückt aber die *Arbeitsruhe* immer stärker in die Mitte der Sonntagsheiligung und wird zu ihrem wesentlichen Kriterium. Die „knechtlichen Arbeiten" (opera servilia) am Sonntag gelten als strafwürdiger Tatbestand, wobei man die harte alttestamentliche Sabbatgesetzgebung zum Vorbild nimmt[21]. Die Hochscholastik grenzt den Sonntag wieder deutlicher vom jüdischen Sabbat ab und begründet das Verbot knechtlicher Arbeiten mit der Ermöglichung des Gottesdienstbesuches[22]. Doch stand auch in den folgenden Jahrhunder-

---

[17] Can. 21: *Kirch* 202.

[18] In die dominica Paschae homilia: *G. Morin* (Hg.), Anecdota Maredsolana III/2 (1897) 418.

[19] Codex Iustiniani III, 12,2, zit. bei Dölger 229.

[20] Ebd. II,8,1. Weiterführende Lit.: *W. Rordorf*, Der Sonntag. Geschichte des Ruhe- und Gottesdiensttages im ältesten Christentum (Zürich 1962); *ders.*, Sabbat und Sonntag in der alten Kirche (Zürich 1972).

[21] Beispiele bei *Adam*, Kirchenjahr 42 f.

[22] Vgl. *H. Huber*, Geist und Buchstabe der Sonntagsruhe ... (Salzburg 1957) 194-222.

ten das Verbot der Sonntagsarbeit zu stark im Vordergrund und verdunkelte dadurch den primären christologischen Sinn. Im Spätmittelalter und in der Neuzeit wird die Sonntagsmeßpflicht stärker urgiert und jeder Verstoß dagegen als schwere Sünde erklärt[23].

b) Der Sonntag in heutiger Zeit

Im Blick auf die weitverbreitete Gefährdung christlicher Sonntagsfeier hat das *II. Vatikanum* die christliche Bedeutung des Sonntags als Feier des Pascha-Mysteriums klar herausgestellt. „An diesem Tag müssen die Christgläubigen zusammenkommen, um das Wort Gottes zu hören, an der Eucharistiefeier teilzunehmen und so des Leidens, der Auferstehung und der Herrlichkeit des Herrn Jesus zu gedenken und Gott dankzusagen..." (LK 106). Er soll zugleich ein Tag der Freude und Muße werden. Weil er „Fundament und Kern des ganzen liturgischen Jahres" ist, sollen ihm andere Feiern nicht vorgezogen werden, wenn sie nicht wirklich von höchster Bedeutung sind (ebd.).

Im Blick auf die letztgenannte Weisung bestimmt die GOK von 1969, daß nur ein Hochfest oder Herrenfest an die Stelle der Sonntagsliturgie treten kann, wobei die Liturgie der Advents-, Fasten- und Ostersonntage überhaupt nicht verdrängt werden darf (5). In neuerer Zeit besteht die Gefahr, daß diese Bestimmungen zum Schutz der Sonntagsliturgie durch die häufige Verzweckung und Thematisierung zahlreicher Sonntage und die neue Mode der „Motivmessen" unterlaufen werden.

Eine Bereicherung der Sonntagsliturgie besteht in der Bereitstellung von *acht Sonntagspräfationen*, die die Geheimnisse des Pascha-Mysteriums verkünden. Auch die neuen Einschubtexte der Hochgebete I-III nach dem Postsanctus sind geeignet, die Bedeutung des Sonntags zu erhellen.

Erfreulicherweise hat auch der *CIC 1983* die christologische Sicht des Sonntags in Lk 106 fast wörtlich übernommen (can. 1246, § 1). Nachdrücklich betont auch er die Meßpflicht und sagt zur Sonntagsruhe etwas differenzierter als der alte CIC von 1917: Die Gläubigen „sollen sich jener Arbeiten und Geschäfte enthalten, die den pflichtmäßigen Gottesdienst, die dem Herrentag eigene Freude und die notwendige Erholung des Geistes und Körpers verhindern" (can. 1247). Wo wegen Priestermangels oder aus einem anderen Grund eine sonntägliche Eucharistiefeier nicht möglich ist, wird die Teilnahme an einem Wortgottesdienst (s. oben Kap. 11,4c S. 167 f) oder eine besondere Gebetszeit (als persönliches oder Familiengebet) sehr empfohlen (can. 1248, § 2).

Als bedauerlichen *Bruch mit der christlichen Tradition* muß man die Empfehlung R 2015 der „Internationalen Organisation für Standardisierung" (ISO), einer Unterorganisation der Vereinten Nationen, betrach-

---

[23] Ausführlich bei *G. Troxler*, Das Kirchengebot der Sonntagsmeßpflicht... (Freiburg i. Br. 1971) 159ff.

ten, ab 1. Januar 1976 im wirtschaftlich-technischen und damit im gesamten öffentlichen Bereich den Sonntag als letzten Tag der Woche zu betrachten. Die Folge davon war – trotz mancher Proteste –, daß in allen Kalendern der Bundesrepublik Deutschland der Sonntag am Ende der Woche erscheint und nicht mehr, wie bisher, als erster Tag einer neuen Woche. Es steht zu befürchten, daß hierdurch im Bewußtsein der breiten Öffentlichkeit der Sonntag noch mehr als letzter Tag des Freizeitraumes „Wochenende" religiös entwertet wird und seine Einschätzung als Tag der Auferstehung Christi, der eine neue Weltzeit einleitet, weiter absinkt[24]. – Mit größerer Rücksicht auf christliche Überlieferung hat das Österreichische Normungsinstitut die Empfehlung der ISO übernommen, indem es erläuternd hinzufügt: „Nur für Numerierungszwecke wird der Montag ... als der erste Tag der Kalenderwoche betrachtet ... Davon unberührt bleibt, daß nach christlicher und jüdischer Zählung der Sonntag als der erste Tag der Woche gilt" (ÖNORM A 2740). Entsprechend hat der maßgebende österreichische Musterkalender die neue Regelung mit einfachen typographischen Mitteln so berücksichtigt, daß die bisherige Ordnung nicht umgestoßen erscheint[25].

Die *Gefährdung des christlichen Sonntags* wird im erschreckenden Rückgang des Gottesdienstbesuches besonders deutlich. Für die Bundesrepublik Deutschland veröffentlichte die Liturgiekommission der DBK 1984 eine Statistik, aus der sich ergibt, daß der Meßbesuch von 55 % im Jahre 1935 auf 25 % 1984 abgesunken ist[25a]. Dabei ist bemerkenswert, daß der Teilnehmerschwund auch die jüngeren Frauen erfaßt hat. Von der jungen Generation bleiben bis zu 90 % der sonntäglichen Messe fern. – Unter den in der gleichen Dokumentation angeführten Motiven für das Fernbleiben dürfte das Absinken des christlichen Glaubens an erster Stelle stehen[25b]. Im Hinblick auf die gleiche, wenn nicht noch akutere Problematik in den Kirchen der Reformation veröffentlichten die DBK und der Rat der EKD zum 1. Advent 1984 ein „gemeinsames Wort" mit dem Titel „Den Sonntag feiern", das bei den Kirchenleitungen zu beziehen ist.

3. Die liturgische Prägung der Wochentage

Im Unterschied zum Sonntag erfahren die Werktage nur allmählich und in einer sehr uneinheitlichen Weise eine religiös-liturgische Prägung. Die Herausstellung des Sonntags als des Auferstehungstages, an dem sich die Erlösung vollendet, ließ die übrigen Wochentage zunächst unbeachtet. Eine Ausnahme bilden schon früh der *Mittwoch* und *Freitag*. So gibt die „Lehre der zwölf Apostel" (Didache) die Weisung, im Gegensatz zu den „Heuchlern" (vgl. Mt 6,16) nicht am Montag und Donnerstag, sondern

---

[24] Vgl. Dokumentation in: Gd 9 (1975) 90 ff: Erster oder letzter Tag der Woche?
[25] Vgl. *F. Schulz*, Gefährdeter Sonntag, in: JLH 20 (1976) 158-165.
[25a] LJ 35 (1985) 9 f.   [25b] Ebd. 10-12.

am Mittwoch und Freitag zu fasten[26]. Eine Begründung für dieses Fasten, das auch *Tertullian* kennt[27], gibt die syrische Schrift *Didascalia* aus der ersten Hälfte des 3. Jahrhunderts, in der das Mittwochfasten mit dem Verrat des Judas und das Freitagsfasten mit dem Kreuzestod Christi begründet werden[28]. Ebenso wird das in Rom schon sehr früh übliche Samstagsfasten mit der Trauer der Apostel über den Tod Jesu begründet[29].

Hier wird deutlich, daß die Ereignisse der Karwoche bei der liturgischen Prägung der Wochentage eine wichtige Rolle spielten. Im Mittelalter wird schließlich auch der *Donnerstag* in Erinnerung an die Einsetzung der Eucharistie beim Letzten Abendmahl Jesu und an die mit dem Ölbergsleiden einsetzende Passion mit einem unverwechselbaren christologischen Akzent versehen[30]. „So wie der Sonntag ein allwöchentliches Ostern darstellt, so erscheint auch die Woche als ein abgeschwächtes Nachbild der Karwoche. Die großen Tatsachen der Heilsgeschichte sollten den Gläubigen nicht nur einmal im Kreislauf des Jahres, sondern jedesmal auch im kleinen Zyklus der Woche vor Augen treten."[31]

Diese heilsgeschichtliche Charakterisierung der meisten Wochentage wird im Mittelalter, beginnend mit *Alkuin* († 804), durch zahlreiche, andersartig geprägte Reihen von Votivmessen zeitweise verdrängt. Dabei spielen die Verehrung der Trinität und der Heiligen, aber auch die Sorge um Vollkommenheit und Seelenheil eine besondere Rolle. Der Versuch, auch die Menschwerdung Jesu an den Wochentagen zu verankern, hatte keinen bleibenden Erfolg[32]. Schließlich schälte sich bei der nachtridentinischen Vereinheitlichung und Fixierung der Liturgie, wie sie uns vor allem im *Missale Pius' V.* von 1570 begegnet, folgende Votivmeßreihe heraus, die zusammen mit einigen späteren Beifügungen genau 400 Jahre bis zum *Missale Pauls VI.* von 1970 in Geltung blieb.

Montag:	Dreifaltigkeit
Dienstag:	Engel, auch Schutzengel
Mittwoch:	Apostel; seit 1920 auch hl. Josef und Petrus und Paulus
Donnerstag:	Heiliger Geist; seit 1604 auch Eucharistie, seit 1935 auch Hohespriestertum Christi
Freitag:	Kreuz; seit 1604 auch Leiden Christi
Samstag:	Maria

Das neue Missale von 1970 kennt 16 Votivmessen, unter denen die oben genannten alle vertreten sind. Es verzichtet jedoch darauf, sie be-

---

[26] 8,1: *Bihlmeyer* 5.
[27] De ieiunio 10: CCL II, 1267 f.
[28] V, 14, 4 ff: *Funk* I, 276-278.   [29] *Innozenz I.*, Epist. 25, 4: MPL 20, 255.
[30] So bei *Honorius von Autun* († um 1150), Gemma animae II, 67 f: MPL 172, 640 ff.
[31] *J. A. Jungmann*, Der liturgische Wochenzyklus, in: Erbe 334.
[32] Einzelheiten u. a. bei *Jungmann*, Erbe 336 ff.

sonderen Wochentagen zuzuordnen. So ist es dem einzelnen Seelsorger mehr oder weniger freigestellt, ob er die im wesentlichen mittelalterliche Wochentagsprägung beibehalten will[33].

4. Ostern und sein Festkreis

Die neutestamentlichen Schriften machen noch keine eindeutige Aussage über die Feier eines Jahresgedächtnisses des Pascha-Mysteriums, wenn auch einige Texte vermuten lassen, daß schon die Urgemeinde das jüdische Pascha-Fest mit christlichem Sinn erfüllte (vgl. 1 Kor 5,7 f). Deutliche Belege finden sich erst im 2. Jahrhundert. Dabei kommt dem „Osterfeststreit" in der zweiten Jahrhunderthälfte besondere Bedeutung zu. Während die Christen Kleinasiens und Syriens das Jahresgedächtnis unabhängig von einem bestimmten Wochentag immer am 14. Nisan, dem Vollmondstag des ersten Frühlingsmonats, begingen („Quartodezimaner"), entschied sich die übrige Christenheit für den Sonntag nach dem 14. Nisan. Das Konzil von Nizäa 325 beendete diese innerkirchliche Auseinandersetzung um das Osterdatum mit der Vorschrift, Ostern immer am Sonntag nach dem ersten Frühlingsvollmond zu feiern. Mit dieser mondphasenabhängigen (= lunaren) Regelung nimmt man in Kauf, daß dieser Ostertermin innerhalb einer solaren Zeitrechnung eine Schwankungsbreite von fünf Wochen (22. März bis 25. April) hat und so ein großer Teil des Kirchenjahres von beweglichen Festen geprägt wird. Neuere Bemühungen um eine (stärkere) Fixierung des Ostertermins blieben bislang ohne Erfolg[34].

Während die lateinische Sprache als Bezeichnung für das Jahresgedächtnis das griechische Pascha (vom hebräischen pesach) übernommen hat, wovon sich auch die entsprechende Bezeichnung in zahlreichen modernen Sprachen ableitet, ist das deutsche Wort Ostern in seinem Ursprung umstritten[35].

a) Das österliche Triduum

Ursprünglich feierte die Kirche ihr Pascha-Fest an einem einzigen Tag bzw. in der einen Nacht vom Karsamstag auf den Ostersonntag[36]. Seit dem 4. Jahrhundert bildete sich aufgrund einer mehr historisierenden

---

[33] Zur Gesamtthematik: *G. Schreiber*, Die Wochentage im Erlebnis der Ostkirche und des christlichen Abendlandes (Köln – Opladen 1959). Ein neuartiger Vorschlag bei *Reifenberg* II, 288 f.

[34] Ausführlich bei *Adam*, Kirchenjahr 53-56 mit weiterer Literatur.

[35] Ebd. 56.

[36] Wichtigste Lit.: *O. Casel*, Art und Sinn der ältesten christlichen Osterfeier, in: Jl.W 14 (1938) 1-78; *B. Fischer – J. Wagner* (Hg.), Paschatis Sollemnia (Basel u. a. 1959); *H. Becker*, Osterfeier – Osterglaube – Ostererfahrung, in: TthZ 88 (1979) 1-18.

Sicht und nachahmenden Darstellungsform das „heiligste Triduum des gekreuzigten, begrabenen und auferweckten Herrn"[37] heraus. Die liturgischen Feiern dieser drei Tage vom Gründonnerstagabend bis Ostersonntag stellen seitdem die eigentliche Jahrfeier des Pascha-Mysteriums dar[38]. Weil diese Feiern sehr reformbedürftig geworden waren, veranlaßte schon *Pius XII.* eine grundlegende Erneuerung (1951 und 1955)[39], ein wesentlicher Vorgriff auf die nachkonziliare Reform des MR von 1970. Der folgenden Kurzbeschreibung liegt das MD von 1975 zugrunde.

Die Feier des Gründonnerstags
Weil nach jüdisch-antiker Vorstellung der Tag mit dem Vorabend beginnt, zählt auch der Abend des Gründonnerstags bereits zu den drei heiligen Tagen. Dies ist auch inhaltlich gerechtfertigt, weil im Letzten Abendmahl Jesu seine Hingabe im Opfertod sakramental vorausgenommen wird und mit dem Ölbergsleiden die eigentliche Passion beginnt. Der deutsche Name hängt wahrscheinlich mit einem mittelhochdeutschen Wort für „weinen" zusammen, das im Verbum „greinen" (grienen) fortlebt und auf den Umstand Bezug nimmt, daß an diesem Tag die Büßer („Weinende") rekonziliiert wurden.

Die *Abendmahlsmesse* soll die einzige an diesem Tage sein (von der bischöflichen „missa chrismatis" am Vormittag abgesehen). Mit ihr verbindet sich die Sitte der Fußwaschung (auch mandatum = Auftrag genannt) nach dem Evangelium (fakultativ). Nach dem Schlußgebet werden die für den Karfreitag vorauskonsekrierten Gaben zum Tabernakel eines Nebenaltars (Seitenkapelle) übertragen und der Altarschmuck entfernt („denudatio altaris" = Entblößung des Altares). Die anschließende Anbetung vor dem Allerheiligsten soll nach Möglichkeit beibehalten werden. Die Benennung dieses Aufbewahrungsortes als „heiliges Grab" muß als weniger glücklich betrachtet werden[40]. Erwähnt sei noch die festgehaltene Sitte, zum Gloria die Glocken zu läuten und sie dann bis zum Gloria der Osternacht verstummen zu lassen. An die Stelle der Altarschellen treten vielerorts hölzerne Klanginstrumente (Klappern oder Ratschen)[41].

Die Liturgie des Karfreitags
Die ersten christlichen Jahrhunderte verzichteten an diesem Todestag Jesu auf eine besondere Liturgie und hielten an ihm wie am Karsamstag ein strenges Trauerfasten. Gegen Ende des 4. Jahrhunderts kannte man in Jerusalem am Vormittag die Verehrung des heiligen Kreuzes und am Nachmittag einen Wortgottesdienst mit dem Passionsbericht. Von einem Wortgottesdienst berichtet auch *Augustinus* für Nordafrika. Zusätzlich entwickelten sich in Ortskirchen mit einer Kreuzreliquie (z.B. in Rom)

---

[37] Siehe oben Anm. 3.   [38] Vgl. GOK 18 f.
[39] Siehe oben Kap. II, 4e S. 47 f.
[40] *Adam*, Kirchenjahr 61 f.   [41] Vgl. PLHL 187.

Kreuzverehrungsfeiern. Auf dem Weg der römischen Liturgie über die fränkisch-gallischen Gebiete und das Römisch-Germanische Pontifikale des 10. Jahrhunderts entfaltete sich allmählich aus einer schlichten Kommunionfeier die *„missa praesanctificatorum"* ohne Hochgebet („verstörte" Messe). Der seltene Kommunionempfang im Mittelalter führte dazu, daß nur noch der Priester in ihr kommunizierte. In dieser Form übernahm das Missale Tridentinum von 1570 die Karfreitagsliturgie und konservierte sie fast 400 Jahre lang. Die 1955 verfügte Neuordnung straffte die traditionelle Dreiteilung Wortgottesdienst, Kreuzverehrung und Kommunionfeier und hob das Verbot der Gläubigenkommunion auf. Das MR von 1970 hat diese Reform im wesentlichen übernommen.

In der Regel beginnt der Gottesdienst um 15.00 Uhr, die liturgische Farbe ist rot. Nach der Prostratio vor dem ungeschmückten Altar und dem einleitenden Tagesgebet mit kurzer Einführung folgt der Wortgottesdienst mit zwei Lesungen, dem Passionsbericht nach Johannes, Homilie und „Großen Fürbitten". Diese sind gestrafft und im Blick auf die Juden und die (früher so genannten) Häretiker und Schismatiker rücksichtsvoller formuliert. Bei der Kreuzverehrung gibt es zwei mögliche Formen der „Kreuzerhebung" (stufenweise Enthüllung oder Prozession mit dem unverhüllten Kreuz). Während Klerus und Gläubige dem Kreuz ihre Verehrung erweisen (Kniebeuge oder Verneigung oder Kuß), singen Chor und (oder) Gemeinde die altehrwürdigen Texte vom heiligen Kreuz, in denen sich bereits die Osterfreude ankündigt. Die schlichte Kommunionfeier mit den „dona praesanctificata" wird mit Vaterunser, Embolismus und Akklamation vorbereitet. Schluß- und Segensgebet lassen die Einheit des Pascha-Mysteriums in Tod und Auferstehung erkennen.

Die Feier der Osternacht

Der Karsamstag als Tag der Grabesruhe und des Trauerfastens hatte seit alters keine eigene Liturgie. Mit dem Einbruch der Dunkelheit begann „die Mutter der Vigilien" (*Augustinus*), die heilige Nachtwache im Gedächtnis des Todes und der Auferstehung des Herrn. „In den großen Antithesen von Nacht und Morgenlicht, Fasten und Eucharistiemahl, Trauer und Festesfreude wurde der Gegensatz von Tod und Leben, Untergang und Auferstehung, Satan und Kyrios, altem und neuem Äon unwiderstehlich erlebt"[42]. Vielen ist es heute unverständlich, wie es seit dem 14. Jahrhundert zu jener Fehlentwicklung kommen konnte, daß diese Osternachtliturgie auf den frühen Karsamstagmorgen vorverlegt werden konnte[43].

Die *erneuerte Osternachtliturgie* setzt sich zusammen aus Lichtfeier, Wortgottesdienst, Tauf- und Eucharistiefeier.

---

[42] *A. Stuiber*, Von der Pascha-Nachtwache zum Karsamstaggottesdienst, in: KBl 75 (1950) 99.
[43] Näheres bei *Adam*, Kirchenjahr 67-69.

Die *Lichtfeier* beginnt mit der Segnung des Feuers, der Bereitung und Entzündung der Osterkerze als des „Lumen Christi" und ihrem Einzug in die dunkle Kirche, die dann durch die an der Osterkerze entzündeten Lichter der Gläubigen erhellt wird. Es folgt das feierliche Osterlob, nach seinem lateinischen Anfangswort auch „Exsultet" genannt[44]. Weil es ein Höhepunkt österlicher Verkündigung ist, stellt sich mit Recht die Frage, ob es nicht erst nach dem Evangelium eingeordnet werden sollte.

Der *Wortgottesdienst* hat neun biblische Lesungen, die beiden letzten aus dem NT (Röm 6, 3-11 und eine dem Lesejahr entsprechende Auferstehungsperikope eines der Synoptiker). Aus pastoralen Gründen kann die Zahl der alttestamentlichen Lesungen auf zwei begrenzt werden. Jeder folgt ein Antwortgesang und eine Oration. Nach der letzten stimmt der Priester das Gloria an (Glockengeläute). Erstmals wird wieder das Halleluja gesungen.

Tauffeier: Weil die Osternacht seit alters ein bevorzugter Tauftermin war, ist es auch heute wünschenswert, daß die Taufe gespendet wird, womöglich als Abschluß des Katechumenates. Nach der Vorstellung der Täuflinge und der gekürzten (Allerheiligen-)Litanei wird das Taufwasser mit einem epikletischen Gebet geweiht (Einsenkung der Osterkerze). Nach Absage an Satan und nach dem Bekenntnis wird die Taufe gespendet, bei Täuflingen im Erwachsenen- und Schulalter auch die Firmung durch den taufenden Priester, wenn kein Bischof anwesend ist. Wird keine Taufe gespendet, wird nur das Wasser gesegnet (Weihwasser, Osterwasser). Seit der Wiederherstellung der Osternachtfeier 1951 ist an dieser Stelle die Erneuerung des Taufversprechens vorgesehen, der die Besprengung der Gemeinde folgt. Danach folgen die Fürbitten.

Diese leiten über zur *Eucharistiefeier.* Dabei findet die österliche Heilstat besonderen Ausdruck in der Präfation, den Einschubtexten der Hochgebete I-III (mit Gebet für die Neugetauften), im dreigliedrigen Schlußsegen und im doppelten Halleluja des Entlassungsrufes, von den Präsidialorationen ganz abgesehen[45].

Die folgenden Tagesstunden des *Ostersonntags* hatten ursprünglich keine Meßfeier. Sie bildete sich erst heraus, als gegen Ende des 6. Jahrhunderts die eigentliche Auferstehungsmesse schon vor Mitternacht zu Ende ging. Die Volksfrömmigkeit schuf sich übrigens in den letzten Jahrhunderten für die verlorengegangene Osternachtfeier einen Ersatz in der volkstümlichen „Auferstehungsfeier" am frühen Ostersonntagmorgen (vor der „Frühmesse"). Bestrebungen zu ihrer Wiederbelebung sind unübersehbar, sicher zum Nachteil der wiedergewonnenen Ostervigil. Bedenklich wäre auch der Versuch, mit Rücksicht auf die Besucher des „Hochamtes" am Ostertag, die nicht an der nächtlichen Feier teilgenom-

---

[44] Vgl. *Bonifatius Fischer*, Ambrosius der Verfasser des österlichen Exultet?, in: ALW 2 (1952) 61-74.

[45] Vgl. *B. Kleinheyer*, Die neue Osterfeier (Freiburg i. Br. 1971); *R. Berger – H. Hollerweger* (Hg.), Dies ist die Nacht (Regensburg 1979).

men haben, einige ihrer Elemente in dieses Hochamt zu übernehmen. Nicht alles, was auf Anhieb gefällt, ist der (liturgischen) Weisheit letzter Schluß. – Die Ostervesper bildet den sinnvollen Abschluß des österlichen Triduums.

b) Die Osterzeit oder Pentekoste

Die Erfahrung, daß festliche Höhepunkte eine gewisse Zeit zum Ausschwingen brauchen, läßt sich schon im jüdischen Festkalender erkennen, wo 50 Tage (= sieben Wochen) nach dem Pesachfest (zugleich Fest der ungesäuerten Brote) das „Wochenfest" (= Schavuot) als Erntedankfest für die Weizenernte und Gedächtnis des Bundesschlusses auf dem Sinai begangen wurde. Entsprechend kennt schon das 2. Jahrhundert die österliche Zeit der 50 Tage (griechisch: *pentekoste*), die nach Apg 2, 1ff durch die sichtbare Ausgießung des verheißenen Geistes, der eigentlichen Frucht des Pascha-Mysteriums, vollendet wird. Die GOK steht auf dem Boden ältester Tradition, wenn sie feststellt: „Die Zeit der fünfzig Tage vom Sonntag der Auferstehung bis Pfingstsonntag wird als ein einziger Festtag gefeiert, als ‚der große Tag des Herrn'" (22). Symbolischer Ausdruck dieser durchgehenden Festesfreude ist die Vorschrift, die Osterkerze als Symbol des auferstandenen Herrn während der 50 Tage im Angesicht der Gemeinde in der Nähe des Altares stehen und während der Gottesdienste brennen zu lassen.

Die erste Woche der Osterzeit bildet die *Osteroktav*. Die Liturgie dieser Oktav ist nicht nur vom Pascha-Mysterium, sondern auch von der Rücksicht auf die Neugetauften geprägt, die in den täglichen Eucharistiefeiern der von ihnen empfangenen Initiationssakramente tiefer in die Mysterien eingeführt wurden („mystagogische Katechesen"[46]). Diese Woche hieß früher wegen der weißen Kleider der Neugetauften auch „Weiße Woche", der folgende Sonntag „Sonntag der weißen Kleider" oder *„Weißer Sonntag"*. Die Sitte der feierlichen Erstkommunion an diesem Sonntag geht auf das 18. Jahrhundert zurück[47].

Im 7. Jahrhundert bildete sich das *„Pascha annotinum"* (von annus = Jahr) heraus als ein Jahrgedächtnis der empfangenen Taufe. Weil der eigentliche Jahrestag wegen des schwankenden Ostertermins nicht selten vor das Osterfest fiel, schälte sich schließlich der Montag nach dem Weißen Sonntag als Gedächtnistag heraus.

Um die Einheit der Osterzeit stärker zu betonen, werden ihre Sonntage künftig *„Ostersonntage"* genannt, wobei der „Weiße Sonntag" der zweite, Pfingsten der achte Ostersonntag ist. Ihre liturgischen Texte sind

---

[46] Ältestes bekanntes Beispiel sind die Osterhomilien des *Asterios Sophistes*, die berühmtesten die „fünf mystagogischen Katechesen" des *Cyrill (Johannes?) von Jerusalem*. Vgl. *Adam*, Kirchenjahr 76.
[47] Vgl. *P. Hellbernd*, Die Erstkommunion der Kinder in Geschichte und Gegenwart (Vechta 1954).

intensiv vom Pascha-Mysterium geprägt. Der traditionelle „Sonntag vom Guten Hirten" wurde vom dritten auf den vierten Ostersonntag verlegt, um die Meßevangelien von den Erscheinungen des Auferstandenen nicht zu unterbrechen. Für die Osterzeit stehen fünf Osterpräfationen zur Verfügung, von denen nur die erste für bestimmte Tage festgelegt ist (Osternacht, Ostersonntag, Osteroktav).

Im 4. Jahrhundert bildete sich am 40. Tag nach Ostern das Fest *Christi Himmelfahrt* heraus, vor allem im Anschluß an Apg 1, 3. „Die Wochentage nach Christi Himmelfahrt bis zum Samstag vor Pfingsten einschließlich bereiten auf die Herabkunft des Heiligen Geistes vor" (GOK 26). Auf diese Weise ist die in der Volksfrömmigkeit gewachsene Pfingstnovene auch in der offiziellen Liturgie beheimatet.

Der 50. Tag nach Ostern = *Pfingsten* (das Wort leitet sich von *pentekoste* = der 50. her) ist krönender Abschluß der Osterzeit. Mehr und mehr sieht man aber darin ein selbständiges Fest der Geistsendung, gibt ihm eine eigene Oktav und in manchen Teilen der Kirche einen zweiten und dritten Feiertag und spricht von einem eigenen Pfingstfestkreis. Die nachkonziliare Liturgiereform war bemüht, diesen Tag wieder stärker an Ostern zurückzubinden. Darum entfällt auch die Pfingstoktav, und in den liturgischen Texten wird wieder stärker auf Ostern Bezug genommen (Tagesgebet und Präfation). Die Sequenz „Veni, sancte Spiritus" blieb dem Pfingstfest obligatorisch erhalten. Wo der Montag nach Pfingsten gebotener Feiertag ist (BRD und einige Schweizer Kantone), kann eine eigens gestaltete Messe mit der Thematik Kirche aus dem MD gefeiert werden.

Eine auffällige Besonderheit innerhalb der froh gestimmten Osterzeit sind die *Bittage mit ihren Bußprozessionen*. Es handelt sich um die „ältere Bittprozession" („litania maior") am 25. April und die „jüngeren Bittprozessionen" („litaniae minores") an den drei Tagen vor Christi Himmelfahrt. Die erstgenannte ist rein römischen Ursprungs und sollte eine heidnische Flurprozession (ambarvale) zu Ehren des Gottes Robigus bzw. der Göttin Robigo verdrängen. Mit dem Fest des hl. Markus besteht kein Zusammenhang. Die Neuordnung hat diese Bußprozession, weil auf einem lokalen römischen Brauch beruhend, aufgehoben[48].

Die *„litaniae minores"* verdanken ihre Entstehung dem Bischof *Mamertus von Vienne*, der 469 nach schweren Heimsuchungen des Landes an den drei Tagen vor Christi Himmelfahrt Bußprozessionen und Fasten anordnete. Rom hat diese Bußprozessionen (ohne Fasten) erst unter *Leo III*. († 816) übernommen. Die GOK hat daran festgehalten und ihren Sinn in Zusammenfassung mit den Quatembertagen wie folgt gedeutet: „An den Bitt- und Quatembertagen betet die Kirche für mannigfache menschliche Anliegen, besonders für die Früchte der Erde und für das menschliche Schaffen; auch eignen sich die Tage für den öffentlichen Dank" (45). Die nähere Ausgestaltung wurde den Bischofskonferenzen

---

[48] KomGOK Kap. I, III.3.

die Kirche feiert hier, dass Gott ewig Mensch bleibe will → Mensch

übertragen. Die Bischofskonferenzen (bzw. Bischöfe) des deutschen Sprachgebietes wollen die Feier der Bittage dort erhalten, wo sie im religiösen Leben der Gemeinde verwurzelt ist und auch heute noch gut durchgeführt werden kann. Dies könne an einem oder mehreren Tagen vor Christi Himmelfahrt geschehen. Dabei sollen alle „wesentlichen Bereiche und Gefährdungen des gegenwärtigen Lebens" einbezogen werden[49]. Das MD enthält eine eigene Bittmesse (II, 272ff)[50].

c) Die österliche Bußzeit (Quadragesima, Fastenzeit)

Was die *geschichtliche Entwicklung* angeht, so muß zunächst auf das zweitägige Trauerfasten am Karfreitag und Karsamstag hingewiesen werden, das im 3. Jahrhundert auf die gesamte Karwoche ausgedehnt wurde (wenn auch nicht als Vollfasten). Das Konzil von Nizäa 325 kennt vor dem österlichen Triduum bereits ein Fasten von 40 Tagen, das in Rom am sechsten Sonntag vor Ostern begann = erster Fastensonntag. Weil sonntags nicht gefastet wurde, man aber 40 echte Fasttage haben wollte, legte man den Beginn um vier Tage vor und zählte auch Karfreitag und Karsamstag hinzu. Im 6. Jahrhundert maß man aus verschiedenen Gründen den vorausgehenden drei Sonntagen besondere Bedeutung zu und nannte sie (in abrundender Zählweise) Quinquagesima (= der 50.), Sexagesima (= der 60.) und Septuagesima (= der 70.); die zweieinhalb Wochen vor Aschermittwoch hießen Vorfastenzeit. Ein Fasten wurde zwar nicht verlangt, aber die violette Farbe der Meßgewänder und der Wegfall des Gloria, Halleluja und des Tedeums verliehen diesem Zeitraum Bußcharakter[51].

Das Fasten der alten Kirche bestand darin, daß man sich mit einer Mahlzeit (am Abend) begnügte und sich der Fleischspeisen und des Weines, später auch der Laktizinien (Milch, Butter, Käse) und auch Eier enthielt. Die liturgisch-aszetische Prägung dieser Wochen war wesentlich von den Institutionen des Katechumenates (Taufvorbereitung) und der Kirchenbuße bestimmt. Im Mittelalter erlangte das Motiv der Passion (Passionsmystik) in der gesamten Fastenzeit erhöhte Bedeutung.

Die Neuordnung erfolgte durch die GOK 27-31 in Berücksichtigung der Weisungen des II. Vatikanums (LK 109f). Die Vorfastenzeit wurde fallengelassen, die inhaltlichen Motive der Fastenzeit (Taufe, Umkehr, Buße) und die Ausrichtung auf das Pascha-Mysterium wurden stärker betont.

---

[49] Über kleinere Varianten in den Ländern des deutschen Sprachgebietes s. *Adam,* Kirchenjahr 161.
[50] Zur praktischen Gestaltung: *P. Wollmann,* Bittprozessionen und Wettersegen, in: Gd 7 (1973) 81-83; *J. Zink,* Wie wir heute Bittage halten können, in: Gd 7 (1973) 87f; *J. Dischinger,* Für mannigfache menschliche Anliegen …, in: Gd 17 (1983) 52-55; *K. Schlemmer,* Bitt-Tage feiern (Freiburg i. Br. 1985).
[51] *Adam,* Kirchenjahr 97 f.

Eingangstor bleibt der *Aschermittwoch*. Der Ritus der Aschenbestreuung galt ursprünglich nur den öffentlichen Sündern, wurde aber nach dem Wegfall der öffentlichen Kirchenbuße für alle Gläubigen beibehalten (10. Jahrhundert). Die Vorschrift, für die Aschengewinnung Palmzweige des vorausgegangenen Jahres zu verbrennen, stammt aus dem 12. Jahrhundert. Die Segnung der Asche geschieht nach dem Evangelium. Die anschließende Auflegung wird begleitet von den Worten aus Gen 3, 19 oder (neu) Mk 1, 15b. Der Aschenritus kann auch als Wortgottesdienst außerhalb der Meßfeier begangen werden.

Die sechs Fastensonntage haben vor allem durch ihr Meßevangelium ein je eigenes Gepräge. Der erste, zweite und sechste haben eine eigene, auf das Meßevangelium bezogene Präfation, was für die übrigen Fastensonntage nur im Lesejahr A der Fall ist. Eine Eigenart des vierten Fastensonntags („Laetare") besteht in den rosafarbenen Meßgewändern (seit 16. Jahrhundert), die nicht nur mit seinem freudigen Charakter in Verbindung gebracht werden, sondern auch mit dem päpstlichen Brauch, an ihm eine „goldene Rose" zu weihen. Dies geht wahrscheinlich auf ein römisches Frühlingsfest zurück, an dem man Blumen in den Gottesdienst mitbrachte (10. Jahrhundert). Der fünfte Fastensonntag („Iudica") wurde seit dem Hochmittelalter auch Passionssonntag genannt und durch die Verhüllung der Kreuze und Bilder, durch die Präfation vom heiligen Kreuz und den teilweisen Wegfall des „Gloria Patri" herausgehoben. Die Neuordnung verzichtete auf die Bezeichnung Passionssonntag, „damit die innere Einheit der österlichen Bußzeit gewahrt bleibt"[52].

Hingegen kommt das Motiv der Passion in der Benennung des sechsten Fastensonntags, der jetzt *Palmsonntag vom Leiden Christi"* heißt, stärker zum Ausdruck. An ihm verbindet sich das Gedächtnis des Einzugs Christi in Jerusalem mit dem seiner Passion. Von einer Palmprozession in Jerusalem um 400 berichtet schon die Pilgerin *Egeria*.[53] Im Westen taucht sie erstmals gegen Ende des 8. Jahrhunderts auf und nimmt bald spielerisch-dramatische und volkstümliche Elemente auf. Das neue Meßbuch sieht mehrere Formen für die „Feier des Einzugs Christi in Jerusalem" vor[54]. Die Meßfeier ist besonders von der Lesung der Leidensgeschichte nach den Synoptikern, entsprechend dem Lesejahr, geprägt.

Auch die folgenden *Tage der Karwoche* sind ganz vom Passionsmotiv gestaltet, wobei man aber auf die seitherige Lesung der Passion nach Markus (Dienstag) und Lukas (Mittwoch) verzichten konnte, weil sie im Zyklus der drei Lesejahre am Palmsonntag berücksichtigt werden.

Was die übrigen *Werktage der österlichen Bußzeit* angeht, so hat jeder Tag ein eigenes Meßproprium. Ihre biblischen Perikopen sind in jedem Jahr gleich, wobei Lesung und Evangelium eine thematische Einheit bilden. Mit dem Beginn der vierten Fastenwoche besteht das Meßevangelium aus einer ausgewählten Bahnlesung nach Johannes.

---

[52] KomGOK I, I.2 B.1   [53] Kap. 31.
[54] *Adam*, Kirchenjahr 97f.

Während der Abend des Gründonnerstags bereits dem österlichen Triduum zugehört, ist für den Vormittag die „*missa chrismatis*" des Bischofs mit der Weihe der heiligen Öle vorgesehen, die für die Spendung der Taufe und Firmung in der Osternacht benötigt werden. Aus praktischen Gründen darf diese Messe auch an einem der vorangehenden Kartage gefeiert werden, und zwar in Konzelebration des Bischofs mit seinem Presbyterium, möglichst in der Kathedralkirche. Die Weihe der Öle findet, entsprechend der lateinischen Tradition, dergestalt statt, daß das Krankenöl vor der abschließenden Doxologie des Hochgebetes, Katechumenenöl und Chrisam aber erst nach der Schlußoration geweiht werden. Aus pastoralen Gründen kann der gesamte Weiheritus aber auch am Ende des Wortgottesdienstes vollzogen werden[55].

Mit der „*missa chrismatis*" kann auch eine Erneuerung der Bereitschaftserklärung „zum priesterlichen Dienst" verbunden werden[56].

5. Weihnachten und sein Festkreis

a) Ursprung und Liturgie des Weihnachtsfestes

Aus den kalendarischen Listen der Todestage römischer Bischöfe („Depositio episcoporum") und römischer Märtyrer („Depositio martyrum") des F. D. Filocalus aus dem Jahre 354 ergibt sich, daß es bereits am 25. Dezember des Jahres 336 in Rom gefeiert wurde[57]. Die Einführung dieses stadtrömischen Christusfestes wird von der „*apologetisch-religionsgeschichtlichen Hypothese*" erklärt als die Reaktion der römischen Gemeinde auf das heidnische Staatsfest des „*Natale Solis invicti*" (= Geburtsfest des unbesiegten Sonnengottes), das Kaiser Aurelian im Jahre 274 zu Ehren des syrischen Sonnengottes von Emesa einführte und mit dem er zugleich sein Riesenreich zu festigen hoffte. Um die römischen Christen gegenüber diesem volkstümlichen Fest zu immunisieren, habe die römische Kirche ein Geburtsfest Christi als der „Sonne der Gerechtigkeit" (Mal 3, 20) und des „Lichtes der Welt" (Joh 8, 12) eingeführt[58]. Die sogenannte „*Berechnungshypothese*" geht davon aus, daß sich schon im 3. Jahrhundert christliche Theologen bemühten, das in den Evangelien nicht genannte Geburtsdatum Christi zu berechnen. Dabei wandten sie aufgrund der verbreiteten Christus-Sonne-Symbolik den Äquinoktien und Solstitien eine besondere Aufmerksamkeit zu und meinten, Johannes der Täufer sei zur Sommersonnenwende geboren worden. Dann müsse aber

---

[55] Ordo für die Ölweihen 11 f.
[56] MD, Einleitung zur Chrisammesse.
[57] Text und Interpretation u. a. bei *Pascher* 325-328.
[58] Vgl. *H. Frank*, Frühgeschichte und Ursprung des römischen Weihnachtsfestes im Lichte neuerer Forschung, in: ALW 2 (1952) 1-24; *ders.*, Art. Weihnachten I. Heortologie, in: LThK² X (1965) 984-988.

Jesus nach Lk 1, 26 zur Wintersonnenwende geboren sein[59]. Bei einem abwägenden Vergleich der beiderseitigen Argumente drängt sich die Vermutung auf, daß die Berechnungsversuche – sosehr sie uns Heutigen als apriorisch und darum verfehlt erscheinen – eine gewisse Voraussetzung und Bereitschaft geschaffen haben, daß aber das Sonnenfest Aurelians den drängenden Anstoß gegeben hat.

Daß sich das neue Fest in der damals wenig zentralisierten Kirche mit so erstaunlicher Schnelligkeit im Westen und in vielen Teilkirchen des Ostens noch im 4. Jahrhundert ausbreitete, hat wahrscheinlich auch darin seinen Grund, daß die Bekämpfung der *arianischen Irrlehre* die Person – und nicht nur das Werk – des Gottmenschen stärker in den Vordergrund treten ließ und ein Geburtsfest Christi dem Glaubensbekenntnis von Nizäa, das diese Irrlehre verurteilte (325), auch einen angemessenen liturgischen Ausdruck zu geben vermochte. In den meisten östlichen „Liturgiebereichen gestaltete man die Form der Festfeier, soweit das anging, der von Epiphanie nach; inhaltlich wurde grundsätzlich nur das Geburtsmysterium aus dem Ideenkreis des Erscheinungsfestes herausgeschält. Tatsächlich sind aber gedanklich hie und da Doppelungen entstanden, auch in der römischen Liturgie"[60].

Die altrömische Sitte, daß der Priester an Weihnachten *drei Messen* feiern darf, wurde auch vom neuen MR beibehalten. Dieser Brauch geht auf eine Besonderheit der Papstliturgie zurück, die sich bis Mitte des 6. Jahrhunderts herausgebildet hatte und mit der Verbreitung der römischen Liturgiebücher auch anderwärts nachgeahmt wurde[61]. Im deutschsprachigen Raum sprechen wir von der *Christmette* (missa in nocte), der *Hirtenmesse* (missa in aurora) und dem *Hochamt* (missa in die). Sieht man davon ab, daß es im neuen MR zusätzlich alttestamentliche Lesungen gibt, so sind ihre Propriumsteile im wesentlichen die gleichen wie bisher.

Zur festlichen Weihnachtsliturgie zählt auch die Messe *„am Heiligen Abend"* vor oder nach der ersten Vesper. Solche festlichen Vigilmessen sind nach der Neuordnung nicht mehr Vigilien = Nachtwachen mit Buß- und Vorbereitungscharakter. „Mit Ausnahme der Ostervigil, die im Lauf der Osternacht gefeiert werden muß, heißt ‚Vigilmesse' in Zukunft jene Messe, die in den Abendstunden vor oder nach der ersten Vesper eines Hochfestes als Festmesse gefeiert werden kann"[62]. Darum enthält auch die neue weihnachtliche Vigilmesse nur wenige Texte der seitherigen Vigilmesse, die am Morgen des 24. Dezembers in violetten Meßgewändern gefeiert wurde.

---

[59] *L. Duchesne*, Origines du culte chrétien (Paris ⁵1925); *H. Engberding*, Der 25. Dezember als Tag der Feier der Geburt des Herrn, in: ALW 2 (1952) 25-43.

[60] *H. Frank*, a.a.O. (Anm. 58) 986.

[61] Vgl. *Adam*, Kirchenjahr 105 f.

[62] KomGOK I, II. 1. Derartige Vigilmessen gibt es auch für Pfingsten, die Hochfeste der Geburt des Täufers, der Apostel Petrus und Paulus und der Aufnahme Marias in den Himmel (ebd.).

Aus zahlreichen Texten der Weihnachtsmessen wird deutlich, daß auch Weihnachten als ein *Fest unserer Erlösung* begangen wird, wenn auch dabei die Menschwerdung (als Empfängnis und Geburt) im Vordergrund steht. Denn immer wieder wird auch das Pascha-Mysterium angesprochen. Im Blick auf diese inhaltliche Gemeinsamkeit mit dem Osterfest hat man den Vorschlag gemacht: „Man würde wohl besser unterteilen in eine ‚österliche Begehung der Erlösung‘ und in eine ‚weihnachtliche Begehung der Erlösung‘"[63].

Weil das Leben der Jungfrau *Maria* mit dem Mysterium der Inkarnation Christi untrennbar verbunden ist, wird ihr Name auch in den Einschubtexten der Hochgebete I-III ausdrücklich genannt. Vor allem aber ist der Oktavtag von Weihnachten ihrem Gedächtnis besonders geweiht.

b) Die Weihnachtszeit

Als einziges Fest neben Ostern hat Weihnachten seine Oktav behalten. Der Oktavtag selbst fällt mit dem Beginn des bürgerlichen Jahres zusammen, den *Gaius Julius Cäsar* erstmals für das Jahr 45 v. Chr. vom 1. März auf den 1. Januar festgelegt hatte. Weil die Heiden diesen Jahresbeginn zu Ehren des zweigesichtigen Gottes Janus in größter Ausgelassenheit und mit abergläubischen Sitten begingen, versuchte die Kirche vielerorts, die Gläubigen durch Bußgottesdienste dagegen zu immunisieren[64]. In Rom legte man zeitweise den Gedenktag (Natale) der Gottesmutter darauf, in Spanien und Gallien bürgerte sich das Fest der Beschneidung gemäß Lk 2, 21 ein. Erst im 13./14. Jahrhundert finden wir dieses Fest auch in Rom, wo es als „Beschneidung des Herrn und Oktav von Weihnachten" mit marianisch-weihnachtlichem Charakter bis zur Liturgiereform von 1960 (Codex rubricarum) begangen wurde. Die GOK kehrte zum ursprünglichen römischen Brauch zurück („Hochfest der Gottesmutter") und verband damit das Gedächtnis der Namensgebung Jesu.

Man hat mit guten Gründen bedauert, daß der Beginn des neuen Jahres, der bei fast allen Völkern festlich begangen wird, in der Liturgie so wenig beachtet wird. Es gibt zwar im neuen Missale unter den „Messen in verschiedenen öffentlichen Anliegen" an erster Stelle eine „Messe zum Jahresbeginn", aber die vorangestellte Rubrik sagt überraschenderweise: „Diese Messe wird nicht am 1. Januar, dem Hochfest der Mutter des Herrn, genommen." Offenbar stand hier die allgemeine Regel im Wege, daß an Hochfesten keine Votivmessen gefeiert werden dürfen. Eine Neuregelung erscheint angemessen und dringlich[65].

---

[63] *R. Berger*, Ostern und Weihnachten. Zum Grundgefüge des Kirchenjahres, in: ALW 7 (1963) 19.
[64] *Adam*, Kirchenjahr 117.
[65] Vgl. *R. Schwarzenberger*, Die liturgische Feier des 1. Januar …, in: LJ 20 (1970) 216 bis 230; *ders.*, Die Liturgie ist für die Menschen da, in: Gd 4 (1970) 185-187.

Schon die ältesten liturgischen Kalender haben eine Reihe von Heiligenfesten im unmittelbaren Anschluß an Weihnachten. Das Mittelalter sah in diesen Heiligen das Ehrengefolge des Christuskindes und nannte sie „comites Christi" (= Gefolgsleute). In der römischen Liturgie sind es der „Erzmärtyrer" (= Erstmärtyrer) *Stephanus* am 26., der Apostel und Evangelist *Johannes* am 27. und die von Herodes ermordeten „*Unschuldigen Kinder*" von Betlehem am 28. Dezember. Am 29. ist das nicht gebotene Gedächtnis des Märtyrerbischofs *Thomas Becket* von Canterbury und am 31. das des Papstes *Silvester I.*

Am Sonntag in der Oktav wird das *Fest der Heiligen Familie* begangen. Fallen jedoch Weihnachten und sein Oktavtag auf einen Sonntag, dann wird es am 30. Dezember gefeiert. Es handelt sich um ein jüngeres Devotionsfest, das sich im 19. Jahrhundert vor allem von Kanada aus verbreitete und das von *Leo XIII.* sehr gefördert wurde (seit 1920 am 1. Sonntag nach Erscheinung).

Hochfest der Erscheinung des Herrn

Herausragendes Fest in der Weihnachtszeit ist das Hochfest der *Erscheinung des Herrn* am 6. Januar, in Anlehnung an das griechische Wort auch Epiphanie (Epiphanias) genannt. Seine ersten Spuren finden sich schon zum Beginn des 3. Jahrhunderts in Alexandrien. Es spricht vieles dafür, daß der Termin von einem heidnischen Fest (Geburtstag des Gottes Äon) beeinflußt war. Es handelt sich um das ursprüngliche Geburtsfest Jesu in der östlichen Kirche, mit dem sich schon früh das Gedächtnis seiner Taufe (darum auch wichtiger Tauftermin) und des ersten Wunders Jesu auf der Hochzeit zu Kana verband[66]. In der zweiten Hälfte des 4. Jahrhunderts erfolgte, wie bereits bei Weihnachten vermerkt, die beiderseitige Übernahme des östlichen und westlichen Geburtsfestes, und zwar dergestalt, daß der *Osten* am 25. Dezember die Geburt Jesu und die Ankunft der Weisen feierte und den 6. Januar dem Gedächtnis der Taufe Jesu und der Hochzeit von Kana widmete und die Taufe spendete, der *Westen* hingegen am 6. Januar die Ankunft der Weisen, die Taufe Jesu und sein erstes Wunder als deutliche Zeichen seiner Epiphanie feierte. In der Rangordnung der Feste galt Epiphanie in der westlichen Kirche als zweithöchstes Fest des Kirchenjahres (Duplex I. Klasse mit privilegierter Oktav zweiter Ordnung). Heute ist es Hochfest ohne Oktav und wird, wo der 6. Januar kein gebotener Feiertag ist, auf den Sonntag zwischen dem 2. und 8. Januar gelegt (GOK 37).

In der Volksfrömmigkeit des Mittelalters traten „die Heiligen Drei Könige" so stark in den Vordergrund, daß Epiphanie meist *Dreikönigsfest* genannt und fast wie ein Heiligenfest angesehen wurde.

Ähnlich wie mit Weihnachten verbindet sich auch mit Epiphanie man-

---

[66] Vgl. *K. Holl,* Der Ursprung des Epiphaniefestes, in: Sitzungsberichte der Preußischen Akademie der Wissenschaften 1917, 402-438; *F. Nikolasch,* Zum Ursprung des Epiphaniefestes, in: EL 82 (1968) 393-429.

ches fromme (auch weniger fromme) *Brauchtum*. Davon sei die mittelalterliche Sitte der „Sternsinger", die in unseren Tagen eine Neubelebung erfahren hat, besonders erwähnt.

Seit 1960 hat man das Gedächtnis der *Taufe Jesu*, seit je ein wichtiges Teilelement des Epiphaniefestes, zu einem eigenen Fest erhoben (zuerst Oktavtag von Epiphanie). Man wollte damit seine heilsgeschichtliche Bedeutung als Offenbarung der Gottessohnschaft Jesu, seine Salbung mit dem Heiligen Geist zum Messiasamt am Beginn seines öffentlichen Wirkens und die Heiligung des Wassers zum Zeichen der Sündenvergebung in der Taufe besonders hervorheben. Die GOK legte es auf den Sonntag nach Epiphanie. Wird Epiphanie im Sinn der oben genannten Regel auf Sonntag, den 7. oder 8. Januar, verlegt, dann wird das Fest der Taufe Jesu am folgenden Montag begangen[67].

Mit diesem Fest endet der Weihnachtsfestkreis. Die anschließende Woche zählt bereits als erste der 33 oder 34 Wochen der allgemeinen Kirchenjahrszeit.

c) Der Advent als weihnachtliche Vorbereitungszeit

Auch dem Weihnachtsfest ist eine Vorbereitungszeit vorgelagert, die wir nach dem lateinischen Wort adventus = Ankunft (nämlich des Herrn Jesus Christus) Advent nennen. Seine ersten Spuren finden sich in Gallien und Spanien, wo Epiphanie am 6. Januar aufgrund der engen Verbindung mit Byzanz das älteste Geburtsfest Christi und zeitweise auch ein wichtiger Tauftermin war. Ähnlich wie der Osternacht gab man auch diesem Tauftermin eine vierzigtägige Vorbereitungszeit. Weil nach östlichem Brauch der Samstag kein Fasttag war, umfaßte sie acht Wochen und begann am Tag nach dem 11. November (Quadragesima sancti Martini)[68].

Für Rom kennt das stadtrömische Sakramentar *Gregors I.* vier Sonntagsmessen und drei Quatembermessen mit adventlichem Gepräge. Dabei steht nicht die endzeitliche Wiederkunft Christi, sondern sein „Kommen im Fleische" im Mittelpunkt.

Anders war es in Gallien, wo unter dem Einfluß irischer Missionare die eschatologische Erwartung im Vordergrund stand und der Advent zur Bußzeit wurde (violette Meßgewänder, Wegfall des Gloria, Halleluja und Tedeums). Einige dieser Bußelemente drangen im 12. Jahrhundert in die römische Liturgie ein. Rom hat jedoch durch das Festhalten am freudigen Halleluja zu erkennen gegeben, daß es im Advent keine eigentliche Bußzeit sieht. Die römische Lösung von vier Adventssonntagen setzte sich nur langsam durch. Mailand hat heute noch sechs Adventssonntage.

Die GOK sieht den *Sinn des Advents* sowohl als Vorbereitung auf

---

[67] Vgl. Notitiae 13 (1977) 477.

[68] Zur Geschichte des Advents: *W. Croce*, Die Adventsliturgie im Lichte der geschichtlichen Entwicklung, in: ZkTh 70 (1954) 257-296, 440-472; *J. A. Jungmann*, Advent und Voradvent, in: *ders.*, Erbe 232-294.

Weihnachten wie als Erwartung der endzeitlichen Ankunft des Herrn. „Unter beiden Gesichtspunkten ist die Adventszeit eine Zeit hingebender und freudiger Erwartung" (39). Näherhin unterscheidet sie *zwei adventliche Phasen:* die Zeit vom 17. bis 24. Dezember ist in besonderer Weise auf die Feier des Weihnachtsfestes hingeordnet, der vorausliegende Teil mehr auf die eschatologische Wiederkunft[69]. Aber auch in diesen beiden Phasen durchdringen sich beide Aspekte. Von einer Bußzeit ist nicht die Rede. Ein Adventsfasten wird schon im CIC 1917 nicht mehr gefordert.

Was den *Beginn des Advents* angeht, so ist erster Adventssonntag jener, „der auf den 30. November fällt oder diesem Datum am nächsten kommt" (GOK 40), d. h., der Sonntag zwischen dem 27. November und 3. Dezember.

Die *Meßliturgie der vier Sonntage* ist wesentlich von ihrem Evangelium bestimmt, auf dessen Thematik die anderen Texte mehr oder weniger bezogen sind. Bevorzugt werden die Lesungen aus Jesaja und die auf Johannes den Täufer bezogenen Perikopen. Beide gelten als eigentliche „Adventsprediger". Eine Bereicherung der Adventsliturgie ist mit der Bereitstellung von fünf Adventspräfationen (im MD; das MR hat nur zwei) geschehen, während das Missale *Pius' V.* keine einzige kannte. Eine Besonderheit weist der dritte Adventssonntag („Gaudete") auf, der mit seinem freudigen Charakter und seinen rosafarbenen Meßgewändern eine Art Parallele zum vierten Fastensonntag darstellt.

Die Meßliturgie der *adventlichen Werktage* ist ebenfalls bereichert worden. Während sie vor der Reform keine eigenen Meßformulare hatten, besitzt jeder Tag der zweiten Adventsphase sein eigenes Proprium. Für die Wochentage davor gibt es eine sich wiederholende Wochenreihe, so daß z. B. jeder Montag das gleiche Proprium hat, ausgenommen das Tagesgebet und die biblischen Lesungen, die für jeden Tag eigene Texte aufweisen. Eine Bereicherung haben die Werktage vom 17. bis 23. Dezember dadurch erhalten, daß die berühmten *O-Antiphonen* des Stundengebetes (Magnificat) als Halleluja-Verse eingesetzt sind. Sie verbinden jeweils eine preisende Anrede des erwarteten Messias mit einer Bitte um sein heilbringendes Kommen[70].

Die bislang an den Werktagen des Advents häufig zelebrierten und gut besuchten „*Roratemessen*", ursprünglich Votivmessen zu Ehren der Gottesmutter an den Samstagen der Adventszeit, können auch weiterhin an den Wochentagen des Advents bis einschließlich 16. Dezember gefeiert werden.

Das *Brauchtum* des Advents kreist zum Teil um die Weihnachtserwartung (Adventskranz und -kalender, Herbergssuche, Frauentragen, Barbarazweige), zum Teil handelt es sich auch um vorchristliches Brauchtum zur Wintersonnenwende[71].

---

[69] GOK 42 und Kommentar.
[70] Näheres bei *Pascher* 366-368.
[71] *N. Curti,* Volksbrauch und Volksfrömmigkeit im katholischen Kirchenjahr (Basel

d) Zwei weihnachtliche Feste außerhalb des Festkreises

In einem thematischen Zusammenhang mit dem Geheimnis der Menschwerdung stehen zwei Festtage, die man bislang meist als Marienfeste titulierte, die aber wegen der gefeierten Geschehnisse mehr als Christusfeste zu betrachten sind und deshalb bei der Neuordnung eine Namensänderung erfahren haben.

Das *Fest der Darstellung des Herrn* (2. Februar), 40 Tage nach Weihnachten, stützt sich auf die in Lk 2, 22-39 berichteten Vorgänge, bei denen in der Tat Jesus mehr als seine Mutter im Mittelpunkt steht. Im *Osten* hat dieses Fest, von dem schon die Pilgerin *Egeria* berichtet, den Namen „Fest der Begegnung" (griechisch: *hypapanté*) bekommen (Begegnung Jesu mit dem Tempel, mit Simeon und Anna). In *Rom* verband sich mit diesem Fest, für das es schon Zeugnisse aus dem 5. Jahrhundert gibt, bald eine Lichterprozession durch die Stadt, die eine alte heidnische Sühneprozession verdrängen sollte, die alle fünf Jahre zu Beginn des Februars als Stadtprozession (= Amburbale) gehalten wurde. An ihren Bußcharakter erinnerte die bis 1960 vorgeschriebene violette Farbe der liturgischen Gewänder. Die bei der christlichen Prozession mitgeführten Lichter erinnern an den Ausspruch Simeons von Christus als dem Licht zur Erleuchtung der Heiden. Ihre Segnung entstand noch vor der Jahrtausendwende in Gallien.

Lichterweihe und Lichterprozession führten zu der deutschen Bezeichnung *„Lichtmeß"*, die wenig von der eigentlichen Festthematik zum Ausdruck bringt. Der bis 1969 offizielle Name „Reinigung Mariens" („Purificatio" BMV) muß als mißverständlich betrachtet werden. Für die Kerzenweihe vor der Festmesse sind zwei Formen möglich[72].

Das *Hochfest der Verkündigung des Herrn* (25. März), neun Monate vor dem Geburtsfest Christi, hat die Menschwerdung des Gottessohnes im Schoß Marias zum Gegenstand. Im Osten ist es erstmals für das 6., im Westen für das 7. Jahrhundert bezeugt, wenn man von bestimmten Vorläufern absieht[73]. Weil der 25. März meist in die österliche Bußzeit fällt, konnte es sich nicht recht entfalten. Kommt es in die Karwoche oder – in seltenen Fällen – in die Osterwoche zu liegen, so wird es am Montag nach der Osteroktav nachgeholt. Die GOK bevorzugte die auch früher schon vorkommende Bezeichnung „Verkündigung des Herrn"; aber auch der Name „Mariä Verkündigung" ist im Blick auf Lk 1, 26-38 durchaus sinnvoll. Bei aller Bedeutung des Festgegenstandes sollte nicht übersehen werden, daß die Inkarnation von jeher auch schon Gegenstand des Weihnachtsfestes war.

1947); *H. Bausinger,* Adventskranz (Würzburg – München 1977); *H. Kirchhoff,* Christliches Brauchtum. Von Advent bis Ostern (München 1984); *J. Küster,* Wörterbuch der Feste u. Bräuche im Jahreslauf … (Freiburg i. Br. 1985).
[72] Vgl. *Adam,* Kirchenjahr 127 f.   [73] Ebd. 129.

6. Die allgemeine Kirchenjahrzeit

a) Die neue Einteilung

Die Zeitabschnitte zwischen den beiden Festkreisen werden „allgemeine Kirchenjahrzeit" oder „Zeit im Jahreskreis" genannt (lateinisch: tempus per annum). Sie bilden zusammen mit den Festkreisen das „Temporale" oder „Herrenjahr". Es handelt sich um 33 bzw. 34 Wochen, die sich in zwei Abschnitte mit durchgehender Zählung gliedern: vom Montag nach dem Fest der Taufe Jesu bis Aschermittwoch und vom Montag nach Pfingsten bis Advent. Dabei gelten der Sonntag der Taufe Jesu und der Pfingstsonntag (rein fiktiv) als Sonntage der allgemeinen Kirchenjahrzeit. Hat ein Jahr nur 33 allgemeine Sonntage, so wird jene Woche übersprungen, die nach Pfingsten an der Reihe wäre. Damit ist sichergestellt, daß die liturgischen Texte (in Messe und Brevier) der 33. und 34. Woche mit ihrem eschatologischen Gepräge niemals ausfallen müssen.

Vor der Neuordnung unterschied man eine Zeit nach Erscheinung des Herrn bis Septuagesima, wofür in Meßbuch und Brevier sechs Sonntage vorgesehen waren, und eine Zeit nach Pfingsten mit 24 Sonntagsformularen. Weil bei einem frühen Ostertermin nicht alle Sonntage nach Erscheinung des Herrn berücksichtigt werden konnten (im Extremfall nur zwei) und es nach Pfingsten bis zu 28 Sonntagen kommen konnte, war folgende Regelung getroffen: die ausgefallenen Sonntage nach Erscheinung wurden zwischen dem 23. und 24. Sonntag nach Pfingsten eingeschaltet (= nachgeholte Sonntage), was sicher keine ideale Lösung war.

Die Zählung der Sonntage nach Pfingsten taucht erst in fränkischen Liturgiebüchern des 8. Jahrhunderts auf. Vorher pflegte man diese Sonntage nach ihrer Stellung zu bestimmten nachpfingstlichen Festen zu zählen. Nach der Einführung des Dreifaltigkeitssonntags (1334) kannte man auch die Zählung der Sonntage nach „Trinitatis", die später von den reformatorischen Kirchen übernommen wurde und dort heute noch üblich ist[74].

b) Die Leseordnung der allgemeinen Kirchenjahrzeit

Die Sonn- und Wochentage der allgemeinen Kirchenjahrzeit bekommen ihr theologisch-liturgisches „Gesicht" vor allem durch die Lesungen, die ihnen durch die *neue Leseordnung für die Meßfeier* vom 25. Mai 1969 (2. Auflage vom 21. Januar 1981) zugeteilt wurden. Weil ihre allgemeinen Regeln bereits beim Wortgottesdienst der Eucharistiefeier dargelegt wurden (s. oben S. 140 f), seien um des raschen Überblickes willen lediglich zwei Tabellen wiedergegeben, aus denen erkennbar wird, welche biblischen Bücher in welcher Reihenfolge als ausgewählte Bahnlesung für die

---

[74] Der Versuch, dieser unterschiedlichen Zählung eine tiefere theologische Begründung geben zu wollen (vgl. *G. Kunze*, a.a.O. [Anm. 8] 526), wirkt wenig überzeugend.

zweite Lesung an den Sonntagen und für die erste Lesung an den Wochentagen der allgemeinen Kirchenjahrzeit verwendet werden. Sie finden sich u. a. am Ende der PE der zweiten authentischen Ausgabe der Leseordnung im deutschsprachigen Lektionar I/A.

Die zweite Lesung an den Sonntagen im Jahreskreis

Sonntag	Lesejahr A	Lesejahr B	Lesejahr C
2	1 Korinther, 1-4	1 Korinther, 6-11	1 Korinther, 12-15
3	1 Korinther, 1-4	1 Korinther, 6-11	1 Korinther, 12-15
4	1 Korinther, 1-4	1 Korinther, 6-11	1 Korinther, 12-15
5	1 Korinther, 1-4	1 Korinther, 6-11	1 Korinther, 12-15
6	1 Korinther, 1-4	1 Korinther, 6-11	1 Korinther, 12-15
7	1 Korinther, 1-4	2 Korinther	1 Korinther, 12-15
8	1 Korinther, 1-4	2 Korinther	1 Korinther, 12-15
9	Römer	2 Korinther	Galater
10	Römer	2 Korinther	Galater
11	Römer	2 Korinther	Galater
12	Römer	2 Korinther	Galater
13	Römer	2 Korinther	Galater
14	Römer	2 Korinther	Galater
15	Römer	Epheser	Kolosser
16	Römer	Epheser	Kolosser
17	Römer	Epheser	Kolosser
18	Römer	Epheser	Kolosser
19	Römer	Epheser	Hebräer, 11-12
20	Römer	Epheser	Hebräer, 11-12
21	Römer	Epheser	Hebräer, 11-12
22	Römer	Jakobus	Hebräer, 11-12
23	Römer	Jakobus	Philemon
24	Römer	Jakobus	1 Timotheus
25	Philipper	Jakobus	1 Timotheus
26	Philipper	Jakobus	1 Timotheus
27	Philipper	Hebräer, 2-10	2 Timotheus
28	Philipper	Hebräer, 2-10	2 Timotheus
29	1 Thessalonicher	Hebräer, 2-10	2 Timotheus
30	1 Thessalonicher	Hebräer, 2-10	2 Timotheus
31	1 Thessalonicher	Hebräer, 2-10	2 Thessalonicher
32	1 Thessalonicher	Hebräer, 2-10	2 Thessalonicher
33	1 Thessalonicher	Hebräer, 2-10	2 Thessalonicher

Die erste Lesung an den Wochentagen im Jahreskreis

Woche	1. Reihe	2. Reihe
1	Hebräer	1 Samuel
2	Hebräer	1 Samuel
3	Hebräer	2 Samuel
4	Hebräer	2 Samuel; 1 Könige, 1-16
5	Genesis, 1-11	1 Könige, 1-16
6	Genesis, 1-11	Jakobus
7	Sirach	Jakobus
8	Sirach	1 Petrus; Judas
9	Tobias	2 Petrus; 2 Timotheus
10	2 Korinther	1 Könige, 17-22
11	2 Korinther	1 Könige, 17-22; 2 Könige
12	Genesis, 12-50	2 Könige; Klagelieder
13	Genesis, 12-50	Amos
14	Genesis, 12-50	Hosea; Jesaja
15	Exodus	Jesaja; Micha
16	Exodus	Micha; Jeremia
17	Exodus; Levitikus	Jeremia
18	Numeri; Deuteronomium	Jeremia; Nahum; Habakuk
19	Deuteronomium; Josua	Ezechiel
20	Richter; Rut	Ezechiel
21	1 Thessalonicher	2 Thessalonicher; 1 Korinther
22	1 Thessalonicher; Kolosser	1 Korinther
23	Kolosser; 1 Timotheus	1 Korinther
24	1 Timotheus	1 Korinther
25	Esra; Haggai; Sacharja	Sprichwörter; Prediger (Kohelet)
26	Sacharja; Nehemia; Baruch	Ijob
27	Jona; Maleachi; Joel	Galater
28	Römer	Galater; Epheser
29	Römer	Epheser
30	Römer	Epheser
31	Römer	Epheser; Philipper
32	Weisheit	Titus; Philemon; 2 u. 3 Johannes
33	1 und 2 Makkabäer	Offenbarung
34	Daniel	Offenbarung

Wegen der erstrebten Kontinuität der Werktagslesungen sollen sie immer genommen werden, „außer an Hochfesten, Festen oder Gedenktagen mit Eigenlesungen im strengen Sinn"[75]. Muß aber die eine oder andere Lesung ausfallen, dann soll der Priester „unter Berücksichtigung der

---

[75] LO, 2. Auflage, PE 82.

Perikopen der ganzen Woche Stücke von geringerer Bedeutung weglassen oder eine andere Verteilung vornehmen, wenn dies zur sinnvollen Darbietung des Lesungsstoffes beiträgt"[76].

c) Bewegliche Hochfeste der allgemeinen Kirchenjahrzeit

Im zweiten Jahrtausend christlicher Zeitrechnung haben sich innerhalb der allgemeinen Kirchenjahrzeit vier Hochfeste herausgebildet, die vom Ostertermin abhängig und damit beweglich sind. Es sind dies das Hochfest der Dreifaltigkeit, des Leibes und Blutes Christi, des heiligsten Herzens Jesu und des Königtums Christi. Gemeinsam ist allen, daß sie aus einer bestimmten Frömmigkeitshaltung der jeweiligen Zeit herausgewachsen und als Devotionsfeste zu betrachten sind (s. oben S. 259).

Das Hochfest der Dreifaltigkeit

In der Abwehr des Arianismus entwickelte sich besonders in Spanien und Gallien eine besondere Betonung des Dreifaltigkeitsglaubens in Verkündigung und Frömmigkeit, für die es im 6./7. Jahrhundert zahlreiche Belege gibt. Um die Mitte des 8. Jahrhunderts erscheint im älteren Gelasianum die heutige Dreifaltigkeitspräfation, eine geschliffene Kurzformel der klassischen Trinitätstheologie. Um 800 taucht eine Votivmesse von der Dreifaltigkeit für die Sonntage auf, denen man nun ein stärkeres trinitarisches Gepräge zu geben sucht. Ein Dreifaltigkeitsfest am Sonntag nach Pfingsten dürfte noch vor 1000 in fränkisch-gallischen Benediktinerklöstern gefeiert worden sein. Rom wehrte sich nachhaltig dagegen, aber schließlich führte es Papst *Johannes XXII.* im Exil von Avignon 1334 für die ganze Kirche ein. Sein Termin am Sonntag nach Pfingsten kann als dankender Rückblick auf das vollendete Heilsmysterium gedeutet werden, das nach der Theologie der Väter der Vater durch den Sohn im Heiligen Geist wirkt[77].

Das Hochfest des Leibes und Blutes Christi (Fronleichnam)

Es wird am Donnerstag nach dem Dreifaltigkeitsfest begangen. Der deutsche Name Fronleichnam (von vron oder fron = Herr; lichnam = lebendiger Leib) entspricht der früheren lateinischen Bezeichnung „festum corporis Christi".

Seine Entstehung muß im Zusammenhang mit der im 12. Jahrhundert sich mächtig entfaltenden Verehrung des Altarssakramentes gesehen werden. Dabei ging es weniger um die rechte Feier der Eucharistie, sondern um die bleibende Realpräsenz Christi im konsekrierten Brot. Hiermit verband sich ein großes Schauverlangen, das u. a. zur Erhebung der konsekrierten Hostie nach der Wandlung führte, erstmals um 1200 für Paris

---

[76] Ebd.; vgl. AEM 319.
[77] A. *Klaus*, Ursprung und Verbreitung der Dreifaltigkeitsmesse (Werl 1938); hierzu *P. Browe*, Zur Geschichte des Dreifaltigkeitsfestes, in: ALW 1 (1950) 65–81.

bezeugt. Eine Vision der Augustinernonne *Juliana von Lüttich,* die sich seit 1209 öfters wiederholte, wurde in dieser Situation zum wirksamen Anstoß für die Einführung eines besonderen Festes zu Ehren des heiligsten Sakramentes. Bischof *Robert von Lüttich* führte es erstmals 1246 für seine Diözese ein, 1264 schrieb es Papst *Urban IV.* für die ganze Kirche vor. *Thomas von Aquin* soll auf dessen Wunsch die Texte für Messe und Brevier geschaffen haben, allerdings wird heute seine alleinige Urheberschaft an den großartigen Hymnen des Brevier-Offiziums angezweifelt. Der noch im gleichen Jahr erfolgte Tod des Papstes verzögerte die Ausbreitung des Festes, das erst unter *Johannes XXII.* durch die Veröffentlichung der Einführungsbulle *Urbans IV.* in den Clementinischen Dekretalen allgemeine Gültigkeit erlangte[78]. Die neue Bezeichnung des Festes, die auch das Blut Christi ausdrücklich nennt, machte das *„Fest des kostbaren Blutes",* das *Pius IX.* 1849 zum Dank für seine Heimkehr aus der Verbannung eingeführt hatte (zuletzt am 1. Juli gefeiert), überflüssig, weil es sich um eine evidente Verdoppelung handelt.

Eine *Fronleichnamsprozession* ist erstmals für Köln zwischen 1274 und 1279 bezeugt. Noch im 14. Jahrhundert findet sie in den meisten Ländern begeisterte Aufnahme und prunkvolle Ausgestaltung. Dabei wird eine konsekrierte Hostie in einem Schaugefäß (Monstranz) mitgetragen. In Deutschland verbinden sich hiermit Elemente der Flur- und Bittprozession. An vier Außenaltären wird Statio gehalten, bei der die vier Evangelienanfänge nach den vier Himmelsrichtungen gesungen, Bittgebete gesprochen und der sakramentale Segen gegeben werden. Besonders in der Barockzeit entfaltet sich diese Prozession zum prunkvollen und triumphalistischen „Prangertag". Die römische Ritenkongregation hat 1959 erklärt, daß die Fronleichnamsprozession nicht als Liturgie römischen Rechtes zu betrachten sei, sondern als „pium exercitium" (fromme Übung) in die Zuständigkeit der Bischöfe fällt[79].

Ein verbreitetes Unbehagen über die traditionelle Form der Fronleichnamsprozession führte in den Jahrzehnten nach dem Konzil zum *Versuch neuer Gestaltungsformen,* z.B. als festliche Eucharistiefeier auf öffentlichen Plätzen, zu der die einzelnen Pfarreien einer Stadt in Prozessionsform ziehen (vgl. die altrömischen Stationsgottesdienste), „um sich im ‚Sakrament der Einheit' als große Gemeinschaft mit Christus und untereinander zu erleben"[80]. In neuester Zeit mehren sich jedoch die Stimmen, die eine Beibehaltung bzw. Wiedereinführung der theophorischen Prozession befürworten.

Das Herz-Jesu-Fest
In diesem Hochfest, das am 3. Freitag nach Pfingsten gefeiert wird, dem Tag, der sich früher an die Oktav von Fronleichnam anschloß, begegnet

---

[78] Vgl. *P. Browe,* Die Ausbreitung des Fronleichnamsfestes, in: JLW 8 (1928) 142 f; *ders.,* Die Verehrung der Eucharistie im Mittelalter (München 1933).
[79] LJ 11 (1961) 58.
[80] *A.A. Häußling,* Leitideen für Fronleichnam heute, in: Gd 3 (1969) 78 f.

uns ein typisches Devotionsfest, das den Gottmenschen unter dem Gesichtspunkt seiner im Herzen symbolisierten Liebe verehrt. Ansätze einer solchen Verehrung finden sich schon bei den Vätern, die sich besonders auf Stellen des Johannesevangeliums berufen (z. B. 7,37; 19,34). Hieran knüpften Theologen des Mittelalters an, vereinzelt schon im 12., vor allem aber im 13. Jahrhundert. Insbesondere hat die Mystik des 13. und 14. Jahrhunderts dieser Verehrung einen starken Auftrieb gegeben durch Persönlichkeiten wie *Mechtild von Magdeburg, Gertrud von Helfta, Heinrich Seuse*. Später haben sich die „*Devotio moderna*" und im 16. Jahrhundert der Jesuitenorden der Herz-Jesu-Verehrung besonders angenommen. Im 17. Jahrhundert kam es durch die französischen Oratorianer des *P. Bérulle* († 1629) und *Johannes Eudes* († 1680) zu einem neuen Höhepunkt. *Johannes Eudes* war es auch, der mit Erlaubnis seines Bischofs als erster ein Fest zu Ehren des Herzens Jesu in den Kirchen seiner Gemeinschaft feierte (20. Oktober 1672). Zwischen 1673 und 1675 hatte *Margarete Maria Alacoque* vom Orden der Heimsuchung in Paray-le-Monial mehrere Visionen, in denen ihr Christus auftrug, sich für die Einführung eines Herz-Jesu Festes am Freitag nach der Fronleichnamsoktav und für die Pflege der Herz-Jesu-Freitage und der Heiligen Stunde einzusetzen. Rom sträubte sich fast 100 Jahre lang dagegen, erst *Clemens XIII.* gestattete 1765 den polnischen Bischöfen und der römischen Erzbruderschaft vom Herzen Jesu ein solches Fest. *Pius IX.* führte es 1856 verbindlich für die ganze Kirche ein, *Leo XIII.* erhöhte 1899 seinen Rang und ordnete für die bevorstehende Jahrhundertwende die Weihe der Welt an das heiligste Herz Jesu an[81]. Eine Neufassung der Festliturgie erfolgte 1928 durch *Pius XI.*, verbunden mit einer weiteren Rangerhöhung. Zur ersten Jahrhundertfeier der allgemeinen Einführung veröffentlichte Papst *Pius XII.* 1956 die Herz-Jesu-Enzyklika „Haurietis aquas"[82].

Vor allem der Jansenismus und die Theologen der Aufklärung haben die Herz-Jesu-Verehrung heftig bekämpft. Auch in unserem Jahrhundert kam es zu mehr oder weniger laut geäußerten Vorbehalten, auf die auch *Pius XII.* in der genannten Enzyklika näher eingeht. Manche auf Mißverständnissen beruhenden Bedenken dürften gegenstandslos werden, wenn man das Wort Herz als Urwort oder Urbegriff im Sinne *Karl Rahners* versteht: „denn die Schrift und Lehre und Praxis der Kirche setzen, wo sie vom Herzen Jesu reden, dasselbe ganzmenschliche Urwort vom Herzen als der innersten ursprünglichen Mitte der leibseelischen Ganzheit der Person voraus. Der Gegenstand der Herz-Jesu-Verehrung ist somit der Herr im Hinblick auf dieses sein Herz."[83]

---

[81] Enzyklika „Annum sacrum", in: ASS 31 (1899) 646-651.
[82] AAS 48 (1956) 309-353. Über die Geschichte der Herz-Jesu-Verehrung informieren u. a. *J. Stierli*, Cor salvatoris … (Freiburg i. Br. 1954); *A. Bea – H. Rahner* u. a. (Hg.), Cor Jesu …, 2 Bde. (Rom 1959); zur Theologie: *K. Rahner*, Herz-Jesu-Verehrung, in: Schr. z. Theol. III (Einsiedeln u. a. 1956) 377-415.
[83] Schr. z. Theol. III (Anm. 82) 405.

. Weitere Formen der Herz-Jesu-Verehrung finden sich in der Feier der *Herz-Jesu-Freitage,* der ersten Freitage der einzelnen Monate, und in der sogenannten *Heiligen Stunde* an ihren Vorabenden. Für die Herz-Jesu-Freitage approbierte *Leo XIII.* 1899 eine besondere Votivmesse. Beide Andachtsformen haben in vielen Pfarreien bei entsprechend guter Sinngebung und Gestaltung ihren pastoralen Wert längst bewiesen[84].

Hochfest vom Königtum Christi = Christkönigssonntag

Äußerer Anlaß für die Einführung dieses jüngsten Ideenfestes durch *Pius XI.* im Jahre 1925 war die 1600-Jahr-Feier des ersten allgemeinen Konzils von Nizäa. In seiner Enzyklika „Quas primas" vom 11. Dezember 1925 entwickelt der Papst den Gedanken, daß das wirksamste Heilmittel gegen die zerstörenden Kräfte der Zeit die Anerkennung der Königsherrschaft Christi sei[85]. Als Festtermin wählte der Papst den letzten Sonntag im Oktober im Hinblick auf das nachfolgende Allerheiligenfest. An ihm solle auch die alljährliche Weihe an das Herz des Erlösers stattfinden. – Wenn auch das neue Fest zunächst begeisterte Aufnahme fand, so äußerten sich doch schon bald Bedenken, weil die Festidee bereits an anderen Tagen des Kirchenjahres organischer zum Ausdruck komme, etwa im Advent, an Weihnachten, Epiphanie, Ostern, Christi Himmelfahrt, ja an jedem Sonntag als dem Festtag des „Kyrios" Christus. Ein Gewinn ist es sicher, daß die Neuordnung dieses „Hochfest unseres Herrn Jesus Christus, des Königs des Weltalls", wie das Fest im MR mit seinem vollen Namen heißt, auf den letzten Sonntag des Kirchenjahres verlegte, der wegen seines eschatologischen Gepräges den Gedanken unterstreicht, daß der erhöhte Herr Zielpunkt des Alls und des christlichen Lebens ist.

d) *Weitere Festtage der allgemeinen Kirchenjahrzeit*

Fest der Verklärung des Herrn (6. August)

Ihm liegen die im wesentlichen übereinstimmenden Berichte der Synoptiker (Mt 17,1-8 parr) zugrunde. Während ein solches Fest in östlichen Kirchen schon im 5. Jahrhundert bekannt war, wurde es für die westliche Kirche allgemein erst 1457 durch *Calixtus III.* eingeführt, und zwar zum dankbaren Gedächtnis an den Sieg über die Türken im Jahre 1456.

Fest der Kreuzerhöhung (14. September)

Es hat seinen Ursprung in Jerusalem. Dort wurde am 13. September 335 die Doppelbasilika der Auferstehungs- und Martyriumskirche eingeweiht. Am Tag danach hielt der Bischof von Jerusalem die große Kreuzreliquie hoch und zeigte sie dem Volk zur Verehrung (Exaltatio crucis =

---

[84] Neuere Gestaltungsformen bei *J. Seuffert,* Der Herz-Jesu-Freitag ... (München 1977).

[85] AAS 17 (1925) 593-610.

Kreuzerhöhung). Dieses Begleitfest überflügelte an Bedeutung bald das eigentliche Kirchweihfest und fand weite Verbreitung. Im Westen gab es mit diesem Fest eine gewisse Verwirrung. Die gallische Liturgie feierte nämlich am 3. Mai ein Kreuzfest (seit dem 8. Jahrhundert). Dies war der Tag, an dem Kaiser *Heraklius* 628 die von den Persern entführte Kreuzreliquie nach Jerusalem zurückbrachte. Auch dieses Fest fand Aufnahme im römischen Festkalender, wo man wegen der vorhandenen Kreuzreliquie den 14. September bereits festlich begangen hatte. In Verkehrung der geschichtlichen Zusammenhänge nannte man das Fest am 3. Mai Kreuzauffindung (diese ist für den 14. September 320 durch Helena überliefert) und das vom 14. September Kreuzerhöhung, wobei man aber an die Rückführung der Kreuzreliquie durch Kaiser Heraklius dachte. Unter *Johannes XXIII.* wurde das Fest am 3. Mai gestrichen (1960). Die GOK hat diesen Wegfall gutgeheißen und dem Kreuzfest vom 14. September seinen ursprünglichen Sinn zurückgegeben[86].

Die Kirchweihfeste
Anstöße zur festlichen Jahrfeier einer Kirchenkonsekration kamen sicher auch von 1 Makk 4, 59 und der heidnischen Sitte, der die Feier eines „natale templi" geläufig war. Ältestes Zeugnis für die Weihe einer christlichen Kirche ist das des Kirchenhistorikers und Bischofs *Eusebius von Cäsarea*, der 314 die Bischofskirche von Tyrus durch Eucharistiefeier und Predigt mit eingeweiht hatte[87]. Daß auch der Jahrestag einer Kirchweihe festlich begangen wurde, erfahren wir für Jerusalem um das Jahr 400[88]. Solche Kirchweihfeste hatten zunächst nur lokale Bedeutung. Bis heute bestehende Ausnahmen bilden die Weihefeste der römischen Basiliken vom Lateran (9. November), von St. Peter (18. November), St. Paul vor den Mauern (ebenfalls 18. November) und S. Maria Maggiore (5. August).

Besondere Bedeutung für jede Diözese hat das Weihefest ihrer *Kathedrale*, das in allen Pfarreien als Eigenfest der Diözese, in der Kathedrale selbst als Hochfest begangen wird. Der Weihetag anderer Kirchen wird, wenn bekannt, jeweils an seinem Termin als Hochfest begangen. Ist er nicht bekannt, wird für jede Diözese ein gemeinsames Jahresgedächtnis als Hochfest angesetzt.

e) Die Quatembertage

Man versteht darunter den Mittwoch, Freitag und Samstag von vier Wochen im Jahr, die ungefähr mit dem Beginn der vier Jahreszeiten zusammenfallen und die man in Rom seit dem 8. Jahrhundert als quattuor tempora = vier Zeiten bezeichnet.

---

[86] Geschichtliche Belege u. a. bei *Righetti* II, 261.
[87] HE X, 4: *Schwartz* 370-388.
[88] *Egeria*, Peregrinationes Kap. 48 f.

Es handelt sich dabei um eine spezifisch römische Institution, die im Osten unbekannt blieb. Ihr Ursprung ist nicht restlos geklärt[89]. Neuere Forschungen sehen die Wurzeln dieser besonderen Fasttage in entsprechenden alttestamentlichen Fastenvorschriften, wobei vor allem Sach 8,19 und Joel 2, 12-19 eine wichtige Rolle gespielt haben dürften, eine Vermutung, die vor allem durch die Quatemberpredigten *Leos I.* verstärkt wird[90]. Terminliche Unterschiedlichkeiten im Westen wurden durch Papst *Gregor VII.* auf der römischen Synode 1078 beseitigt. Seitdem galt die Regelung, daß Quatemberbeginn jeweils der Mittwoch nach dem ersten Fastensonntag, nach Pfingsten, nach Kreuzerhöhung und nach dem Festtag der hl. Luzia ist.

Als *Sinngehalt* ergibt sich aus den verschiedenen geschichtlichen und liturgischen Zeugnissen eine besondere aszetische Bemühung am Beginn der vier Jahreszeiten, vor allem in der Dreiheit Gebet, Fasten und Almosengeben. Gleichzeitig waren die Quatembertage Dank für die verschiedenen Ernten im Jahresablauf und dienten seit dem 5. Jahrhundert der Vorbereitung und Spendung der heiligen Weihen. In neuerer Zeit kam das Gebet um Priester- und Ordensberufe hinzu.

Die *Neuordnung der Quatemberfeiern* hält grundsätzlich an den Quatembertagen fest, überträgt jedoch ihre Terminierung und Gestaltung den Bischofskonferenzen, damit den örtlichen Gegebenheiten besser Rechnung getragen werden kann (GOK 46). Zur Sinngebung betont der offizielle KomGOK, daß die weltweiten Gegenwartsprobleme des Friedens, der Gerechtigkeit und des Hungers den periodisch wiederkehrenden Übungen der Buße und christlichen Liebestätigkeit eine besondere Bedeutung verleihen. Diesen allgemeinen Richtlinien haben die Bischofskonferenzen des deutschen Sprachgebietes aufgrund einer Empfehlung der „Internationalen Arbeitsgemeinschaft der Liturgischen Kommissionen des deutschen Sprachgebietes" getrennt, aber in der Sache ziemlich übereinstimmend entsprochen. Die *DBK* und die *Österreichische Bischofskonferenz*, die *Berliner Ordinarienkonferenz* und die *Diözese Luxemburg* haben als Termine die erste Advents- und Fastenwoche, die Woche vor Pfingsten und die erste Oktoberwoche bestimmt. Die *Schweizer Bischofskonferenz*, die zunächst den einzelnen Gemeinden weitgehende Freiheit in der zeitlichen Festlegung eingeräumt hatte, übernahm im März 1979 ebenfalls diese Termine (mit Ausnahme der Herbstquatember = Woche vor dem Eidgenössischen Dank-, Buß- und Bettag). – Zur inhaltlichen Gestaltung fordern die DBK und die Österreichische Bischofskonferenz, daß unter dem Generalthema „geistliche Erneuerung der Gemeinde" für jede Quatemberwoche eine bestimmte Thematik festgesetzt und die besonderen pastoralen Aktionen der betreffenden Kirchenjahrzeit (z. B. Adveniat, Misereor) einbezogen werden. In Öster-

---

[89] Vgl. *Adam*, Kirchenjahr 154-156.
[90] Von *Leo I.* sind 25 Quatemberpredigten überliefert; Belege bei *Adam*, Kirchenjahr 154 f.

reich, der DDR und Luxemburg ergingen hierzu noch nähere Anweisungen. Als Quatembermessen hatte die GOK entsprechende Votivmessen vorgesehen, wie etwa die „Messen in besonderen Anliegen" (Missae ad diversa). Das MD enthält darüber hinaus für jede Quatemberwoche eine eigene Messe, die von der jeweiligen Kirchenjahrzeit mitgeprägt ist[91].

7. Das Sanctorale des Kirchenjahres

Im Abschnitt über Sinn und Struktur des Kirchenjahres war bereits festgestellt worden, daß es neben dem Temporale oder Herrenjahr auch eine größere Zahl von Festen und Gedenktagen zu Ehren der Heiligen gibt, die man unter dem Namen Sanctorale zusammenfaßt.

a) Zur Geschichte der Heiligenverehrung

Den Beginn christlicher Heiligenverehrung kann man in die Mitte des 2. Jahrhunderts legen. Verehrt wurden zunächst die *Märtyrer* als Zeugen Christi in herausragendem Sinn. Bischof *Polykarp von Smyrna* (um 155) dürfte der erste gewesen sein, dem seine Gemeinde kultische Verehrung erwies (s. oben Kap. 2 S. 26). Zunächst war die Verehrung eines Märtyrers auf jene Gemeinde begrenzt, in der sich sein Grab befand. Erst später wurden manche Märtyrer auch von anderen Gemeinden in den Festkalender aufgenommen. Das fehlende Grab sucht man durch Reliquien, später auch durch „Berührungsreliquien" (= brandea) oder auch durch Bilder zu ersetzen. Besondere Verehrung wurde dann auch den *„Bekennern"* (= confessores) zuteil, die in der Verfolgung Folter, Gefangenschaft und Verbannung erdulden mußten. Auch den *Aposteln* als den ursprünglichen Zeugen Christi wandte sich schon früh die kultische Verehrung zu. Mit dem Ende der großen Verfolgungen wurden allmählich auch herausragende *Bischöfe* wie *Gregor Thaumaturgos* im Osten und *Martin von Tours* im Westen verehrt. Diese Ehre wurde schließlich auch *Asketen und Jungfrauen* wegen ihrer außerordentlichen Christusnachfolge zuteil. Die Verehrung dieser Märtyrer und Heiligen, über deren Gräbern schon früh Altäre, Kapellen und Basiliken errichtet, die Märtyrerakten verlesen und Eucharistie gefeiert wurde, bestand nicht nur im Gedächtnis ihres Todestages (natale) und in der Nachahmung ihrer Tugenden, sondern auch in der Bitte um ihre Fürsprache (invocatio) [92].

Für eine kultische Verehrung der *Gottesmutter* gibt es in den ersten drei

[91] Neuere Lit.: *G. Langgärtner*, Erneuerung der Quatember … (Würzburg 1976); *W. v. Arx*, Geistliche Erneuerung …, in: Gd 14 (1980) 126 f.
[92] *Th. Klauser*, Christlicher Märtyrerkult, heidnischer Heroenkult und spätjüdische Heiligenverehrung (Köln – Opladen 1960); *B. Kötting*, Heiligenverehrung, in: HthG I, 633-641; *P. Molinari*, Die Heiligen und ihre Verehrung (Freiburg i. Br. 1964); *W. Beinert* (Hg.), Die Heiligen heute ehren (Freiburg i. Br. [1]1983).

Jahrhunderten noch kein klares Zeugnis, wohl deshalb, weil der Kult der Märtyrer und Apostel im Vordergrund stand. Dies änderte sich jedoch im 4. Jahrhundert schlagartig, wie wir später noch sehen werden.

Um einer unkontrollierten Ausweitung der Heiligenverehrung vorzubeugen, bildete sich ein kirchliches Verfahren zur *Heiligsprechung* heraus. Kriterium wurde allmählich die nachgewiesene heroische Christusnachfolge und der Nachweis von Wundern nach erfolgter Anrufung. Maßgebend für die heutige Heiligsprechung ist das Motuproprio „Sanctitas clarior" *Pauls VI.* vom 19. März 1969[93].

Die übersteigerte Heiligenverehrung des Mittelalters hatte die Feier des Herrenjahres weitgehend überdeckt. Das im Anschluß an das Trienter Konzil von *Pius V.* herausgegebene Missale und Brevier reduzierte die Heiligenfeste auf „nur" noch 158, die aber bis zum Beginn unseres Jahrhunderts schon wieder auf 230 angewachsen waren, ohne die Eigenfeste der Diözesen, von denen manche über 100 aufzuweisen hatten. Bevor wir auf die Neuordnung zu sprechen kommen, seien kurze Aussagen gemacht zur

b) Theologie der Heiligenverehrung

Bei allen Übertreibungen und auch manchen mißbräuchlichen Praktiken der Heiligenverehrung in manchen Zeiten und Ländern hat die offizielle Lehre der Kirche doch nie die zentrale Aussage von 1 Tim 2,5 f (Christus als einziger Mittler) aus den Augen verloren. Wenn die Kirche die Heiligen verehrt, dann verkündet sie die siegreiche Gnade des einzigen Erlösers und Mittlers Christus, die in den Heiligen wirksam geworden ist. Liturgischer Ausdruck hierfür sind vor allem die Präfationen der Heiligenmessen, aber auch zahlreiche Orationen. Lehramtliche Aussagen finden sich u. a. in verschiedenen Dokumenten des II. Vatikanums (LK 103 f, 111; LG Kap. 7 f). Das Gesagte gilt auch für die Verehrung der *Gottesmutter Maria*, „die durch ein unzerreißbares Band mit dem Heilswerk ihres Sohnes verbunden ist. In ihr bewundert und preist sie die erhabenste Frucht der Erlösung. In ihr schaut sie wie in einem reinen Bilde mit Freuden an, was sie ganz zu sein wünscht und hofft" (LK 103).

Zur Heiligenverehrung gehört aber nicht nur die Anerkenntnis, daß sie durch die Gnade Gottes zu Zeichen, Zeugen und Vorbildern christlichen Lebens geworden sind, sondern auch das Zutrauen, vor ihnen als Brüdern und Schwestern Christi die persönlichen Sorgen und Nöte auszubreiten und um ihre Fürsprache bei Gott, dem Geber aller guten Gaben, zu bitten, wissend um die brüderliche Solidarität aller, die den Mystischen Leib Christi bilden[94]. In diesem Sinn ist katholische Heiligenverehrung weit

---

[93] AAS 61 (1969) 149-153.
[94] Vgl. *K. Rahner*, Vom Geheimnis der Heiligkeit, der Heiligen und ihrer Verehrung, in: *P. Manns* (Hg.), Reformer der Kirche (Mainz 1970) 26; vgl. auch *G. L. Müller*, Gemeinschaft und Verehrung der Heiligen. Geschichtlich-systematische Grundlegung der Hagiologie (Freiburg i. Br. 1986).

entfernt von dem, was wir Anbetung nennen. – Auch in den *Kirchen der Reformation* läßt sich in manchen Kreisen eine Annäherung an eine so verstandene Heiligenverehrung feststellen[95].

c) Der neue römische Generalkalender

Oberste Leitlinie für die Reform des Generalkalenders war der Vorrang des Herrenjahres, „damit der Kreis der Heilsmysterien in gebührender Weise gefeiert werde" (LK 108). Um dies zu ermöglichen, soll eine größere Anzahl von Heiligenfesten auf einzelne Teilkirchen oder Ordensgemeinschaften beschränkt bleiben, „nur jene sollen auf die ganze Kirche ausgedehnt werden, die wirklich von allgemeiner Bedeutung sind" (LK 111). Eine weitere Leitlinie war die Verminderung bzw. Zurückstufung der Ideenfeste. Was die Heiligenfeiern angeht, so soll die historische Wahrheit Voraussetzung für ihre Aufnahme in den Heiligenkalender sein. Es sollen nur Heilige von größerer Bedeutung aufgenommen werden. Dabei ist darauf zu achten, daß alle Länder und Zeiten vertreten sind (geographische und chronologische Universalität). Auch sollen möglichst jeder Lebensstand und die verschiedenen Ausdrucksformen der Frömmigkeit repräsentiert sein. Am 21. März 1969 veröffentlichte die Ritenkongregation den „Römischen Kalender" mit der vorangestellten GOK und dem KomGOK[96].

Obwohl die Reduzierung des Heiligenkalenders in einzelnen Fällen bedauert wurde, blieb man doch hinter dem vorgezeichneten Ziel einer wesentlichen Entlastung des Generalkalenders zugunsten des Temporale zurück. Denn noch sind es – ohne die marianischen Feste und Gedenktage – vier Hochfeste (Josef, Geburt Johannes' des Täufers, Petrus und Paulus sowie Allerheiligen), 17 Feste, 59 gebotene und 88 nicht gebotene Gedenktage, zusammen 168. Kritik hat man an der Tatsache geübt, daß darunter 89 Heilige aus den romanischen Ländern und 63 Ordensheilige sind. Eine Besonderheit bildet der Gedenktag aller verstorbenen Christen am 2. November, auch *Allerseelentag* genannt. Er geht auf das Jahr 998 (Abt Odilo von Cluny) zurück und hat die Rangstufe eines Hochfestes. Fällt er auf einen Sonntag, so hat seine Messe vor diesem den Vorrang.

Die hohe Zahl *marianischer Feste und Gedenktage* ist sicher Ausdruck der liebenden und dankbaren Hochschätzung, die die Kirche der Mutter des Herrn entgegenbringt. Die meisten marianischen Feste entstanden (seit dem 4. Jahrhundert) im Osten und wurden bald auch im Westen heimisch. Allerdings scheint man zu manchen Zeiten übersehen zu haben, daß es auch ein Zuviel an Festen gibt, was dem Anliegen echter Marienverehrung abträglich sein kann. Obwohl bei der Neuordnung einige Ver-

---

[95] Vgl. *W. Stählin*, Maria, die Mutter des Herrn, ihr biblisches Bild (Düsseldorf 1951); *M. Lackmann*, Verehrung der Heiligen (Stuttgart 1958); *M. Thurian*, Maria, Mutter des Herrn, Urbild der Kirche (Düsseldorf 1978).

[96] Veröffentlicht u. a. bei *Rennings* I, 616-635; Nachkonz. Dok., Bd. 20 (Trier 1969).

doppelungen gestrichen wurden, gibt es auch jetzt noch eine erstaunlich große Anzahl marianischer Hochfeste, Feste und Gedenktage. Wir müssen uns im folgenden auf eine kommentarlose Aufzählung beschränken[97], wobei in Erinnerung gerufen sei, daß die bislang als „Mariä Lichtmeß" und „Mariä Verkündigung" bezeichneten Feste bereits bei den Herrenfesten besprochen wurden, ebenso das „Hochfest der Gottesmutter Maria" im Zusammenhang mit der Weihnachtsoktav.

Marianische Hochfeste und Feste (in der Reihenfolge des Kirchenjahres): Mariä Erwählung („Hochfest der ohne Erbsünde empfangenen Jungfrau und Gottesmutter Maria") am 8. Dezember; Fest Mariä Heimsuchung am 2. Juli; Hochfest der Aufnahme Marias in den Himmel am 15. August; Fest Mariä Geburt am 8. September.

Marianische Gedenktage: Unsere Liebe Frau von Lourdes (g) am 11. Februar; unbeflecktes Herz Mariä (g) am Samstag nach dem Herz-Jesu-Fest; Unsere Liebe Frau auf dem Berg Karmel (g) am 16. Juli; Mariä Königin (G) am 22. August; Mariä Namen (g) am 12. September; Gedächtnis der Schmerzen Marias (G) am 15. September; Unsere Liebe Frau vom Rosenkranz (G) am 7. Oktober; Unsere Liebe Frau von Jerusalem (G) am 21. November.

Erwähnt sei in diesem Zusammenhang auch die besondere Verehrung der Gottesmutter im „Marienmonat" Mai und im „Rosenkranzmonat" Oktober[98], ferner die „Votivmessen der Mutter Gottes am Samstag".

d) Regional-, Diözesan- und Ordenskalender

Der *Regionalkalender* für das deutsche Sprachgebiet, der auf der Grundlage der GOK 48-59 und der Instr. der Ritenkongregation vom 24. Juni 1970[99] erarbeitet und am 21. September 1972 von Rom konfirmiert wurde, enthält 67 Eigenfeiern, von denen zwar 17 schon dem Generalkalender angehören, die aber wegen der primären Zugehörigkeit der betreffenden Heiligen zum Sprachgebiet doch als Eigenfeiern zu werten sind. Bei der Auswahl der Heiligen hat man die Grundsätze, die für die Redaktion des Generalkalenders maßgebend waren, entsprechend beachtet. Es wurden also Heilige aufgenommen, „die von allgemeiner Bedeutung für das gesamte Sprachgebiet sind, und Feiern anderer Heiliger, welche die vielfältige und fortdauernde Heiligkeit im Volk Gottes hier bezeugen. Wie im römischen Generalkalender wurde auch im Regionalkalender ein chronologisches und geographisches Gleichgewicht herzustellen ver-

---

[97] Ausführlicher bei *Adam*, Kirchenjahr 172-184; vgl. auch *W. Beinert* (Hg.), Maria heute ehren (Freiburg i. Br. ³1979); *ders.*, Heute von Maria reden (Freiburg i. Br. ⁵1981); *B. Kleinheyer*, Maria in der Liturgie, in: Handbuch der Marienkunde, hg. von *W. Beinert – H. Petri* (Regensburg 1984) 404-439.

[98] Vgl. *Adam*, Kirchenjahr 183 f.

[99] Veröffentlicht bei *Rennings* I, 921-937; Nachkonziliare Dokumentation, Bd. 29 (Trier 1975) 15-51.

sucht."[100] Alle Eigenfeiern haben zunächst den Charakter eines nicht gebotenen Gedenktages, um den Bistümern die Möglichkeit zu einzelnen
Hervorhebungen zu belassen. Bei der Vorbereitung war man bemüht,
mit einem Vertreter der evangelischen Kirchen *(D.F. Schulz)* eine möglichst weitgehende Übereinstimmung mit dem evangelischen „Fest- und
Namenskalender" nach Bezeichnung und Datum der einzelnen Fest- und
Gedenktage zu erreichen. „Der katholische Regionalkalender hat jetzt
110 Feste und Gedenktage mit dem evangelischen Fest- und Namenskalender gemeinsam; nur bei 19 davon bestehen zur Zeit noch stärkere Ab-
weichungen im Datum."[101]

Bei der Redaktion des Regionalkalenders wurden nur wenige Änderungen des Generalkalenders vorgenommen bzw. von Rom gestattet,
z. B. die Beibehaltung der bisherigen Festtermine von Mariä Heimsuchung, vom Fest des Apostels Matthias und einiger Heiliger. Er findet
sich auch im Einleitungsteil des MD I, S. 84*-95* als Einheit von General-
und Regionalkalender.

Auf der Grundlage der oben genannten römischen Dokumente wurden
auch die *Diözesankalender* aller Diözesen des deutschen Sprachgebietes
vorbereitet und am 15. Nov. 1972 von Rom konfirmiert. Die Zahl der Eigenfeiern ist recht unterschiedlich; sie bewegt sich zwischen 7 und 46.

Das Recht auf einen *Ordenskalender* haben „die Männerorden, nach
deren Kalender sich gegebenenfalls auch die Ordensfrauen und Schwestern dieser Orden sowie die dem Orden angegliederten Terziaren, die in
Gemeinschaft leben und einfache Gelübde ablegen, richten. (Ferner) Or-
denskongregationen, Gemeinschaften und Institute päpstlichen Rechtes,
die in irgendeiner Form zur Feier des Stundengebetes verpflichtet
sind."[102] In den Ordenskalender werden aufgenommen „die Feier des Titels, des Stifters und des Schutzheiligen; außerdem solche Heilige und Se-
lige, die zur Ordensgemeinschaft gehörten oder zu ihr in besonderer Beziehung standen"[103]. Um die Verbindung der Ordensgemeinschaften mit
den Ortskirchen sicherzustellen und zu vertiefen, feiern sie gemeinsam
den Jahrestag der Kirchweihe der Kathedrale, der Hauptpatrone des Or-
tes und der übergeordneten Gebiete.

Ein Heiligenkalender besonderer Art ist das „*Martyrologium Romanum*", das seine Wurzeln in den altkirchlichen Verzeichnissen der Feste und Märtyrer hat. Es wurde 1583 zum letzten Mal grundlegend bear-
beitet und erlebte zahlreiche Auflagen und Übersetzungen[104]. Eine Neubearbeitung steht noch aus. Für den deutschen Sprachraum erfüllt eine
ähnliche Aufgabe der „große Namenstagskalender"[105].

---

[100] *Ph. Harnoncourt*, Erläuterungen und Kommentare, in: Nachkonz. Dok., Bd. 29,
S. 250.   [101] Ebd. 253.
[102] Instruktion über die Eigenkalender (24. Juni 1972) Nr. 16a.   [103] GOK 52b.
[104] Letzte lateinische Ausgabe 1956; die letzte deutsche Übersetzung erschien 1916,
neue Auflage Regensburg 1935.
[105] Herausgegeben von *J. Torsy* (Einsiedeln – Freiburg i. Br. [10]1985).

XXI. KAPITEL

Der liturgische Raum (Kirchenbau)

Daß ein sakrales Gebäude nicht zum innersten Wesen des Christentums gehört, läßt sich schon daraus erkennen, daß die Christen der beiden ersten Jahrhunderte über keine eigentlichen Kultstätten verfügten. Auch die Kirchengeschichte späterer Epochen kennt für manche Länder den jahrzehnte- und jahrhundertelangen Verlust aller Kirchengebäude, ohne daß die christlichen Gemeinden erloschen. Andererseits werden die gottesdienstlichen Versammlungen wesentlich gefördert, wenn es dafür Räume gibt, die von ihrer Gestalt und Ausstattung her die Verkündigung des Gotteswortes und die Feier der Liturgie begünstigen und so die „Koinonia" (Gemeinschaft) mit Gott und untereinander positiv beeinflussen.

Das vorliegende Kapitel befaßt sich zunächst mit der Theologie des christlichen Kirchengebäudes, gibt einen knappen Überblick über seine Geschichte, zeigt Leitlinien und Kriterien für den heutigen Kirchenbau, erklärt die Namen und Arten liturgischer Bauwerke und wendet sich der wesentlichen Ausstattung des Kirchenraumes zu. Ein Abschnitt über die Weihe der Kirchen und Altäre bildet den Schluß[1].

1. Zur Theologie des christlichen Kirchengebäudes

Die neutestamentlichen Schriften sprechen zwar öfters von gottesdienstlichen Versammlungen, der Ort der Zusammenkunft aber wird niemals als Gotteshaus, Heiligtum oder gar Tempel bezeichnet. Hingegen wird als *der eigentliche Tempel des Neuen Bundes Christus* betrachtet. Nach Joh 2, 13-22 bezeichnet er sich selbst als Tempel. Dies bedeutet, daß künftig der erhöhte Herr die Stätte der heilschaffenden Gegenwart Gottes sein wird, nicht mehr der steinerne Tempel von Jerusalem. „Es gibt jetzt keinen bestimmten Ort der Welt mehr als die allein legitime Stätte der Gottesverehrung. Gott wird vielmehr verehrt, wo Christus ist, d. h. in aller Welt."[2] Auch Joh 7,37 f muß in diesem Sinn interpretiert werden. Nach Offb 21,22 ist das „Lamm" zusammen mit dem Vater der Tempel der heiligen Stadt, einen anderen gibt es nicht. Mit dem Tod Christi zer-

---

[1] Dem Verfasser sei es gestattet, insbesondere den geschichtlichen Rückblick durch Verweise auf sein 1984 erschienenes Sachbuch zum Kirchenbau (vgl. „Kurztitel") umfangmäßig zu entlasten.

[2] *F. Mußner*, Jesus und „das Haus des Vaters" – Jesus als „Tempel", in: Freude am Gottesdienst 272.

reißt der Vorhang im Tempel von Jerusalem (Mt 27,51 parr), worin viele
Väter das Ende des alttestamentlichen Tempelkultes und den Beginn einer
neuen Heilsordnung symbolisiert sehen. Durch sein Sterben legt er die
trennende Wand zwischen Juden und Heiden nieder (vgl. Eph 2,14) und
schafft so den universalen Tempel, der allen Völkern offensteht und Heil
und Heimat schenkt. So beginnt mit und in Jesus ein neuer Tempelkult,
ein neues Zeitalter der Gottesverehrung, wo man ihn „im Geist und in der
Wahrheit" (Joh 4,23 f) anbetet.

Weil die an Christus Glaubenden seinen Mystischen Leib bilden und so
die Herrlichkeit Gottes in ihnen wohnt (vgl. Joh 14,23), ist es verständlich, daß *auch sie und ihre Gemeinde Tempel* des lebendigen Gottes genannt werden (1 Kor 3,16 f; vgl. auch 6,19; 2 Kor 6,16). Wie die Christen
im Bild vom Mystischen Leib seine Glieder genannt werden, so im Bild
vom Tempel lebendige Steine (1 Petr 2,4-6; vgl. Eph 2,20-22). In diesem
Tempel der christlichen Gemeinde ist Christus das unaustauschbare Fundament oder der Grundstein des Gottesbaues (1 Kor 3,11), zugleich der
Schlußstein, durch den der ganze Bau zusammengehalten wird (Eph 2,20
f). Im Anschluß an Jes 28,16 nennt Christus sich selbst den Eckstein (Mt
21,42 parr; vgl. 1 Petr 2,6-8).

Demgegenüber spielt das *Haus der Gemeindeversammlung* eine se-
kundäre Rolle, es hat dienenden Charakter. Gerade von den Anfängen
des Christentums her wird einsichtig, daß nicht ein Gebäude die gottesdienstliche Gemeinde heiligt, sondern der Versammlungsraum wird
durch die Gemeinde und die von ihr gefeierte Liturgie geadelt, erhält von
diesen seine Würde. Dies hat auch Gültigkeit für jene späteren Zeiten, als
kunstvolle Kirchengebäude entstehen, sich ein aufwendiger Kirchweihritus herausbildet und um die Jahrtausendwende die konsekrierten Hostien
im Kirchenraum aufbewahrt werden. Wollte man nur in den beiden letztgenannten Entwicklungen die Würde des christlichen Kirchenbaus konstituiert sehen, dann würde man sie den Kirchen des ersten Jahrtausends
absprechen. Unsere Auffassung wird bestätigt durch die Vorbemerkungen im neuen Kirchweihritus (II,1-2) und die Empfehlung der AEM, die
Eucharistie in einer vom Kirchenraum getrennten Kapelle aufzubewah-
ren (276).

2. Geschichtlicher Überblick

Während sich im Anfang die christlichen Gemeinden in den Häusern ihrer Mitglieder versammelten[3], treffen wir seit dem Beginn des 3. Jahrhunderts gemeindeeigene Häuser, die den gottesdienstlichen Versammlungen reserviert sind. Die Hauskirche von *Dura Europos* am oberen Eu-

---

[3] Vgl. *H.-J. Klauck*, Hausgemeinde und Hauskirche im frühen Christentum (Stuttgart
1981); *G.Gnilka*, Die neutestamentliche Hausgemeinde, in: Freude am Gottesdienst
229-242.

phrat bietet dafür ein anschauliches Beispiel[4]. Mit dem Toleranzreskript von Mailand Kaiser *Konstantins* vom Jahre 313 entstehen zahlreiche *Basiliken* als mehrschiffige Hallen mit Apsis, die durch die erste Eucharistiefeier des Bischofs ihrer Bestimmung übergeben werden. *Zentralbauten* entstehen als Versammlungsräume über besonders verehrten Heiltümern und Gedenkstätten (z. B. Grabeskirche in Jerusalem, Märtyrermemorien) und beeinflussen stark den byzantinischen Kirchenbau mit seinen Kuppeln. Der *justinianische Kirchenbau* versucht, basilikale Längserstreckung und zentrale Kuppelanlage zu verbinden[5]. Im Westen entwickelt sich die Basilika zum *karolingischen und ottonischen Baustil*, aus dem sich die *Romanik* entfaltet[6]. Sie wird abgelöst von der *Gotik*, die in der Zeit von ca. 1150-1500 zum beherrschenden Kirchenbaustil wird[7]. Aber schon im 15. Jahrhundert gibt es in Italien Bestrebungen, den gotischen Baustil abzulösen. Es kommt zur Bauweise der *Renaissance*, einer Hinwendung zur Antike. Harmonische Proportionen nach dem Vorbild antiker Tempel gelten als wichtigste Forderung[8]. Ende des 16. Jahrhunderts machen sich neue Formelemente bemerkbar, aus denen sich um 1600 der *Barock* entwickelt, zunächst eine Domäne italienischer Baumeister, bis dann Ende des 17. Jahrhunderts auch deutsche Baumeister zahlreiche Kloster-, Stifts- und Wallfahrtskirchen in einzigartiger Vollendung erstellen[9]. Die letzte Verfeinerung bzw. Übersteigerung des Barocks um die Mitte des 18. Jahrhunderts hat man auch als *Rokoko* bezeichnet, empfehlenswerter erscheint die Charakterisierung als Spätbarock. Zur gleichen Zeit kommt es, vor allem in Kreisen der französischen und englischen Aufklärung, zu einer Art entgegengesetzten Pendelausschlags. Es erwacht eine neue Begeisterung für die Antike, ihre „edle Einfalt und stille Größe“. Man nennt den neuen Baustil *Klassizismus*, auch Neoklassizismus[10]. In der ersten Hälfte des 19. Jahrhunderts entsteht im Zusammenhang mit der Romantik eine neue Begeisterung für das Mittelalter und seine Baustile, Romanik und vor allem Gotik. Es kommt zu einer historisierenden Imitation, zum *Historismus*, der von den Kirchenleitungen der beiden großen Bekenntnisse bis in die ersten Jahrzehnte des 20. Jahrhunderts hinein nachdrücklich befürwortet und begünstigt wird. Eine zeitgemäße Stilform am Ende des 19. Jahrhunderts wird der *Jugendstil* mit neuen Impulsen[11]. Die langsame Loslösung vom Historismus wird auch vorbereitet durch neue Baumaterialien und -techniken, wie sie noch im 19. Jahrhundert erfunden und in profanen Bauten verwirklicht werden. Es kommt zu einem neuen Aufbruch im Kirchenbau, den man in generalisierender Weise als *modernen Kirchenbau* bezeichnet, ohne damit die Vielfalt der neuen Bauformen in den Griff zu bekommen. Dabei spielt das neue Liturgiebewußtsein mit seiner Christozentrik eine wesentliche Rolle[12].

---

[4] Vgl. *Adam*, Kirchenbau 15f.   [5] Ebd. 26-29.   [6] Ebd. 29-40.
[7] Ebd. 40-47.   [8] Ebd. 48-53.   [9] Ebd. 54-61.
[10] Ebd. 61f.   [11] Ebd. 63f.   [12] Ebd. 64-77.

3. Leitlinien und Kriterien für den Kirchenbau

Aus dem theologischen Verständnis, aus den Erfahrungen der Geschichte des Kirchenbaus und aus den konziliaren und nachkonziliaren Aussagen lassen sich folgende Leitlinien erkennen, die wohl überzeitliche Geltung beanspruchen dürfen:

a) Der Kirchenbau muß gemeindegerecht sein

Das Volk Gottes ist hierarchisch verfaßt und besteht aus Klerus und Laien, aber beide sind im Heiligen Geist zum einen Mystischen Leib Christi vereint. Diese Einheit der Gemeinde Christi darf durch den Kirchenbau nicht verdunkelt, sondern muß verdeutlicht werden. So ist es einerseits berechtigt und geboten, die Altarzone gegenüber dem Gemeinderaum herauszuheben, andererseits darf die Zusammengehörigkeit der einen, in liturgischer Aktion befindlichen Gemeinde räumlich nicht beeinträchtigt werden. Dies geschah z. B. im Mittelalter (Romanik) durch den *Lettner* (s. unten S. 308), der den einen Raum in eine „Herrenkirche" und eine „Leutekirche" mit je eigenen Gottesdiensten aufspaltete. Auch die *Ikonostase* (Bilderwand) östlicher Riten kann keineswegs als Ideal betrachtet werden, zumal es auch in der alten Kirche niemals eine Arkandisziplin für die Gläubigen gegeben hat. Ungeeignet für die Bekundung der Einheit des Gottesvolkes sind auch massive und hochgeführte *Chorschranken,* schmale und tiefe Chorräume und hohe, bühnenartige Altarzonen, denen die Gläubigen wie bloße Zuschauer gegenübersitzen. Auch langgezogene, schmale Schiffe, die die Gemeinde wie eine Marschkolonne formieren und die man zuweilen als „Wegkirchen" (*R. Schwarz*) empfohlen hat, verdunkeln die Tatsache, daß sich die Gemeinde auf ihrer Pilgerschaft zu einer Mahlfeier um ihren Herrn versammelt hat.

b) Der Kirchenraum muß liturgiegerecht sein

Er muß im Hinblick auf die liturgischen Handlungen funktionsgerecht sein, d. h., er muß ihre Feier optimal ermöglichen. Weil die Eucharistiefeier der wesentliche Teil der Liturgie ist, kommt der Stellung und Gestaltung des *Altares* eine besondere Bedeutung zu. Die Instr. I verlangt, daß er von der Rückwand getrennt und leicht umschreibbar ist. „Er soll so in den heiligen Raum hineingestellt sein, daß er wirklich die Mitte ist, der sich von selbst die Aufmerksamkeit der ganzen versammelten Gemeinde zuwendet … Auch sei das Presbyterium um den Altar herum so weiträumig, daß die heiligen Handlungen bequem vollzogen werden können" (Nr. 91). Es ist zu vermeiden, daß der Blick zum Altar beeinträchtigt wird durch zu helle, dahinterliegende Fenster, durch unruhige Aufbauten und ablenkende Bildwerke, wodurch er als „heiliger Tisch" (so sein Name in den Ostkirchen) und Symbol des sich dem Vater aufopfernden und den

Gläubigen sich schenkenden Herrn gleichsam in den Schatten gestellt wird. Weil mit der eucharistischen Feier auch engstens der Wortgottesdienst verbunden ist, muß auch der *Ambo* als Ort der Verkündigung an dieser zentralen und zentrierenden Stellung des Altares partizipieren („Tisch des Wortes"). Auch vom *Ort der Taufe* (Baptisterium) wird mit guten Gründen verlangt, daß er sich wegen der eminenten Bedeutung des Taufgeschehens im Blickfeld der Gemeinde befindet.

c) Der Kirchenraum sollte Zeichen- und Anrufcharakter haben

Weil die Eucharistiefeier ihrem Wesen nach österliche Versammlung der Gemeinde um ihren erhöhten Herrn ist und hier Freude, Trost und Kraft der göttlichen Verheißungen empfängt, sollte der Kirchenraum ein festlich-erhebendes Gepräge haben, sollte Abglanz der göttlichen Verheißungen und Anruf zu gläubiger Hoffnung sein, ein steinernes „Sursum corda". Man hat früher diese Qualität gern als *Sakralität* bezeichnet. Heute ruft dieses Wort bei vielen heftigen Widerspruch hervor, weil angeblich seit der Menschwerdung Christi (consecratio mundi = Heiligung der Welt) die Unterscheidung sakral – profan hinfällig geworden ist. Dieses Thema hat in den letzten Jahrzehnten eine Flut von Literatur[13] hervorgebracht, deren divergierende Begriffsbestimmungen zu zahlreichen Mißverständnissen geführt haben. Betrachtet man jedoch im Sinn von *H. Mühlen*, der zu diesem Thema gut fundierte Arbeiten vorgelegt hat[14], Profanität als „Unterschiedenheit der Schöpfung von Gott", Sakralität aber als „finale Bezogenheit auf diesen allein heiligen Gott", dann sind beide Begriffe keine Gegensätze, sondern bedingen sich gegenseitig. Auf den Kirchenraum und seine Ausstattung bezogen, behalten diese als geschöpfliche Wirklichkeiten ihre Profanität. Durch ihre intensive Bezogenheit auf den heiligen Gott sind sie zugleich sakral. Je mehr diese Bezogenheit transparent wird, um so stärker ihre Sakralität, um so mehr werden sie ihrer Aufgabe gerecht, Zeichen und Anruf für die göttliche Berufung der Menschen zu sein.

Unter diesem Aspekt verdienen die Innenräume mancher neuerer Kirchen keine gute Zensur, weil sie zu ungastlich und lieblos, zu niederdrükkend, kalt und leer wirken. Eine mißlungene Raumgestaltung, graue Eintönigkeit in Licht und Farbe und die Armseligkeit künstlerischer Ausstattung symbolisieren weder die Würde der gottesdienstlichen Versammlung, noch sind sie Anruf und Geleit zum Mysterium. Mit diesem Anspruch soll weder der aufwendige und prahlerische Kirchenbau noch eine

---

[13] Erwähnt seien u.a.: *M.Eliade*, Das Heilige und das Profane (Hamburg 1957); *Th.Bogler* (Hg.), Das Sakrale im Widerspruch (Maria Laach 1967); *E.J.Lengeling*, Sakral – profan. Bericht über die gegenwärtige Diskussion, in: LJ 18 (1968) 164-188; *H.Bartsch* (Hg.), Probleme der Entsakralisierung (München 1970).

[14] *H.Mühlen*, Entsakralisierung ... (Paderborn 1970); *ders.*, Sakralität und Profanität, in: HPTh V, 477-480 (gute Zusammenfassung).

aufdringliche Monumentalität begünstigt werden, die den heutigen Menschen mehr abstößt als anzieht.

In diesem Zusammenhang sei schon hier auf das *Bildprogramm* unserer Kirchen hingewiesen. Bilder können Zeichen und Verkündigung, auf ihre Art Dienst am Glauben sein. Gleich der Musik vermögen sie einen geistigen Inhalt aufzunehmen und auszustrahlen. In diesem Sinn sind gute Bilder und Skulpturen mehr als Belehrung von Analphabeten, sondern haben eigenständige Verkündigungskraft und missionarische Bedeutung. Eine Bestätigung hierfür gibt der Franzose *Y.-M. Congar:* „Manche Kirchen erfüllen auf bemerkenswerte Weise diese Aufgabe, Zeichen der Existenz und Wahrheit einer anderen Welt zu sein. So manche Bekehrung geschah oder begann in Chartres nur dadurch, daß Stein und Glas zu Zeichen geworden sind."[15]

d) Mehrzweckräume sind nur als Notbehelf zu werten

Zuweilen haben politische Schwierigkeiten oder wirtschaftlich-finanzielle Engpässe dazu gezwungen, auf ein eigentliches Kirchengebäude zu verzichten und sich mit Mehrzweckräumen zufriedenzugeben. Dann dient ein solcher Raum (Saal) nicht nur der Feier der Liturgie, sondern auch anderen Gemeinschaftsveranstaltungen der Pfarrei. Unter den erwähnten Voraussetzungen wird man sich mit solchen multifunktionalen Räumen abfinden müssen. Andererseits versucht man da und dort, mit Berufung auf die Not in der Welt und die „niedrige Nutzungsrate" von ausschließlichen Kirchenbauten und Gemeindesälen Mehrzweckräume als das Gebot der Stunde zu befürworten. Hierzu wäre anzumerken, daß es wegen der herausragenden und unersetzlichen Bedeutung optimaler Gottesdienste unaufgebbares Ziel bleiben muß, wirklich sakrale Räume mit Zeichen- und Anrufcharakter zu schaffen. Multifunktionale Kirchenräume sind zumeist auch funktionsneutral und sollten deshalb nur als Notbehelf, nicht aber als pastorales Leitbild betrachtet werden[16].

4. Namen und Arten liturgischer Bauwerke

Von den zahlreichen Namen liturgischer Bauwerke und Räume, die sich im Lauf der Geschichte herausgebildet haben, enthalten einige auch Hinweise für deren spezifische Funktion.

a) Tempel

Dieses Wort (lateinisch: templum) leitet sich vom griechischen Verbum *témnein* = schneiden, trennen ab und bedeutet ursprünglich ein Stück

---

[15] Priester und Laien im Dienst am Evangelium (Freiburg i. Br. 1965) 239.
[16] *Adam*, Kirchenbau 82-86.

Land, das man aus dem übrigen Gelände ausgrenzte, um es einer Gottheit als heiligen Hain oder Gebäude zu weihen. Die Christen gebrauchten es zunächst nur für Christus und die christliche Gemeinde (s. oben S. 296 f). In späteren liturgischen Texten befindet es sich nur im Schlußgebet der Kirchweihmesse und im Tagesgebet der Meßfeier am Jahrestag der Kirchweihe. Die Präfation der Kirchweihmesse bezeichnet die ganze Welt als „Tempel seiner Herrlichkeit".

b) Ecclesia – Kirche – Gotteshaus

Die ersten Versammlungsstätten der Christen hießen domus ecclesiae = Haus der ecclesia, d.h. der gläubigen Gemeinde. Der Name übertrug sich dann auch auf den Versammlungsraum, so daß man von einer *ecclesia* im geistigen und im materiellen Sinn sprechen kann.

Unser deutsches Lehnwort *Kirche* kennt eine umgekehrte Entwicklung. Zuerst sprach man von *ôikía kyriaké* = dem Herrn gehörigen Haus. Seine spätere Kurzform lautete *kyriakón* (lateinisch: dominicum), woraus sich Kirche bildete. Später übertrug man dieses Wort auch auf die Gemeinde. Es hat sich besonders in den germanischen und slawischen Sprachen durchgesetzt, während ecclesia mehr den romanischen Sprachen zugrunde liegt.

Die Bezeichnung *Gotteshaus* sollte abgeschirmt sein gegen die heidnisch-jüdische Vorstellung von einem Haus, das als Wohnung Gottes ihm gehört und vorbehalten ist. Aber als Haus christlicher Versammlung und liturgischer Feier wird es zur Stätte der Gottbegegnung, wo er sein Wort verkündet und sich in den christlichen Mysterien den Gläubigen mitteilt, wo aber auch das Volk Gottes ihm das Opfer des Lobes und Dankes weiht und im Glauben ihm enger verbunden wird. In diesem Sinn ist das Wort Gotteshaus durchaus legitim.

c) Basilika

Von seiner griechischen Herkunft her bedeutet es Königshalle (von *basileús* = König) und meint ursprünglich den Palast eines Königs oder den Amtssitz seiner hohen Beamten. Im vorchristlichen Rom steht es auch für verschiedene Zweckbauten. Die Christen übernahmen dieses Wort im Zusammenhang mit den konstantinischen Kirchenbauten sowohl in Rücksicht auf den Baustil (ein durch Säulenreihen gegliederter Längsbau mit Apsis) wie auch im Hinblick auf ihren König Christus. Heute gebrauchen wir das Wort für die Kirchen des Basilika-Baustiles oder aber für Kirchen, die diesen Namen von der obersten Kirchenleitung als Ehrentitel bekommen haben. Hierbei unterscheidet das Kirchenrecht Patriarchalbasiliken (= basilicae maiores), die dem Papst direkt unterstellt und mit Papstthron und -altar ausgestattet sind, und „basilicae minores" (= geringere Basiliken) als päpstlicher Ehrentitel für besonders bedeutsame Kirchengebäude in aller Welt.

d) Kathedrale

Das griechische Wort *cáthedra* bezeichnet in der griechischen Antike sowohl den Sitz des Richters, Lehrers und Vorstehers wie auch den Sessel, den man beim antiken Totenmahl für einen bestimmten Verstorbenen freihielt. Dieser Ausdruck wurde für den Sitz des Bischofs im christlichen Gottesdienst übernommen. Von ihm aus leitete er den Gottesdienst und hielt die Homilie. Schon im 6. Jahrhundert nennt man Bischofskirchen nach dieser Kathedra auch Kathedralen[17]. Dieser Ausdruck bürgerte sich besonders in Spanien, Frankreich und England ein, während der deutschsprachige Raum und Italien dafür das Wort Dom bevorzugten. Die Kathedrale eines Erzbischofs heißt auch Metropolitankirche. In der Kunstgeschichte versteht man unter Kathedralen mehr die Hauptkirchen des gotischen Baustils.

e) Dom

Diese Bezeichnung leitet sich ab von domus episcopalis (= Haus des Bischofs), womit die bischöfliche Hauskapelle gemeint war, die auch dem Chorgebet der Kanoniker und der Verwaltungsarbeit des Archidiakons diente. Im Hochmittelalter ging diese Bezeichnung auf die Bischofskirche über. Auch einige andere Kirchen erhielten diesen ehrenden Namen, obwohl sie nie einen Bischof hatten. Die Kirchen der Reformation behielten die alten Bezeichnungen bei.

f) Münster

Dieses Lehnwort aus dem lateinischen monasterium = Kloster meint zunächst die gesamte Klosteranlage und wird schließlich auf die Klosterkirche eingeengt. Es wird aber auch für manche Stiftskirchen und für Pfarrkirchen mit einer größeren Anzahl von Seelsorgsgeistlichen und Altaristen verwendet. Auch bei wenigen Bischofskirchen (z. B. Straßburg) hat sich die Benennung Münster durchgesetzt.

g) Krypta

Das aus dem Griechischen stammende lateinische Lehnwort crypta bedeutet in der Antike einen gedeckten Gang oder auch ein Gewölbe oder eine Höhle. Mit diesem Wort bezeichnete das frühe Christentum auch Katakombengänge und -kammern. Später verstand man darunter die meist gewölbten Sakralräume unter Apsis, Chor oder auch der Vierung, die es in Form von Stollen-, Ring-, Kammer- und Hallenkrypten gab. Besonders die romanischen Kirchen haben den Kryptenbau gefördert und

---

[17] So auf dem Konzil von Tarragona (516) Kap. 13; vgl. *Th. Klauser*, Art. Kathedra, in: LThK² VI, 67.

daraus z. T. mehrschiffige Sakralräume gestaltet, teilweise sogar mit Kapellenkränzen. Infolgedessen mußten die Chöre höher gelegt werden und waren nur über zahlreiche Stufen erreichbar. In den gotischen und barokken Kirchen gibt es nur wenige Krypten. Beweggründe zum Bau der mittelalterlichen Krypten waren in vielen Fällen die Anlage von Heiligen- und Reliquiengräbern, oft direkt unter dem Hochaltar.

h) Kapelle

Das Wort ist die Verkleinerungsform des lateinischen cappa = Mantel (Umhang für den Chordienst). Es bezeichnet seit den fränkischen Königen im frühen Mittelalter den Aufbewahrungsort des legendären Mantels des heiligen Bischofs *Martinus von Tours* am Königshof in Paris („Sainte Chapelle"). Schließlich galt diese Bezeichnung auch für die gottesdienstlichen Räume an den Höfen weltlicher und geistlicher Herren (Haus-, Hof-, Burg-, Pfalz-, Schloßkapelle). Später übertrug man diesen Namen auf die Geistlichen (Kapläne) und Sängerchöre solcher Kapellen. Schon im Mittelalter erbaute man in größeren Kirchen zahlreiche Seitenkapellen, die z. T. als Tauf- und Beichtkapellen liturgische Aufgaben erfüllten oder bestimmten Gruppen als gottesdienstlicher Versammlungsraum dienten.

Im heutigen Sprachgebrauch wird mit Kapelle jeder gottesdienstliche Raum bezeichnet, der nicht die volle Rechtsstellung einer Pfarrkirche besitzt. So spricht man von Wallfahrts-, Seminar-, Krankenhaus-, Friedhofs- und Gefängniskapellen. Nach dem neuen Recht kann in einer Seitenkapelle das eucharistische Brot aufbewahrt werden[18]. Nebenaltäre sollen, wenn überhaupt, nur in solchen Seitenkapellen Aufstellung finden[19].

i) Oratorium

Vom lateinischen orare = beten abgeleitet, bedeutet es soviel wie Betsaal, Gebetshaus und wird seit dem frühen Mittelalter als Bezeichnung für solche Sakralräume verwandt, die nicht öffentlich-rechtliche Pfarrkirchen sind, sondern einzelnen Gemeinschaften und Familien dienen. Oratorium kann also weitgehend mit Kapelle gleichgesetzt werden. Das alte Kirchenrecht unterschied zwischen öffentlichen, halböffentlichen und privaten Oratorien mit differenzierter Gesetzgebung (CIC can. 1188 bis 1196). Der CIC 1983 unterscheidet nur zwischen Oratorien und Privatkapellen (sacellum privatum; can. 1223-1229). – Vom Oratorium des hl. *Philipp Neri* (1515-1595) in Rom leitet sich auch die Bedeutung von Oratorium als einer musikalischen Formgattung her, weil dort musikalisch umrahmte Andachten stattfanden, die eine gewisse Ähnlichkeit mit Kantaten und später auch mit Opern erlangten[20].

---

[18] AEM 276.   [19] AEM 267.

[20] Der Name „Oratorium" steht auch für zwei Weltpriestergemeinschaften: die erste

5. Die Ausstattung der Kirchen

a) Altar und Tabernakel

Die lateinische Sprache kennt zwei synonyme Wörter mit der Bedeutung Feuerstätte zur Verbrennung der Opfer (= Brandopferaltar), nämlich *altare* (von adolere = verbrennen) und *ara* (von arere = brennen). Vom erstgenannten kommt unser Lehnwort Altar, nicht von altus = hoch, wie man zeitweise gemeint hat. Wir übergehen hier den religionsgeschichtlichen und alttestamentlichen Befund[21] und wenden uns gleich dem christlichen Altar zu.

Er war ursprünglich ein beweglicher Tisch zur Ablage von Brot und Wein. Schon Paulus gebraucht den Ausdruck „Tisch des Herrn" (1 Kor 10, 21); von den Ostkirchen wird er „Heiliger Tisch" genannt. Die griechische Sprache kennt auch die Bezeichnung „Opfertisch" (*thysiastérion*). Nach der konstantinischen Wende setzen sich allmählich feste Steinaltäre durch. Standort und Form sind unterschiedlich. Ursprünglich kannte jeder Kirchenbau nur einen Altar, was sich im Westen gegen Ende des 6. Jahrhunderts ändert.

Die schon im 2. Jahrhundert einsetzende Märtyrerverehrung führt dazu, daß man Altäre gern neben oder über Märtyrergräbern errichtet. Wo diese nicht vorhanden waren, pflegt man später Reliquien unter oder im Altar beizusetzen. Über manchen Altären errichtet man einen baldachinartigen Überbau (Kiborium), was als besondere Ehrung nach antikem Vorbild gedacht war. Um die Jahrtausendwende entwickelt sich die Sitte, hinter oder auch auf dem Altar, den man immer näher an die Rückwand geschoben hatte, Bilder oder Reliefs anzubringen, *die Retabeln* (von retro-tabulum). Die Gotik baut sie zu hohen Flügelretabeln aus, die seit dem 15. Jahrhundert auf einem bankartigen Untersatz, der Predella, stehen (italienisch, = Schemel; vom althochdeutschen bretil = Brett). Renaissance und Barock stellen darauf das große „Altarblatt", ein großes Gemälde, das im Barock nicht nur, wie in der Renaissance, mit Säulen eingefaßt, sondern von einer ganzen Architektur aus Säulen, Kranzgesimsen, Giebeln und Voluten umgeben ist, mit Engels- und Heiligenfiguren und auch mit Reliquiaren reich geschmückt. Die Renaissance brachte es auch fertig, dem Altar die Form eines Sarkophages zu geben. Die liturgische Erneuerung unseres Jahrhunderts drängt wieder stärker zur Tischform und zur zentralen Aufstellung des Altars.

Während im christlichen Altertum auf dem mit einem Linnentuch bedeckten „Heiligen Tisch" außer Brot und Wein nur die liturgischen Texte abgelegt werden durften, finden seit dem 8. Jahrhundert auch Reliquiare

---

wurde von *Philipp Neri* gegründet und erhielt diesen Namen von seinem Betsaal als der ersten Versammlungsstätte; die zweite ist eine Gründung des französischen Priesters *P. de Bérulle* vom Jahre 1611.

[21] Vgl. *Adam*, Kirchenbau 93f.

und seit dem 11. Jahrhundert auch Altarkreuz und Leuchter Platz. Die Stirnseite des Altares wird seit dem frühen Mittelalter mit kostbaren Behängen geschmückt, zuletzt Antependien genannt.

Die durch das II. Vatikanum befohlene *Revision der Altarvorschriften* orientiert sich vornehmlich an der ältesten Tradition[22]: zentrale Stellung, von der Rückwand getrennt, umschreitbar, feststehend und aus dauerhaftem Material. Die Beisetzung von Reliquien soll beibehalten werden (in oder unter dem Altar, nicht mehr in der Mensa), sofern ihre Echtheit gesichert ist. Der früher bei Tragaltären und einfachen Zelebrationstischen vorgeschriebene Altarstein ist nicht mehr notwendig. Statt des bislang dreifachen Linnentuches genügt ein einfaches. Kreuz und Leuchter können auf oder in der Nähe des Altares Platz finden. Heiligenfiguren und Heiligenbildwerke dürfen nicht auf dem Altar stehen. Blumenschmuck ist erlaubt. Von Nebenaltären soll nach Möglichkeit Abstand genommen werden[23].

Die *Stellung des zelebrierenden Priesters am Altar* hing ursprünglich mit der Gebetsostung und auch der Ostung der Kirchen zusammen, wobei eine Apsis- und eine Eingangsostung zu unterscheiden ist[24]. Im Gefolge des II. Vatikanums wird die *Zelebration zum Volke* hin wieder offiziell gestattet[25], nachdem sie im Westen fast 1000 Jahre, ohne verboten gewesen zu sein, außer Übung gekommen war. Sie hat sich inzwischen im gesamten Bereich des römischen Ritus durchgesetzt, weil sie als sinnvoller und pastoral wertvoller erkannt wurde, trotz mancher oberflächlicher Diskriminierungen.

Die *Aufbewahrung konsekrierter Hostien*, die man vor allem für Krankenkommunion und Wegzehrung benötigte, kannte im Ablauf der Geschichte vielerlei Orte und Formen: Wohnung der Kleriker, ein Nebenraum der Kirche, ein bewegliches Gefäß (Pyxis) auf dem Altar, ein über dem Altar hängendes Gefäß (Hängetabernakel), oft in Form der eucharistischen Taube, Wandschränkchen neben dem Altar (armariola), freistehendes Sakramentshäuschen (Spätgotik). Erst mit dem 15. Jahrhundert beginnt man in Spanien und Italien, den *Tabernakel* fest mit dem Hochaltar zu verbinden. Besonders auf Betreiben des Mailänder Kardinals *Karl Borromäus* wird dies schon im 16. Jahrhundert mancherorts strenge Vorschrift und setzt sich schließlich allgemein durch. Nur in Kirchen mit Chorgebet und in vielbesuchten Wallfahrtskirchen war die Aufbewahrung in einer eigenen Sakramentskapelle auf dem Sakramentsaltar vorgeschrieben.

Seit 1964 (Instr. I, 95) kann der Bischof die Aufstellung des Tabernakels auch außerhalb des Altares genehmigen, z. B. auf einer Säule (Stele) oder in einer Wandnische. Die Eucharistieinstruktion von 1967 (53) emp-

---

[22] Vgl. Instr. I, 91; AEM 258-270; Kirchweihritus IV.
[23] Näheres bei *Adam*, Kirchenbau 103f.
[24] Ebd. 103-107 (mit Lit.).
[25] Instr. I, 91 und 95.

fiehlt die Aufbewahrung der Eucharistie in einer vom Hauptraum getrennten Kapelle; ähnlich auch die AEM 276 und das Rituale Romanum „De sacra communione..." (Nr. 9). Der CIC 1983 fordert für den Tabernakel einen vornehmen und geschmückten Ort im Kirchenraum, der zum Gebet geeignet ist (can. 938, § 2). Die eucharistische Gegenwart im Tabernakel soll durch zwei Zeichen besonders kenntlich gemacht werden, nämlich das Konopeum, eine Verhüllung des Tabernakels aus Stoff, und eine in seiner Nähe ständig brennende Lampe, das „Ewige Licht"[26].

b) Kathedra und Priestersitz

Das griechische Wort *káthedra* bezeichnet in der Antike den Amtsstuhl des hohen Staatsbeamten, des Richters und Lehrers (s. oben S. 303). Auch das Spätjudentum kannte den Begriff der Kathedra (Mt 23, 2). Das Christentum übernahm diesen Ausdruck für den gottesdienstlichen *Sitz des Bischofs*, von dem aus er den Gottesdienst leitete und die Homilie hielt. Sie stand anfangs als beweglicher Sitz im Scheitel der Apsis, beiderseits von den Sitzen (Sedilien) der Priester umgeben. Im 4. Jahrhundert wird sie durch Podium und Baldachin hervorgehoben und einem Thron gleichgestaltet, entsprechend der hohen staatlichen Würde, deren die Bischöfe nach der konstantinischen Wende teilhaft wurden. Um die Jahrtausendwende wird die Kathedra auch seitlich vom Altar aufgestellt. Die Instr. über die Vereinfachung der Pontifikalriten und Insignien vom 21. Juni 1968[27] bestimmt, daß der Sitz des Bischofs nicht mehr als Thron, sondern als Kathedra zu bezeichnen ist und nicht mehr von einem Baldachin überdeckt sein darf, vorhandene kunstvolle Baldachine ausgenommen. Das Caeremoniale episcoporum von 1984 betont, daß die Kathedra als Präsidialsitz gut sichtbar sein soll (47).

Als sich im 4. Jahrhundert die Pfarreien herausbildeten, kam es auch bald zu einem *Vorstehersitz für den Priester*. Er verlor jedoch seine Funktion, als sich der Priester vom frühen Mittelalter an bei der Meßfeier nur noch am Altar aufhielt. Erst während des II. Vatikanums wurde er zurückgewonnen (Instr. I, 92). Die AEM nennt als besonders geeigneten Platz den Scheitelpunkt des Altarraumes, sofern nicht die räumlichen Gegebenheiten oder andere Gründe entgegenstehen (271). Vom Priestersitz aus leitet der Priester den eucharistischen Wort- und Schlußgottesdienst, von ihm aus können auch Homilie und Fürbitten vorgetragen werden (AEM 97, 99). Was seine Gestaltung angeht, so soll er nicht die Form eines Thrones haben und jeden aufwendigen Pomp vermeiden[28].

---

[26] Zum Vorstehenden: *Adam*, Kirchenbau 109-114.
[27] Bei *Rennings* I, 557-567; vgl. LJ 19 (1969) 115-120.
[28] Näheres bei *J.H.Emminghaus*, Die Gestaltung des Altarraumes, III: Der Vorstehersitz, in: BiLi 48 (1975) 142-152.

c) Der Ambo als Ort der Verkündigung

Frühester Ort gottesdienstlicher Verkündigung ist, wie wir bereits sahen, die Kathedra des Bischofs bzw. für die Lesungen auch die in ihrer Nähe stehenden Sitze der Presbyter und übrigen Kleriker. Als die Kirchen größer werden, ergibt sich aus akustischen Gründen die Notwendigkeit, den Ort der Lesungen und der Predigt näher zur Gemeinde hin zu verlegen. So kam es zur Verkündigung an den Altarschranken (cancelli), die man zuweilen über das Querschiff hinaus vorzog. An diesen Cancelli errichtete man ein erhöhtes Podest mit Brüstung, zu dem mehrere Stufen hinaufführen, und nannte es *Ambo(n)* (Plural: Ambonen; vom griechischen *anabaínein* = hinaufsteigen). Seit dem 12. Jahrhundert kommt es zum sogenannten *Lettner*, einer Art Vorlesebühne (vom lateinischen lectorium = Leseort), die man zwischen Chor und Hauptschiff errichtete. Dadurch wurde der gottesdienstliche Raum in eine „Herrenkirche" und eine „Leutekirche" aufgespalten. An seiner dem Hauptschiff zugewandten Seite war der Kreuzaltar errichtet, von einem Kreuz überragt und den Plastiken Marias und Johannes' des Evangelisten flankiert. Hier wurden die Messen für das Volk gefeiert. Während des Barocks wurden die meisten Lettner als raumstörend entfernt.

In Kirchen ohne Lettner stellte man im Hochmittelalter bewegliche hölzerne *Predigtstühle* auf, um der Gemeinde näher und verständlicher zu sein. Seit dem 14. Jahrhundert bringt man sie auch als steinerne Bauten an einem Pfeiler oder der Längswand des Hauptschiffes an, meist korbförmig, mit einem Schalldeckel überspannt und durch eine (Wendel-) Treppe zugänglich. Ihr Name *Kanzel* erinnert daran, daß die cancelli der ursprüngliche Verkündigungsort waren. Mit dieser Lösung nahm man den Nachteil in Kauf, daß ein Teil der Gläubigen den Prediger im Rücken hatte, besonders als feste Bestuhlung üblich geworden war. Außerdem wurde die Tatsache verdunkelt, daß der Tisch des Wortes und der Tisch des Sakramentes eine innere Einheit bilden.

Mit dem II. Vatikanum kam es zu einer *Wiedergewinnung des Ambo*. Die Instr. I (96) empfahl ihn als angemessen; ein Brief des römischen „Liturgierates" vom 26. Oktober 1964 forderte ihn als notwendiges Element für die neue Zelebrationsweise. Die AEM verlangt den feststehenden Ambo (272). Er soll so gestaltet und aufgestellt sein, daß sich ihm „im Wortgottesdienst die Aufmerksamkeit der Gläubigen wie von selbst zuwendet" (ebd.).

d) Der Ort der Taufe

Erst mit dem 3. Jahrhundert sind eigene Tauräume bezeugt, wie z. B. in der Hauskirche von Dura Europos[29]. Seit dem 4. Jahrhundert kennt man auch eigene Gebäude für die Taufspendung, meist in der Nähe von Hauptkirchen. In diesen „*Baptisterien*" war ein Bassin für das Taufwasser in den Boden eingelassen, das Piszine genannt wurde (vom lateinischen

---

[29] Vgl. *Adam*, Kirchenbau 15f, 122.

piscina = Fischbecken) und auf drei Stufen zugänglich war. Seine Tiefe betrug nur 40-60 cm, so daß eine Ganztauchung von Erwachsenen kaum möglich war. Man nimmt deshalb an, daß der im Wasser stehende Täufling mit Wasser übergossen und so in einen „Wassermantel" eingehüllt wurde[30]. Als das Taufrecht gegen Ende des Altertums vom Bischof auf die Pfarrer überging und die Kindertaufen überwogen, begnügte man sich mit einer transportablen hölzernen oder steinernen Kufe oder einem Bottich. Seit der romanischen Zeit entstehen pokal- oder kelchförmige Taufsteine zur Aufbewahrung des Taufwassers. Sie werden mit verschließbaren Deckeln versehen, um sowohl die Verschmutzung wie auch magischen Mißbrauch des mit heiligen Ölen vermischten Taufwassers zu verhindern. Der Mailänder Erzbischof *Karl Borromäus* und die von ihm inspirierte Mailänder Provinzialsynode von 1576 fordern für Kathedralen und andere Hauptkirchen ein getrennt errichtetes Baptisterium, für Pfarrkirchen aber einen Taufstein (Taufbrunnen) links vom Eingang der Kirche. Daraus wurde für große Teile der westlichen Kirche eine Art ungeschriebenes Gesetz. In den ersten Jahrzehnten unseres Jahrhunderts ruft man wieder nach eigenen Taufkapellen, so zuletzt in den „Richtlinien 1949". Die Neuordnung der Osternachtfeier 1951 schärft jedoch das Bewußtsein, daß sich das Taufgeschehen im Blickfeld der daran tätig teilnehmenden Gemeinde vollziehen sollte und separate Taufkapellen dafür wenig geeignet sind[31]. Diese Auffassung wird von der Instr. I (99) und den neuen Ordnungen für die Feier der Kinder- und Erwachsenentaufe übernommen.

Damit ist der Taufstein in Eingangsnähe, der meist nur noch als Taufwasserbehälter diente, überholt, zumal das Taufwasser außerhalb der österlichen Zeit jeweils eigens geweiht und nur für die Osterzeit dort „nach Möglichkeit" aufbewahrt wird. Vielmehr sollte sich der Taufritus in der Zone zwischen Altar- und Gemeinderaum vollziehen, wobei sich für seinen Wortgottesdienst der Ambo von selbst empfiehlt. Der eigentliche Taufakt könnte dann vor dem Ambo oder (und) der Osterkerze geschehen, wobei im Hinblick auf die Verschiedenheit der Kirchenräume eine genaue Ortsangabe nicht möglich ist. Die in diesem Fall notwendige bewegliche Taufkredenz könnte jedoch in dafür geeigneten Kirchen durch einen künstlerisch wertvollen Taufbrunnen mit fließendem warmem Wasser ersetzt werden. Er könnte auch mit der Osterkerze verbunden werden und so zusätzlich Zeichenkraft erlangen.

---

[30] *Th. Klauser*, Taufet in lebendigem Wasser!, in: *ders.* (Hg.), Pisciculi ... FS für F. J. Dölger (Münster 1939) 163f.
[31] *Th. Maas-Ewerd*, Ort und Gestaltung des Taufbrunnens, in: Zeichen des Glaubens 371.

e) Der Platz für Sängerchor und Orgel

Ursprünglich wurde der gottesdienstliche Gesang von einer Gruppe aus Klerikern und Mönchen vorgetragen, zu denen später auch Knaben hinzugenommen wurden (chorus psallentium; schola cantorum). Sie hatte ihren Platz um oder vor dem Altar bis hin zu den Altarschranken. So bekam übrigens auch der gesamte Altarraum den Namen Chor. Auch der Lettner und im Barock die Empore im rückwärtigen Teil der Kirche waren Plätze des Sängerchors. Es gab aber auch Tribünen, Emporen und Erker („Schwalbennester") neben, hinter und über dem Altar, letzteres besonders in evangelischen Kirchen[32].

Das II. Vatikanum spricht den Mitgliedern der Kirchenchöre einen „wahrhaft liturgischen Dienst" zu (LK 29). Die AEM rechnet hierzu auch alle anderen Gläubigen, die im Gottesdienst musikalisch mitwirken, insbesondere den Organisten (63). Sänger und Organisten sollen deutlich als Teil der versammelten Gemeinde in Erscheinung treten (Instr. I, 97), und ihr Platz soll „den Sängern die volle Teilnahme an der Meßfeier, das heißt den Kommunionempfang, ohne Schwierigkeiten" gestatten (AEM 274). Damit wurde die Diskussion um den optimalen Platz für den Kirchenchor (Schola) von höchster Stelle neu belebt. Bereits im 3. und 4. Jahrzehnt unseres Jahrhunderts hatte man in einigen „modernen" Kirchen als Ort des Sängerchors die unmittelbare Altarnähe vorgesehen[33]. Dies ist sicher bei vielen neueren Kirchen mit ihrer breitgelagerten Altarzone eher möglich.

Größere Probleme ergeben sich in bezug auf den optimalen *Platz für Orgel und Organisten*. Seitdem die Orgel durch Schenkungen aus Byzanz (757 und 811) in Frankreich bekannt geworden war, hat sie eine wichtige Funktion für den Gottesdienst im Westen gewonnen[34]. Erst seit dem späten Mittelalter gibt es für ihren Standort konkrete Angaben[35]. In den katholischen Kirchen des 19. Jahrhunderts setzt sich in der Regel die rückwärtige Empore durch. Seit dem II. Vatikanum verstärken sich die Tendenzen, auch der Orgel einen Platz in Altarnähe zu geben, sei es auf einer seitlichen Empore oder in Plano. Um jedoch die räumliche Einheit von Sängerchor und Orgel zu ermöglichen – oft ist ja der Organist auch Leiter des Sängerchors –, wird man sich oftmals mit einer kleineren Chororgel (zusätzlich) begnügen müssen. Versuchen, nur den Spieltisch in Altarnähe aufzustellen, die Orgel aber auf der rückwärtigen Empore zu belassen, werden von Orgelfachleuten schwerwiegende Bedenken entgegengestellt, die vor einer Qualitätsminderung des Orgelspieles warnen,

---

[32] Zur Vielfalt der Lösungen vgl. *F. Ronig*, Der architektonische Ort der Kirchenmusik vom 4. Jahrhundert bis in die Gegenwart, in: Kirchenmusikalische Mitteilungen (Diöz. Rottenburg-Stuttgart 1980, Nr. 38) 3-21; ebd. Nr. 39, 3-25.

[33] Beispiele bei *Adam*, Kirchenbau 130.

[34] *B. Ader*, Orgelkunde, in: *H. Musch* (Hg.), Musik im Gottesdienst, Bd. II (Regensburg ²1983) 181ff; *H. Klotz*, Die kirchliche Orgelkunst, in: Leiturgia IV, 759-804.

[35] Vgl. *Adam*, Kirchenbau 131.

wenn man die mechanische Spieltraktur durch eine elektrische ersetzt[36].
So bleiben in manchen Kirchen die Fragen um den optimalen Platz für
Orgel und Sängerchor noch ungelöst.

f) Portal und Atrium

Schon die karolingischen und ottonischen Kirchenbauten, vor allem aber
Romanik und Gotik widmen dem *Kirchenportal* besondere Aufmerksamkeit und künstlerische Gestaltung. Sie sehen darin die porta coeli (=
Himmelspforte) versinnbildet, die ins himmlische Jerusalem hineinführt.
Auch die Christussymbolik des Portals (Joh 10, 9; 10, 7) spielt dabei eine
wichtige Rolle, was sich in den zahlreichen Christusdarstellungen der
mittelalterlichen Kirchenportale erkennen läßt. Der moderne Kirchenbau schmückt die Portale meist unauffälliger mit biblischen oder liturgischen Symbolen.

Weil das Überschreiten der Kirchenschwelle nach innerer Reinheit verlangt, hat man (seit dem 8. Jahrhundert) nicht nur die Gläubigen vor dem
Sonntagsgottesdienst mit Weihwasser besprengt, sondern es entwickelte
sich bald auch die Sitte, beim Betreten des Gotteshauses sich selbst mit
Weihwasser zu besprengen bzw. zu bekreuzigen. Hierfür brachte man in
der Nähe des Eingangs *Weihwasserbecken* an. Zur Sinngebung der Reinigung kam auch das Motiv der Tauferinnerung hinzu.

Als Anruf zur inneren Einstimmung und Reinigung muß auch die Sitte
verstanden werden, den altchristlichen und frühmittelalterlichen Basiliken ein *Atrium* vorzulagern, einen rechteckigen oder quadratischen Vor-
hof in der Breite des Langhauses, der auf drei oder vier Seiten mit Säulenhallen umgeben war. Mit einem Brunnen in der Mitte und immergrünen
Bäumen und Sträuchern gab er wohl Anlaß, ihn auch Paradiesesgarten
oder kurz *Paradies* zu nennen. Die Säulenhallen waren zugleich Begeg-
nungsstätten der Gläubigen und mancherorts auch Aufenthaltsort der
Katechumenen. Im Hochmittelalter läßt der Bau solcher Atrien allmählich nach.

Im byzantinischen Kirchenbau entspricht dem Atrium der *Narthex,*
auch *Pronaos* (Vorschiff) genannt, eine dem Gläubigenschiff vorgelagerte
Vorhalle.

In neuerer Zeit hat man die wichtige Funktion eines Atriums als Raum
der Sammlung und inneren Läuterung wieder neu entdeckt und sie für
Neubauten empfohlen[37].

g) Kirchtürme und Glocken

Dem christlichen Altertum waren Türme an Kirchen unbekannt. Die Anfänge des abendländischen Kirchturmbaus gehen in das Reich *Karls d. Gr.*

---

[36] Vgl. *H. Klotz*, a. a. O. (Anm. 34) 773.
[37] Richtlinien 1949, Folgerung 2.

zurück. Man vermutet eine doppelte Ursprungskomponente: das antike Grabmonument, das im Vierungs- und Chorturm des frühen Mittelalters prägend wird, und die Funktion als Befestigungswerk, was sich besonders in der Westfassade der Dom- und Klosterkirchen auswirkt[38]. Auch weniger bedeutende Kirchen erhalten allmählich einen Turm, wobei zum symbolischen Gedanken der Gottesburg später auch die Funktion als Glockenträger hinzukommt. Bei Kirchen mit Emporen ermöglichen die Treppenanlagen der Türme den Zugang nach oben, manche romanischen Türme des Mittelalters dienen mit ihren breiten Wendeltreppen bei niedriger Stufenhöhe auch der Beförderung von Baumaterial und Löschwasser („Eselstürme"). Bettel- und Reformorden (z.B. die Zisterzienser) lehnten den Turmbau als überflüssigen Aufwand ab. In Italien entwickelt sich schon früh der vom Kirchengebäude getrennt stehende Glockenturm (*Campanile*). Die meisten Türme tragen auf ihrer Spitze ein Kreuz oder einen Hahn, was kein konfessionelles Unterscheidungszeichen ist. Der Kirchturmshahn (schon für das 9. Jahrhundert belegt) ist Symbol des Rufers zu Buße und Wachsamkeit und somit auch Symbol Christi.

Die Heimat der *Glocken* ist wohl China, wo es schon im 12. vorchristlichen Jahrhundert kleinere Glocken gab. Im christlichen Raum werden Glocken zunächst von den Klöstern übernommen, im Westen gelangen sie hauptsächlich durch die iroschottischen Wandermönche auch in die Gemeinden. Ihre Aufgabe besteht darin, die Gläubigen zum Gottesdienst zu rufen und Künder von frohen und traurigen Ereignissen zu sein. Seit dem 12. Jahrhundert haben manche Kirchen schon ein ganzes Geläute, wobei den einzelnen Glocken besondere Funktionen zugewiesen werden. Der Name leitet sich über das mittellateinische clocca wahrscheinlich vom altslawischen klakol (= dröhnen) ab, wie auch das lateinische campana (= Glocke) auf das altslawische kampan = krümmen zurückgeführt wird[39]. Eine *Glockenweihe* entwickelte sich zuerst in Gallien. Der seit 1961 gültige Ritus des Pontificale Romanum ist stark vereinfacht (Hauptriten: Besprengung mit Weihwasser, Salbung mit Chrisam an vier Stellen in Kreuzesform.) Zelebrant war der Bischof oder der von ihm beauftragte Priester. Eine *Neuordnung* erfolgte durch das neue Rituale Romanum „De benedictionibus" (1984). Der Ritus, der von einem Priester vollzogen werden kann, hat folgende Struktur: Eröffnung, Wortgottesdienst mit zahlreichen Lesungsvorschlägen, kurzer Homilie und Fürbitten, Segensgebet (zwei Textformen), Besprengung mit Weihwasser und Inzens, wobei Psalm 149 gesungen wird, und feierlicher Schlußsegen. Die Glockensegnung kann auch im Rahmen einer Meßfeier stattfinden, und zwar nach der Homilie[40].

---

[38] *Adam*, Kirchenbau 141 mit Anm. 266.
[39] *W.Rendell*, Die Glocken der Kirche, in: Leiturgia IV, 861.
[40] Cap. 30, Nr. 1032-1051. Der im deutschsprachigen „Benediktionale" von 1978 S. 160-166 veröffentlichte Ritus sah noch die fakultative Salbung mit Chrisam vor.

6. Die Weihe der Kirchen und Altäre

a) Geschichtlicher Überblick

Die Inbesitznahme einer neuen Kirche wurde von Anfang an mit großer Freude begangen. Sie erfolgte durch eine feierliche Eucharistiefeier des Bischofs mit entsprechender Predigt[41]. In Rom kannte man bis ins 7. Jahrhundert keine weiteren Riten. Im Osten hingegen entwickelte sich schon früh ein reiches Zeremoniell, das vor allem dem Altar galt. Dabei spielte die Beisetzung von Märtyrern bzw. Heiligen, später auch ihrer Reliquien eine besondere Rolle. Seit dem II. Konzil von Nizäa 787 ist es Vorschrift, in oder unter jedem Altar Reliquien beizusetzen. Die Ritenfreudigkeit des Ostens färbte schon im 6. Jahrhundert auch auf Spanien und Gallien ab. Es kommt zu einem vielfältigen Altar- und Kirchweihzeremoniell, wobei auch zahlreiche Elemente Eingang fanden, die vom jüdischen Zeremonialgesetz und vom antik-heidnischen Religionsverständnis geprägt waren, weniger vom Neuen Testament. Vom 9. Jahrhundert an vollzieht sich ein Austausch von römischen und gallisch-fränkischen Elementen. Mit dem „Römisch-Germanischen Pontifikale" gelangen um 960 zwei Fassungen des neuen Ritus nach Rom und werden dort als römischer Kirchweihritus rezipiert. Gegen Ende des 13. Jahrhunderts baut ihn Bischof *Wilhelm Durandus von Mende* (Südfrankreich) noch weiter aus. In dieser Form behauptet er sich im wesentlichen bis ins 20. Jahrhundert. Nicht zuletzt durch einen Vorstoß des Mainzer Bischofs *Albert Stohr* 1956[42] erfolgt 1961 eine geringfügige Straffung ohne wesentliche Entlastung und qualitative Verbesserung. Als Frucht nachkonziliarer Reformbemühungen erscheint 1977 die „editio typica" des neuen Ritus als Faszikel des Pontificale Romanum unter dem Titel „Ordo dedicationis ecclesiae et altaris". Eine darauf basierende deutschsprachige Studienausgabe erschien 1981; sie bildet die Grundlage für die folgende Darstellung.

b) Die Grundsteinlegung (Feier zum Baubeginn)

Die Feier einer Grundsteinlegung, das I. Kapitel des neuen Ritus, bildet sich bereits im Hochmittelalter heraus. Zuständig ist der Diözesanbischof, der aber auch einen anderen Bischof, im Ausnahmefall auch einen Priester, beauftragen kann. Der Bischof erklärt zunächst den Sinn der Grundsteinlegung und betet eine einleitende Oration. Dann zieht er mit den Gläubigen in Prozession zum Bauplatz, wo der vorgesehene Standort des Altars durch ein Holzkreuz sichtbar gemacht ist. Es folgt ein Wortgottesdienst mit zwei Lesungen und dem Evangelium, dem sich die Ho-

---

[41] Das älteste Beispiel wird von *Eusebius von Cäsarea* für die Kirche in Tyrus 314 berichtet: HE X, 4: *Schwartz* 370-388.
[42] Vgl. LJ 6 (1956) 139-141.

milie des Bischofs anschließt. Nun wird die Urkunde verlesen und unterschrieben, der Bauplatz mit Weihwasser besprengt, der Grundstein gesegnet und mit der Urkunde ins Fundament eingefügt. Fürbitten, Vaterunser, Oration und Segen schließen die Feier ab.

c) Die Feier der Kirchweihe

Eine umfangreiche pastorale Einführung zum Beginn des II. Kapitels vereinigt Ausführungen über „Sinn und Würde des Kirchengebäudes" mit mehr pastoralen und rubrikalen Hinweisen. Die Weihe ist ganz in die Eucharistiefeier, „die wichtigste und allein notwendige Handlung bei der Weihe einer Kirche" (II, 15), integriert.

Der *Einzug* kann in drei Formen erfolgen. Die *Form A* sieht eine Prozession mit den Altarreliquien zur neuen Kirche vor, wo sie vor dem noch geschlossenen Portal dem Bischof symbolisch übergeben wird. Nach Öffnung des Portals zeichnet der Bischof mit seinem Stab ein Kreuz auf die Schwelle. Überraschenderweise hat die deutsche Studienausgabe, im Gegensatz zur römischen Vorlage, jenen Besitzergreifungsritus des alten Pontifikales beibehalten, bei dem der Bischof das griechische und lateinische Alphabet mit dem Stab in einen gekreuzten Aschenstreifen schreibt[43]. Die *Form B* verzichtet lediglich auf die vorausgehende Prozession. Bei *Form C* sind die Gläubigen bereits in der Kirche versammelt, wenn der Bischof zum Presbyterium einzieht, wo die symbolische Übergabe der Kirche und gegebenenfalls der Alphabetritus stattfinden kann. Die Reliquien werden bei allen drei Formen zwischen brennenden Kerzen im Altarraum aufgestellt, Wasser wird gesegnet und die Gläubigen, die Kirchenwände, Altar und Ambo damit besprengt. Mit dem Gloria und dem Tagesgebet schließt der Eröffnungsteil.

Der *Wortgottesdienst* wird eingeleitet mit der feierlichen Erhebung des Lektionars durch den Bischof, der es dann dem ersten Lektor überreicht. Nach der Homilie des Bischofs und nach dem Credo wird die (Allerheiligen-)Litanei gesungen, und es werden die *Reliquien* in oder unter dem Altar beigesetzt. Anschließend singt der Bischof das *Weihegebet*, das die neutestamentliche Theologie des Kirchengebäudes gut zum Ausdruck bringt. Nun werden die Altarmensa und die Kirchenwände mit Chrisam gesalbt, und zwar die Kirchenwände an 12 Stellen, die im Anschluß an Offb 21, 14 auch Apostelkreuze genannt werden. Die dort befestigten Leuchter heißen Apostelleuchter (Apostelkerzen). Anschließend wird auf dem Altar Weihrauch verbrannt, und Altar, Gemeinde und Kirchenwände werden unter Gesang inzensiert. Nachdem der Altar gereinigt, bedeckt und mit Kerzen, Blumen und einem Kreuz geschmückt worden ist, wird der Kirchenraum festlich beleuchtet zum Zeichen dafür, daß Christus als das „Licht der Welt" davon Besitz ergriffen hat.

Bei der nun beginnenden *Eucharistiefeier* wird das Hochgebet I oder

---

[43] Näheres bei *Adam*, Kirchenbau 147f.

III genommen und mit Einschubtexten bereichert. Die Eigenpräfation enthält noch einmal die wichtigsten theologischen Aussagen über die Kirche aus toten und lebendigen Steinen in hymnischer Sprache. Nach dem Schlußgebet trägt der Bischof das Gefäß mit den konsekrierten Hostien zum Tabernakel (in der Sakramentskapelle) und nimmt ihn auf diese Weise in Gebrauch. Es folgen feierlicher Segen und Entlassung.

d) Die „nachgeholte" Kirchweihe

Problematisch ist das III. Kapitel des neuen Pontifikalefaszikels mit der Überschrift „Die Weihe einer Kirche, in der schon Gottesdienst gefeiert wurde". Dies muß sicher als anomaler Fall angesehen werden, weil eine neue Kirche mit ihrer Weihe in Gebrauch genommen werden sollte (III, 1). Andererseits kann die Ungunst der Verhältnisse dazu führen, daß darin schon vor einer Weihe Gottesdienst gefeiert worden ist. Hier wäre allerdings zu fragen, ob solche Kirchen nicht doch durch die erste Eucharistiefeier geweiht sind, weil diese „die wichtigste und allein notwendige Handlung bei der Weihe einer Kirche" (II, 15) ist. Dies gilt insbesondere für jene Kirchen, die „nur" benediziert wurden[44]. Der neue Ordo ist offenbar bestrebt, solche nachgeholten Kirchweihen einzugrenzen, ist aber darin nicht konsequent genug. So nennt er als eine Voraussetzung, daß der Altar noch nicht geweiht ist. Hierbei gilt aber doch, daß auch ein Altar durch die erste Eucharistiefeier an ihm als geweiht zu gelten hat. Handelt es sich aber um einen neuen Altar, so genügt die Altarweihe ohne Kirchweihe. Als weitere Voraussetzung wird genannt eine starke bauliche Veränderung. Hier wird man gegen eine neue Weihe keine Einwände erheben können, sofern das Kirchengebäude praktisch ein anderes geworden ist. Anders liegen die Dinge bei einer Veränderung „hinsichtlich ihrer rechtlichen Stellung (z.B. wenn sie zur Pfarrkirche erhoben wurde)" (III, 1). Hier sollte die erste Weihe auf keinen Fall ignoriert und keine weitere Weihe angefügt werden. Höher als der Wunsch einer Gemeinde nach erneuten Kirchweihfeierlichkeiten muß die konsequente theologische Wahrhaftigkeit stehen.

e) Die gesonderte Altarweihe

Wenn eine bereits geweihte Kirche einen neuen Altar bekommt, ist eine gesonderte Altarweihe vorgesehen, für die ebenfalls der Diözesanbischof zuständig ist. Er kann bei Verhinderung einen anderen Bischof oder bei besonderen Umständen auch einen Priester delegieren. Die Feier beginnt mit den Eröffnungsriten der Eigenmesse, wobei an die Stelle des Bußaktes die Segnung des Wassers und die Besprengung der Gemeinde und des Altares tritt. Nach den drei biblischen Perikopen folgen Homilie und Glau-

---

[44] Vgl. *J. Schmitz*, Ein qualifizierter Segen? Zur Konsekration einer benedizierten Kirche, in: Gd 14 (1980) 57-59.

bensbekenntnis. Anstelle der Fürbitten wird die Litanei gesungen. Anschließend werden wie bei der Kirchweihe die Reliquien beigesetzt. Das weit ausholende Weihegebet würdigt in hymnischer Sprache die Bedeutung des Altares für die Gläubigen. Es folgen Salbung und Beräucherung des Altares (s. oben S. 314) und seine festliche Illumination. Die Eucharistiefeier (Hochgebet I oder III) hat eine Eigenpräfation, „die wesentlich zur Feier der Altarweihe gehört" (IV, 23).

f) Die Segnung (Benediktion) von Kirchen und Altären

Liturgie und Kirchenrecht kennen bei den Sakramentalien die Unterscheidung zwischen *consecrare* (auch dedicare) = weihen und *benedicere* = segnen. In bezug auf Kirchen schreibt der CIC 1983: „Eine neue Kirche soll möglichst bald konsekriert oder benediziert werden ... Mit feierlichem Ritus mögen vor allem Kathedral- und Pfarrkirchen geweiht werden" (can. 1217). Nach der AEM werden feststehende und tragbare Altäre konsekriert, aber bei tragbaren Altären genügt auch eine Segnung (265). Es handelt sich dabei um eine gestufte Feierlichkeit der Gebete und Riten. In diesem Sinn enthält der neue Kirchweihordo im V. Kapitel „Die Segnung (Benediktion) einer Kirche", im VI. Kapitel „Die Segnung eines Altares".

Die PE wünscht, daß „Privatoratorien, Kapellen oder andere gottesdienstliche Räume, die nur vorübergehend oder zeitweise dem Gottesdienst dienen", benediziert werden, wofür der Diözesanbischof oder der von ihm beauftragte Priester zuständig ist (V, 2). Für die Feier wird die Tagesmesse oder die vom Titel der Kirche genommen. Zum Beginn werden die Gläubigen, die Kirchenwände und, sofern noch nicht gesegnet oder geweiht, auch Altar und Ambo mit geweihtem Wasser besprengt. Nach den Fürbitten wird gegebenenfalls der Altar mit einem kürzeren Segensgebet benediziert und inzensiert (ebenfalls auch Gemeinde und Kirchenraum). Die Eucharistiefeier schließt mit feierlichem Segen und Entlassung.

Was die *Segnung eines Altares* angeht, so ist hier nur an einen tragbaren Altar zu denken, weil ein feststehender immer konsekriert werden soll (VI, 1). Sie erfolgt im Rahmen der Tagesmesse. Nach den Fürbitten und einem passenden Gesang wird das Segensgebet gesprochen, von dem vorstehend schon die Rede war. Der Altar wird mit Weihwasser besprengt und inzensiert. Nach seiner Bereitung folgt die Eucharistiefeier.

Der neue Kirch- und Altarweiheritus hat *viele Verbesserungen* theologischer und praktischer Art gebracht. Leider fehlt auch bei der Neugestaltung eine eigentliche *Geistepiklese* bei den Weihe- bzw. Segnungsgebeten. Es wird zwar bei der Weihe des Altars auf die Möglichkeit verwiesen, während der Entzündung des Weihrauchs auf dem Altar das „Veni, Sancte Spiritus" anzustimmen (II, 66a; IV, 53), aber die Geistepiklese bei den entscheidenden Weihegebeten fehlt[45].

---

[45] Vgl. *Adam*, Kirchenbau 156.

XXII. KAPITEL

Die Liturgie der Zukunft

Hier kann es nicht darum gehen, fest umrissene Prophezeiungen über die Zukunft zu machen, sondern es geht um einige Ableitungen aus dem christlichen Glauben und um Desiderate, die sich auf die Erfahrungen der jüngsten Liturgiereform stützen.

1. Grundsätzliche Überlegungen

Die Frage nach der Liturgie der Zukunft enthält bereits ein Ja zur grundsätzlicheren Frage, ob es auch in Zukunft Liturgie geben wird. Dieses Ja stützt sich auf den Glauben, daß die heilsträchtige Zuwendung Gottes zur Menschheit durch Christus eine bleibende ist, solange es Menschen auf dieser Erde gibt. Kreuz und Auferstehung Christi als Eckpfeiler dieses Glaubens behalten ihre Ausstrahlungskraft. Sie sind die Sonne, die keinen Untergang kennt. Zugleich ist der Kirche als der Gemeinschaft der Glaubenden und Erlösten ununterbrochene Fortdauer verheißen kraft der bleibenden Gegenwart des Herrn (vgl. Mt 28, 20) und seines Geistes (Joh 14, 16 u. a.). Darum wird es immer wieder Menschen geben, die sich Gottes Anruf öffnen und ihm gehorchen und im Gedächtnis der geschichtlichen Heilstaten Christi Ausschau halten nach der Vollendung durch, mit und in Christus.

Weil neben dem göttlichen Hohenpriester auch der wandelbare Mensch Subjekt der Liturgie ist, läßt sich leicht einsehen, daß ein Gestaltwandel vorprogrammiert ist. Schon die LK stellt fest, daß die Liturgie einen kraft göttlicher Einsetzung unveränderlichen Teil enthält, zugleich aber auch „Teile, die dem Wandel unterworfen sind. Diese Teile können sich im Lauf der Zeit ändern, oder sie müssen es sogar, wenn sich etwas in sie eingeschlichen haben sollte, was der inneren Wesensart der Liturgie weniger entspricht, oder wenn sie sich als weniger geeignet herausgestellt haben"(21). Wer die Studien von *A. L. Mayer* über die Liturgie in der europäischen Geistesgeschichte[1] bedenkt, gewinnt daraus einen konkreten Anschauungsunterricht. In gewissem Sinn gilt auch hier die Sentenz von *F. W. Weber:* „Und da sich die neuen Tage aus dem Schutt der alten bauen, kann ein ungetrübtes Auge rückwärtsblickend vorwärts schauen."[2]

---

[1] Vgl. Kurztitel: *Mayer,* Liturgie.
[2] Dreizehnlinden XVII, 3 (Reclam; Leipzig o. J.) 215.

2. Die jüngste Reform und ihre Auswirkungen

Schon dieser kurzgefaßte Grundriß zeigt eine fast verwirrende Fülle von Formen und Fakten gottesdienstlicher Versammlungen und liturgischer Handlungen. Aufgrund der Vorarbeit von Liturgiewissenschaft und Liturgischer Bewegung konnten das II. Vatikanum und die von ihm berufenen Gremien im Sinn von LK 21 die „gewordene Liturgie" (*J.A. Jungmann*) überarbeiten und bereichern. Oberstes Ziel war dabei, durch die erneuerte Liturgie „das christliche Leben unter den Gläubigen mehr und mehr zu vertiefen" (LK 1), also Erneuerung der Kirche durch Erneuerung der Liturgie. Ausdrücklich hatte das Konzil erklärt, daß Veränderungen nur dann berechtigt sind, wenn „ein wirklicher und sicher zu erhoffender Nutzen der Kirche" es verlangt (LK 23).

Wer mit der notwendigen Geschichts- und Sachkenntnis diesen an Umfang und Intensität einzigartigen Reformprozeß zu würdigen versucht, muß zu einem *positiven Urteil* kommen, auch wenn manche Reformschritte die Merkmale notwendiger Kompromisse an sich tragen. Bekanntlich kann ein Geleitzug nur so schnell sein wie das langsamste Schiff. Trotzdem darf man feststellen: Die Riten sind klarer und durchschaubarer geworden, die Texte reicher an biblischer Theologie. Aus einer früheren „Klerusliturgie" wurde weithin eine Gemeindeliturgie, die offen ist für eine tätige und bewußte Teilnahme der Gläubigen. Die Flexibilität der liturgischen Vollzüge im Sinn von Auswahl- und Austauschmöglichkeiten und freier Gestaltung hat gegenüber früher ein beachtliches Maß erreicht. Das Element der Freiheit ist so groß, daß auch heute noch für viele Gemeinden gilt, was Kardinal *Hermann Volk* auf dem Dritten Deutschen Liturgischen Kongreß im April 1964 in Mainz als Vermutung aussprach, „daß wir bald sehr viel mehr dürfen, als wir jetzt schon können"[3].

Trotzdem gab und gibt es *Stimmen und Unzufriedenheit*. Sie kommen aus gegensätzlicher Richtung: den einen wurde zu wenig reformiert, den anderen ging die Reform zu weit. Offenbar liegt darin eine Bestätigung dafür, daß sie sich auf einer mittleren Linie bewegt, von der das Sprichwort sagt, daß die Wahrheit in der Mitte liegt.

Unrichtig ist auf jeden Fall, wenn von den Kritikern beider Seiten die Liturgiereform als Ursache einer verbreiteten Glaubenskrise und gottesdienstlicher Gleichgültigkeit angeprangert wird. Wer die geistige Einstellung der Öffentlichkeit abzuschätzen vermag, wird der Feststellung des Kölner Kardinals *Joseph Höffner* zustimmen, daß die Großwetterlage dem Glauben nicht günstig ist. Wenn aber der Grundwasserspiegel des Glaubens sinkt, nimmt auch die gottesdienstliche Bereitschaft ab. Der Einbruch der „zweiten Aufklärung" in eine tradierte „Leutereligion" wäre ohne Konzil und Liturgiereform wahrscheinlich noch verheerender geworden. So aber darf die Tatsache registriert werden, daß eine kleine,

---

[3] *A. Hänggi* (Hg.), Gottesdienst nach dem Konzil ... (Mainz 1964) 145.

aber zunehmende Gruppe von Menschen bewußt aus dem Glauben lebt und ihre Quelle dafür in der erneuerten sonntäglichen Eucharistie findet[4].

Gewiß ist auch die Liturgie nach dem II. Vatikanum noch nicht am Ende ihrer Verbesserungsfähigkeit angelangt. Man denke etwa an die zum Teil noch unbefriedigende Übersetzung lateinischer Texte, an den oft flachen und stereotypen Inhalt mancher überkommener Orationen, an die Schwachstellen im Ordo lectionum missae, an die noch unbewältigte Aufgabe der Neuschöpfung liturgischer Gebete und Gesänge und an manche überholte Zeichen und Rubriken, die mehr musealen als gegenwartsbezogenen Charakter haben. Auch für die Liturgie gilt, was für die Gesamtkirche zutrifft, daß sie „semper reformanda", d. h. immer reformbedürftig bleibe. Nur muß man sich vor Augen halten, daß beim Bemühen um liturgische Reform die Ungeduld ein schlechter Ratgeber ist.

3. Aspekte künftiger Liturgie

a) Die Problematik Freiheit und Ordnung in der Liturgie

Für die künftige Liturgie ist ein harmonischer Ausgleich von Freiheit und Ordnung, von Subjektivität und Objektivität, von Kreativität und vorgegebener Formung zu erstreben. Einerseits zeigt uns die moderne Kommunikationswissenschaft (s. oben S. 60 ff), wie wichtig die subjektiven Qualitäten des Liturgen („Senders") für den Erfolg von Information und Appell sind und nur „Sendungen" auf der richtigen Wellenlänge auch tatsächlich ankommen und angenommen werden. Insofern spricht vieles für eine persönliche, kreative und lebensnahe Note in der liturgischen Feier. Andererseits bedarf Liturgie, ganz abgesehen von den nicht wandelbaren Elementen, einer gewissen Objektivität und damit einer Begrenzung des Subjektiven. Wer um jeden Preis die „Stromlinienform" der jeweiligen Zeit in den liturgischen Vollzug einbringen möchte, wird zumeist hinter dem raschen Wechsel des Zeitstils herhinken und mehr Gläubige abstoßen als anziehen. Zudem macht die Verliebtheit in die Produkte eigener Kreativität nur allzuoft blind für ihre Schwächen und Fehler. Selbst ein so kritischer Geist wie *Karl Rahner* legte zwar größten Wert auf den personalen Vollzug vor einer mehr rubrizistischen Regelung, warnte aber zugleich davor, der subjektiven Liturgiegestaltung Tür und Tor zu öffnen. „Ich bin auch nicht der Meinung, daß jeder Theologe neue Hochgebete verfassen sollte, die man nach drei Wochen nicht mehr hören kann... daß man jeden Priester in jeder Situation und in jeder Gemeinde einfach zum frei gestaltenden Liturgen ernennen sollte. Das gäbe einen Unfug, der schlimmer wäre als alles, was früher war und heute ist."[5] Insofern bietet

---

[4] Liturgische Kommission der DBK, Sonntag und Sonntagsgottesdienst, in: LJ 35 (1985) 11.
[5] Münchener Kirchenzeitung Nr. 2, 1972.

ein Gottesdienst mit einem relativ dauerhaften Rahmenwerk und mit vorformulierten Texten bessere Voraussetzungen für eine optimale Liturgie.

Es ist auch nicht zu übersehen, daß in einer Zeit der leichten Manipulierbarkeit der Menschen durch die Massenmedien die „frei gestaltenden Liturgen" Gefahr laufen, daß sie neben subjektiven Einseitigkeiten auch ideologische und doktrinelle Elemente einbringen, welche die richtigen Akzente verschieben und Verwirrung in die Gemeinden tragen. Wem das als ängstliche Schwarzmalerei vorkommt, dem mögen diesbezügliche Erfahrungen der frühen Christenheit zu denken geben. Der Märtyrerbischof *Ignatius von Antiochien* († vor 117) schrieb vom Gefangenenschiff aus beschwörende Mahnungen zur Einheit im liturgischen Vollzug: „Nur *die* Eucharistie soll für zuverlässig gelten, die unter dem Bischof oder wem er es anvertraut, stattfindet … vielmehr ist nur, was jener geprüft hat, auch Gott wohlgefällig, auf daß alles, was verrichtet wird, sicher und zuverlässig sei."[6] Die Kirchengeschichte weiß von manchen kritischen Zeiten zu berichten, wo sich die überkommene Liturgie als wichtigstes Mittel zur Erhaltung der Einheit und als Kriterium der Rechtgläubigkeit erwies.

Diese Überlegungen schließen nicht aus, daß die zuständige kirchliche Autorität das Maß freier Gestaltungsmöglichkeit variiert und vor allem qualifizierten Gruppen Raum zur Erprobung neuer Formen gibt. Aber solche Experimente müssen überprüfbar bleiben. Nur dann können sie Schrittmacherdienste für eine bessere Liturgie leisten.

b) *Entlastung und Straffung der Text- und Ritenfülle*

Was mit der Überschrift gemeint ist, soll durch einen Blick auf eine abendländische Eucharistiefeier um das Jahr 400 veranschaulicht werden. Der von seinen Zeitgenossen und der gesamten christlichen Nachwelt hochgeschätzte Bischof *Augustinus von Hippo* beginnt die sonntägliche Eucharistie mit dem Gruß „Dominus vobiscum" und nimmt auf der Kathedra Platz. Sofort beginnt der Lektor mit der ersten Lesung. Der gesamte Eröffnungsritus seitens des Priesters (Bischofs) besteht also aus zwei Wörtern. Vergleicht man ihn mit dem heutigen, so fällt dessen Überfülle an Riten und Gebeten auf: Altarkuß, vielleicht noch Altarinzens, Kreuzzeichen, Begrüßung der Gemeinde (oft sehr langatmig), Einführung (oft eine kleine Predigt), Bußakt („mit Einladung und Stille"), Kyrie-Rufe, denen „frei formulierte Christusprädikationen vorausgeschickt werden" können, Gloria und Tagesgebet. Damals zwei Worte, heute acht (ausgewachsene) Einzelteile. Jede Epoche, vor allem das Mittelalter, hat gemeint, etwas hinzufügen zu müssen, und niemand hat später gewagt, etwas davon wieder wegzulassen. Einen ähnlichen Sachverhalt ergibt der Vergleich mit der Gabenbereitung von damals und heute: *Augustinus* verläßt nach Homilie und Entlassung der Katechumenen die

---

[6] Ad Smyrn. VIII, 1 f: *Bihlmeyer* 108.

Kathedra, begibt sich zum freistehenden Altar im Hauptraum und leitet das Gläubigengebet. Anschließend sammeln Diakone die Gaben der Anwesenden ein und sondern Brot und Wein für die Eucharistie aus, während die Sänger einen Psalm vortragen. *Augustinus* selbst spricht kein einziges Gebet zur Gabenbereitung. Mit der Präfation beginnt er das eucharistische Hochgebet[7]. Der Vergleich mit der heutigen Gabenbereitung bedarf keines weiteren Kommentars.

Eines dürfte deutlich geworden sein: Wollte man diese Praxis der Hinzufügungen und Erweiterungen auch im nächsten Jahrtausend beibehalten, so würden die beiden Wesensteile Wortgottesdienst und Eucharistie (im engeren Sinn) noch stärker überwuchert, die Proportionen zwischen Rahmenwerk und Wesensteilen noch weiter verschoben, die Quantität würde zur Gefahr für die Qualität eucharistischer Mitfeier.

Für die Liturgie der Zukunft ergibt sich: Wo Verdeutlichungen der Wesensteile in Text und Ritus als sinnvoll und notwendig erkannt werden, kann man sie durchaus bejahen, etwa als Verbesserungen der bestehenden oder Einführung neuer eucharistischer Hochgebete. Auf keinen Fall aber darf das Rahmenwerk noch weiter aufgebläht, vielmehr sollte die bestehende Überfülle abgebaut werden. In bezug auf die Meßfeier wäre neben der bestehenden Großform *eine Kurzform* denkbar und wünschenswert, insbesondere für Meßfeiern kleiner Gruppen oder an Werktagen. Dabei geht es nicht um Zeitverkürzung, sondern um Entlastung von der ungesunden Überfülle. Als auf dem II. Vatikanum der deutsche Missionsbischof *Duschak* den kühnen Vorschlag machte, neben der derzeitigen Meßform eine neue, einfachere aus dem Geist des Neuen Testamentes zu entwickeln und beide nebeneinander gelten zu lassen, stimmte *Romano Guardini* tief bewegt zu und meinte im Blick auf seine schon lange gehegten eigenen Vorstellungen: „Das wäre es ja."[8]

Dieser Vorschlag hat mittlerweile an Überzeugungskraft gewonnen. Auf einen Fragebogen der Gottesdienstkongregation zur Vorbereitung des Kongresses der Vorsitzenden und Sekretäre der nationalen Liturgiekommissionen vom 23.-28. Oktober 1984 in Rom antworteten die Vertreter des deutschen Sprachgebietes u. a. mit dem Wunsch: Die Gottesdienstkongregation „möge erneut studieren, ob ein einziger Ordo Missae für alle Situationen" genügt (pastorale Notwendigkeit eines Ordo simplex)[9].

Was hier für die Eucharistiefeier zur Sprache kam, gilt auch mutatis mutandis für andere Teilbereiche der Liturgie: Weniger wäre mehr; Entlastung und Straffung könnten zur Qualitätsverbesserung im Sinn einer aktiven und, wie im kommenden Abschnitt hervorgehoben werden soll, meditativen Teilnahme an den liturgischen Feiern führen.

---

[7] Belege bei *F. van der Meer*, Augustinus der Seelsorger... (Köln 1951) 454-467.
[8] *E. Tewes*, Romano Guardini..., in: Gd 19 (1985) 17-19; hierzu Leserbrief ebd. 50.
[9] Gd 18 (1984) 180.

c) Begünstigung der meditativen Stille

Zahlreiche Erhebungen haben ergeben, daß sich viele Gläubige (bis zu 50%) mehr Phasen der Stille innerhalb der liturgischen Feier wünschen. Die Betonung der „tätigen Teilnahme" hat in nicht wenigen Pfarreien zu einem Klima der Betriebsamkeit geführt, das den einzelnen nicht ausreichend zur inneren Besinnung kommen läßt. Viele beklagen eine Verbalisierung („Verwortung") des nachkonziliaren Gottesdienstes, die es schwer mache, ein „persönliches Gebet" zu sprechen. Man sollte solche Kundgaben nicht vorschnell als individualistische Frömmigkeit abqualifizieren, die in der Liturgie keinen Platz habe. Auch hier hat der einzelne das Recht, sich und seine persönlichen Anliegen vor Gott zu tragen. Hinzu kommt, daß Texte und Zeichen der inneren Aneignung bedürfen, die bevorzugt in innerer und äußerer Stille zu verwirklichen ist. Auch jene persönliche Hingabe und Übereignung an Gott, die sich mit dem Selbstopfer Christi verbindet und zu einem wesentlichen Element eucharistischer Mitfeier gehört, wird vor allem in einer Phase innerer Sammlung ermöglicht. Solche Stille ist also kein Pausieren, sondern „sie ist die Ruhe des inneren Lebens. Sie ist die Tiefe des verborgenen Stroms. Sie ist gesammelte Anwesenheit, Offenheit und Bereitschaft"[10].

Hier erhebt sich die Frage, inwieweit die jüngste Liturgiereform diesem Anliegen gerecht geworden ist. Die LK enthält einen Artikel (30), in dem die verschiedenen Möglichkeiten der tätigen Teilnahme empfohlen werden. Etwas isoliert folgt dann der Schlußsatz: „Auch das heilige Schweigen soll zu seiner Zeit eingehalten werden." Wie *J. A. Jungmann* zu berichten weiß, wurde er erst nachträglich als Wunsch aus der Aula hinzugefügt[11]. Ein wenig ausführlicher geht die AEM auf die Stille im Gottesdienst ein. Sie sei als „Element der Feier zu gegebener Zeit zu halten" (23) und gebe „Gelegenheit zur Besinnung beim Schuldbekenntnis und nach den Gebetseinladungen, zur kurzen Meditation nach den Lesungen und nach der Homilie, zum inneren Lobgebet nach der Kommunion".

Die Liturgie der Zukunft wird wahrscheinlich noch weitere Möglichkeiten besinnlicher Stille schaffen müssen, etwa während der Gabenbereitung und nach den Interzessionen für die Lebenden und die Verstorbenen.

Selbstverständlich muß sich mit solchen Phasen des gesammelten Schweigens eine Gesamtatmosphäre verbinden, die keine Hektik, Unruhe und Langeweile aufkommen läßt[12].

---

[10] *R. Guardini*, Besinnung vor der Feier der heiligen Messe (Mainz 1939) 24; vgl. auch den thematischen Gesamtabschnitt ebd. 19-64.

[11] Kommentar zur LK, in: LThK. Das II. Vatikanische Konzil, Bd. I (1966) 37.

[12] Vgl. *B. Fischer*, Gottesdienst als Ort der Ruhe…, in: Gd 8 (1974) 185-187, 9 (1975) 4 f, 12.

Abkürzungen

AAS	Acta Apostolicae Sedis, Rom 1909 ff.
AC	Antike und Christentum, 6 Bde., von *F. J. Dölger*, Münster 1929-1950
AEM	Allgemeine Einführung in das Römische Meßbuch ¹1969, ²1975.
AES	Allgemeine Einführung in das Römische Stundengebet 1971.
ALW	Archiv für Liturgiewissenschaft, Regensburg 1950 ff.
AÖL	Arbeitsgemeinschaft für ökumenisches Liedgut.
ASS	Acta Sanctae Sedis, Rom 1865-1908.
AT	Altes Testament.
BiLi	Bibel und Liturgie, Klosterneuburg 1926 ff.
BKV	Bibliothek der Kirchenväter, Kempten ²1911 ff.
CCL	Corpus Christianorum, series latina, Tournholt 1954 ff.
CD	Christus Dominus, Dekret des II. Vatikanischen Konzils über die Hirtenaufgabe der Bischöfe in der Kirche (28. Oktober 1965).
CIC	Codex Iuris Canonici von 1917 bzw. 1983.
Conc	Concilium. Internationale Zeitschrift für Theologie, Einsiedeln u. a., 1965 ff.
CSEL	Corpus scriptorum ecclesiasticorum latinorum, Wien 1866 ff.
DBK	Deutsche Bischofskonferenz.
Diak	Diakonia, Internationale Zeitschrift… Mainz–Wien 1970 ff.
DS	*H. Denzinger – A. Schönmetzer*, Enchiridion symbolorum…, Barcelona – Freiburg i. Br. ³⁶1976.
EKD	Evangelische Kirche in Deutschland.
EL	Ephemerides liturgicae, Rom 1887 ff.
FS	Festschrift.
Gd	Gottesdienst. Information und Handreichung der liturgischen Institute…, Trier – Zürich – Salzburg 1967 ff.
GL	Gotteslob. Katholisches Gebet- und Gesangbuch, 1975.
GOK	Grundordnung des Kirchenjahres und des Kalenders, 1969.
GS	Gaudium et spes, Pastoralkonstitution des II. Vatikanums über die Kirche in der Welt von heute (7. Dezember 1965).
HD	Heiliger Dienst, hg. vom Institutum liturgicum der Erzabtei St. Peter in Salzburg, 1947 ff.
HE	Historia ecclesiae, Kirchengeschichte des Eusebius von Cäsarea, hg. von *E. Schwartz*, Kleine Ausgabe, Berlin ⁵1952.
HK	Herder-Korrespondenz, Freiburg i. Br. 1946 ff.
HLW	Handbuch der Liturgiewissenschaft, hg. von *H. B. Meyer* u. a., Regensburg 1983 (Teil 5); 1984 (Teil 8); 1987 (Teil 3); 1989 (Teil 4 und 7, 1).
HPTh	Handbuch der Pastoraltheologie…, hg. von *F. X. Arnold* u. a., 5 Bde., Freiburg i. Br., 1964-1972.
HthG	Handbuch theologischer Grundbegriffe, hg. von *H. Fries*, 2 Bde., München ¹1962 f.
IML	Instruktion über die Musik in der Liturgie (5. März 1967).
Instr.	Instructio bzw. Instruktion.
Instr. I	Instr. „Inter oecumenici", Ritenkongregation (26. September 1964).
JAC	Jahrbuch für Antike und Christentum, hg. von *Th. Klauser* u. a., Münster 1958 ff.
JLH	Jahrbuch für Liturgik und Hymnologie, Kassel 1955 ff.
JLW	Jahrbuch für Liturgiewissenschaft, Münster 1921-1941.

KBl	Katechetische Blätter, München 1874 ff.
KEK	Katholischer Erwachsenenkatechismus I, hg. von der DBK, Kevelaer u. a. 1985.
KomGOK	Kommentar (römischer) zu GOK.
Konst.	Konstitution.
LG	Lumen gentium, Dogmatische Konst. des II. Vatikanums über die Kirche (21. November 1964).
Lit.	Literatur.
LJ	Liturgisches Jahrbuch, Münster 1951 ff.
LK	Konst. des II. Vatikanums über die heilige Liturgie (4. Dezember 1963).
LO	Leseordnung für die Meßfeier, Rom [1]1969 f, [2]1981.
LQF	Liturgiegeschichtliche Quellen und Forschungen, Münster 1909-1940, 1957 ff.
LThK	Lexikon für Theologie und Kirche, Freiburg i. Br. [2]1957 ff, mit drei Ergänzungsbänden „Das II. Vatikanische Konzil", 1966-1968.
MD	Meßbuch für die Bistümer des deutschen Sprachgebietes, 1975.
MG	Monumenta Germaniae historica, Hannover – Berlin 1926 ff.
MPG	*J.-P. Migne*, Patrologia graeca, Paris 1857-1866.
MPL	*J.-P. Migne*, Patrologia latina, Paris 1878-1890.
MR	Missale Romanum, Rom [1]1970, [2]1975.
MS	Missarum Sollemnia, 2 Bde., von *J. A. Jungmann*, Freiburg i. Br. [5]1962.
MthZ	Münchener Theologische Zeitschrift, München 1950 ff.
NT	Neues Testament.
ÖRK	Ökumenischer Rat der Kirchen.
PE	Pastorale Einführung.
PLHL	Pastoralliturgisches Handlexikon von *A. Adam – R. Berger*, Freiburg i. Br. [3]1983.
PWB	Päpstliches Werk für geistliche Berufe.
RAC	Reallexikon für Antike und Christentum, hg. von *Th. Klauser*, Stuttgart 1941, 1950 ff.
RDK	Reallexikon zur deutschen Kunstgeschichte VII, München 1981.
RGG	Die Religion in Geschichte und Gegenwart, 6 Bde., Tübingen [3]1956 bis 1962.
RQ	Römische Quartalschrift..., Freiburg i. Br. 1887 ff.
SC	Sources chrétiennes, hg. von *H. de Lubac – J. Daniélou*, Paris 1941 ff.
SMGB	Studien und Mitteilungen aus dem Benediktiner- und Zisterzienserorden..., München 1880 ff (seit 1911 Neue Folge).
StdZ	Stimmen der Zeit, Freiburg i. Br. 1871 ff.
STh	Summa theologiae.
ThGl	Theologie und Glaube, Paderborn 1909 ff.
ThprQ	Theologisch-praktische Quartalschrift, Linz 1848 ff.
ThWNT	Theologisches Wörterbuch zum Neuen Testament, hg. von *G. Kittel – G. Friedrich*, Stuttgart 1933 ff.
TRE	Theologische Realenzyklopädie, Berlin – New York 1977 ff.
TthZ	Trierer theologische Zeitschrift, Trier 1888 ff.
VELKD	Vereinigte evangelisch-luherische Kirche Deutschlands.
WGL	Werkbuch zum Gotteslob, hg. von *J. Seuffert*, 9 Bde., Freiburg i. Br. u. a. 1975-1979.
ZKG	Zeitschrift für Kirchengeschichte, Stuttgart 1876 ff.
ZkTh	Zeitschrift für katholische Theologie, Innsbruck – Wien 1877 ff.

Kurztitel häufig zitierter Werke

Adam, Kirchenbau = A. Adam, Wo sich Gottes Volk versammelt. Gestalt und Symbolik des Kirchenbaus, Freiburg i. Br. 1984.

Adam, Kirchenjahr = Das Kirchenjahr mitfeiern. Seine Geschichte und seine Bedeutung nach der Liturgiereform, Freiburg i. Br. ³1983.

Bihlmeyer = K. Bihlmeyer, Die Apostolischen Väter, Tübingen ³1970.

Botte = B. Botte, La tradition apostolique de S. Hippolyt, Münster ³1966 – LQF 39.

Bugnini = A. Bugnini, Die Liturgiereform 1948-1975, Freiburg 1988.

Freude am Gottesdienst = J. Schreiner (Hg.), Freude am Gottesdienst. Aspekte ursprünglicher Liturgie, Stuttgart 1983.

Funk = F. X. Funk, Didascalia et constitutiones Apostolorum, 2 Bde. Paderborn 1905.

Gemeinde im Herrenmahl = Th. Maas-Ewerd – K. Richter (Hg.), Gemeinde im Herrenmahl. Zur Praxis der Meßfeier, Freiburg i. Br. u. a. ²1976.

Gott feiern = J. G. Plöger (Hg.), Gott feiern, Freiburg i. Br. ²1980.

Jungmann, Erbe = J. A. Jungmann, Liturgisches Erbe und pastorale Gegenwart. Studien und Vorträge, Innsbruck u. a. 1960.

Jungmann, Frühzeit = J. A. Jungmann, Liturgie der christlichen Frühzeit, Freiburg i. Br. 1967.

Kaczynski = R. Kaczynski (Hg.), Enchiridion documentorum instaurationis liturgicae I (1963-1973), Turin 1976.

Kirch = C. Kirch – L. Ueding, Enchiridion fontium historiae ecclesiasticae antiquae, Barcelona ⁹1965.

Klauser, Austauschbeziehungen = Th. Klauser, Die liturgischen Austauschbeziehungen zwischen der römischen und der fränkisch-deutschen Kirche vom achten bis zum elften Jahrhundert, in: JAC, Ergänzungsband 3 (Münster 1974) 139-154.

Klauser, Liturgiegeschichte = Th. Klauser, Kleine abendländische Liturgiegeschichte, Bonn 1965.

Leiturgia = K. F. Müller – W. Blankenburg (Hg.), Leiturgia. Handbuch des evangelischen Gottesdienstes, 5 Bde., Kassel 1954-1970.

Lengeling, LK = E. J. Lengeling, Die Konstitution des II. Vatikanischen Konzils über die heilige Liturgie…, Münster ¹1964.

Lengeling, Ordnung = E. J. Lengeling, Die neue Ordnung der Eucharistiefeier…, Münster 1970 – Leipzig 1971.

Martimort (1) = A. G. Martimort (Hg.), Handbuch der Liturgiewissenschaft, 2 Bde. (1. Auflage), Freiburg i. Br. 1963, 1965.

Martimort (2) = A. G. Martimort (Hg.), L'Église en prière (neue Ausgabe), 4 Bde., Paris 1983 (III = 1984).

Mayer, Liturgie = A. L. Mayer, Die Liturgie in der europäischen Geistesgeschichte…, Darmstadt 1971.

Meyer-Schermann = H. B. Meyer – J. Schermann (Hg.), Der Gottesdienst im deutschen Sprachgebiet…, Regensburg 1982.

Neunheuser, Storia = B. Neunheuser, Storia della liturgia attraverso le epoche culturali, Rom ²1983.

Nußbaum, Aufbewahrung = O. Nußbaum, Die Aufbewahrung der Eucharistie, Bonn 1979.

Radó = P. Radó, Enchiridion liturgicum, 2 Bde., Rom u. a. 1961.

Rennings = H. Rennings (Hg.), Dokumente zur Erneuerung der Liturgie, Bd. I, Kevelaer 1983.

Richtlinien 1949 = Th. Klauser, Richtlinien für die Gestaltung des Gotteshauses aus dem Geiste der römischen Liturgie, 1949, veröffentlicht u.a. in Klauser, Liturgie, 161-172.

Righetti = Manuale di storia liturgica, Bd. I Milano 1950, Bd. II ebd. ²1955.

Rituale Kommunionspendung = Kommunionspendung und Eucharistieverehrung außerhalb der Messe (Studienausgabe), Einsiedeln u.a. 1976.

Schneider = Th. Schneider, Zeichen der Nähe Gottes, Grundriß der Sakramententheologie, Mainz ²1980.

Schwartz = E. Schwartz (Hg.), Eusebius, Historia ecclesiae, Berlin ⁵1952.

Synode = L. Bertsch u.a. (Hg.), Gemeinsame Synode der Bistümer in der Bundesrepublik Deutschland. Beschlüsse der Vollversammlung, Offizielle Gesamtausgabe I, Freiburg i. Br. u.a. ³1976.

Variationes = Verlautbarungen des Apostolischen Stuhles, Nr. 58: Variationes. Die Änderungen, die in den liturgischen Büchern gemäß den Normen des neuen CIC einzuführen sind, Bonn 1983.

Wegman = H.A.J. Wegman, Geschichte der Liturgie im Westen und im Osten, Regensburg 1979.

Zeichen des Glaubens = H. Auf der Maur – B. Kleinheyer (Hg.), Zeichen des Glaubens..., Freiburg i. Br. u.a. 1972.

Personen- und Sachregister

Abt 227 f

Äbtissin 228

Adam, A. 20, 24 f, 34 f, 73, 79, 116, 129, 131, 137, 139, 143, 151, 172, 259, 263, 26/ ff, 271, 273 ff, 298 ff, 324 f.

Addai und Mari 28

Ader, B. 310

Adler, M. 241

Admissio 205

Advent 279

Agape 20 ff, 93

Agnus Dei 155 f

Akolyth 204 ff

Albe 73

Alberigo, J. 213

Albert d. Gr. 53

Albrecht, B. 227

Alexander VII. 40, 65

Alexandrien 28

Alkuin 33, 53, 264

Allegorese 32 f, 53

Allerheiligen 293

Allerheiligenlitanei 196, 200, 203, 270, 314

Allerseelen 293

Allgemeine Kirchenjahr-zeit 261, 282 ff

Altaner, B. 21

Altar 145, 299, 305 f, 313 ff

Altarblatt 305

Altarkuß 137, 158

Altspanische (mozarabi-sche) Liturgie 31, 34

Amalar 33, 53

Ambo 141, 300, 308

Ambrosiaster 63

Ambrosius 25, 31 f, 53, 83 f

Amen 139, 152

Amon, K. 89

Amougou-Atangana, J. 131

Ämter Christi 190 ff

Amt(sinhaber) 17, 192 ff

Anabatische Linie 13 f

Anamnese 151

Anaphora 25, 29

Andachten 16

Andrieu, M. 33

Anicet 23

Antependien 306

Antiochien 27

Antwortpsalm 89, 141

AÖL 96

Apologien 33

Arbeitskreis Liturgie 18

Arbeitsruhe 263 f

Arianismus 25

Armenische Liturgie 29

Arnold, F.X. 323

Arx, W. v. 189, 219, 291

Aschermittwoch 273 f

Asmussen, J. 178

Assemani 53

Asterios Sophistes 271

Äthiopischer Ritus 28

Atrium 311

Aufbewahrung der Eucha-ristie 164 f, 306 f

Auf der Maur, H. 130, 326

Auferstehungsfeier 93

Aufklärungszeit 40 f

Augustinus (Abt) 34

Augustinus von Hippo 24 f, 30, 53, 61, 109, 246, 258, 268, 320 f

Aurelian 275

Aussetzung (euch.) 36, 165 ff

Averbeck, W. 153

Backenstreich 79, 131

Baltensweiler, H. 210

Baptisterium 300, 308 f

Bardy, G. 64

Barockzeit 39

Barth, K. 5, 15, 113

Bartning, O. 78

Bartsch, E. 238, 241, 300

Basilika 24, 302

Basilius 29

Bäumer, S. 54, 244

Baumgartner, J. 72, 91 ff,

144, 146, 175, 237 f, 248

Bausinger, H. 281

Baustile 298

Bea, A. 94, 287

Beauduin, L. 44

Becker, H. 57, 68, 251, 254, 267

Becker, K. 238

Becker, W. 80, 94, 220

Beethoven, L. van 86

Beichte ↗ Bußsakrament

Beichtstuhl (Beichtzim-mer) 171 f

Beinert, W. 144, 291, 294

Benedikt XIV. 40, 155, 165, 260

Benedikt von Nursia 223, 227, 243

Benediktionale 51, 238 ff

Benediktionen 236 ff, 316

Benning, A. 131

Beraka 20, 238

Berger, R. 148, 176, 187, 255, 270, 277, 324

Bernhard v. Clairvaux 36

Bertram, A. von 47

Bertsch, L. 169, 326

Bérulle, P. de 305

Betz, J. 132 f

Betz, O. 131

Beuron 43

Bezzel, E. 178

Biemer, G. 131

Bieritz, K.H. 78

Bihlmeyer, K. 22, 26, 254, 262, 266, 320, 325

Bild 301

Birnbaum, W. 44

Bischofsweihe 193 ff

Bishop, E. 31

Bittage 272

Bittner, Ch. 72

Blankenburg, W. 325

Blasig, B. 160

Blume, C. 43, 84

Boff, L. 102, 110

Bogler, Th. 43, 80, 182, 300

327

Bücher, die Akzente setzen

Sebastian Bock
Kleine Geschichte Israels
Von den Anfängen bis in die Zeit des Neuen Testaments
Mit einer Einführung von Norbert Lohfink
Akzente
192 Seiten, Klappenbroschur
ISBN 3-451-26536-2

Glaube und Geschichte - für das alttestamentliche Israel bildet beides einen unlösbaren Zusammenhang. In diesem Buch werden die einzelnen Epochen der dramatischen Geschichte Israels von ihren Anfängen bis in die Zeit des Neuen Testaments wieder lebendig.

Willibald Bösen
Galiläa
Lebensraum und Wirkungsfeld Jesu
Akzente
288 Seiten, Klappenbroschur
ISBN 3-451-26537-0

Dieses biblische Sachbuch folgt den Spuren Jesu durch das Land Galiläa. Willibald Bösen hat eine Fülle von Informationen über das Galiläa der Zeitenwende gesammelt. Er beschreibt ethnische, politische, wirtschaftliche, soziale und religiöse Hintergründe und entwirft so ein hochinteressantes Mosaik aus neutestamentlicher Zeigeschichte und Realienkunde.

Joachim Gnilka
Paulus von Tarsus
Apostel und Zeuge
Akzente
332 Seiten, Klappenbroschur
ISBN 3-451-26377-7

Joachim Gnilka unternimmt einen neuen, umfassenden Anlauf, den Menschen Paulus, den Weg seines Lebens, die Weise und den Inhalt seiner Verkündigung und damit auch seiner Theologie zu erschließen.

Verlag Herder Freiburg · Basel · Wien

Lexikon der katholischen Dogmatik
Hrsg. von Wolfgang Beinert
Akzente
612 Seiten, Klappenbroschur,
ISBN 3-451-26378-5

Diese preiswerte Neuausgabe des Grundlagenwerkes zur Dogmatik
enthält solide wissenschaftliche Information auf dem heutigen Erkennt-
nisstand. Mit zahlreichen Schaubildern, Tabellen und Grafiken.

Uwe Wolff
Breit aus die Flügel beide
Von den Engeln des Lebens
Akzente
240 Seiten, Klappenbroschur
ISBN 3-451-26092-1

Uwe Wolff ist den Spuren der Engel durch die Jahrhunderte nachgegan-
gen. Hier erzählt er von den Engeln, die den Menschen ein Leben lang
begleiten: vom Engel der Geburt, vom Engel der Kindheit, der Jugend,
der Liebe, vom Engel der Berufung, des Kampfes, der Vollendung.

Rudolf Schnackenburg
Jesus Christus
im Spiegel der vier Evangelien
Akzente
357 Seiten, Klappenbroschur
ISBN 3-451-26712-8

Eindrucksvoll untersucht Rudolf Schnackenburg das Glaubensbild,
das die Evangelien von der Person Jesu Christi verkündigen wollen.
Er entfaltet die Christologie der einzelnen Evangelien als vielfältiges
und doch einheitliches Christuszeugnis.

Erich Zenger
Die Nacht wird leuchten wie der Tag
Psalmenauslegungen
Akzente
496 Seiten, Klappenbroschur
ISBN 3-451-26379-3

Mit bibelkundigem Wissen und hoher Sensibilität begleitet der bekannte
Theologe seine Leser in die Welt der Psalmen, die hier als verblüffende
Spiegel heutigen Lebens erwachen. Ein neuer, lebendiger Zugang zur Bibel.

Verlag Herder Freiburg · Basel · Wien